中世鷹書の文化伝承

二本松泰子　著

三弥井書店

政頼流鷹之書〔函号163　1375〕（宮内庁書陵部所蔵）

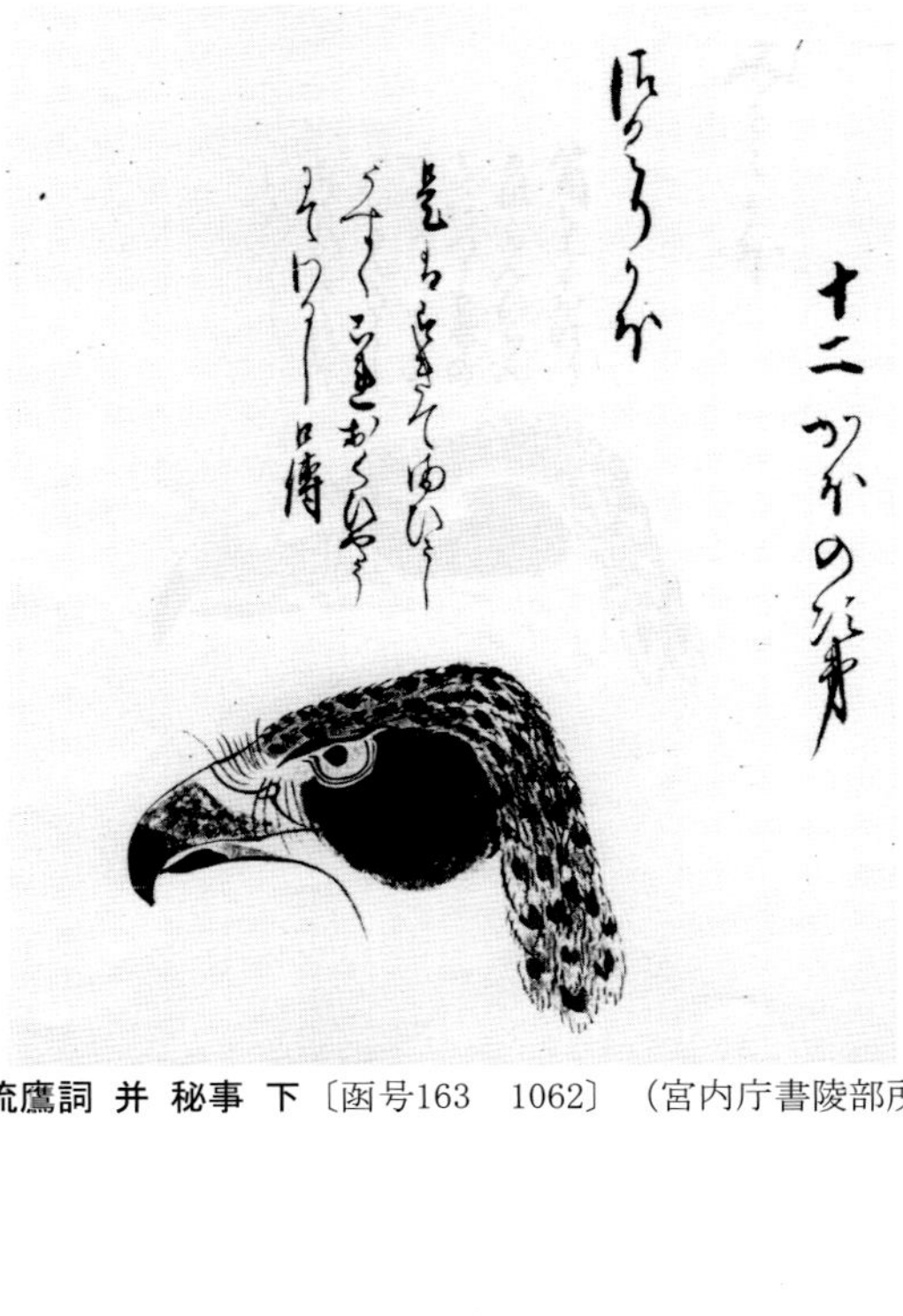

政頼流鷹詞 并 秘事 下〔函号163　1062〕（宮内庁書陵部所蔵）

目　次

序　章　9
一　放鷹と鷹書　9
二　本書の方法と構成　13

第一編　公家の鷹書　23

第一章　西園寺家の鷹術伝承―『西園寺家鷹口傳』をめぐって―　24
はじめに　24
一『西園寺家鷹口傳』所載の鷹説話群の検討　26
二『西園寺家鷹口傳』所載の「みさご腹の鷹」説話　27
三『西園寺家鷹口傳』と諏訪流の鷹術　36
おわりに　41

第二章　政頼流の鷹術伝承―『政頼流鷹方事』をめぐって―　72

はじめに　72
一　『政頼流鷹方事』所載の三条西家流の政頼伝承　73
二　三条西家流を称する鷹術伝承　80
三　『政頼流鷹方事』所載の「みさご腹の鷹」説話　85
おわりに　90

第三章　下毛野氏の鷹術伝承—山城国乙訓郡調子家所蔵の鷹書をめぐって—　97
はじめに　97
一　調子家文書『鷹飼に関する口伝』第六六条～第七七条について　98
二　調子家文書『鷹飼に関する口伝』第一条・第二条について　114
三　調子家の鷹術伝承　120
おわりに　126

第四章　下毛野氏の鷹書—他流儀のテキストと比較して—　135
はじめに　135
一　『鷹飼に関する口伝』第一条～第一六条　136

二　『鷹飼に関する口伝』第五〇条～第六一条　144
おわりに　148

第二編　東国の鷹書　175

第一章　諏訪流のテキストと四仏信仰　176
はじめに　176
一　諏訪流の鷹書における鷹の本地　177
二　諏訪流以外の鷹書における鷹の本地　181
三　四仏信仰のモチーフ　184
おわりに　189

第二章　諏訪流の鷹術伝承㈠―「みさご腹の鷹」説話の検討から―　192
はじめに　192
一　「みさご腹の鷹」説話と諏訪流の鷹術伝承　193
二　非持検校と「みさご腹の鷹」　196

三　非持と諏訪　202
四「みさご腹の鷹」説話の展開　206
おわりに　209

第三章　諏訪流の鷹術伝承㈡―「せいらい」の展開と享受―　220
はじめに　220
一　諏訪流の鷹術における「禰津神平」　223
二　禰津松鶴軒の伝派と「せいらい」　228
三「せいらい」と「禰津神平」　237
おわりに　242

第四章　宇都宮流の鷹書―『宇都宮社頭納鷹文抜書秘伝』をめぐって―　255
はじめに　255
一　宇都宮流の鷹術と鷹書　257
二『宇都宮社頭納鷹文抜書秘伝』所載の鷹伝来説話　262
三　鷹歌の記載　272

おわりに　280
結　章　中世鷹書の展開―越前国朝倉氏の鷹書をめぐって―　288
はじめに　288
一　朝倉氏関連の鷹書　295
二　『斉藤助左衛門鷹書　全』と『朝倉家養鷹記　完』　297
三　『斉藤助左衛門鷹書　全』と持明院家の鷹書類　307
四　『斉藤助左衛門鷹書　全』の「諏訪」　311
おわりに　319
《資料紹介》宮内庁書陵部蔵『啓蒙集』　327
あとがき　341
初出一覧　345

序章

一　放鷹と鷹書

我が国における放鷹の歴史は古い。『日本書紀』(1) 仁徳天皇四三年（三五五）九月一日条によると、

四十三年の秋九月の庚子の朔に、依網屯倉の阿弭古、異鳥を捕へて天皇に献りて曰さく、「臣、毎に網を張りて鳥を捕ふるに、未だ曾て是の鳥の類を得ず。故、奇びて献る」とまをす。天皇、酒君を召し鳥を示せて曰はく、「是、何鳥ぞ」とのたまふ。酒君、対へて言さく、「此の鳥の類、多に百済に在り。馴け得てば能く人に従ひ、亦捷く飛びて諸鳥を掠る。百済の俗、此の鳥を号けて倶知と曰ふ」とまをす。是、今時の鷹なり。乃ち酒君に授けて、養ひ馴けしめたまふ。幾時もあらずして馴くること得たり。酒君、則ち韋の緡を以ちて其の足に著け、小鈴を以ちて其の尾に著け、腕の上に居ゑて、天皇に献る。是の日に、百舌鳥野に幸して遊猟したまふ。時に雌雉、多に起つ。乃ち鷹を放ちて捕らしむ。忽に数十の雉を獲つ。

是の月に、甫めて鷹甘部を定む。故、時人、其の鷹を養ふ処を号けて鷹甘邑と曰ふ。

と見える。依網屯倉の阿弭古が見慣れない鳥を捕獲して仁徳天皇に献上した。天皇は百済からの渡来人である酒君を召して問うたところ、酒君は異鳥は「倶知」といい、百済では飼い慣らして狩りに使役していると説明した。そこで、その異鳥を酒君に預けることになった。酒君が調教した鷹を遣って百舌鳥野で狩りをしたのが鷹狩の始まりという。

記事の真偽はともかく、五〜七世紀の古墳から鷹匠埴輪や鷹埴輪が多数出土されていることはよく知られている。

律令時代になると、朝廷は兵部省の隷下に主鷹司を置き、放鷹を管掌させた。主鷹司そのものは平安時代には廃止されるが、それは放鷹文化の衰退を意味するものではない。奈良時代から平安時代を通じて放鷹は公家文化のなかに大きな位置を占めることになる。天皇も貴族も、こぞって鷹狩に興じている。

そこで、放鷹文化の学術的研究は、こうした古代社会における王権儀礼としての鷹狩(2)への関心から始まることになった。さらに、中世期の武将たちが催した鷹狩(3)や、近世期の幕藩体制下におかれた鷹狩(4)など、制度としての放鷹に関する研究が日本史学の領域から進められてきた。また、鷹狩の礼式に注目した研究(5)や、狩猟信仰の一環として鷹匠たちの信仰を論じた研究(6)も看過できない。いずれも放鷹という行為やそれにまつわる事象について、その意義を歴史学的な関心から問うような研究が積み重ねられてきた。

そうした歴史学の見地からの放鷹文化への関心が高まりを見せる一方で、「鷹書」そのものの研究は、かならずしもそうした流れに呼応してはいなかった。放鷹文化の粋ともいうべき「鷹書」は、ほとんど日の目を見ることなく、研究対象として注目される機会に恵まれてきたとは言い難い。唯一の例外といえば、戦前の宮内省式部職が編纂した『放鷹』であろうか。放鷹の歴史、流派、実技、さらには韓国の放鷹文化などを集大成した一冊である。この一冊のなかに紹介された「鷹書」にかかわる解説は、現在においても鷹書研究の手引きとして欠かすことはできない。

かつて徳川家康は優れた鷹匠たちを直参として召抱えてきた。鷹匠支配は役料一五〇〇石、鷹匠たちの身分は御目見え以上の旗本である。やがて徳川幕府が滅びたとき、幕府に仕えた鷹匠たちの一部は、そのまま宮内省に出仕し、皇室に仕えることになった。そして、「古技保存」政策のもとに「天皇の鷹匠」たちが放鷹の伝統を受け継ぎ、技術を研鑽することができた。宮内省は近代における放鷹文化の唯一の研究機関であったといってもよい。

さて、話は鷹書に戻る。

中世は放鷹にまつわる諸事象が多岐にわたって隆盛した時代である。まず、鎌倉時代には京都において西園寺家や持明院家などの公家のなかに「鷹の家」ともいうべき流儀が成立した。(7) さらには、室町時代には諏訪円忠が足利尊氏に重用されて京都に諏訪信仰が普及し、全国へと広まっていった。(8) このような流れを受けて、この時代には、数多くの放鷹に関する伝書が制作された。いわゆる「鷹書」と呼ばれるテキスト群である。

鷹書類は、鷹に関する和歌・説話・縁起などの文学的な内容や、鷹狩に関する実技的な内容などが記載される鷹術の伝書である。『放鷹』の四八七頁〜六二六頁に収められた「本邦鷹書解題」によれば、鷹に関する知識などを記載した、いわゆる「鷹書」とされる文献が約六〇〇点以上、解題・紹介されている。その中には、鷹術の具体的な手引書もあれば、いわゆる「鷹百首」とよばれる歌集の類も含まれる。また、島田勇雄氏の調査によると、『国書総目録』には約八七〇点の放鷹関係文献が所載されており、そのうち『放鷹』にあって『国書総目録』にないものが約一六五点、その逆は一二〇点以上あるといい、さらにはこれら以外にも約二五〇点の放鷹関係文献が現存することを島田氏は確認している。(9) 島田氏の調査以外にも、未だその存在が知られていない鷹書類としては、たとえば、立命館大学図書館西園寺文庫には西園寺家に伝来した鷹書類がある。(10) 西園寺家は五摂家に次ぐ清華家の名門として知られるが、一方、いわゆる西園寺流とよばれる公家の鷹狩の術を家職とする「鷹の家」でもあった。また、京都府長岡京市在住の調子氏宅にも同家伝来の鷹書類が数点所蔵されている。(11) 調子氏は、中古から中世にかけて近衛舎人として活躍した下毛野氏の末裔である。その他にも、下野国の平野氏には当家代々の秘伝書として鷹書類が伝来している。(12) 宇都宮流の鷹術とは、下野国・宇都宮二荒山神社の狩猟信仰の流れを汲む鷹術の流派である。

　これらはいずれも未紹介のまま埋もれている鷹書類であるが、各々の内容を検してみると注目すべき様相が見出せる。すなわち、こうした文献群には和歌や説話に関わる文学的な内容を記載するものも多くあり、単なる放鷹技術の知識のみならず、鷹に関わる文化伝承を志向する要素の強いテキストが多く現存しているのである。鷹書類という書物が鷹狩に関わる文化や教養の展開において重要な役割を果たしたことが伺われるものであろう。

　こうした多彩な内容を持つ鷹書類の中で、現段階において特に研究が進展しているのは鷹詞と鷹百首類に関する分野である。その先鞭をつけたのは井上宗雄氏であろう。井上氏が『群書類従』『続群書類従』に所収されている鷹百首類について明解な解題を付して以来[13]、鷹百首類のテキストはたびたび注目され、適宜翻刻紹介されてきた。たとえば、三澤成博氏らによって藤原定家作とされる鷹三百首の有注本である宮城教育大学図書館蔵『鷹三百首註』の翻刻が公刊され[14]、続いて遠藤和夫氏が藤原良経の詠とされる鷹三百首の有注本である宮城教育大学図書館蔵『鷹三百首（摂政太政大臣）』の翻刻を発表している[15]。なお、遠藤氏は「和洋女子大学附属図書館本『鷹三百首註』小考」[16]と「『京極摂政鷹三百首』につきて」[17]において、それぞれ翻刻紹介したテキストについての解題をしている。また、山本一氏は、西園寺相国の作とされる鷹百首の有注本である名古屋市蓬左文庫蔵『鷹百首和歌』の翻刻と解題を報告している[18]。ちなみに山本氏は、現存する鷹百首類の伝本の網羅的な調査を行い、その分類案を提示した[19]。この山本氏の論考が、鷹百首類の伝本についての総括的な見解の現在における到達点といってもよい。また、国語学の分野からも、三澤成博氏によって宮内庁書陵部蔵の『定家卿鷹三百首（注）』『西園寺鷹百首（注）』『龍山公鷹百首』（近衛前久著の鷹百首）の本文翻刻が附録された著書が公刊されている[20]。三澤氏はまた、その著書において古辞書の『和訓栞』が鷹百首類に見える鷹詞を典拠とすることを提示している他、鷹百首類の作品が、古辞書の典拠に利用されるなどの広がりを持ち、教養書・文学書として重要な意義を有していることについても論究している。(21)

一方、鷹百首類以外の散文系の鷹書類についても、鷹百首類の研究の展開ほどではないにしても、皆無と言ったわけではなかった。たとえば、中澤克昭氏が諏訪信仰と足利政権との関係から鷹書類の制作背景を論じている他、(22)秋吉正博氏が嵯峨天皇の勅撰と伝えられる『新修鷹経』の史的位置を考察し、(23)また、それが中国の「鷹賦」を参照して構成された可能性を推測している。(24)その他にも、黒木祥子氏が種々の鷹書類に記載されている「鷹の仇討ち」説話に注目してその伝承世界の広がりについて考察したり、(25)『西園寺家鷹秘傳』の各諸本についてテキストの伝来とその特性について論じたりしている。(26)二〇〇八年三月、中部大学国際関係学部「鷹書研究会」が、江戸時代の諏訪藩に所蔵されていた鷹書に現代語訳と注を付したテキストを刊行し、画期的に鷹書の本文に関する研究が進展した。(28)このような先学の成果を礎石として、鷹書類の研究はより幅広い分野に展開するべき段階を迎えつつある。

二　本書の方法と構成

先に述べたように、長い歴史を持つ我が国の放鷹史において、中世期の鷹狩は特に多様な展開を見せる。そこで、本書は、中世期に制作された鷹書類——具体的には、公家、武家、地下、さらには諏訪流と宇都宮流といった多様な属性を持つテキスト群——を取り上げる。

その研究の方法については、そもそも鷹書類は先の研究史においても確認したように、日本史学や日本文学をはじめとする多種多様な分野からの複合的な研究成果が求められるものである。本書においてもそのような成果を目指すべく、各テキストを取り巻く文化伝承を手がかりにそれぞれの特性を明らかにしてゆく。鷹書類が記載する説話等の文学的な内容や狩猟儀礼等の実技的な内容は、当時の放鷹文化の諸相を如実に映し出している。各テキストの有する意義や特性が明らかになれば、それはそのまま、中世期における放鷹文化を正しく理解する手がかりともなるものであろう。

次に、その具体的な研究の手順としては、種々の属性を持つ鷹書類について、まずはそれに記載される類話や用例との相対的な比較検討を中心に分析を進め、これまでほとんど知られていなかった各テキストの大要を把握する。さらにその上で、それぞれのテキストが抱える伝承上の問題について言及し、鷹術伝承としての鷹書類の特性を明らかにしてゆく。各章の構成は以下のとおりである。

第一編「公家の鷹書」においては、清華家の一つである西園寺家の鷹書類について考察する。西園寺家は、中世期において鷹の家としてよく知られていた。『三内口決』によると、同じく鷹の家である持明院家は、縁戚関係にある西園寺家から鷹道を伝授されたといい、西園寺家が公家流の鷹狩において多大な影響力を持っていたことがわかる。そこで、本編ではこの西園寺家の鷹書を取り上げることによって、これまで杳として実態が不明であった公家流の鷹術について、その周縁を支えた伝承世界を手がかりに考察を進めてゆく。

第一章では、西園寺家の鷹書類に記載されている「みさご腹の鷹」説話を中心に取り上げ、他の鷹書類に記載されている類話との比較を通してその伝承上の意義を分析する。さらには、その特性をめぐる西園寺家の鷹書類に関する問題点についても言及し、同家の鷹術伝承の実相を考証してゆく。

第二章でも、西園寺家の鷹書類に注目する。本章では、西園寺家に伝来した諏訪流を標榜する鷹書を取り上げ、同家のテキストが孕む属性の矛盾点について、それが意味するところを検証する。第一章と同様、「みさご腹の鷹」説話の類話の考証も踏まえて西園寺家の鷹書類の総括的な特性について確認する。

第三章では、山城国乙訓郡（京都府長岡京市）に居住した下毛野氏の末裔である調子家に伝来した鷹書を取り上げる。まずはテキスト全体の概要について検討し、その中から特に神事関連の記述に注目して考察を進め、その伝承背景をめぐって検討する。さらに下毛野氏の職掌についても言及し、公家社会の末流における近衛官人の携えた鷹術伝承について論じてゆく。

第四章でも、同じく下毛野氏の鷹書について取り上げる。同書には鷹術の礼法や故実に関する記述が多数掲載されており、本章では主に礼法に関する記事をめぐって、他の伝派のテキストとの比較検討を試みる。鷹術の礼法にまつわる記事は、テキストごとにさまざまな異説が展開しており、それについての類似の記述があれば、そのテキスト同士は、かなり近接していることが判じられる。そこで、下毛野氏の鷹書が、どの伝派のテキストと相対的に近似しているかを確認しつつ、その作業を通して、下毛野氏の鷹術に影響を与えた伝承背景について論及する。

第二編「東国の鷹書」においては、諏訪流の鷹書類をはじめとする地方の鷹術伝承について注目し、とくに諏訪・大宮流の代表的なテキストである『啓蒙集』にまつわる問題点を中心に取り上げる。大宮流とは信濃国の諏訪大社に奉仕した鷹飼・禰津一族の携えた在地の鷹術の伝派である。このような在地の諏訪流のテキストをめぐって、その伝承世界の特性と展開をたどってゆく。

第一章では、『啓蒙集』が諏訪社に仕える鷹飼のテキストであることを踏まえ、同書における信仰に関わる記述について分析する。さらに、他の鷹書類に見える信仰記述や諏訪信仰そのものの思想性と比較して、『啓蒙集』の信仰上の特性を確認する。

第二章では、諏訪の鷹術伝承の展開について、前編でも取り上げた「みさご腹の鷹」説話の記載を中心に在地伝承を通して考察する。「みさご腹の鷹」説話の文献上の初見は『古今著聞集』である。同書記載の叙述を手がかりに諏訪の在地伝承を基盤とする当該説話の生成背景を検証し、それが『啓蒙集』をはじめとする諏訪流のテキストに記載されるようになった経緯をたどることによって、諏訪を軸とする鷹術伝承の生成と流布の諸事象を解明してゆく。

第三章では、諏訪流の鷹術における始祖伝承をめぐって、「せいらい」を祖とするものと「禰津神平」を祖とするものとが混在することについて論じてゆく。これらの始祖伝承の「異伝」について、その伝承上の根拠を確認するために諏訪流の鷹書類やそれに類するテキスト群を検討し、それぞれの伝承背景を中心に考察を進める。このような始祖伝承という各伝派の象徴的な伝承の系譜をたどることによって、中世期において最も流布した諏訪流の鷹術の輪郭を明確にする。

第四章では、下野国の宇都宮明神に仕えた鷹飼のテキストである『宇都宮社頭納鷹文抜書秘伝』について取り上げる。当該のテキストは、現存する宇都宮流の鷹書の中で唯一、その制作段階において諏訪の影響を受けていないことが認められるものである。従来の「諏訪流の影響下にある宇都宮流」ではなく、純然たる宇都宮流の鷹書の分析を通して、東国に根付いた宇都宮流の鷹術の実相を明らかにする。

結章としては、ここまで論じてきた概要をまとめつつ、中世における鷹書の展開の事例のひとつとして、越前国朝倉氏所縁のテキストである『斉藤助左衛門鷹書　全』を取り上げる。同書もまた、全体を通じて鷹狩の礼法や故実が多数記載されていることから、類似記事の比較検討をとおして近似するテキストを見出すことができる。そこで、まずは『斉藤助左衛門鷹書　全』が相対的にどのような属性のテキストと近似するかを検討し、次いでその近似性が孕む問題点について考察を進めてゆく。このように地方に展開した鷹書類を分析することによって、中世期において各地に流布していった鷹書類の文化的な役割を概括的に把握してみる。

以上のように、さまざまな属性を持つ鷹書類を幅広く取り上げて考察を進め、各テキストをめぐる地方と京都あるいは堂上と地下といった伝承世界の諸相をたどり、中世期における放鷹文化の新たな側面を明らかにしてゆきたい。

また、本編に付録して宮内庁書陵部蔵『啓蒙集』（函号一六三 - 九〇二）の全文翻刻を掲載する。『啓蒙集』の名称を冠する諏訪・大宮流のテキストは多数存在するが（第二編第三章「諏訪流の鷹術伝承㈡―「せいらい」の展開と享受―」参照）、それらはいずれも重複している内容が部分的に見えるものの、全体を通して膨大な異同がある。今回、取り上げる宮内庁書陵部蔵『啓蒙集』は、奥書に承応三年（一六五四）の年記と「山本藤右衛門」の署名と花押が見えるものである。信濃国在地の諏訪の主流をなす大宮流の根幹となるテキストを紹介することによって、これまで朧にしか解らなかった諏訪流の鷹術について、その実態を明らかにする一助としたい。

なお、未翻刻の鷹書類の引用に関しては、以下の要領に従った。

・変体がなはおおむね現行のひらがなに改め、「ゾ」「〆」などは「して」「しめ」などと改めた。
・漢字の旧字体は適宜、通行の字体に改めた。ただし、底本の表記をそのまま残したものもある。
・振仮名は底本の表記にしたがった。〇や△などの記号類も底本の表記をそのまま示してある。
・明らかな誤字・脱字についても、底本の文字使いを尊重して改めず、そのまま引用して（ママ）と傍記した。あるいは、予想される表記を示した箇所もある。

・文脈に応じて私に句読点を施し、必要に応じて傍線や囲み線を引いた。
・虫喰いなどで判読不能の文字は□で示した。
・資料の所蔵先の名称について、本文中で略記したものは以下のとおり。
立命館大学図書館西園寺文庫→西園寺文庫
宮内庁書陵部→書陵部
国立公文書館内閣文庫→内閣文庫

注

（1）『日本書紀　2』（新編日本古典文学全集3、小島憲之・直木孝次郎・西宮一民・蔵中進・毛利正守　校注・訳、小学館、一九八九年五月）。

（2）弓野正武「平安時代の鷹狩について」（『民衆史研究』16、一九七八年五月）、森田喜久男「日本古代の王権と狩猟」（『日本歴史』485、一九八八年一〇月）、石上英一「律令国家財政と人民収奪」（有斐閣選書404『日本経済史を学ぶ（上）』所収、永原慶二編、有斐閣、一九八二年四月）、西本昌弘「畿内制の基礎的考察：日本における礼制の受容」（『史学雑誌』93-1、一九八四年一月）、吉井哲「古代王権と鷹狩」（『千葉史学』12、一九八八年五月）、榎村寛之「野行幸の成立—古代の王権儀礼としての狩猟の変質」（『ヒストリア』141、一九九三年一二月）、林陸朗「桓武天皇と遊猟」（『栃木史学』1、一九八七年三月）、松本政春「桓武天皇の鷹狩について」（『市史紀要寝屋川市』5、寝屋川市教育委員会、一九九三年三月）など。なお、王権論以外の視点から古代社会における放鷹史について論じてものとしては、秋吉正博『日本古代養鷹の研究』（思文閣出版、二〇〇四年二月）がある。同書は、律令国家の養鷹の実態究明を通じて当時の放鷹文化の構造を解明することを目指した論とされる。

（3）　山名隆弘「太閤秀吉の鷹狩」（『國學院雜誌』70-9、一九六九年一〇月）、山名隆弘「織田信長と鷹狩」（『国史学』八二、一九七〇年九月）、芥川竜男「戦国武将と鷹―太閤秀吉の日向鷹巣奉行設置をめぐって―」（『日本中世の政治と文化』所収、豊田武先生古稀記念会編、吉川弘文館、一九八〇年六月）、長谷川成一「鷹・鷹献上と奥羽大名小論」（『本荘市史研究』1、本荘市史編さん室、一九八一年七月）、長谷川一成「陸奥国における太閤蔵入地試論―津軽地方を中心に」（『文経論叢・人文学科篇（弘前大学）』3、一九八三年三月）、斉藤司「豊臣政権による鷹支配の一断面―諸鳥進上令の検討を通して―」（『地方史研究』37-1、一九八七年二月）、盛本昌広「戦国期の鷹献上の構造と贈答儀礼」（『歴史学研究』662、一九九四年九月）、山名隆弘「近衛龍山と鷹」（『國學院雜誌』89-11、一九八八年一一月）山名隆弘『戦国大名と鷹狩の研究』（纂修堂、二〇〇六年三月）など。

（4）　村上直・根崎光男『鷹場史料の読み方・調べ方』（古文書入門叢書6、雄山閣、一九八五年八月）、須田努「山間地域（石高外領域）における『公儀』支配と民衆生活―御巣鷹山制度と御鷹見役をめぐって―」（『関東近世史研究』24、一九八八年八月）、福田千鶴「近世初期福岡藩における鷹場支配の展開」（『地方史研究』41-3、一九九一年六月）、福田千鶴「福岡藩の御猟場支配についての一試論」（『九州史学』105、一九九二年九月）、斉藤司「近世前期、関東における鷹場編成―拝領鷹場の検討を中心として―」（『関東近世史研究』32、一九九二年七月）、大友一雄「鷹をめぐる贈答儀礼の構造―将軍（徳川）権威の一側面」（『国史学』148、一九九二年一二月）、塚本学『生類をめぐる政治―元禄のフォークロア』（平凡社ライブラリー、平凡社、一九九三年八月）、根崎光男『将軍の鷹狩り』（同成社江戸時代史叢書3、同成社、一九九九年八月）、岡崎寛徳『近世武家社会の儀礼と交際』（歴史科学叢書、校倉書房、二〇〇六年五月）、根崎光男『江戸幕府放鷹制度の研究』（吉川弘文館、二〇〇八年一月）、岡崎寛徳『鷹と将軍―徳川社会の贈答システム』（講談社選書メチエ439、講談社、二〇〇九年三月）、蛭田晶子「寛永五年「鷹場令」考」（『日本歴史』

739、二〇〇九年一二月）など。
（5）島田勇雄「放鷹諸流と鷹詞との関係についての試論―武家礼式における小笠原流諸派の放鷹書の基礎的研究」（『神戸大学文学部紀要』4、一九七五年一月）、樋口元巳「鷹詞の基礎的研究―宗益の放鷹伝書の検討」（『神戸商船大学紀要　第一類　文科論集』25、一九七六年一〇月）など。
（6）千葉徳爾『狩猟伝承研究』（風間書房、一九六九年一一月）など。
（7）『放鷹』第一篇「放鷹」（宮内省式部職編、一九三一年一二月、吉川弘文館、二〇一〇年六月新装復刻）など。
（8）伊藤冨雄「諏訪円忠の研究」（『季刊諏訪』7・8初出、一九六五年一〇月、伊藤冨雄著作集第1巻『諏訪神社の研究』所収、永井出版企画、一九七八年四月）。
（9）前掲注（5）島田論文。
（10）本書第一編第一章「西園寺家の鷹術伝承―『西園寺家鷹口傳』をめぐって―」参照。
（11）本書第一編第三章「下毛野氏の鷹術伝承―山城国乙訓郡調子家所蔵の鷹書をめぐって―」第四章「下毛野氏の鷹書―他流儀のテキストと比較して―」参照。
（12）本書第二編第四章「宇都宮流の鷹書―『宇都宮社頭納鷹文抜書秘伝』をめぐって―」参照。
（13）井上宗雄「中世教訓歌略解題　付・教訓歌小考」（『立教大学日本文学』24、一九七〇年一二月）。
（14）三澤成博・塚本宏・遠藤和夫「対校『鷹三百首』」（『和洋女子大学紀要・文系編』35、一九九五年三月）。
（15）遠藤和夫「校訂『鷹三百首（摂政太政大臣）』（上）」（『和洋女子大学紀要・文系編』36、一九九六年三月）、同「校訂『鷹三百首（摂政太政大臣）』（下）」（『野州国文学』58、一九九六年一〇月）。
（16）遠藤和夫「和洋女子大学付属図書館本『鷹三百首註』小考」（『和洋国文研究』30、一九九五年三月）。
（17）遠藤和夫「『京極摂政鷹三百首』につきて」（『和洋国文研究』31、一九九六年三月）。

(18) 山本一「名古屋市蓬左文庫蔵『鷹百首和歌』（解題・翻刻）」（『王朝文学の本質と変容　韻文編』所収、片桐洋一編、和泉書院、二〇〇一年一一月）。
(19) 山本一「鷹百首類伝本概観の試み」（『国文学研究資料館文献資料部調査研究報告』18、一九九七年六月）、同「鷹歌をめぐる二、三の考察」（『日本文学史論　島津忠夫先生古稀記念論集』所収、島津忠夫先生古稀記念論集刊行会編、世界思想社、一九九七年九月）。
(20) 三澤成博『鷹詞より見たる『和訓栞』の研究』（汲古書院、二〇〇一年四月）。
(21) 前掲注(20)同書第Ⅰ部研究篇。
(22) 中澤克昭「鷹書の世界―鷹狩と諏訪信仰―」（『芸能の中世』所収、五味文彦編、吉川弘文館、二〇〇〇年三月）。
(23) 秋吉正博『日本古代養鷹の研究』（思文閣出版、二〇〇四年二月）。
(24) 秋吉正博「『新修鷹経』の構成―「鷹賦」との関係」（『八洲学園大学紀要』1、二〇〇五年三月）。
(25) 黒木祥子「平賀の鷹」（『伝承文学研究』35、一九八八年五月）。
(26) 黒木祥子「立命館大学西園寺文庫蔵『西園寺家鷹秘伝』について」（『人文学部紀要（神戸学院大学）』30、二〇一〇年三月）。
(27) 『鷹の書―諏訪藩に残る『鷹書（大）』の翻刻と注解―』（中部大学学術叢書、堀内勝・大橋和華・小瀬園子・箕浦芳浩編、文化出版、二〇〇八年三月）。

第一編

公家の鷹書

第一章　西園寺家の鷹術伝承——『西園寺家鷹口傳』をめぐって——

はじめに

西園寺家は五摂家に次ぐ清華家の名門として知られるが、たとえば至徳三年（一三八六）に二条良基が著したとされる『嵯峨野物語』(1)に、

一　近代鷹をこのむ人。公家にはまれ也。西園寺相国公経。常盤井太政大臣実氏。又入道相国実兼。けしからずこのみちの好士也。入道相国は。たかの雉ならでは不㆑食よし承及。希代の事歟。

とあり、西園寺公経、実氏、実兼と歴代の西園寺家当主が鷹術を好んでいたことが伝えられている。西園寺家は、いわゆる西園寺流とよばれる公家の鷹狩の術を家職とする「鷹の家」であった。一般的に、西園寺家の家職といえば「琵琶」が有名であるが、中世においては鷹術もよく知られていた。たとえば、三条西実枝の著になる故実書『三内口決』(2)には、

一鷹之事
此一道者。持明院被㆑預㆓申譜代之家㆒候。西園寺之一代。与㆓持明院㆒依㆑為㆓内縁㆒粗被㆓伝授㆒了。

と見え、同じ「鷹の家」である持明院家の鷹道が、実は縁戚関係にあった西園寺家から伝授されたものであったことを伝えている。そのほかにも、一六世紀半ば頃に松田宗岑が著したとされる『蒙求臂鷹往来』(3)「十二月三日付　修理

権大夫某　浄上　備中前司歟」には

次白鷹事。昨日被平（マヽ）進西園寺相国家之処。白鷹最要之秘説。御相伝之上。被拝受赤鷹之由候。此奇鷹者。依愛其俊異給。被入田時者。被置馬前也。偏不異太平天子駕前決雲児者哉。而被行報賞之條。併依白鷹之御感悦無極也。

とあり、西園寺家に白鷹を献上した返報として赤鷹を賜った経緯について記されている。『蒙求臂鷹往来』が児女のために著されたものとされることから[4]、この記事の実否について論じることは難しいが、少なくとも当時流布していた一般的な認識として西園寺家が鷹術と縁深い家とされていたことは窺い知ることができよう。

その西園寺家は、近代になって立命館大学の創立に関わったことから、当家に伝わる多数の書物が、現在、立命館大学図書館西園寺文庫に収められている。そこには、西園寺家の鷹術に関わる書物や文書も保管されており、マイクロフィルムも含めると約四〇点以上が確認される。それらは、一部に『放鷹』[5]や『国書総目録』[6]に紹介された鷹書類と同系統の内容を持つものがみられるものの、基本的には未紹介資料というべきものが大半を占める。これらの書物が、いつ、どのような経緯で西園寺家に所有されるに至ったか、その伝来についての詳細はほとんど未詳であるが、中世以降、「鷹の家」として知られた当家にまとまった鷹書類が所蔵されている意義は見逃しがたい。これらの文献群には、西園寺家が携えた公家の鷹狩の実相を知る手がかりのあることが予想されよう。

そこで、本章では、公家流の鷹狩文化を解明する一手立てとして西園寺家の鷹書に注目する。具体的には、当家の名前を冠した『西園寺家鷹口傳』について、西園寺文庫に所蔵されている伝本を取り上げる。まずは当該書の概略を紹介し、次いでこれに所載される説話を検討する。その検討を通して本テキストの特性を明らかにし、中世公家社会における鷹術伝承の展開の一幕を確認してみたいと思う。

一　『西園寺家鷹口傳』所載の鷹説話群の検討

『西園寺家鷹口傳』について、『放鷹』の「本邦鷹書解題」では、

西園寺鷹口伝一　鷹に関すること、箸鷹、とも鏡、鷹たぬき、鷹にすてくれ、忘飼、手放、つちこひ、おもしる等よりひねりさをに至る百四条を簡単に注釈せるもの。桂宮本。

と説明されている。今回、同書について確認することができた伝本は、書陵部所蔵の三本、大阪大学附属図書館所蔵の一本、尊経閣文庫所蔵の一本、内閣文庫所蔵の一本、西園寺文庫所蔵の一本の計七本である。(7) これらのテキストは、いずれも字句レベルにおいてわずかな異同が見られるもののほとんど同じ内容を持ち、同系統のテキスト群と判じられる。このうち、本章で取り扱う西園寺文庫所蔵の伝本については、先にも述べたとおり詳しい来歴は不明であるが、西園寺文庫蔵『鷹秘抄・二架事□』（函号一九九号）添付の「寛政八年四月十六日付　西園寺家鷹書目録」によると「西園寺家鷹口傳　一冊」と見えることから、少なくとも寛政八年（一七九六）には西園寺家で所蔵されていたことが確認できる。

さて、この『西園寺家鷹口傳』は、一つ書き形式の項目立てで構成されており、全部で九五条ある。その内容は、『放鷹』の解題に記されるように、鷹詞の解釈と鷹説話に関する項目が大半を占め、残りは鷹狩の道具の説明等が記載されている。また、本書前半の第一条～第三三条は、内閣文庫蔵『持明院家鷹秘書』(8) 全一〇巻の第二巻に所収されている『鷹口伝』の第一条～第七九条の記事と内容が類似しており、後半の第三四条～第九五条は、『西園寺家鷹秘

傳』「雑々通用の詞」の第一条〜第九五条の記事にほぼ対応している（【表①】四八頁参照）。

この『鷹口伝』とは、『放鷹』「本邦鷹書解題」の「鷹口傳」の項に

はしたか、はしたこ、ともかゞみ、くつをむすぶ等の鷹詞を挙げて解釈し、末に鷹の具の寸法を記せり。

と説明されるものである。同書の作者や成立については未詳であるが、西園寺家と同じ公家流の鷹の家である持明院家の鷹書一〇巻の内に採択されていることから、室町時代に京都の公家の間で流布していた鷹書であることが確認できる。

また、『西園寺家鷹秘傳』とは、『放鷹』「本邦鷹書解題」の「西園寺相国御家秘伝書」「西園寺相国御家鷹傳」の項目で解題されている鷹書に該当する。「西園寺相国御家鷹傳」の方の項目によると、同書は、明徳元年（一三九〇）三月三日に「故西園寺左大臣家」の証本を書写してから天正二年（一五七四）の冬まで複数回に渡る転写を繰り返したものという。内容は、四季別の鷹詞とそれを用いた鷹歌が記載されている。現存する伝本としては、内閣文庫蔵本（函号一五四‐三五〇）と書陵部蔵本（函号一六三‐一一三一）があるが、本章では、西園寺文庫蔵本（函号一九三）を使用する。

二　『西園寺家鷹口傳』所載の「みさご腹の鷹」説話

西園寺文庫蔵『西園寺家鷹口傳』の第五一条と第五二条には、以下のような説話が見える。

一　鷹のこい丸と云事

是は、鷹、みさごにかよふてうまれたる鷹也。此鷹をとりかう時、先魚をとらする也。其時水の中へ犬を入て

とる。其池は神前の池也。其時の御哥奥に有。

一　おそにとつきて生たる犬をもちて此鷹をとりかう。おそとは、河おその事也。此犬大津の浦よりたつねいたせり。しなの、ねつの神平、是をつかう。神平政頼公の聟なり。御幸成てこれを叡覧あり。一條院の御時の事なり。此鷹には口傳多。

これは、みさごと鷹が通じて生まれたいわゆる「みさご腹の鷹」と同じく川獺と犬から生まれた「川獺腹の犬」の話である。「みさご腹の鷹」を遣う時は、まず魚を捕らせること、その時、川獺腹の犬をともに遣うことが叙述されている。そして、これらの鷹・犬を遣ったのは、信濃国の禰津神平で、彼は政頼公の聟にして一条院の叡覧に預かった人物であるとされる。

これに対応する類話としては、まず西園寺文庫蔵『西園寺家鷹秘傳』第二三条が挙げられる。

一　鷹に鱗丸と云名あり。

此鷹みさこにとつきてまうけたる鷹なり。此鷹をかう時は、先魚をとらする也。其時水の中へ犬を入てとらする也。件の鷹を神泉苑の池にてつかはれき。その時の御歌

／あら磯のみ《みさこカ》この巣鷹を取かふにおその子はらむ犬を尋て

此時鱗丸を名く。河をそにとつきて姙たる犬を以て此鷹をとりかふ。此犬、大津の浦にて尋出せり。其時の鷹しやう信野のねつの神平也。清頼卿のむこ也。御かと御幸なりて、ゐいらんありき。一条院の御時か。此鷹には口傳多也。

右の『西園寺家鷹秘傳』の叙述と前にあげた『西園寺家鷹口傳』との主な異同は、『西園寺家鷹秘傳』では、鷹と犬

の説話をそれぞれ別の項目にせず一括して叙述していること、「みさご腹の鷹」の名前が『西園寺家鷹口傳』では「こい丸」となっているのに対して『西園寺家鷹秘傳』では「鱗丸」となっていること、「みさご腹の鷹」を遣う場所が『西園寺家鷹口傳』では「神前の池」であるのに対して『西園寺家鷹秘傳』では「神泉苑の池」であること、さらに『西園寺家鷹秘傳』では、「みさご腹の鷹」説話にちなんだ和歌を掲載しているが『西園寺家鷹口傳』にはそれが見られない点などが挙げられるが、大筋においてほぼ近似した内容となっている。同一の話柄を持つ類話として分別できるものであろう。なお、和歌の掲載の有無については、この説話に限らず、『西園寺家鷹口傳』は一切和歌を掲載していない。一方の『西園寺家鷹秘傳』では、その項目のほとんどに和歌を所載している。

さて、このような「みさご腹の鷹」の説話は、古くは『古今著聞集』(9)巻第二〇・魚蟲禽獣第三〇「六七八　ひぢの検校豊平善く鷹を飼ふ事」にも見える。

一条院の御時、御秘蔵の鷹ありけり。但いかにもとりをとらざりけり。御鷹飼ども面々にとりかひけれども、すべて鳥に目をだにかけざりければ、しかねて、件鷹を、粟田口十禅師の辻につなぎて、行人に見せられけり。もしをのづからいふ事やあるとて、人をつけられたりけるに、たゞの直垂上下に、あみ笠きたるのぼりうど、馬よりおりて、この鷹を立廻く〳〵みて、「あはれ逸物や。上なきものなり。たゞしいまだとりかはれぬ鷹なれば、鳥をばよもとらじ」といひて、すぐるものありけり。（中略）このよし奏聞しければ、叡感ありて、則件男めされて、御鷹をたまはせけり。すゑてまかり出て、よくとりかひてまいりたり。（中略）「此御鷹はみさご腹の鷹にて候。先かならず母が振舞をして後に、父が芸をばつかうまつり候を、人そのゆへをしり候はで、いまゝで鳥をとらせ候はぬなり。このゝちは一もよもにがし候はじ。究竟の逸物にて候也」と申ければ、叡感はなはだしくて、所望何事かある、申さむにしたがふべき由、仰下されければ、信濃国ひぢの郡に屋敷・田園などをぞ申うけける。ひぢの検校豊平とはこれが事なり。大番役にのぼりけるときの事也。

これによると、一条院御秘蔵の鷹が鳥を捕らないので粟田口十禅師の辻に繋がれたという。それを見た往来の旅人が、これが「みさご腹の鷹」であることを見抜き、魚を捕った後でないと通常の狩をしないことを帝の前で証明する。その褒賞として、この旅人に「信濃国ひぢの郡」に屋敷や田畑などが下賜された。この人物は「ひぢの検校豊平」という。

右掲の『古今著聞集』の説話と『西園寺家鷹口傳』の説話とでは、「同じみさご腹の鷹」が魚を捕るという話でありながら、たとえば、『古今著聞集』には川獺腹の犬の話が見えないなど、モチーフ構成などにおいて随所に異同が見られる。さらには、鷹を遣う人物について『西園寺家鷹口傳』では「禰津神平」としているのに対して『古今著聞集』では「ひぢの検校豊平」とされ、明らかに乖離した叙述となっている。

また、室町時代の往来物である『塵荊鈔』(10)第一一にも、みさご腹の鷹に関する以下のような叙述が見える。

古ノ天皇ノ磐手《ハンシュ》野守《ノモリ》、延喜ノ帝《ド》白兄鷹《ハクヒンヲウ》、一条院《ノ》ノ鳩屋《ハトヤ》、赤目《アカメ》、鶚鳩腹《ミサゴバラ》、後一条院ノ難波、藤沢《サワ》、山娥《カ》等、柄巻《カラマキ》、平賀《ヒラガノ》鷹ト申共、屑《モノヽカズニテ》候ハジ。(中略)鶚鳩腹《ミハトバラ》ノ鷹、獺腹《ウソバラ》ノ犬ト云事アリ。

磯乃山鶚鳩《ミサゴ》乃巣鷹取飼《リカハ》伴獺乃子孕《ハラム》犬《ヲ》飼辺志

右の記事では、代々の名鷹のひとつとして一条院の鷹の「鶚鳩腹《ミサゴバラ》」が見えるほか、「獺腹《ウソバラ》ノ犬」と組み合わせた『西園寺家鷹秘傳』に見える和歌の類歌が掲載されている。魚を捕るなどのモチーフは見えないものの、『西園寺家鷹口傳』の説話と対応する叙述といえよう。

このような「みさご腹の鷹」を代々の名鷹に挙げる記事は鷹書類の中にも見られる。たとえば、『白鷹記』は嘉暦二年（一三二七）に二条道平が著したとされる鷹書で、多数の伝本がある。[11] そのうち、元和二年（一六一六）の奥書を持つ書陵部蔵『白鷹記　薬餌飼之事　全』（函号一六三‐九九六）の本文によると、

> 抑上古の名鷹は、天智天皇の磐手野守、延喜聖主の白兄鷹、一條院の鳩屋赤目みさご原、一條院の韓巻《カラマク》藤澤山娥《サンカ》等也。（これらはみな代々のたかの名なり）近比世并せる奇鷹あり。（きとくなるたかといふ心なり）爰に信濃國祢津神平奉るの白鷹、其相鷹経に叶へるのみならす、其毛雪白と（さうきやうとは、たかの書名也。かなへるとは此たかふみにあひたるとなり。）いふべし。

と見える。これによると、信濃国の祢津神平が奉った白鷹が秀逸であることが賞賛されており、その祢津神平の白鷹の様相の引き合いに歴代の名鷹が挙げられている。その中に一条院の鷹の「みさご原」が見えるのである。名鷹列挙のモチーフと一条院の御鷹という設定から、『塵荊鈔』の叙述や『西園寺家鷹口傳』の説話に一脈通ずることが予想されるが、右掲の書陵部蔵『白鷹記　薬餌飼之事　全』の叙述では、その「みさご原」は、明らかに祢津神平の鷹とはなっていない。[12] また、同じ鷹書で、室町時代に持明院基春が著した『鷹経弁疑論』にも同様に名鷹列挙の叙述が見える。内閣文庫蔵『鷹経弁疑論　上』（函号一五四‐三四八）の該当本文を以下に挙げる。

> 或問　代々奇鷹あるにや。
>
> 答云、（中略）小一條院と申は三條院の御子、諱は敦明、即位せす。寛弘八年十月五日ニ親王となる。三品に叙す。寛仁元年八月九日、小一条院と号す。鷹政をこと丶し給へり。藤澤、藤花、山娥、皆此御時の奇鷹也。又云、人王六十六代一條院、懐仁、園融太子即位七歳。此御時は鳩屋、出羽國より出る平賀、赤目、鶚腹、鯉丸共、如此名鷹あり。鳩屋、又、廿鳥屋とも書也。（中略）

又云、鴡腹と云は鴡ととつぎて生れたる鷹也。神泉渕の池にて鯉を取てより鯉丸と号す。又、此御時、獺丸とて獺ととつきたる犬を奉りける。江州大津より出たり。哥に云。

荒磯の鴡の巣鷹取かふに獺の子はらむ犬を尋て

右に見える「みさご腹の鷹」の説話は、『西園寺家鷹秘傳』に見えるものと同じである。しかしながら、『鷹経弁疑論』では「みさご腹の鷹」を遣ったのが誰であるか明記しておらず、禰津神平に関する記述もない。

さらに、『蒙求臂鷹往来』「左京大属某　謹上大府侍郎」にも「みさご腹の鷹」に関する叙述が見える。すなわち、同条には神泉苑で鷹と犬を遣って鴨と鯉を捕獲したことが記されているのであるが、それによると、鷹は「偏可謂鯉丸者乎」、犬は「全不異獺丸」と評されている。「鯉丸」「獺丸」の名称より、件のみさごから生まれた鷹の説話を連想した叙述であることが推測される。ただし、同記事には、鷹を遣った人物の名前は見えず、禰津神平に触れてもいない。

時代は下るが、書陵部蔵『啓蒙集』（函号一六三 - 九〇二）の第三条にも、以下のような「みさご腹の鷹」説話が見える。

かのこちくか姫の名を朱光と云と也。有人、鷹を持けるに、此鷹、鳥を捉ことなし。鷹ぬし、路邊に架を結てかの鷹を繋て、上下の人の批判おきく。朱光、これを見て申やう、此鷹の鳥とらさるも道理也。母ハ鷹なれとも父ハ鵰《（ママ）》なる間、魚ならてハとるへからす。鳥ハ捉ましきといふ。扨ハこの鷹を、いかやうにと尋ければ、朱光こたへて、獱に歸《（嫁カ）》て持たる獫をたつねて池にいれて、鯉を水上に浮て、この鷹にとらせ候へと申て、

奥山のみさこにとつくたかあれは獱の子はらむ獥おたつねよ

扱、獱の子の犬ハいかやうなるそ、と問ふ。朱光こたへて申やう、獱の子の犬は四ツ目の犬の内にあると云。さらばとて四ツ目の犬をあつめ、神泉苑といふ池にいれて鯉お水上にあらわし、かの鷹を合羽見るに無二相違一鯉を捉なり。

△箸鷹の升懸の羽お翔時ハ流間の鯉もあらわれにけり

其比、鷹に雁おあわせさる間、雁に口餌なし鯉に口餌ありとは、この時の秘蜜なり。かの朱光、政頼か家ぬし也。

この『啓蒙集』は、諏訪流の代表的な一派である「大宮流」のテキストである。大宮流とは、一四世紀頃の諏訪流の鷹飼である大宮新蔵人宗光（禰津貞直の四代の子孫）の創始[13]とされ、信濃国の諏訪大社に奉仕した禰津一族の携えた鷹術の伝派である。当流のテキスト群は一般に『啓蒙集』の書名を冠し、その中でも右掲のテキストは、奥書に承応三年（一六五四）の年記と「山本藤右衛門」の署名と花押が見える。これは、奥書のある『啓蒙集』の伝本の中で管見中、最も古い年記のものである。その『啓蒙集』に記載されている右の叙述は、「鷹の伝来説話」（＝本朝の鷹が大国から伝来した経緯を伝える逸話）の一部である。これによると、大国から日本に鷹を伝えた鷹飼を「兼光」といい、その兼光と美女「呉竹」との間に生まれた娘は「朱光」と名付けられ、「源蔵人政頼公」を婿として諏訪流の鷹術を伝えたとされる。右掲の説話は、その朱光が、みさごから生まれた鷹と川獺腹の犬を遣って鯉を捕ったことを伝えるものである。この逸話では、川獺腹の犬が「四ツ眼」であることが叙述されている上、その川獺腹の犬に関する和歌も見える。さらには、「みさご腹の鷹」が捕らえた鯉の和歌も末尾に詠みおかれており、後世に成立した書物らしく他の類話に比べて増補の痕跡がうかがえるものである。

同じく諏訪流のテキストである書陵部蔵『才覚之巻』（函号一六三・九二八）にも、以下のような「みさご腹の鷹」の説話が見える。

彼小ちくがむすめの名をば、よねみつと申。彼よねみつ清水ぶつけいの時、有者、鷹を一つ持けるが、怎而鳥を取事なし。鷹主、五條の橋の本に、ほこをゆひ、彼鷹をつなぎ、上下の人のひはんを聞。彼よねみつ申には、鷹の鳥をとらぬも道理也。母は鷹なれども、父はみさごに有間、魚をとらでは、鳥を取べからず、と申。其せうと（こカ）には、鷹のほこよりとび落るが、此鷹はみさごに羽をつかふ程に、みさごの子也、と見申也。水をあびせて御覧ぜば、ぬれべからず、と申。水をあびせてみれば、あんのごとくぬれず。扨、彼鷹をいかやうにと申。よねみつ、こたへて申やう、さらば川をぞにとつぎて、持たる犬を御尋候而、池へ入、鯉をとらせられ給へと申。二首かくなん、

此浦にみさごにとつぐ鷹あらば
をその子はらむ犬を尋ねて

扨、をぞの子はらむ犬は、いかやうなるぞ、ととひければ、よねみつこたへて申やう、をぞの子の犬、四まなこと云。さらばとて四まなこの犬を尋ねて、しんぜむゐんと云池へ入て、鯉をさがさせて、彼鷹を合てみれば、相違なく鯉を取也。口餌には、

はし鷹のますかきの羽を飛ときは
波まの鯉もあらわれにけり

其後、鴈、鷹なき間、鴈に口ゑなし、鯉に口餌有とは、彼ひみつあり。女房はせひらいが家主なり。

この『才覚之巻』は、徳川家康に重用された禰津松鷂軒（禰津政直）の著とされるテキストの抄本もしくはそれに近いテキストと見なされる(14)。松鷂軒は大宮新蔵人宗光から一八代目の末裔(15)で、やはり諏訪・大宮流の流れを汲む鷹飼であることから、同書と『啓蒙集』は同じ属性のテキストと判じられる。右掲の「みさご腹の鷹」説話の筋立ても同書とほぼ一致している。すなわち、当該話もまた渡来人の「兼光」と美女「こちく」との間に生まれた娘の活躍譚として叙述されているのである。当然、「みさご腹の鷹」を遣う人物もまた、禰津神平ではなく渡来人の娘である。ちなみに、『啓蒙集』との主な相違点としては、娘の名前が「よねみつ」となっていることや川獺腹の犬を詠み込んだ和歌の文言がやや異なっている点などが挙げられよう。

以上のように、「みさご腹の鷹」に関する説話は、テキストによって叙述に多寡があり、モチーフにも異同が見える。「みさご腹の鷹」を遣う人物についても、テキストによって名前が明記されていたりいなかったり、あるいは人物がそれぞれ異なっていたりする。その中で、『西園寺家鷹口傳』が「禰津神平」を伝えている点に注目したい。禰津神平すなわち禰津神平貞直は、信濃国小県郡と佐久郡を拠点とした滋野三家（海野氏、望月氏、禰津氏）の一族である。『信州滋野氏三家系図』(16)によると禰津家二代目の当主とされ、『諏訪大明神画詞』(17)に「保元平治の戦場にも向にけり」と記されるように平安末期から鎌倉期にかけて活躍した人物であった。つまり、『西園寺家鷹口傳』は、「一條院の御時の事」として、時代設定が齟齬するのにも関わらず禰津神平を伝えているのである。また、さきにも述べたように、『古今著聞集』は「みさご腹の鷹」を遣う鷹飼を「ひぢの検校豊平」と伝えている他、『白鷹記』においても明らかに禰津神平と「みさご腹の鷹」とが無関係である記述が見える。『西園寺家鷹口傳』の叙述は、禰津神平を伝えることによって、歴史的事実から乖離した異伝の一つとなっているといえよう。

三　『西園寺家鷹口傳』と諏訪流の鷹術

禰津神平は、たとえば『諏訪大明神画詞』に「禰津神平貞直、本姓ハ滋野ナリシヲ、母胎ヨリ神ノ告アリテ、神氏ニ約テ、大祝貞光カ猶子トシテ、字ヲ神平トソ云ケル。(中略)東国無双ノ鷹飼ナリ」と伝えられるように諏訪社の神官の一族に連なる人物で、鷹飼の名人でもあった。『信州滋野氏三家系図』の「貞直」の項にも「鷹名誉アリ」と記されている。さらに、『蒙求臂鷹往来』の「前備中守某謹上匠作尹」に

次此道事。於神平貞直流者。諏方相傳為勿論哉。

と見える上、同じく「十二月三日付修理権大夫某浄上備中前司歟」に

次当道事。如賢意。於神平流者。在洛諏方的々相承勿論也。而神家爪葛末葉之輩。号貞直餘胤。

とあるように、彼の鷹術は後世において神平流(禰津流・諏訪流)と称して伝習された。時代は下って江戸時代末期の栗原柳庵の著になる『柳庵雑筆』[18]第二巻にも

斉頼無双の鷹飼にて、其芸武家に伝はり、信濃国諏訪の贄鷹、下野国宇都宮の贄鷹等の徒、みな此斉頼の流を相承す、その中に祢津神平が流は、諏訪の贄鷹の派と云り

とあり、禰津神平の流派は諏訪社の贄鷹の神事に発するものと説明されている。禰津神平が、諏訪流の鷹術の象徴的な存在とされていたことがわかる。

ところで、西園寺文庫蔵『西園寺家鷹口傳』の第四〇条と四一条には、諏訪に関する以下のような記事が挙げられている。

一　信濃の諏訪の御原にて鳥を取てくう鳥有。是をみて狩てとる。箸鷹也。其より鷹狩と云事は諏方より始れり。

一　神馬鷹と云事
信濃諏方の祭の時、奥州より神馬を引奉せらる丶處に國の忩劇について其馬のほらぬ時、其代に鷹を奥州より進らる丶事有。其を神馬鷹と云し。是は諏方はかりの事也。惣して神へまいる鷹をは御とうのたか、御前の鷹とも云也。

右の記事では、鷹狩は信濃国の諏訪から始まったこと（第四〇条）、同じく諏訪の祭では神馬鷹と称して馬の代わりに鷹を神に奉納すること（第四一条）が記されている。また、西園寺文庫蔵『西園寺家鷹秘傳』の第七条と第八条にも、

一　信濃のすわの御原にて、鳥をとりくう鳥あり。是を見て狩てとる。是則鷹也。其《夫》より鷹狩と云事、信濃のすわより始まる也。
／みえかくるとよのあかりになる程は鳩やの鷹のやすむまもなし
／かり行とは丶かる方もあらしかし人もとかめぬ神のにえ鳥

一　神馬鷹と云事
すわの祭のとき、奥州より神馬を引奉する處に、国の忩劇に付て其馬のほらぬ時、鷹を奥州より奉せらる丶事あり。其を神馬鷹と云也。是は諏訪はかりに限りて申へき也。惣て神へ参鷹をは、御とうの鷹御にゑ鷹なんといふなり。

とあり、『西園寺家鷹口傳』とほぼ同じ内容を伝える記事が見える。

このうち、第四〇条の、鷹狩が諏訪から始まったとする伝えは、諏訪側から発信された伝承であることが予想され

よう。第四一条の「神馬鷹」については、禰津松鷂軒の門弟である荒井豊前守が著したという『荒井流鷹書』[19]第一八三条にその作法が詳しく記されている。以下にその該当本文を挙げる。

一　神馬鷹の事

鷹に馬を添て参らするを神馬鷹と云也。神の御目に掛る時は。馬引轡をならし。其時鷹匠と馬引を目合して。神に向紋を唱べし。其後鷹を架に縻。本木へ大緒を一筋留る。末木へ一筋留る。如斯両方へ大緒を留て。本木の方へ三足後さまにあゆみ寄て。鞭を架なりに。ひさくはなを末木へして。本木の方に可置。鷹に鞭を當て押上て。構はつかせて立のくべし。其後申おろす時。本木の大緒をときて申おろすべし。扨末木の大緒をもときて居かゆる也。秘。能々口傳可有也。

右によると、「神馬鷹」とは、鷹に馬を添えて献上することで、贄鷹の神事に結びつく諏訪社の放鷹儀礼であったらしい。同書はこの儀礼について、先に挙げた『西園寺家鷹口傳』の「神馬鷹」の記事とは全く異なる説明をしている。しかしながら、その具体的な内容はともかくとして、西園寺家の鷹書類が実際に催されていた諏訪社の神事を話題に取り上げていることそれ自体が重要で、同書の諏訪に対する積極的な関心を伺うことができるものであろう。

京都における諏訪信仰の流布は諏訪円忠の功績によるとされている。[20]諏訪円忠は諏訪大祝家の一族で、足利尊氏に取り立てられて幕府の奉行人として活躍し、『諏訪大明神画詞』を制作するなど、諏訪信仰の振興に尽力した人物であったとされる。また、円忠の祖父・頼忠は禰津神平の子孫の大塩太郎の養子となって禰津流の鷹術と鷹書を受け継ぎ、それらを孫の円忠に伝えたとされている。[21]

中澤克昭[22]氏によると、京都における諏訪信仰の普及の要因は、円忠の足利政権における台頭に求められるという。

中澤氏はまた、二条道平の『白鷹記』に「禰津神平」が見えてはいるものの、諏訪信仰に関する言及がまったくないため、その時点で当該書では「諏訪信仰」自体は意識されてなかったと推測している。そして、禰津神平と諏訪社（諏訪信仰）とを結合させている文献上の初見は、先に挙げた延文元年（一三五六）成立の『諏訪大明神画詞』であると中澤氏は指摘するのである。

一方、前節で検した西園寺家の鷹書類に見える禰津神平の説話は、同じ書物の中で諏訪社に関する記事も記載されていることから、諏訪への志向性と連動した伝承であることが判じられる。それならば、第一節で触れた『西園寺家鷹口傳』の伝本のうち、尊経閣文庫蔵本の奥書に

　　應長二年三月中旬比以秘本書写之畢

　　正二位行臣藤原卿

　　　　従三位基春

とあることや、同じく大阪大学附属図書館蔵本の奥書に

　　應長二年三月中旬比以秘本書写之畢

と見えることが注目されよう。これらの奥書によると、それぞれの伝本は応長二年（一三一二）に書写されたものという。一方、円忠の生年は永仁三年[23]（一二九五）、没年は貞治三年（一三六四）とされ、彼が京都に赴いたのは荘園記録書の寄人に任命された元弘三年（一三三三）六月～七月頃とされる。[24]件の応長二年の奥書を信ずるならば、『西園寺家鷹口傳』は円忠の京都における活躍や彼の代表的な業績である『諏訪大明神画詞』よりも早い時期に成立したことになる。とすれば、あるいは『西園寺家鷹口傳』は、先学の指摘する足利政権に仕えた円忠周辺とは相違した伝承ルート

で諏訪に関する知識を取り込んだ可能性のあることが予想されよう。その実態を推測する手がかりとして、たとえば、尊経閣文庫蔵『鷹之書』（函号一六・三二大）の奥書が挙げられる。同書は、巻首冒頭に「西園寺殿御流」と見える西園寺流の鷹書で、実技的な養鷹の技術や鷹狩の儀礼に関する知識などについてを記すものである。そして、その奥書には

　右西園寺殿御流分諏方ノ社頭ニ被籠
　　正本是也
　永正四年丁卯十二月　日
　　信州住人諏方山城入道一意

とあり、同書の正本は永正四年（一五〇七）に「西園寺殿御流分」が諏訪神社に奉納されたものであるという。この「諏方社」は「信州住人諏方山城入道一意」という人物名が併記されていることから、信濃国の諏訪大社のことであろう。このことから、当時、西園寺家は諏訪大社と鷹書をめぐって交渉していたことが確認できる。ただし、この年記の元号に従うならば、その交渉の事実は応長二年よりも約二百年後の永正年間まで下ることになる。が、鎌倉期の西園寺家を取り巻く状況を勘案すると、すでにその時期から、尊経閣文庫蔵『鷹之書』の奥書に見られるような西園寺家と諏訪との交流が存していた可能性も十分に考えられる。というのも、西園寺公経以来の西園寺家の当主は代々関東申次を務め、鎌倉幕府と近しい関係にあった。この職を通して西園寺家が東国文化に精通した貴族となっていたことはよく指摘されるところである。(25)東国文化に通じる機会の多くあった鎌倉時代の西園寺家が、東国の武士たちの携えた信濃国在地の諏訪信仰を包含する放鷹文化に対して関心を持ち、現地の情報を積極的に入手していた可能性は

否定できない。『西園寺家鷹口傳』が禰津神平にまつわる説話や諏訪流の鷹術に関する記事を掲載する要因のひとつとして、このように鎌倉期の西園寺家が東国文化を近しく摂取できる立場にいたことは看過できないものであろう。

ちなみに、円忠系の在京諏訪氏の鷹術伝承もまた、西園寺家の鷹術伝承と無縁というわけではない。すなわち、天理大学附属天理図書館蔵『鷹聞書少々』（請求記号七八七―イ七）第七八条によると「一　西薗寺殿、慈遠殿、両家は鷹の御家也」とあり、「鷹の家」として「西薗寺殿」と「慈遠殿」が挙げられている。同テキストは、その奥書に「明應五年（一四九六）丙辰壬二月吉日」の年記と「前信濃守神貞通」の署名が見える。[26]この「神貞通」とは、円忠の六代目の子孫に当たる人物であり、当該本は円忠系の在京諏訪氏の鷹書と判じられる。このことから、西園寺家の鷹術伝承は、在京諏訪氏の側において相応の関心を持たれていたことが確認される。西園寺流の鷹術伝承と在京諏訪氏のそれとの間に相互的な交流のあったことを想像することも可能であろう。それは、先学が指摘する諏訪円忠とそれを庇護した足利政権による諏訪の布教とはまた別の、京都における諏訪文化伝播のあり方―西園寺家の鷹書を軸とする―の実態を示すものとしてやはり注目されよう。

おわりに

本章では、中世における公家流の鷹術の代表的な存在である西園寺家の鷹書類に注目して、『西園寺家鷹口傳』を取り上げ、西園寺文庫に所蔵されている伝本を使って考察を進めてきた。まず、同書に所載されているみさご腹の鷹に関する説話には、禰津神平への興味・関心が顕著に窺えるが、それは諏訪信仰に関わる伝承世界と響きあうものであることを指摘した。次に、従来の研究史では、京都に諏訪信仰をもたらした草分けは禰津神平の後継者とされる諏訪円忠とされ、彼が元弘三年に上洛して足利政権に重用されたことによって京都で普及したとされてきた。が、『西園寺家鷹口傳』の伝本の一つに応長二年の奥書を持つものがあることから、円忠以前に既に京都で諏訪文化が知られていた可能性や、さらにその媒体に西園寺家が関わっていたことなどを想像させることを考察した。その根拠のひとつとして、西園寺家は鎌倉時代、関東申次を世襲していたことなどから、東国の諏訪文化について知識や情報を取り込みやすい状況にあったことが予想される。そうした中で入手した情報を鷹書類に記載して、西園寺家は京都で諏訪文化を発信していったと考えた次第である。

ところで、『蒙求臂鷹往来』には「西園寺入道相家蟄居百首一冊園羽林注」（前備中守某　謹上　匠作尹）「西園寺竹林院左府家秘訣一冊」（十二月三日付　修理権大夫某　浄上備中前司勲）といった西園寺家の名を冠した鷹書が挙げられている。これらのテキストが何れの鷹書に比定できるかは不明で、果たして実在する書物かどうかもわからない。しかしながら、当時、西園寺家所縁の鷹書の存在が巷間でよく知られていたことは窺われよう。『西園寺家鷹口傳』をはじめとする当家の鷹書類が、「諏訪」という地方文化を都に広める媒体の一つであったとすれば、その影響が多大なものであったことが推察されるものであろう。

注

（1）『群書類従　第19輯』所収。
（2）『群書類従　第27輯下』所収。
（3）『続群書類従　第13輯』所収。

（4）『放鷹』「本邦鷹書解題」（宮内省式部職編、一九三一年一二月、吉川弘文館、二〇一〇年六月新装復刻）。

（5）前掲注（4）に同じ。

（6）『国書総目録　第1巻』（森末義彰、市古貞次、堤精二等編、一九六三年一一月、岩波書店）〜『国書総目録　第8巻』（森末義彰・市古貞次・堤精二等編、一九七二年二月、岩波書店）。

（7）それぞれの書誌は以下のとおりである。

①書陵部蔵『西園寺家鷹口傳』

所　蔵　宮内庁書陵部（桂宮本）。函号三五三 - 一四八。

寸　法　縦二三糎×横一七・五糎。

外　題　表紙真中にウチツケ書きで「西園寺家鷹口傳」。

巻首題「西園寺家　　鷹口傳（一丁表）」。

奥　書　なし。

目　録　なし。

丁　数　一七丁。

行　数　半葉九行無罫。漢字平仮名交じり文。

②書陵部蔵『西園寺家鷹口傳』

所　蔵　宮内庁書陵部（松平本）。函号一六三 - 一〇三一。

寸　法　縦二三糎×横一七・五糎

巻首題「西園寺家　鷹口傳（一丁表）」。

外　題　表紙左側にウチツケ書きで「西園寺家鷹口傳」。

奥　書　なし。
目　録　なし。
丁　数　一六丁（一丁表裏白紙）。
行　数　半葉一〇行無罫。漢字平仮名交じり文。

③書陵部蔵『西園寺家鷹口傳』
所　蔵　宮内庁書陵部（松平本）。函号一六三‐一一六二。
寸　法　縦二三糎×横一七・五糎。
外　題　表紙真中にウチツケ書きで「西園寺家鷹口傳」。
巻首題　「西園寺家　鷹口傳（一丁表）」。
奥　書　なし。
目　録　なし。
丁　数　一五丁。
行　数　半葉一〇行無罫。漢字平仮名交じり文。

④大阪大学附属図書館蔵『持明院十巻書之中　西園寺家鷹口伝』
所　蔵　大阪大学附属図書館。函号八〇‐七五。
寸　法　縦一九糎×横一三糎。
外　題　表紙右下にウチツケ書きで「持明院十巻書之中」、同左肩にウチツケ書きで「西園寺家鷹口傳」。
巻首題　「西園寺家　鷹口傳（二丁表）」。
奥　書　「應長二年三月中旬比以秘本書写之畢」。

目　録　なし。

丁　数　一六丁（一丁表裏白紙）。

行　数　半葉九行無罫。漢字平仮名交じり文。

⑤尊経閣文庫蔵『鷹口傳』

所　蔵　尊経閣文庫。函号一一－一書鷹。

外　題　「鷹口傳」。

内　題　「持明院殿基春卿西園寺家鷹口傳一冊」。巻首題「西園寺家　鷹口傳（一丁表）」。

奥　書　「應長二年三月中旬比以秘本書写之畢／正二位行臣藤原卿（一五丁表）／従三位基春（一五丁裏）」。

目　録　なし。

丁　数　一五丁。

行　数　半葉行数不定（九行～一一行）。無罫。漢字平仮名交じり文。

⑥内閣文庫蔵『持明院家鷹秘書　四　西園寺家鷹口傳』

所　蔵　内閣文庫。函号一五四－三五四。

寸　法　縦二六糎×横一八・五糎。

外　題　表紙左肩に「持明院家鷹秘書　四」の貼題簽。

巻首題「西園寺家　　鷹口傳（二丁表）」。

奥　書　なし。

丁　数　一六丁（一丁表裏白紙）。

行　数　半葉一〇行無罫。漢字平仮名交じり文。

⑦ 西園寺文庫蔵『西園寺家鷹口傳』
所　蔵　立命館大学図書館西園寺文庫。函号二一〇。
装　丁　袋綴。
寸　法　縦二七糎×横二一糎。
内　題　「西園寺家鷹口傳」。巻首題「西園寺家鷹口傳」（一丁表）。
奥書等　なし。
目　録　なし。
丁　数　一七丁（一丁及び一七丁表裏白紙）。
行　数　半葉一〇行無罫。漢字平仮名交じり文。

(8)『持明院家鷹秘書』全一〇巻の伝本は、内閣文庫に①『持明院家鷹秘書』（函号一五四‐三〇四）と②『持明院家鷹秘書』（函号一五四‐三五四）と③『鷹十巻書（持明院家鷹秘書・校正本）』（函号一五四‐三四九）の三種類が所蔵されている。ただし、①③は欠巻があり、①は全五冊で③は全三冊。

(9)『古今著聞集』（日本古典文学大系84、永積安明・島田勇雄校注、岩波書店、一九六六年三月）。

(10)『塵荊鈔　下』（古典文庫450、市古貞次編、一九八四年三月）。

(11) たとえば、書陵部所蔵の二条道平の著とされる『白鷹記』は六冊ある（『白鷹記　合綴　嵯峨野物語』（函号一六三‐九九五）、『白鷹記　合綴　薬餌飼之事』（函号一六三‐九九六）、『白鷹記』（函号一六三‐一三四一）『白鷹記』（函号一六三‐一〇八六）、『白鷹記』（函号二〇七‐九七）、『白鷹記』（函号一六三‐一三八七）。また、東北大学附属図書館狩野文庫に二冊所蔵されている（『嵯峨野物語　並　白鷹記　西園寺相國鷹百首』（函架番号第五門一七四〇六‐一、レコード番号一一〇〇〇一七一九三）、『白鷹記（嵯峨野物語合綴）』（函架番号第五門一七四〇六‐一、レコード番号一一〇〇〇一七一九四）他、『群書類従　第19輯』にも所収されている。
(12) 西園寺文庫所蔵の『白鷹記』（函号一九七）や『鷹経弁疑論』に見える『白鷹記』の引用文などは、白鷹を献上したのが「武田信春」となっており、「みさごはら」と禰津神平が必ずしも齟齬しない叙述となっている。ちなみに前掲（11）に挙げた宮内庁書陵部蔵の『白鷹記』の諸本のうち、『白鷹記　合綴　嵯峨野物語』（函号一六三・九九五）のみ、献上した人物を「武田信春」としているが、それ以外の本論で挙げた『白鷹記　薬餌飼之事　全』を始めとする伝本や『群書類従　第19輯』所収の『白鷹記』や、さらには、狩野文庫所蔵『嵯峨野物語　並　白鷹記　西園寺相國鷹百首』などではいずれも全て白鷹を献上した人物を「禰津神平」とする。
(13) 『柳庵雑筆』第二巻などによる。
(14) 本書第二編第一章「諏訪流のテキストと四仏信仰」。
(15) 『信州滋野氏三家系図』による。ちなみに、『柳庵雑筆』第二巻では宗光の一五代裔とする。
(16) 『続群書類従　第7輯上』所収。
(17) 『神道大系　神社編30　諏訪』（竹内秀雄校注、神道大系編纂会、一九八二年三月）所収。
(18) 『日本随筆大成　第三期　3』（日本随筆大成編輯部編、吉川弘文館、一九七六年一二月）所収。
(19) 『続群書類従　第19輯中』所収。
(20) 伊藤冨雄「諏訪円忠の研究」（『季刊諏訪』7・8初出、一九六五年一〇月、伊藤冨雄著作集第1巻『諏訪神社の研究』所収、永井出版企画、一九七八年四月）。
(21) 前掲注（20）に同じ。
(22) 「鷹書の世界―鷹狩と諏訪信仰―」（『芸能の中世』所収、五味文彦編、吉川弘文館、二〇〇〇年三月）。
(23) 前掲注（20）に同じ。

(24)『神氏系図』「円忠」（『諏訪史料叢書　第28巻』所収）の注記、伊藤冨雄前掲注（20）論考による。

(25) 石井進「『古今著聞集』の鎌倉武士たち」（『日本古典文学大系月報』第二期第二四回配本）など。

(26) 書陵部蔵『鷹聞書　諏方家傳　完』（函号一六三-一〇六一）は当該書とほぼ同じ本文を持つテキストであるが、こちらは奥書等が無い。同書の第八〇条には「一　西薗寺、玆《本ノマヽ》薗殿、両家は鷹の家也」と見える。

表①『西園寺家鷹口傳』所収記事一覧表

項目番号	西園寺文庫蔵『西園寺家鷹口傳』（函号二一〇）
1	一　箸鷹は鷹の惣名也。
2	一　ともかゝみと云事 是は腰なへ、羽かく鷹なんとに桙をひきくしてたらいに水を入て桙の下にをきてみする也。これを友鏡《鏡歟》と云也。
3	一　たかたぬきの寸法四寸二分大鷹にかきる也。

項目番号	内閣文庫蔵『持明院家鷹秘書』（函号一五四-三三五四）第二巻『鷹口伝』
1	一　はし鷹とは 鷹のそうみやうなり。
2	（一　さ《は》したことは…）
3	一　ともかゝみとは 是はこしなゑはるゝ鷹なとに、ほこをひきくして、たらいに水を入てほこの下に置て、たかにみする也。わが影をみる身をもちなをして、やすくなをるなり。是を友かゝみといふ也。
4	（一　くつをむすひておつるといふ事は…）
5	一　たかたぬきといふ事 大鷹にかきるへし。たかをすゆるに、うて、くひにぬきいるゝ物なり。かみよりの中に、わらのしへをいれてよりて、それをうつくしくあみて、かわをもてへりをとりて、うてにぬき入てたかをすゆるなり。

		4	5	6		7	8
		一　鷹にすてくれと云事 是は四季にかきらす、鷹のよくふるまいたる時、鳥《取歟》 たる鳥をすて、そのまゝ鷹にまかせて飼事也。	一　わすれかいと云事 是はとやとやきはの鷹に飼事也。そのまゝくれて鳥 屋へいるゝを云也。	一　たはなしと云事 とやたしの鷹をつかいはしむる事也。		一　つちこいと云事 是は先小鷹にかきるへし。鷹をつかう時、大鷹なん とのつちこいとるはその日のふるまいわろき也。	一　おもしると云詞有 是はつねにすへつけたる人にてはなくて、はしめた
	6	7	8	9	10	11	12
そのなかさ三寸也。是はうて、くひをつよくにきり て、みやくなとをにきらせしかため也。	（一　山こしといふ事…）	すてくれといふ事 是は四きにかきらす。たかのよくふるまいたる時、 とりたる鳥をそのまゝすてゝかうなり。すてくれし てはかならすつきの日一日は鷹をやすむるなり。	一　わすれかいといふ事 これは春夏にかきるへし。とりたるとりをそのまゝ くれて、とやへいるゝをいふなり。	一　たはなしといふ事 是は鷹をつかいはしむる事をいふなり。四きまた大 小のたかにかきるへからす。	（一　山かはといふ事…）	一　土こゐといふ事 是はまつ小鷹にかきるへし。たかをつかふ時。大鷹 なとの土こゐをとるは、その日のふるまいわろきな り。又小鷹はいかにも土こゐをとらせておきたつる かよき物也。よて小鷹にはかきる事、こと葉このゆ へなり。	一　おもてしるといふ事 是はつねにすゑたる人にてもなくて、はしめてすへ

	る人をきらふこと葉也。
9	一　な《(おカ)》ほゑかくると云事 是は鳥の落かた分明にもしらぬ時、鳥のひくかたそこそと思やりて、犬を入ゝを云詞也。又鷹もおなし詞也。
10	一　をしへ草と云事 是はふかき草なんとに鳥のかくれたるを、鷹こいを取て、鳥の落葉をしりてぬしにおしへんとて、草うらに当てあかるを云也。
11	一　ゆるき草と云事 鳥のをち草のゆるくをみて、草の上にて鷹みさこ羽をつかひて、鳥をからむ時事也。
12	一　すりたつると云事有 又、鳥のたつるとも云事有。草に飛をとすとりを鷹もその草に当て鳥をたつるを云也。
13	一　ぬすたつと云事は、草に入て、よそへ鷹にしらせて飛立をいう也。又、こたつとも云。
14	一　くひなとひといふこと葉 鳥のをつかけられて、ひら〱ととふを云也。

	てある人をみしりておつるをいふ也。
13	一　おほえかへるといふ事。又おほえとつん共いふ。 是は鳥のおち分明ならぬ時、とりのとい《(ママ)》てゆくかたをとこそとおもひやりて、いぬなとを入るゝをいふなり。又鷹にもおほえをかくる事あり。それも此ふせいなるへし。
14	一　おしへ草といふ事 是はふかき草なとに、とりのかくれたるを、鷹こゐをとりて、鳥のおち草をしりておしへむとて、くさをたかのおしすりてあかるをいふ也。
15	一　ゆるき草といふ事 是は鳥のおち草のゆるくをみて、草の上にてたか、みさこはをつかいて、鳥をみる時の事なり。
16	一　すりたつるといふ事 是は草におちたるとりを、鷹もその草にあたりて、とりをたつるをいふなり。
17	一　ぬす立といふ事 是は大小の鷹につかふこと葉なり。つかれの鳥のおち草よりよそへはみぬけて立をいふなり。
18	一　くゐなとふといふ事 又くゐな立ともいふ。是は鳥の立つかれて。ひら〱ととふをいふ也。

15	一　鳥のまつ《(ゐカ)》を飼に百日に飼也。 是はおほくかはしか料也。	19	一　もゝくちといふ事 是は大鷹にかきるへし。ゑをとりかう時、まるとい ふ物を一とにかわすして、百口にかうをいふなり。
		20	（一　くわせといふ事…）
		21	（一　やりなはといふ事…）
		22	（一　はしりなはといふ事…）
16	一　なかやると云事は、犬に付たる事也。犬の草に あか《ほくみ》りて、しろ《つ》かにかみそへ行時、犬飼《(もカ)》と又、し つかにやり聲をせよ、といふこと葉也。又とりのへ てやれと云心也。	23	一　なかやるといふ事 是は犬の草にあたりて、しつかにかみてゆく時、犬 かいも又しつかにやり、こゑをしつかにするを、な かやるとはいふなり。犬も人も遠くゆくによりて、 なかやるとはいふなり。
17	一　そかいといふこと葉 是は鳥の飛むかふ時、鷹をまはしてあはする時を云 也。	25	一　そかひといふ事 是は鳥の立むかいてくる時、鷹を身にひきかくして とりになけ、かさねてあからするを、そかいといふ なり。くつをむすふなといふこと葉はこの時の事也。
18	一　とさけひといふこと葉 鳥のたつ日やうに鳥よとさけふを云也。	24	一　とさけひといふ事 是は犬飼の鳥のなきて立ときさけふをいふなり。
		26	（一　草かすとるといふ事…）
19	一　いかゝりにすると云事 是は犬のなるやりして行時、鷹木居をとりかへて行 を云也。	27	一　ゐかゝりにするといふ事 是は犬のなかやりて行時、鷹こいをとりかゑてゆく をいふなり。

	28 （一　はまりといふ事…）
	29 （一　つかれといふ事…）
20 一　こ鳥あかるといふ事 是はつかれの鳥の犬にせめられて木竹なとにあかるを云也。	30 一　木とりにあかるといふ事 是はつかれの鳥の犬にせめられて、木竹なとにあかるをいふなり。
	31 （一　物ありといふ事…）
	32 （一　たちはしるといふ事…）
	33 （一　とをみ鷹といふ事…）
21 一　山をさすと云事 鷹の鳥をからめる事也。	34 一　山をさすといふ事 是は鷹のとりたる鳥をかりくる事をいふなり。からくるにくてん有。
	35 （一　くゝゐけといふ事…）
	36 （一　わけくゐといふ事…）
	37 （一　かりころもといふ事…）
22 一　風なかれと云事 あわせはなちたるときにてるを云なり。	38 一　かさなかれといふ事 是は山にても野にても、風おり《ママ》てにて鳥にあわするとき、鷹おのれと風にふかれて、犬をつかいてゆくをいふなり。
	39 （一　みゝかたきといふ事…）
	40 （一　ひきとりといふ事…）

23	一　火をなくると云事 大小の鷹にかきらす、人のおよはさる所にて鳥とる時、鷹をたてんために松に火を付、矢にからみ付て鷹の邊へやれは、是におとろき立あかる也。たゝ火をもなくる也。秘事也。	41	一　火をなくるといふ事 ひしなり。是は大少の鷹にかきらす、鷹のいけみつあまつゝきの上なとにて、なにともせられぬ時、ちいさきたへ（ママ）まつに火をつけて、やにゆいつけて、そのあたりへいやれは、鷹おちて立あかるをさしてとるなり。やにていねとも、たゝ火ともなくるなり。
24	一　のきはうつと云事 是は鳥をせめ付てとらぬ羽を云也。	42	一　野きはうつといふ事 是は鳥をとりゑぬ羽をいふなり。
		43	（一　もとおしといふ事…）
		44	（一　ねすをかはといふ事…）
		45	（一　あしをかはそう名なり…）
25	一　夜とる水と云事 是は鷹の薬也。人の男女、とつく時のいんを取て鷹に飼事有。大に秘事也。	46	一　夜とる水といふ事 是はひしなり。鷹のくすりかいの時のみつなり。これは、なんによ、とつくときのゐんをとりて、鷹にかう事有。大にひすへし。
26	一　みすへとると云事 又みとりとも云。是は鷹をすへて行時、鳥の有をおのれとみつけて鷹とはうを云也。	47	一　見すゑとりと云事 又見とりともいふ。是は鷹をすゑて行時、鳥のあるをおのれと鷹見つけてとはふをいふなり。
		48	（一　したけといふ事…）
27	一　すゝのこさすと云はないとり合のこと也。	49	一　すゝのこといふ事 又めさしのすゝともいふ。春にかきるへし。鳥にすゝの音をきかせしとて、目にさくらのかわをさすな

28 一 ひたり羽みき羽と云事
鷹にも鳥なんとにもかきらす、鷹をつかう時、山のなりによりて、鷹にても山のなりによりて、つかうこと葉也。

29 一 さかもとゝ云事
やまの峯なんとにてひきまはせとも、鷹はこ（上カ）へあかりて末にて鳥とをりあひて取を云也。鷹のあかる時の羽をさかもと云也。

30 一 桙につなく事
大をむすふ数有。

り。たかとひて行時、ぬくるやうにさすなり。

50 一 右羽左羽といふ事
是は鷹鳥なとにもかきらす、鷹つかふ時、山のなりによりて、鷹にても鳥にても、ひたりへゆきめくるをはひたりは、右へ行めくるをはみきりはなり。是は山のなりによりてつかふこと葉なり。

51 （一 ひとより二よりといふ事…）

52 一 さかけといふ事
是は山きしなとにて、鳥はひきまわせとも、鷹は山へあかりて、すゑにてとりに立あいてとるをいふなり。鷹のあかる時のはをさかけといふなり。

53 （一 火うちはといふ事…）

54 （一 うさきかしら鳥かしらなといふ事…）

55 （一 へおの事…）

56 （一 おきなは…）

57 （一 木居といふ事…）

58 （一 いりふすといふ事…）

59 （一 つまゑてすふるなといふ事…）

60 （一 十よりは大鷹…）

61 一 ほこにつなく事
大おの事なり。大鷹は七むすひ。せうは五むすひ。

	上段	下段
		はひ鷹　五むすひ。 少鷹　三むすひ。
62		（一　ひねりさほといふ事…）
31 / 63	一　した鷹といふ事 桙にもとより、つなきたるたかの有に又始て鷹をつなく時、もとの鷹を下鷹と云也。	一　下鷹《シタ》といふ事 是は、ほこに、もとよりつなきたる鷹の有に、又はしめてたかつなく時、もとの鷹を下たかといふ也。
64		（一　ますかきの羽といふ事…）
65		（一　ゑこいといふ事…）
66		（一　百鳥やといふ事…）
67		（一　たか衣といふ事…）
68		（一　ほこ衣といふ事…）
69		（一　はつとかりといふ事…）
70		（一　おとろき立といふ事…）
32 / 71	一　むことりよめとりと云事 つかれの鳥をみせて、犬を入々と云ふ《ほ歟》とたる鳥にてはなくて、めんとりのつかれより、をんとりの驚てたちたるをは聟鳥と云也。又雄のつかれとり、雌の驚立たるをはよめとりと云也。	一　むことりよめ鳥といふ事 是は、つかれのとりを、みふせて犬をいるゝに、みふせたる鳥にてはなくて、そはの草より立鳥を、おん鳥のゑ《（ママ）》をはむことりといゝ、めんとりの立をはよめ鳥といふなり。 鷹諸名 白鷹《ヲウタカ》　是鷹《セウ》　箸鷹《ハシタカ》　雀鷂《ツミ》 雀鷂《エツサイ》　鷂《エツサイ也》　兄鷂《コノリ》　刺羽《サシハ》　隼《ハヤフサ》 白大鷹《マシロノタカ》　黄鷹《ワカタカ》一サイ也　撫鵃鷹《カタカヘリノタカ》二サイ也　鳥屋鵃《トヤカヘリ》

33
一　鷹のとしはと云事
鷹の鳥をつくる柴の枝に付て、人につかはする也。きは、たもの木と云木なるへし。青つゝらにてゆい付へし。是は本式也。

72
一　鷹のとしはといふ事
鷹のとりをくゝる柴の事也。人のかたへたかのとりをやる時、此柴のゑたにつけてやるなり。木はたもの木也。あをつゝらにてゆいつくるなり。

73
（一　うつらなとは…）

74
（一　鷹の鳥木に付る事…）

75
（一　大鷹をきなわ三四十い《（ママ）》ろ…）

76
（一　はい鷹の大を四尺九寸…）

77
（一　すゝもちのなかさ一寸七分…）

78
（一　はい鷹のへを廿い《（ママ）》ろ廿五い《（ママ）》ろ…）

79
（一　鷹をとりつなく時は…）

西園寺文庫蔵『西園寺家鷹秘傳』「雑々通用の詞」
（函号一九三）

34
一　大鷹と云は、め鷹也。めたかなるへし。ちゝ鷹と云は、をん鳥の事也。

35
一　春の鷹の事
鷹のに《（うカ）》ほると云事有。是は正月の程有へし。冬つかはてとやにこめたる鷹の毛霜のふりかゝりたることくにて面白を云也。

36	37	38	39
一　鷹のわすれかいと云事 四月八日狩場にて北へ立たる雄を合て是をとる。其を餌に飼て、とやへいるゝを忘飼と云也。一鳥の外には合すへからす。此鳥は七月十一日にとやを出すと云也。また五月五日にとやにこむる一説有。是は九月九日とやを出す。是もめんとりは同北へ立たるをとるへし。	一　とやくしけと云事は、とやかへ《(くゝカ)》みりの事也。	一　一條院の御時、はとやと云御鷹有。此鷹は、出羽国ひらかと云所よりいてたり。からまきと云鷹逸物也。一説こひ丸とも云也。	一　からあふみと云は、宇治の寶蔵にをさめられけるを、七月にさらし物ゝ時、とりいたす。其時、此鐙を鷹、くわへて巣におきて子をうむ。是を見付て注進申けるよりして、此巣鷹をは、からあふみと云。甲斐國の《る》山中と云在所において云つたへたり。今も此すたちをはからあふみと云。逸物なり。
		1	2
		一条院の御宇に鳩屋と云鷹あり。紅の鷹と云事あり。はとやに同。此鷹は出羽国平賀と云所より出たり。此鷹親を鷲にとられて其歎きに一夜の内に紅になる。其後かたきを取て本の色になる。是鳩屋の鷹也。鏡曇集には鳩に似たる間はとやの鷹と云と云々。一説には一《(百カ)》日とやをかいたるをはとやの鷹と云と也。 ╲出羽なるひらかのみかり立かへりおやの為には鷲を取也	一　からくつわと云事 鷹からのくつわをくわへて巣にをきて子をうむ。是を見付て注進申。それよりして、此鷹を唐くつわと申。此巣山の在所甲斐國山本と云所に今に在也。今に在てそも此巣おろしをはからくつわと云也。彼くつわをは宇治寶蔵に収られける。毎年七月七日に出

			也。
		3	(一　韓巻と云鷹は唐国の鷹也。)
		4	(一　鷹の薬哥合事…)
		5	(一　とこめの鷹といふ事…)
		6	(一　羽飛の鷹と云事…)
40	一　信濃の諏訪の御原にて、鳥を取てくう鳥有。是をみて狩てとる。箸鷹也。其より鷹狩と云事は諏方より始れり。	7	一　信濃のすわの御原にて、鳥をとりくう鳥あり。是を見て狩てとる。是則鷹也。其《夫》より鷹狩と云事、信濃のすわより始まる也。 ／みえかくるとよのあかりになる程は鳩やの鷹のやすむまもなし ／かり行とは、かる方もあらしかし人もとかめぬ神のにえ鳥
41	一　神馬鷹と云事 信濃諏方の祭の時、奥州より神馬を引進せらるゝ處に國の忩劇について、其馬のほらぬ時、其代に鷹を奥州より進らるゝ事有。其を神馬鷹と云し。是は、諏方はかりの事也。惣して神へまいる鷹をは御とうのたか、御前の鷹とも云也。	8	一　神馬鷹と云事 すわの祭のとき、奥州より神馬を引奉する處に、国の忩劇に付て其馬のほらぬ時、鷹を奥州より奉せらるゝ事あり。其を神馬鷹と云也。是は諏訪はかりに限りて申へき也。惣て神へ参鷹をは、御とうの鷹御にゐ鷹なんといふなり。
42	一　鷹をすゑあてると云詞。 狩場にて、鳥を引たてゝ、鷹をはたかき所より合するをすゑあくると云也。	9	一　鷹を居あくると云事 狩庭にて鳥をきひしく立て、たかをは高き所より合するをすゑあくるとは云也。架にあらん鷹をは居あくるとは云へからす。

			／谷こしに鷹を合て巌つゝき犬よひつけて走るかり人
		10	（一　松枚いつれの木にも居…）
43	一　鷹のふに藤府藤黒と云。是は鷹の胸の邊に有。	11	一　鷹の符に、藤ふ藤くろふ。是は鷹のむねの色にあり。其おに黒符の鷹在也。／ふゝきする行野の原を狩後はくろふの鷹そ雪にまかはぬ
		12	（一　七波の毛と云所鷹のそは脛にあり…）
		13	（一　鷹のもとり羽うつと云事あり…）
44	一　鷹のつゝり足緒と云事 鷹をいたはり、又はみちかさりに足緒のもとを、色々の錦きんらんをかさねてさす。これをつゝり足緒と云。大小の鷹何もあるへし。	14	一　鷹のつゝり足緒と云事あり。 鷹をいたわらん為に、又みめかさりに、足緒のもとを色々の錦にてかさねてさす。これをつゝりあしおと云也。大鷹小鷹に同しく有へし。／ほし波のあしおのくちを引すへてもす野の御狩始めとそ聞／大緒をとき鷹に鈴さし日くれぬと駒打はやめいそく狩人
45	一　鷹のおきなり（ママ）と云事 大足緒を我足にからみてとりかふ時、大足緒をおきなはといふ。大足緒のなはの手歟。是荒鷹の時の事也。	15	一　鷹のをき縄と云は、大足緒を我足にらみて荒たるをとりかう時、をゝ是をきなわと云。大足緒のなわの事歟。是あら鷹のときの事也。
46	一　鷹の尾のかす、十二しな有。次第不同。	16	一　鷹の尾の数十二品あり。鈴つけ、ちからお、わ

47

一　鈴付力尾脇毛とも云。助尾力尾同。なら柴なら柴のおとも云。足引。石打。忍尾とも云事あり。足は忍の鷹と云也。本説有。忍尾は府のきれ様たちさまにきるゝ也。

48

一　屋形とも云尾有。是も府のきれやう也。

き尾、たすけ尾、大石うち、小石うち。
／目にみねと草とる鷹のふる（ママ）いは鈴のなるにもしられける哉
／御狩野に今日はし鷹の空暮てとふきの鈴もとかて帰りぬ
／狩衣さのみはいかゝ鷹の尾のたすけは人のふるき成けり

17

一　ならしはともならしはの尾とも云也。
／箸鷹のとかへる山のならしはのなれはまさらて恋そまされる
／冬かれのましはならしは打たゝき行野の御野に狩くらしつゝ
一　すけを、しらひき、是皆尾也。しのふをと云事あり。是はしのふの鷹につきての事也。本説ある歟。
／道のくの忍ふの鷹を手にすへてあたちか原をゆくはたかねそ

18

一　屋形尾と云おあり。是は符のきり様の忍ふは是も符のきり様ありとてさまにきる也。
／屋形尾のま白の鷹を引すへて宇多の鳥立を狩くらしつゝ
／みかみ川すかへるよりを心してなきおとしたるやかたおの鷹

19

（一　まねおと云あり…）

		20	（一　ひさこひと云は…）
49	一　鷹の小衣と云毛、かたに一と丶をり有。	21	一　鷹にさ衣と云毛あり。かたに一とをり在也。連哥に ／・神さむきたかのさ衣夜をかさね
50	一　篠衣と云。是は、鷹の鳥をとりて、さ丶の中へ鳥と落て篠の中に身をかくす。それをさ丶衣と云。をち草の比なり。	22	一　さ丶衣と云事 此《是》は鷹の鳥をとりて、篠の中へ鳥と落て身をかくす。此《是》をさ丶衣と云歟。落草の心也。 ／打つけにやかて犬こそかみにかめ山くちしるく鳥はありけり
51	一　鷹のこい丸と云事 是は、鷹、みさこにかよふてうまれたる鷹也。此鷹をとりかう時、先魚をとらする也。其時、水の中へ犬を入てとる。其池は、神前の池也。其時の御哥奥に有。	23	一　鷹に鱗丸と云名あり。 此鷹みさこにとつきてまうけたる鷹なり。此鷹をかう時は、先魚をとらする也。其時水の中へ犬を入てとらする也。件の鷹を神泉苑の池にてつかはれき。 その時の御歌 ／あら磯のみこ（ママ）の巣鷹を取かふにおその子はらむ犬を尋て 此時鱗丸を名く。河をそにとつきて姙たる犬を以て此鷹をとりかふ。此犬、大津の浦にて尋出せり。其時の鷹しやう信野のねつの神平也。清頼公のむこ也。御かと御幸なりて、ゑいらんありき。一条院の御時か。此鷹には口傳多也。
52	一　おそにとつきて生たる犬をもちて、此鷹をとりかう。おそとは、河おその事也。此犬、大津の浦よりたつねいたせり。しなの丶ねつの神平、是をつかう。神平、政頼公の聟なり。御幸成て、これを叡覧あり。一條院の御時の事なり。此鷹には口傳多。		
53	一　鈴の名にて峯と云鈴有。此在所は奥州忍に有。七峯は口傳多し。鳩屋の鷹の鈴。鳩屋とはひらかの	24	一　鈴の名に七峯と云名あり。七峯と云在所奥州忍郡にあり。但七みねに口傳多。

	御鷹同者也。		鳩やの鷹の鈴なり。はとやひらかの御鷹同物也。／雪のふる空にはすゝの音のみそ狩庭の鷹のしるへ成ける
54	一 鷹に爪四有。かけ爪。うちつめ。からみもきかけ是也。	25	一 鷹の爪に四の名あり。かけ爪。うちつめ。とふみかへるこ。かへるをはもちかけ爪とも云也。
55	一 雪しろ。あをしろ。あか白。是皆白鷹なり。白鷹をはをしわたして符かはるといふ。	26	一 白鷹の事 ゆき白。あか白。あほ白。是皆白鷹也。白鷹をは、おしわたしてふかわりと云也。しろ鷹にみる所あり。羽筋白しひさこ花深くあり。連哥に／・また深き雪の白鷹春さむし
		27	（一 赤鷹は大鷹小鷹にあるへし…）
57	一 鷹のそれて、木にとゝまりたる夜を夜宿取とも云。狩庭にての事也。	28	一 鷹のそれて木にとまりたる夜をは夜やとりと云。狩庭の事歟。
58	一 はやふさにとをか《(るカ)》羽と云事有。是は風にふかれてとまりゐぬ事を云。又風なかれとも云。風なかれのことは惣して鷹に有へし。	29	一 隼にとをる羽と云事あり。是は風にふかれてとまりゐぬ事を云。又風なかれとも云。風なかれは惣て鷹にあるへし。／御狩野にかさなかれする箸鷹の聲にもつかぬ恨をそする
59	一 山かへりののほり羽と云羽有。是は山へのほるやうに、はやく飛をのほり羽と云。逸物に有へし。	30	一 山かへりののほり羽と云は、山へのほりさまにはやく飛を云。／箸鷹の心の内をおもふにはつかふ時こそ山かへりすれ

60 一　大ゑにかゝる云詞あり。へんをはむらんと思を 犬を放也。犬やりの縄とも云也。	31 一　おほゑにかゝると云詞あり。 狩庭にて鳥のその邊をはむらんと、おほゑをかけて 犬をはなす事也。犬のへり縄とも云也。 ／鳥は、やむかひの峯を引こして遠見てつくるおほ え斗を
61 一　鷹に落羽毛はやしとも云也。鷹をほめたる事也。	32 一　鷹におちはしはやき羽やしとも云。 ／のそきしてはやれは鷹をはなちやりつみ取かなふ 思分ねは
62 一　ほら毛と云事有。法螺貝に似たる毛なり。鷹の 尾羽に有。常にはなし。	33 一　鷹にほら毛と云所あり。 ほら貝に似たる毛なり。
63 一　雪すりの鷹と云事有。尾も羽も雪に摺たる鷹を 云也。	34 一　雪すりの鷹と云事あり。 尾羽をも雪に模て白くされたるを云。野されとおな し事也。
64 一　鬼ひしとは鷹の目中にいほの有を云。逸物也。	
65 一　葛はかと云は脛に毛の有を云也。	35 一　くすはかまと云毛あり。 藤はかまとも云所あり。連哥に ／・面なれてきつるは鷹の藤はかま
	36 （一　青あしの鷹と云は…）
	37 （一　鷹のそゝろうつと云事…）
	38 （一　手袋を引と云は…）
	39 （一　をきゑすりと云は…）

66	一　四毛と云は鷹の足のうらに有。	40	一　四毛と云毛は鷹の皆《背》にあるへし。
		41	（一　鷹かいの山はあしたか山の事也…）
		42	（一　とまり山と云も…）
67	一　こもつゝこへと云は、山の尾を鳥と鷹と一つゝ、飛を云なり。	43	一　こもつちこゑと云は、山の尾を鳥と鷹と一つゝ、飛こえ〳〵するをいふ。／箸鷹のこもつちこゑの一もちり取もとらぬも面白のはや
68	一　夜おり毛、鷹の脇に有。さゆる毛、これも同所なり。	44	一　よるをる毛。鷹のわきにあり。さゆるの毛。是も同所也。
69	一　梅花と云所。鷹に有。	45	一　梅花と云所。鷹の毛にあり。
		46	（一　鷹つかれを追て行所に…）
70	一　痩たる鷹をは、そはみたると云也。	47	一　やせたる鷹をは、そはみ鷹といふ也。／けに〳〵と寒き狩場のそはみ鷹羽杖をつきておほはゆる哉
		48	（一　すゑそはむると云は…）
		49	（一　さかると云は…）
71	一　鳥柴と云は、鳥をつくる柴の事也。御狩をして鳥をこの柴に付て、供御にそなふる也。春夏秋冬に付やう、かはるへし。大臣の狩に出給時、此柴に鳥を付事有へし。	51	一　鳥柴と云は、鳥を付る柴の事也。御狩をして鳥を柴に付て供御に備柴なり。四季によりて付様有。又大仁《い》の狩に出て給時、此柴に鳥を付る事も有へし。
72	一　のけ羽うつと云事は、つかひ（ママ）草にふしたる時	52	一　軒端うつと云事は、つかれの鳥、草に伏しぬる

	事也。		鳥のけて舞まわるを云。実はのけはうつと云歟。／のきはうつましろの鷹のなら柴に想そつもりて恋そまされる／軒はうつましろの鷹のゑ袋にをきゑをさして帰りつる哉
73	一　箸鷹と云は、七月御たまはしをとほして鳥屋をいたすを云歟。又鷹にはし鷹有。	50	一　箸鷹と云事は、七月に御玉の箸をとほして鳥やを出すを云也。又鷹にはしたねといふあり。是をはしたかと云一説也。大鷹小鷹の惣名也。／はし鷹のあすの心のかわる哉そる空とりのあわれかひして／箸鷹のいつれか居木の枝ならんふる斗によひてしも哉／はし鷹のとかへる山の折柴の柴かへはすとも君かへはせし
		53	（一　草に見ふする鳥と云事…）
		54	（一　おほえの草。ゆるき草。あて草。みおほえ草。是皆同し心也。）
		55	（一　入草と云事あり。）
		56	（一　ふし草。ひやうふ草。皆鷹の詞也。）
		57	（一　鳥の落草と云事在也…）
		58	（一　毛花をちらすと云事…）
74	一　ますかきの羽の事	59	一　ますかきの羽。谷わたしの羽。是皆同心也。

75	一 たにわたしの羽同心也。但谷にてなけれとも、杜より森に飛わたる時、ますかきの羽有。是に口傳多し。		／さかの山尾こしの鳥をめにかけてますかきのはを鷹やとふらん ／巣山の峯飛たかのますかき羽行野ゝ狩の名さへなつかし ／箸鷹の野鳥のからみ谷わたりますかきの羽に月や出らん 但谷にてなけれとも森より森に飛わたる時枡かきの羽有也
		60	（一 夜すゑと云はあら鷹の時の事也…）
		61	（一 ましらふと云は白鷹の事也…）
76	一 すおろしにあらす。しろたか。むらさきの大おほきみの御鷹の外有へからす。	62	一 巣おろしの白鷹あるへからす。百済国の物也。
		63	（一 柴の大緒。君の御鷹の外にはあるへからす…）
		64	（一 日次の御鷹新也…）
		65	（一 ましろの鷹とは…）
		66	（一 野中の清水哥合に鷹よき也…）
77	一 いたつらに返る時、生とりを羽をおしおとして、是をとらするをねとり飼といふ。又、ゑふくろに入ても餌もかふも皆以同事なり。	67	一 ねとりかいと云事は、狩庭にて鳥をとらすして徒に帰るとき、生鳥の羽をおしおり、是をとらするを云歟。又餌袋に入たるをもかう。是同し事也。 ／取事はかたのゝ狩庭ちかけれと手をむなしくて帰る鷹かい

	78	79		80	81	82	83
	一　鷹のさうきやう。ら《（うカ）》しろには山河をなかせと云は鷹の背とをりのあれて、川をなかしたるやうなるを云也。	一　鷹の左羽右羽と云事左右へ飛羽也。		一　しろたかにみる在所有。羽すちしろし。ひしやく花ふかく有。四羽にふくりんふかし。らんひの毛もとしろし。	一　あか鷹は、大鷹にも小鷹にも有へし。是も符かはり也。	一　鷹にほろのをと云毛有。うしろの羽かいのあはせめに有。	一　鷹の装束のいと、左右に二筋也。四寸八分なり。正頼公の流也。
	68	69	70			71	72
／夕霧に雉子鳴也帰るさのとりかいせすは又あはせなん ／ゑ袋に菟のかしら鳥のくひさかなにせしは昔なりけり	一　鷹の相形に、後には山川を流せ前に小山をいたかすと云事有。鷹のせとおりはあれて河をなかしたる様にて前はまろ〳〵と高かれと也。	一　鷹の左羽右羽と云事は、左右に飛羽なり。／はしたかの尾上引こす左羽にみね落草の鳥立おそしる	（一　木葉かへりと云は、鷹の事の外にちいさき鷹也…）			一　鷹にほろの帯と云毛あり。うしろの羽かいのあいめに在也。	一　鷹の装束の糸。左右に二すち。長さ四寸二分也。政頼公流也。

	84	85	86	87	88	
	一　はし鷹の思よりと云事有。是は餌袋さしたるゑからの事也。	一　鷹に紅のたかと云事有。おやを鷲にとられて、その恨に一夜の中にくれないになる。其後、かたきのわしをとろ《り歟》てもとの色になる。これ、はとやのたる《(かカ)》也。	一　錦を以て鈴付にする事 君の御鷹はかり有へし。紫の足緒おなし。武家には用へからす。	一　野守の鏡と云は、岩にたまりたる水に鷹の影をうつしたるを見つけて、その鷹とる。其より野守の鏡と云事有。	一　鷹の毛に村雨の毛、五月雨毛、習の毛、水熊毛、松原の毛は、かたかへりのたかはかり有へし。遠山をち、遠見山同心也。まくらの毛、あやめの毛、世間毛、うき世の毛、くれは鳥の毛、はし鷹に有。	
73	74		75	76	77	78
（一　鷹のおち鳥と云は、鷹に取落されたる鳥をいふ也…）	一　はしたかに思ひ妻と云事あり。是はゑふくろにさしたるゑからの事也。連哥に ／・鷹は猶心をのこすおもひ妻		一　にしきを以て鈴もちにする事あり。君の御鷹にすへし。紫の足緒同。武家にくたるへからす。	一　野守の鏡と云は、石にたまりたる水に鷹の影の移りみえたるを見付て、其時より野守の鏡と云也。一説には鬼神のもちたるかゝみともいふなり。 ／はし鷹の野守の鏡えてし哉思ひおもはすよてなからみん	一　村雨の毛あり。 ／鷹つかふかたのゝ原のむら面をしはしすこすも久しかりけり	一　五月雨の毛。ひすゐ毛。水陰の毛。皆鷹の毛の

89
一　こかねつけの毛。ほうしやうの毛ひらの毛の事也。ゐかきの毛とも、又、すくちの毛とも云。若鷹とやの毛ましりたるを云。

90
一　唐國より日本へわたる人、日本にて小竹野と云女に契りをこめて、又、もとのことく。女房にくはしくおしへてかきをく一巻の書有。是を人におしへ

名也。

79
一　松原の毛と云は、片帰の鷹斗に有へし。是とお山おちの毛にはし。
／とさけひの声や待らん狩人の向のおかに遠見立つ、

80
一　まはしの毛。あやの毛。世間の毛。
／世中はへしりうたれぬはし鷹のゐそ引きらぬ心よはさに

81
一　うき世の毛と云所あり。
／何方に雪野の雉子の跡をけちてかりのうき世に身をかくさまし

82
一　くれは鳥の毛と云所あり。人になつかぬ程は、身にしかと引つけてをき、人になつきぬれは其毛をおこす也。

83
一　かねつけの毛。ほうしやうの毛。瓦の下にあり。ひちの毛にも有。

84
（一　ゐかけの毛共、又すくちの毛とも云毛あり…）

85
一　唐國より日本へわたる人、是にて小竹と云女に契こむ。又もとのことく唐へ帰る時、其形見に鷹をつかふ様を委く女にをしへて書を出す。一巻の抄あ

	てつかふ。日本の鷹狩の始也。此女房、男の名残をおしみて恋死けるとや。鷹にこひといふ事、是も一説也。		り。人にをしへ、鷹をつかふ事、日本にての鷹のはしめ歟。此女、男の名残を惜み、恋死てけるとかや。鷹に恋を付る事此説歟。
91	一　鷹そはみたる時はなつ。其鷹、田の中にをりて薬をはみて、もとのことく主の栫に返。それをたかへりと云。一説也。其薬は田水也。		
92	一　こゝのあふみの哥。		
93	一　鷹の薬のよりあひの事 きりつほの水。柳水。柳露。よるとるさい《(はカ)》のみつ。夜とる柳。此五は皆薬也。		
94	一　栫はつなく事 七むすひと云。せうは五むすひ。はいたる《(かカ)》五むすひ。小鷹三むすひ云。		
95	一　ひねりさほといふ事 五尺二寸也。		
		86	(一　ねくらの雪と云事は…)
		87	(一　つき鷹と云事…)
		88	(一　ねつの神平か手むき丸と云鷹あり…)
		89	(一　鷹の使と云事…)
		90	(一　野されの鷹は…)
		91	(一　ね鷹と云は…)

	92	（一　しほたかあか鷹を云也…）
	93	（一　はつとかりとは…）
	94	（一　ひはり鷹と云事…）
	95	（一　鷹の尾羽符毛…）

第二章　政頼流の鷹術伝承――『政頼流鷹方事』をめぐって――

はじめに

平安時代の武人・源政頼は、『尊卑分脈』[1]「清和源氏」によると、

斉頼

出羽出雲守　左兵尉従五下　左衛門尉　康平元四廿五源頼義朝臣為鎮守府将軍下向之時相具足之刻任出羽守為鷹飼也

とあり、康平元年（一〇五八）、出羽守に任ぜられたという。それは、源頼義が前九年の役で奥州に下向するのに際し、鷹飼として政頼が随行するための任官であったとされる。「鷹飼の政頼」については、たとえば『古事談』[2]巻第四‐一三に

出羽守源斉頼〈六孫王曾孫、陸奥守蒲正孫、駿河守忠隆男〉は、若冠の昔より衰暮の時に至るまで、鷹を飼ふを以て業と為せり。

と見え、この「出羽守源斉頼」が盲目となって鷹の産地を言い当てる説話が掲載されている他、大蔵流の狂言『せいらい』[3]に、

シテ「是は娑婆に隠れもない、政頼と申鷹匠で御座る。我思はずも無常の風に誘はれ、唯今冥土へ趣きまする。先そろり〳〵と参うと存る。」

と見える「政頼と中鷹飼」が、閻魔大王の前で鷹狩の技を披瀝するなど、多種多様な伝承が中世以降に広く流布した。同時に、鷹狩の世界では「政頼流」を称する鷹術が成立し、それに伴って「政頼」の名を冠する鷹書が多数制作された。本章で取り上げる西園寺文庫蔵『政頼流鷹方事』(4)（函号二〇七）もそのひとつである。同書は、宮内省式部職の編纂による『放鷹』(5)「鷹の流派　その一　政頼流、故竹流」において、政頼流の鷹書の代表的なものとして挙げられた書陵部蔵『政頼流鷹方之書(6)　全　鷹御内書』（函号一六三 - 一三三二）の異本である。当該本には独自の記事が多く、新たな検討が必要とされるものである。

そこで、本章では、西園寺文庫蔵『政頼流鷹方事』について、その独自性を示す記事を中心に考察を進め、本書の特性を明らかにする。そして、その特性にかかわる問題点について言及し、複雑に展開した政頼流の鷹術伝承の一斑をたどってみたい。

一　『政頼流鷹方事』所載の三条西家流の政頼伝承

西園寺文庫蔵『政頼流鷹方事』は、先に挙げた書陵部蔵『政頼流鷹方之書』以外に、書陵部蔵『鷹御内書』(7)（函号二七〇 - 一三二）とも一部重複する叙述を持つ。本書の独自性を確認するために、これらのテキストと相対比較した異同表を【表②七四頁】に示す。

この異同表によると、西園寺文庫蔵『政頼流鷹方事』にしか見られない独自の記述としては、⑤の鷹説話等が記載された六九項目の叙述が挙げられる。ちなみに、本書において、この叙述と④の「鷹字類事」（鷹詞）の記事との間には一丁分の空白があり、あるいは追加増補された可能性も伺える体裁となっている。

表②

	A西園寺文庫蔵『政頼流鷹方事』	B書陵部蔵『政頼流鷹方之書　全　鷹御内書』	C書陵部蔵『鷹御内書』
①	鷹の伝来説話（二丁表一行目～二丁裏一行目）	◎	◎
②	足利将軍の御内書（二丁裏二行目～五丁裏三行目）	◎	○
③	鷹の文字の事（五丁裏四行目～一〇丁裏四行目）	○	○
④	鷹類字事（鷹詞）（一一丁表一行目～一二丁裏一行目）	△	×
		（鷹歌三首）	
⑤	鷹説話等六九項目（一四丁表一行目から一八丁裏六行目）	×	×

◎…ほとんど同じ記述が見える。
○…似ているがやや異同のある記述が見える。
△…対応する記述はあるが、異同が多い。
×…対応する記述無し。

さて、これらのテキストは一様に、まず冒頭に鷹の伝来説話を掲げ、その次に歴代の足利将軍の御内書を掲載している。この部分の叙述に関しては、各テキストによって御内書を発給した将軍に若干の異同があるのを除いて、大きな差異は見られない。この「鷹の伝来説話」は、ほかの鷹書類においても巻頭に掲げられることが多い。というのも、本説話は、本朝における鷹術の起源を解き明かす縁起伝承という性質上、それぞれの鷹書の属性や基幹となる思想を明示する側面を持つ。そのため、冒頭に記載される場合には象徴的な意味を持ち、各テキストの特性を最も端的に打ち出すものである。(8) それならば、当該テキストについても、本説話の考察を通してその特性を確認しておくべきであろう。以下に、各テキストに所収されている鷹の伝来説話を挙げてみる。

A. 西園寺文庫蔵『政頼流鷹方事』

△政頼流鷹方事

昔従唐国来光鷹を居へ、由光犬疋渡舩す時、三條西殿御先祖源政頼公為勅使鷹并犬請取則一巻相傳云々。鷹方以今専用当流来候。鷹之文字鷹之云、三條家を用云。公方様御内書大形、当家御文云二而、相調候歟。

政頼流鷹方事

B. 書陵部蔵『政頼流鷹方之書　全　鷹御内書』

昔従《ヨリ》二唐国一来光鷹居《ヘ》、由光犬ヲ疋渡舟《キトシウ》ス時《ニ》、三條西殿《シ》御先祖三條家政頼卿《キヤウシテ》為二勅使《チョクシト》一鷹《ニ》并犬《ヲ》請取《リ》則《チ》一巻《ヲ》相傳《ンスト》云々。鷹方以《テ》レ今専《モツハラ》當流《ニ》用来《ル》候。鷹之《ノ》文字鷹之言《コトハ》、三條家用《ヲユ》。公方様御内書ニ大形《カタ》、當家御文言《ゴン》二而《テ》、相調《ト、ノヒ》候《ソロ》歟《カ》。

C. 書陵部蔵『鷹御内書』

一、鷹鶻《ヤウコツ》事

ハヤブサ

傳来之説に曰、昔、大唐より来光、鷹をすへ、由来《ユウ》、検をひき、渡船于時、三條西殿先祖政頼、是を請取、則鷹検の一巻を相傳也。以今当流専用来候。鷹之文字并同言葉、三條家用之也。

公方様御内書大形如左。

これらはいずれも字句レベルにおいてわずかな異同がみられるだけで、ほぼ同文といえるものである。その内容については、唐国から来光が鷹、由光（C．書陵部蔵『鷹御内書』のみ「由来」）が犬をそれぞれ携えて渡来したとき、三条西家の先祖である政頼が勅使として鷹と犬を受け取り、鷹書一巻を相伝したとされる。さらに、当流すなわち三条西家の鷹の文字及び言葉は将軍家の御内書でも用いられているという。同話に見えるような、唐国から鷹が伝来するというモチーフや、政頼が渡来人の鷹飼から鷹と犬と鷹書を伝授されるという設定などの全体的な筋立てについては、他の類話と比較しても特別な差異は見られない。しかし、政頼の素性を「三條西殿御先祖」とする叙述については、特殊な異伝として注意されよう。もとよりこの系譜は史実ではないが、政頼を鷹術の名人の象徴として捉える伝承は多くあり、しばしば史実を超えて引用される(9)。本書記載の鷹の伝来説話もまた、そのような政頼伝承のひとつであろう。問題は、その系譜が「三条西家」ということである。たとえば、諏訪流の鷹書では、政頼の系譜を諏訪と無縁の人物とすることはありえない。当然のことながら同流の伝書における政頼は、諏訪流の鷹術と繋がる人物とされる伝えが多い。本書が政頼を三条西家の人物とするのには、三条西家との所縁を主張する意図のあることが想像されよう。

ところで、『政頼流鷹詞』という鷹書にも、西園寺文庫蔵『政頼流鷹方事』と同じ「三条西家を称する政頼」を伝える鷹の伝来説話が記載されている。同書もまた、『放鷹』「鷹の流派　その一　政頼流、故竹流」で政頼流の鷹書の代表的なテキストとされているものである。その伝本については、同じく『放鷹』の「本邦鷹書解題」によって以下の二つが紹介されている。

①『政頼流鷹詞　一』

②『政頼流鷹詞　上下二』

このうち①は書陵部蔵『政頼流鷹詞　全』（函号一六三－九三〇）、②は書陵部蔵『政頼流鷹詞　并秘事　上下』二冊（函号一六三－一〇六二）にそれぞれ該当する。これらのテキストにおける本文の異同はほとんど見られない。そこで、件の鷹の伝来説話については、①書陵部蔵『政頼流鷹詞　全』の該当本文を以下に挙げる。

昔、従唐国、米光鷹田光犬牽渡舟時、三條西殿御先祖源政頼、為勅使鷹并犬請取則一巻相傳云々。然ニ鷹方諸流注多有之。以今専當流用来也。誠此一巻注為極秘累年之執着、従山高而従海深故先師之流、聊一不浅而令傳受畢。

仍免状如件。

萬治元十二月九日　若原近右衛門

伊藤九郎三郎尉殿

右によると、唐国から米光が鷹、田光が犬をそれぞれ携えて渡来したとき、三条西家の先祖である政頼が勅使として鷹と犬を受け取り、鷹書一巻を相伝したとされる。これもまた、政頼を「三條西殿御先祖源政頼」としている。ただし、本話が同テキストに記載されている箇所は、『政頼流鷹方之書　全　鷹御内書』とは相違して巻末の跋文である。

ちなみに、『政頼流鷹詞』の冒頭には、これとは異なる鷹の伝来説話が掲げられており、それには政頼の系譜は明記

されていない。また、本テキストはその書中に

右条々於此巻物政頼之注為秘書甲斐国之住人板垣
玄蕃介根来一見之砌令参會申通候處色々執心候故
無別義書付令相傳畢聊不可有他見者也
永禄九年三月三日　経平在判
若原近右衛門入道

という書き入れが見える上で、右に挙げたような「萬治元年十二月九日」に「若原近右衛門」から「伊藤九郎三郎尉殿」に宛てたとする奥書が見えるのである。これらの記事によると、永禄九年（一五六六）と萬治元年（一六五八）の年号が確認され、どちらにも「若原近右衛門」の名前が付記されている。この「若原近右衛門」が、どのような人物かは未詳である。その他、「甲斐国之住人板垣玄蕃介」「経平」(10)「伊藤九郎三郎尉」なる人物たちについても詳細は不明である。現在のところ、本書においてその属性や伝承の位相などを明らかにする手がかりは乏しい。しかしながら、どのような属性を持つにせよ、その書名より、政頼流を標榜する鷹書ということに変わりはなかろう。三条西家流を称する政頼伝承が、政頼流の鷹書においては流布していたことが確認できるものといえよう。

また、西園寺文庫蔵『政頼流鷹方事』の「鷹之字事」には、

一　角鷹《ヲヽタカ》　此角字ヲホ鷹ノヲホトカク也。祢津流ニハ専此字ヲ用カク也。
一　臺《ヲヽタカ》　臺此字書人モアリ。未勘。

と見える。これによると、「角鷹《ヲヽタカ》」の用字について「祢津流」の用法が説明されている。これに対して、本書が「当

流」とするのは、冒頭の鷹の伝来説話で示されているように「三条西家」流のことであろう。同様に、書陵部蔵『政頼流鷹方之書　全　鷹御内書』「鷹之字之事」にも、以下のような鷹の文字に関する記載が確認できる。

一　角鷹《クマタカ》　此角《クマ》ノ字ヲ鷹ノヲホトモ書ク也。

（中略）

一　臺　ネツ流ウニハ専《モツハラ》ニ此ノ字《ジ》ヲ用《モチユル》ガヨキ也。

こちらでは、「臺」の用字の説明において「禰津流」の用法が説明されている。同本も先に挙げた冒頭の鷹の伝来説話によると三条家流を「当流」としている。さらに、書陵部蔵『鷹御内書』「鷹之字事」にも、

角鷹《ヲホタカ》　此角之文字書事、当流には不用也。角鷹、別にはくまたかとよむ。但、角は毛角之儀かと有。頂に有毛也。

臺《ヲホタカ》　根津流ニ事之也。当流ニ不用。

と見える。これによると、「臺《ヲホタカ》」という用字は「根津流」で使用されるもので、「当流」では用いられないという。「当流（＝三条家流）」が禰津流と明らかに異なることが明示されているのである。

以上のことから、これらのテキストで主張される「当流」＝三条家流は、禰津流とは別物として厳然と区別されていることが判じられる。そこで問題となるのは、西園寺文庫蔵本の一二丁裏に「右祢津甚平以本写之也」、一八丁裏に「右根津甚平以本写之者也」と見える記載である。これらの記述は、どちらも「以」の位置が文法的に不自然であるものの、その意味は、同本を「祢津甚平（根津甚平）」の本の写しであると説明するものであろう。すでに触れたように、禰津神平は諏訪流の鷹術における象徴的な人物である。すなわち、同テキストに限っては、三条西家との所縁を志向している一方で、禰津流のテキストであることを主張しており、錯綜した様相を持つのであった。

二　三条西家流を称する鷹術伝承

前節において確認した西園寺文庫蔵『政頼流鷹方事』が有する問題点のうち、本節では、三条西家との所縁について検してみる。三条西家は、藤原北家閑院流の正親町三条家の分家で、三条西公時を祖とする。当家が和漢の学問に通じ、歌学・古典学に秀でた家柄であることはよく知られている。なお、書陵部蔵『鷹御内書』の奥書には

右政頼流之鷹文字等三光院殿御説
雖為極禮記之也

と見え、同書の鷹文字が三光院（三条西実枝）の説であることを主張する。周知のように、実枝は古今伝授の後継者にして当代一級の古典学の権威であった。

当家が歌道等の和学においてもっとも活躍した南北朝期以降、京都で最も隆盛した鷹術の伝派は、諏訪円忠系の在京諏訪氏が携えた禰津流である。円忠は足利尊氏に重用された人物であり、彼とその子孫は室町幕府の奉行人を世襲し、京都諏訪社の神官を勤めていた。三条西実隆もまた、京都諏訪社の御射山祭に際して法楽和歌を頻繁に奉納している。(11) しかし、先に検したように、『政頼流鷹方事』は、西園寺文庫蔵本が「祢津甚平（根津甚平）」の写本と記す以外には、いわゆる「禰津流」と一線を画そうとする特性を持つ。そのため、実隆と円忠の子孫の在京諏訪氏との関係が本書の禰津流に関する叙述に直接影響したと考えるのは早計であろう。

一方、『実隆公記』(12) 大永四年（一五二四）二月三〇日条によると

月舟和尚来臨、漢書点被見之、日本紀鷹事問題被写取之、勧一盞、雑談

とある。ここに見える「月舟和尚」とは、建仁寺第二四六世の住持の月舟寿桂のことである。中田徹氏[13]によると、この記事は、連歌師・柴屋軒宗長から朝倉教景（宗滴）に贈る鷹書（＝『養鷹記』）の作文を依頼された月舟が、『日本書紀』に記される鷹の伝来問題について実隆に疑義照会して回答を得た由を伝えているものという。中田氏の解釈に従うならば、実隆は月舟の著した『養鷹記』の作文に間接的に関わったことになり、鷹書に関する相応の知識を有していたことが推測されよう。さらに、同じく『実隆公記[14]』享禄四年（一五三一）六月二九日条には

于恒宿禰来、三位来話、新修鷹経令見之

とあり、実隆が『新修鷹経』を見ていたことも確認できる。このような状況を鑑みると、実隆を中心とする三条西家が鷹書やそれに記載される鷹術伝承の世界とまったく無縁というわけではなかったことが予想されよう。

このような三条西家について、西園寺文庫蔵『鷹秘伝書』（函号二〇六）第三九五条には以下のような鷹の伝来説話にまつわる異伝を掲載している。

一　仁徳天皇之御時、百済国より鷹をまいらする。御使の鷹師米光といふ。犬の牽テとは、神光と申也。仁徳天皇、源政頼公に鷹を請取と被仰出。随て、政頼公、越前国へ迎に下向あり。越前のつるがの津にて逢れけり。頓て、米光弟子になりて政頼、其より京へ同道のほらる丶也。都にて鷹を渡して随てくる。百済国よりの御使米光可帰の由被申越候て、御はかりことにて三年餘逗留有。其内に鷹事、悉政頼相伝有。政頼公は、西園寺殿御内仁にて、三条殿は西園寺殿の下の公家にて被入と也。加地備前入道法名暁志、濃州へ被下て有し時、御加地一恵松一志は相傳也。

これによると、仁徳天皇の時代に百済国より鷹が伝来し、その時の御使の鷹飼の名前は米光で、犬飼は神光という。

そして、米光から鷹を請け取って鷹術を伝授されたのは例によって源政頼とされる。が、その政頼の系譜は、当話では「西園寺殿御内仁」とし、さらに続けて「三条殿」については「西園寺殿の下の公家」と説明する。先に挙げた西園寺文庫蔵『政頼流鷹方事』や書陵部蔵『政頼流鷹方之書　全　鷹御内書』、書陵部蔵『鷹御内書』に記載されている三条西家の政頼伝承に見られるように、鷹書類においては、「三条家」は「三条西家」と同一視され、混称される傾向にある。右掲記事の「三条殿」もまた、それに準ずるものであると見做せよう。また、その後に続く地方の「加地」に関する記述は未詳であるものの、この説話の政頼の系譜は西園寺家であることから、当話が西園寺家との所縁を主張するための伝えであることは認められよう。なお、ここに見える政頼の系譜は、当然史実ではなく、当の西園寺家が携えた伝承かどうかも現段階では判じがたい。しかしそのようなことよりも、当該記事においては、政頼伝承の異伝に「三条家」が「西園寺殿」所縁の公家として記されていることについて注目したい。

三条西家と西園寺家との関わりについては、芳賀幸四郎氏[15]によって、山城国紀伊郡鳥羽池田荘、同国葛野郡桂新免河島荘、河内国志紀郡会賀牧、摂津国川辺郡富松荘、美濃国賀茂郡室田郷、播磨国揖保郡太田荘など多くの荘園を共有していたことや、淀の魚市の本所権なども分有していたことなどが知られている。両家の間には、事実上の経済的なつながりが存したのである。

ところで、西園寺文庫蔵『鷹秘抄・二架事□』（函号一九九号）添付の「寛政八年四月十六日付　西園寺家鷹書目録」によると、

鷹書目録

一　一ノ一ヨリ十一ニ至リ

小冊　十二冊
一　十二ヨリ卅七ニ至リ
大小巻卅六巻
　　右之外
鷹百首和歌　　　　　　一冊
西園寺家鷹口傳　　　　一冊
白鷹記　　　　　　　　一冊
政頼流鷹方事　　　　　一冊
鷹之養性之事祢津甚平流　一冊
　以上
寛政八年四月十六日　正郭□

とある。これは、寛政八年（一七九六）に西園寺家が蔵していた鷹書の目録で、一ノ一から三七までの鷹書一二冊と三六巻、それ以外に五冊の鷹書が当家に所蔵されていたことを示しており、その中に「政頼流鷹方事」の書名が見える。西園寺文庫所蔵の和装本については、その来歴が必ずしも明らかなものばかりではなく、全てが当家伝来の蔵書とは限らない(16)。しかし、本章で取り上げた『政頼流鷹方事』に関しては、少なくとも寛政八年当時には西園寺家に所蔵されていたことが確認できる。右の目録で『政頼流鷹方事』以外の鷹書がいずれも西園寺家の鷹術伝承に深く関わるものばかりであることを併考すると、当時、このように『政頼流鷹方事』が西園寺家に所蔵されていたのは、必ずしも偶然の結果とは断定できない。すなわち、右の目録のうちの『鷹百首和歌』は、いわゆる鷹百首類と称される鷹和歌集のことと思われるが、西園寺文庫に現存する鷹和歌集は、『鷹百首和歌』（函号五一）、『鷹ニ関スル記録』下巻（函号一九五）、『鷹百首』（函号一九八）、『鷹百首』（函号二〇〇）、『後西園寺入道殿鷹御詠』（函号二〇二）、『鷹百首和歌』（函号二〇八）、『十二繋図　外四巻合冊』所収『鷹百首和歌』（函号二〇九）の七書である。目録に見える『鷹百首和歌』がいずれに相当するのかは不明であるが、これら西園寺文庫蔵の鷹百首類は、『鷹百首』（函号一九八）を除いたすべてに「西園寺相国（西園寺太政大臣）」もしくは「西園寺実兼」の作とする巻首題や奥書等の書き入れが見える。つまり、西園寺家で所蔵されている鷹和歌集は、そのほとんどが「西園寺家鷹百首」類なのである。次に、『西園寺家鷹口傳』（函号二一〇）は、書名のとおり西園寺家の鷹術書で、すでに前章で論じたように西園寺文庫に現存している。また、『白鷹記』（函号一九七）も西園寺文庫に現存する鷹書で、奥書に「白鷹記　二条家基房詠作」と見えることから、前章でも取り上げたいわゆる二条道平著とされる『白鷹記』の伝本のひとつである。ただし、モチーフについて目立った異伝が一箇所あり、白鷹を献上した人物について、西園寺文庫蔵本は「甲斐国武田伊豆守信春」とする。前章でも述べたように『白鷹記』のテキストにおいては、白鷹を奉じた人物を「禰津神平」とする伝本がより多く流布している[17]ことから、敢えて禰津神平を伝えない『白鷹記』が西園寺家に所蔵されているのは、当家と関わる「みさご腹の鷹」説話が禰津神平に対して独自の志向性を有していたことと脈絡を通じることが推される（次節「『政頼流鷹方事』所載の「みさご腹の鷹」説話」参照）。最後の『鷹之養性之事祢津甚平流』は、現存する西園寺文庫蔵の鷹書類の何れに該当するかは不明であるが、その書名から察するに禰津流（諏訪流）の鷹術に関するテキストであろう。西園寺家は、禰津流（諏訪流）の鷹術に強い関心を持っていたらしく、当家の鷹書には積極的に諏訪流の情報が記載されていることはすでに前章で述べた。『鷹之養性之事祢津甚平流』もまた、このような西園寺家の諏訪流に対する志向性によって収集されたものであろう。

以上のことから、「寛政八年四月十六日付　西園寺家鷹書目録」に書名が記されている鷹書類はいずれも、西園寺家が特に拘って積極的な関心を寄せていたテキストばかりであった可能性が予想される。そして、三条西家流の政頼伝承を冒頭に掲げる『政頼流鷹方事』もまた、そのひとつであった。このことと、先に挙げた西園寺文庫蔵『鷹秘伝書』記載の政頼伝承―政頼を「西園寺殿御内仁」とし、さらに三条家はその「西園寺殿の下の公家」とする―を併考すると、三条西家流の政頼伝承の展開において、西園寺家の存在は無視できないことが推察されよう。

三　『政頼流鷹方事』所載の「みさご腹の鷹」説話

次に、西園寺文庫蔵『政頼流鷹方事』のもうひとつの問題点である「祢津甚平（根津甚平）」の写本とされることについて検してみる。第一節の【表②七四頁】において触れたように、同書に見える「祢津甚平（根津甚平）」の写本という書き入れは、冒頭の鷹の伝来説話から鷹類字事（鷹詞）までの叙述部分の末尾（一二丁裏）と巻末の奥書（一八丁裏）にある。すなわち、【表②】の⑤に相当する当該本独自の六九項目の叙述群の前と後に記されているのである。

実は、その六九項目のうちの第六二条～第六四条には、以下のような禰津神平に関わる叙述がある。

一　こい丸と云鷹の大事。

一　鷹をこい丸と云子細の事。みさことゝつかいたる鷹なり。此鷹子をなし、取飼時は、まつ初は魚をとらするなり。其時、水の中へ犬を入て巣追出させ、鷹にとらする。其池は、神泉苑の池也と傳と云也。

一　川獺にとつぎて生たる犬を以て此鷹を取飼也。獺とは、川獺の事也。此犬、大津の浦にて尋出せり。信濃国根津神平、正頼聟也。御幸なつて是を叡覧《エイラン》に入ての事也。此鷹に口傳多し。

これらはひと続きの内容となっている。最初に挙げた第六二条には「こい丸と云鷹の大事」の見出しのみが見え、次の第六三条には、みさごと鷹との間に生まれた「こい丸」の狩りについて叙述する。すなわち、「こい丸」はまず初めに魚を捕らせるべきであるという。そのとき、水の中に犬を入れて巣から追い出させたものを捕らせることや、その場所は神泉苑の池であることが述べられている。最後の第六四条では、まず、川獺から生まれた犬を以ってこの「こい丸」を使うことやその犬は大津の浦で探せることを説明している。続いて、信濃国の「根津神平」が政頼の聟であること、さらには叡覧に預かった人物であることが記されている。最後部の「根津神平」に関する叙述は、文脈がやや乱れており、文意がとりにくい。が、これらの「こい丸」と川獺から生まれた犬とを遣った人物として「根津神平」を主張しようとしたものであろうことは理解できよう。

この鷹とみさごの間に生まれた「みさご腹の鷹」説話は、すでに前章において指摘したように、種々の文献に散見する。あるいは、信濃国・諏訪大社の信仰圏である伊那郡の非持の在地伝承とも関わりがあったらしい(18)。信濃国在地の諏訪流のテキストである書陵部蔵『啓蒙集』(函号一六三‐九〇二)の第三条や、同じ属性を持つ書陵部蔵『才覚之巻』(函号一六三‐九二八)においても、鷹の伝来説話と関わってこの「みさご腹の鷹」が叙述されているのはすでに確認したとおりである。

しかしながら、書陵部蔵『啓蒙集』や書陵部蔵『才覚之巻』に見える「みさご腹の鷹」説話と、西園寺文庫蔵『政頼流鷹方事』に記載されているそれとを比較すると、細部において種々の異同が見られる。そのもっとも大きな相違点としては、「みさご腹の鷹」に関わる人物がそれぞれ異なっていることが挙げられる。たとえば、書陵部蔵『啓蒙集』第三条では、それが渡来人の娘の「朱光」となっているが、この「朱光」は同書の第一〇条に掲載されている系図によると、

・朱光　兼光カ娘也。政頼の家主也。黄　此流ハ何も装束花粧也。

と見える。また、書陵部蔵『才覚之巻』では、みさご腹の鷹を遣う人物を同じく渡来人の娘である「よねみつ」と伝えるが、同書の巻末に掲載されている系図によると、

よねみつ　・黄　　兼光かむすめ政頼か家主なり。
是より又一流有。此流何をもしやうそくはなやかにするなり。

とあり、この「よねみつ」を禰津流の一派の祖としている。このように、みさご腹の鷹を遣う人物は、当該話が有する属性と関わって重要な意義を持つモチーフであった。それならば、西園寺文庫蔵『政頼流鷹方事』において、それを「禰津神平」とする伝えにも相応の意義のあることが予想されよう。

そもそも「みさご腹の鷹」説話において、その鷹を遣う人物を「禰津神平」とするモチーフは必ずしも一般的な伝えではない。たとえば、前章で述べたように、『白鷹記』の多くの諸本には禰津神平の奉った白鷹の秀逸さの引き合いに出されている代々の名鷹の一つに「みさごはら」が見え、それが明らかに禰津神平とは無縁のものとされている。

しかし、西園寺文庫蔵の『白鷹記』（函号一九七）では、

抑上古の名鷹《メイ》は（中略）一條院の鳩屋赤目《ハトヤアカメ》のみさごはら（中略）近比いまた世の極らせる奇鷹《キヨウ》なし。爰《コヽニ》甲斐国武田伊豆守信春《ノブハル》たてる（ママ）所の白鷹《ハクヨウ》、其相鷹経《ソノカタチヨウキヤウ》にかなへるのみならす。其毛雪白《ユキシロ》といふへし。まことに楚王《ソハウ》の鵬《ホウ》を

おとせる良鷹《リヤウヲウ》にことならす

とあり、「みさごはら」を名鷹として引き合いに挙げつつも、白鷹を奉じた人物については「甲斐国武田伊豆守信春」として、「みさご腹の鷹」と禰津神平とを乖離させていない叙述が注意される。なお、内閣文庫蔵『鷹経弁疑論　上』（函号一五四 - 三四八）にも

又云、雪白と申は、其語にいはく、甲斐國武田伊豆守信春奉る所の白鷹、其相鷹経《さう》にかなへるのみならす。其毛、雪白と云へし。誠、楚王鵬落せる良鷹《りやうわう》にことならす。

と見える。同書の著者である持明院基春は西園寺家と姻戚関係にある持明院家の人物で、同家は前章でも確認したように西園寺家より鷹術を伝授されたらしいことから、[19]『鷹経弁疑論』と西園寺家伝来のテキストに共通して「みさご腹の鷹」と「禰津神平」とを乖離させない異伝を載せるのは、あるいは直接典拠に近い関係を予想させるものであろう。

さらに、前章で取り上げたように、西園寺文庫蔵『西園寺家鷹口傳』の第五一条・五二条にも、「みさご腹の鷹」説話が見える。すなわち、みさごから生まれた鷹は「こい丸」と称し、まず「神前の池」で魚を捕らせたこと、川瀬との間に生まれた犬を伴ってこの鷹を遣うこと、さらにそれらを遣ったのは、信濃国の禰津神平であったと伝えている。その神平は政頼の聟とされ、叡覧に預かったことやそれが一条院の時代であった由も記されている。同書には応長二年（一三一二）の奥書を持つ伝本があり、[20]その年代を信ずるならば、これが「みさご腹の鷹」説話と諏訪（禰津神平）を結びつけた最初の例となる。それ以外にも、本話の叙述は鷹の名前を「こい丸」とするのをはじめとして、細部のモチーフや叙述の表現においても西園寺文庫蔵『政頼流鷹方事』記載の類話と近似している。

また、同じ西園寺家の鷹書である西園寺文庫蔵『西園寺家鷹秘傳』「雑々通用の詞」第二三条にも同様の類話が見えることもすでに前章で述べた。同書の当該話は、「みさご腹の鷹」の名前が「鱗丸」となっていること、それを遣う場所が「神泉苑の池」となっていること、あるいは和歌が詠まれているなどのモチーフについての異同が見られる以外は、『西園寺家鷹口傳』の類話とほぼ同じ筋立てとなっている。同書には明徳元年（一三九〇）の奥書を持つ伝本がある[21]ことから、相対的に早い段階で、「みさご腹の鷹」を遣った人物を禰津神平と伝えていたのは、やはり西園寺家の鷹書類であったことがわかる。

そのほか、西園寺文庫蔵『鷹秘伝書』第二八条にも、

一　巖《ミサゴ》丸といふ鷹在。鳥をとらす。□に水鳥に神泉苑の池の邊にて、合せたり。鳥を居□水くゝりたる事、魚のことし。鷹、魚を捉たり。巖かとつきてまうけたる鷹なり。又、江州大津の浦にて、かわをそにとつきてうえ《ママ》たる犬あり。是をそゑ、此鷹をつかふ也。

哥に、

あら礒にみさこの巣鷹取かふに　おその子はらむ犬をたつねにける

諸により、みさこ丸と名付たり。祢津神平、これをつかふ也。せいらいの公の聟也。御幸有て、是をゑい覧有。一条院御時也。

とあり、禰津神平が「巖《ミサゴ》丸」を遣ったとする類話が見える。同書は、前節で挙げたように西園寺家と関わる政頼伝承の異伝を記載しており、当家との所縁深さがうかがわれるテキストである。

以上、『西園寺家鷹口傳』『西園寺家鷹秘傳』『鷹秘伝書』といった「西園寺家」に所縁ある鷹書類において、「みさ

ご腹の鷹」を遣う人物を禰津神平とする類話が確認されることは注目に値する。それは、西園寺家所蔵の『白鷹記』の叙述が、「みさご腹の鷹」と禰津神平とを乖離させないことと響き合うことも予想される。いずれにせよ、西園寺家の鷹書が、早くから禰津流の鷹術について積極的な関心を持っていたことは繰り返し述べた。そのため、このような禰津神平と関わる「みさご腹の鷹」説話が当家所縁の鷹書類に掲載されたものであろう。一方、西園寺文庫蔵『政頼流鷹方事』もまた、禰津神平と関わる「みさご腹の鷹」説話を記載し、さらには「根津神平」の本の写しであることを主張している。同書のこのような特性は、寛政八年四月一六日付の「西園寺家鷹書目録」に書名が見えることとも併せて、西園寺家の鷹書類の典型として符号することが認められよう。(22)

おわりに

以上において、西園寺文庫蔵『政頼流鷹方事』の特性をめぐる問題点について言及してきた。同テキストは、三条西家を称する政頼伝承を記載するなど、三条西家流の鷹術を志向するものである。しかし、その一方で「根津神平」の本の写しであることを主張して禰津流をも標榜している。三条西家流と禰津流とは、厳然と区別される別個の伝派であった。このうち、三条西家流の政頼伝承は、『政頼流鷹詞』にも所収されているように、政頼流の鷹書類において相応に流布した伝えである。と同時に、西園寺文庫蔵『鷹秘伝書』で「政頼公は、西園寺殿御内仁にて、三条殿は西園寺殿の下の公家」と記されるように、西園寺家とも結びつきやすい伝承であった。

また、西園寺文庫蔵『政頼流鷹方事』独自の叙述のひとつに、禰津神平が「みさご腹の鷹」を遣う説話が見える。それは、『西園寺家鷹口傳』『西園寺家鷹秘傳』『鷹秘伝書』といった、やはり西園寺家有縁の鷹書において近似した類話が見られるものである。西園寺家の鷹書は積極的に禰津流の鷹術伝承を取り込む傾向にあったため、同話が掲載されたものであろう。そして、西園寺文庫蔵『政頼流鷹方事』もまた、西園寺家に伝来した鷹書であることから、同テキストにおける禰津流に関する記載は、西園寺家特有の禰津流への志向性と軌を一にするものと考えられる。

中世以降、政頼流の鷹術伝承は禰津流や公家流（三条西家流・西園寺流）をはじめ、種々の伝承に採り込まれ、多様に展開していった。その中で、西園寺文庫蔵『政頼流鷹方事』は、その複層的な享受の様相を如実に示すテキストといえるものであろう。

注

（1）『新訂増補国史大系　尊卑分脈　第3篇』（黒板勝美・国史大系編修会編、吉川弘文館、一九七四年七月）。

（2）『古事談・続古事談』（新日本古典文学大系41、川端善明・荒木浩校注、岩波書店、二〇〇五年一一月）。

（3）岩波文庫『能狂言　大蔵虎寛本　中』（笹野堅校訂、岩波書店、一九四三年七月）。

（4）西園寺文庫蔵『政頼流鷹方事』の書誌は以下のとおりである。

所　蔵　立命館大学図書館西園寺文庫。函号二〇七

装　丁　袋綴じ。

寸　法　縦三〇糎×横二一糎

丁　数　二〇丁

行　数　半葉行数不定（五〜一三行）。無罫。漢字平仮名交じり文

外　題　表紙左上に白紙の題簽

内　題　扉題「政頼流鷹方事」（一丁表）。巻首題「△政頼流鷹方事」（二丁表）
奥書等　「右祢津甚平以本写之也」（一二丁裏）。「柳華中旬／右根津甚平以本写之者也」（一八丁裏）
概　要　二丁表一行目〜二丁裏一行目には、鷹の伝来説話、次いで二丁裏二行目〜五丁裏三行目には、足利義教、義尚、義政、義視、義材、義澄の「御内書」とされる記述が見える。次に、五丁裏四行目〜一〇丁裏四行目には鷹文字についての説明が見え、一一丁表一行目〜一二丁裏一行目には「鷹類字事」すなわち「鷹詞」について記述されている。最後に、一四丁表一行目から一八丁裏六行目までは鷹に関する説話や鷹道具についての説明などが六九項目記載されている。なお、一四丁表四行目には「正頼ヨリ鷹ノ次第」という項目の見出しが見える。

（5）『放鷹』（宮内省式部職編、一九三一年一二月、吉川弘文館、二〇一〇年六月新装復刻）三七頁に「原田督利本政頼鷹秘書　五巻三冊　元和元年正月跋文／内閣本政頼鷹秘書　二冊　前書の異本／政頼流鷹詞　二冊　永禄九年三月経平跋文／田川本政頼流鷹方之書　一冊　正徳四年の跋文／酒井忠發本政頼鷹書伝書抜萃　一冊／清来流鷹書岡部長慎本　一冊／諏訪神慮之巻の一二　二冊」と見える。

（6）書陵部蔵『政頼流鷹方之書　全　鷹御内書』の書誌は以下のとおりである。
所　蔵　宮内庁書陵部。函号一六三・一三三一
寸　法　縦二三・五糎×横一九・五糎
丁　数　二二丁
行　数　半葉四行ないし五行。無罫
本文用字　漢字・片仮名。訓点有。末尾に掲載されている和歌三首のみ漢字平仮名交じり文
外　題　表紙左に「政頼流鷹方之書　全　鷹御内書」と記す貼題簽

内　題　巻首題「政頼流鷹方事」（一丁表）。尾題「政頼流鷹方　田川」（二三丁裏）

奥書等　「正徳四辰七月吉日　写之」（二一丁裏）

概　要　冒頭の一丁表一行目～二丁裏三行目には、鷹の伝来説話が所載されており、次いで二丁裏四行目～一〇丁表四行目には足利義教、義尚、義政、義視、義材、義澄の「御内書」とされる記事が掲載されている。続いて一〇丁裏一行目～一八丁裏二行目までは、鷹文字の説明が叙述され、最後の一八丁裏三行目～二一丁表三行目までは鷹詞が記されている。二二丁表一行目～六行目に鷹和歌が三首付記されている。

（7）書陵部蔵『鷹御内書』の書誌は以下のとおりである。

所　蔵　宮内庁書陵部。函号二七〇-一三二

寸　法　縦二三・五糎×横一七糎

丁　数　九丁

行　数　半葉行数不定（六～八行）。無罫。漢字平仮名混じり文

外　題　表紙左に「鷹御内書」と記す貼題簽

内　題　巻首題「一　鷹鶻《ヤウコツ》事」（一丁表）

ハヤフサ

奥書等　「右政頼流之鷹文字等三光院殿御説／雖為極禮記之也」（九丁裏）

概　要　一丁表一行目～一丁裏一行目には、鷹の伝来説話、次いで一丁裏二行目～五丁裏八行目には、足利義教、足利義政、足利義視、足利義材等の「御内書」とされる記述が見える。最後に、六丁表一行目～九丁裏七行目には、鷹文字の説明が記載されている。

なお、書陵部蔵『鷹御内書　全』（函号一六三-一〇二八）は、同書と同系統の伝本である。その他の伝本として、

書陵部蔵『鷹御内書　并　鷹文字』（函号一六三‐一二三三）がある。が、この伝本は前半に「鷹文字」の叙述が掲載されて後半に「御内書」の部分が所載されており、他本と比較して記事構成の異同が目立つ。

(8) 本書第二編第四章「宇都宮流鷹書の実相―『宇都宮社頭納鷹文抜書秘伝』をめぐって―」参照。

(9) たとえば、奥書に「文安四年（一四四七）仲夏」と「永禄元年（一五五八）六月三日」の年月日の記載が見える『養鷹秘抄』には、その書中に「根津清来りうの大事の書の事」とあり、「禰津」を冠した「政頼」の称が確認できる。なお、同じく『養鷹秘抄』によると、「一　右此七ヶ条の薬大事の薬也。此りうは奥州の国しのぶの住みつ《人ねカ》のせいらひ秘々之書也。」と記され、その「根津清来」は「奥州の国しのぶ」の出身とされている。

(10)「経平」は戦国時代に多数の鷹書を蒐集・書写したことで知られる関東の武人・児玉経平か。

(11)『諏訪社法楽五十首和歌』文明一九年（一四八七）七月二七日、『実隆公記』延徳元年（一四八九）七月二六日条、文亀三年（一五〇三）七月二一日条、永正七年（一五一〇）七月二三日条、大永五年（一五二五）七月二四日条、大永五年（一五二五）七月二五日条など。

(12)『実隆公記　六ノ上』（高橋隆三編、続群書類従完成会、一九六一年六月）。

(13) 中田徹「養鷹記の遠近」（『むろまち』2、一九九三年一二月）。

(14)『実隆公記　八』（高橋隆三編、続群書類従完成会、一九五八年三月）。

(15) 芳賀幸四朗「中世末期における三条西家の経済的基盤とその崩壊」（『芳賀幸四朗歴史論集Ⅳ　中世文化とその基盤』所収、思文閣出版、一九八一年一〇月）。

(16) 衣笠安喜「『西園寺文庫目録』刊行にあたって」（『立命館大学図書館西園寺文庫目録』所収、立命館大学図書館、一九九〇年一〇月）、小林孔「西園寺公望旧蔵の俳書　付　陶庵不読発句抄」（『立命館文学』592、二〇〇六年二月）。

(17) 本書第一編第一章「西園寺家の鷹術伝承―『西園寺家鷹口傳』をめぐって―」注（12）参照。

(18) 本書第二編第二章「諏訪流の鷹術伝承―みさご腹の鷹説話をめぐって―」参照。
(19) 『三内口決』（『群書類従　第二七輯』所収）など。
(20) 大阪大学附属図書館蔵『持明院十巻書之中　西園寺家鷹口伝』（函号八〇‐七五）、尊経閣文庫蔵『鷹口傳』（函号一一‐一鷹書）。
(21) 西園寺文庫蔵『西園寺家鷹秘傳』（函号一九三）、書陵部蔵『西園寺家秘傳鷹書』（函号一六三‐一一三二）、内閣文庫蔵『西園寺相国御家秘伝之書』（函号一五四‐三五〇）。
(22) なお、南北朝期から戦国期にかけて越前国を支配した朝倉氏の鷹書である書陵部蔵『朝倉家養鷹記　完』第三九条「たかけをかゆるな、たかの美名、ほひよす山のな、みさこまり《る》の事」第三七条（函号一六三‐一三一九）にも禰津神平のモチーフを持つみさご腹の鷹説話が以下のように見られる。

一　鷹に鯉《ミサゴ》丸と鷹《（ママ）》、昔あり。鯉にとつき生鷹也。又、獱にとつきまふけたる犬、江州大津の浦にて尋出し、祢つの神平、神泉苑の池にて是を使。鯉鮒を取也。一条院、御幸有て叡覧有。神平は政頼公の聟也。哥云

あら磯の鯉の巣とりかふに
おその子はらむ犬をたつねよ

これによると、みさご腹の鷹と対にして遣う川獺腹の犬は江州大津の浦の出身とされる。さらに禰津神平は政頼公の聟といい、一条院の叡覧に預かったと伝えられる。これらのモチーフは、いずれも『西園寺家鷹口傳』『西園寺家鷹秘傳』の類話と一致しており、あるいは両書と書陵部蔵『朝倉家養鷹記　完』の間には出典関係等の脈絡が予想されるか。また、書陵部蔵『朝倉家養鷹記　完』巻頭の「序」には以下のような鷹の伝来説話が記載されている。

日本鷹之初事。仁徳天皇四十六年百済國發使者一献二鷹犬《ヲ》一於吾國海船至二越列敦賀津《ニ》一養鷹者曰二朱光《ト》一養犬者曰二袖光《ト》一其犬黒駮也。政頼云者奉勅趣二敦賀《ニ》一遣二使者一吾國尚《ハシ》未精于二指《シ》呼之術《ニ》一政頼就二朱光一学而習焉。即而臂《ニシ》レ鷹牽

レ犬以帰二帝都一天皇賞レ之。以賜二宋邑至テレ今以ニ二指呼一為レ業者皆傳レ自二政頼一然ニ政頼之子孫不レ聞二于世無レ者政頼ハ

今三条家ノ是也。

これによると、仁徳天皇四六年に百済國より鷹犬を連れた使者が本朝の敦賀に渡来したという。鷹飼の名前は「朱光」、犬飼の名前は「袖光」といい、勅を受けた政頼は朱光に付いて鷹術を学んだ。都にて天皇にその技を賞賛された政頼は領地を賜り、その地にて自ら鷹術を伝えたとされる。その政頼の子孫は今の三条家であるという。このテキストもまた、三条流の政頼伝承を叙述するのである。先の「みさご腹の鷹」説話における禰津神平のモチーフに表象される諏訪流への興味と三条流の政頼伝承が混在しているこのテキストの様相は西園寺文庫蔵『政頼流鷹方事』と重なるものがあり、注意される（本書結章「中世鷹書の展開―越前国朝倉氏の鷹書をめぐって―」参照）。

第三章　下毛野氏の鷹術伝承
――山城国乙訓郡調子家所蔵の鷹書をめぐって――

はじめに

飛鳥・奈良朝の豪族として知られた下毛野氏は、平安時代になると近衛府の官人の職掌を世襲し、摂関家の随身として家人化していった。

また、下毛野氏は『江次第鈔』(1)第二に

近衛官人用二英華随身一、多用二下毛野氏一、臂レ鷹肩レ雉、付二雉柴枝一、犬飼持レ之、於二幔門一下、鷹飼取二之右手一、懸二左肩一　率二犬飼一、左手率レ犬、同手持レ杖　自二西幔門一、欲レ入先令レ翥レ鷹　自二池畔一東進、当二南階一北行、立二々作幄坤庭一、犬飼跪渡二鷹飼巽方一、庖丁人貫首者取二雉枝一、挿二幄巽簷一、

とあるように摂関家の大臣大饗において「鷹飼渡」を勤めた鷹飼の家でもあった。鷹飼としての下毛野氏はよく知られていたようで、たとえば、『続古事談』(2)巻第五「諸道」第四二話「東三条邸大臣大饗の鷹飼の作法の事」には、下毛野公久が参入した鷹飼渡の説話が収められ、『古今著聞集』(3)巻一六「中納言家成黒馬を下野武正に与ふる事并びに所領の沙汰者馬眠の事」にも、鳥柴を携えた下野武正が藤原家成秘蔵の黒馬を下賜された説話が見える。あるいは、『徒然草』(4)第六六段には下野武勝が近衛家平に鳥柴の作法を申し述べるくだりが記されており、こうしたことは鷹飼としての下毛野氏が広く認知されていたことを示す。その他にも、至徳三年（一三八六）に二条良基が著したとされる『嵯峨野物語』(5)や一六世紀半ば頃に松田宗岑（下毛野武氏の弟子とされる人物）(6)が著したとされる『蒙求臂鷹往来』(7)第二

巻にも「前備中守某　謹上　匠作尹」として、鷹飼としての下毛野氏の活躍が記され、下毛野氏の鷹術は著名であったことがうかがい知れる。これまでの日本史や日本文学の研究においては、摂関家の随身としての下毛野氏の特性が活発に論じられてきた(8)。その中で、鷹飼としての下毛野氏については、主に日本史の分野を中心に言及されてきた(9)。

ところで、中世以来、山城国乙訓郡において調子庄を支配した調子氏は下毛野氏の直系を称し、摂関家の随身として近衛官人の官途を受け継いでいた。当家には調子家文書と称される古文書群が伝わり、その中に下毛野氏の家に伝わった鷹術に関する伝書が存在する。その伝書には、下毛野氏（調子氏）の鷹術の実相を窺わせしめるような記載が確認でき、下毛野氏の鷹術を解明する手がかりとして重要な意味を持つ。

そこで、本章では、調子家所蔵の鷹書を緒口にして、下毛野氏の鷹術伝承を考察する。平安時代以来の鷹術の伝統と関わる地下の鷹飼の実相を明らかにするため、まずは、公家社会の末流における近衛官人としての下毛野氏が伝えた鷹術伝承の意味を読み解いてみたい。

一　調子家文書『鷹飼に関する口伝』第六六条～第七七条について

本章で取り上げる調子家の鷹書は、長岡京市教育委員会所蔵『鷹飼に関する口伝』（調子八郎家文書四 - 四九）の写真版である。当書の成立については、『長岡京市の古文書』(10)によると、「年不詳ながら中世のものと推定される」という。書名については、同教育委員会によって名付けられた仮題「鷹飼に関する口伝」を本章も踏襲する(11)。

当書の内容と構成は以下のとおりである。

第一条～第一六条＝鷹を神社に奉納する手順や鷹道具に関する作法について。

第一七条～第四九条＝鷹の薬飼について。
第五〇条～第六一条＝鷹の架繋ぎの作法について。
第六二条～第六五条＝鷹の薬飼について。
第六六条～第七七条＝鷹の一二顔について。
第七八条～第一〇一条＝鷹の薬飼・療治について。

こうしてみると、本書には鷹の薬飼と療治についての記事が多いことに気がつく。一般的に言って、鷹の薬飼や療治の方法に関する情報は多くの鷹書に掲載される重要項目のひとつではある。しかしながら、ほぼテキストごとに薬の処方や効能、治療の技術・方法について、一つ一つの記述が相対化できないほど異なっているため、薬飼や療治の記述を手がかりにして各書の特性を見出すことは難しい。当書においても薬飼や療治の内容について、他の鷹書で比較対象になるような類似した例はほとんど見出すことができない。唯一、第二二条「風と云病、ちする事」が『鷹経弁疑論』下に見える療治の項目の記事とやや通じるくらいであるが、この記事を以って当テキストの「療治」の項目の象徴とし、そこから特性を見出すにはあまりにも情報量が乏しい。ただし、当該記事と近いテキストが『鷹経弁疑論』であることは看過できない問題があり、それについては次章において触れることとする。

次に、第六六条～第七七条に記載されている「鷹の一二顔」とは、鷹の顔を「鷲顔」や「蛇顔」などの一二種類の項目に分けて、それぞれの特徴を説明したものである。この鷹の顔に関する説明は、鷹詞としてよく知られていたもののらしく、たとえば、『増補語林和訓栞』(12)下巻に「鷹にわしがほといふハ、ふてたる様の貌也といへり」とあり、江戸時代の国語辞典に「わしがほ」が掲載されているように(13)、広く流布していたことが確認できる。ただし、それぞれの顔の種類や語義の説明などについてはさまざまな説が展開し、結果、テキストごとにその内容は種々異なったものになっていったようである。(14)

その「鷹の顔」（鷹の一二顔）について、調子八郎家所蔵『鷹飼に関する口伝』では、第六六条～七七条において以下のように叙述する。

其顔色之事

一　あをはしのねつよくなく、よわくなく、くろはしふとく、はなのすひろく、目のまゐとをく、うけかいふかく、もろこかひなかく、いたゝきたいらにして、うしろかしらとをく、たおみをへあひせはくふかく、おしてまひさくふかく、かかりめのりんまへくほかにまなこつよく、くろ目すくなく、まなこのうちにまさめさんめんかけあひあつく、よくさうおうすへし。これ鷹のほんとすかやうのさうかうのたかは、かならす鳫取。

一　大鷲顔の事。はしのねつよく、つねよりなかく、すくにをへ、はなのすひろく、目の所とをく、うけかいすくに、こくひなかく、いたゝきまろく、をへあひあつく、けうすく、うしろかしらつまり、目かくしふかく、か〻り目、しりの毛をしてまなこのりんまろく、こめこおしてつよく、はしのさきをまほる也。かやうのかほやうのたか、こゝろこわくして、つかわれさり。せうにはほんなり。

一　鷹顔の事。はしのねつよくなく、よはくなく、はなのすもおなしく、つれて、あをはしつまり、くろ箸くひつまり、いたゝきまろく、おへあひちかく、をしてうしろかしらなかく、まかくしふかく、か〻りて毛おへ、めのりんまろく、まなこつよく、ちうめなり。かやうのかほたての鷹は、一もつなり。

一　こわしかほの事。はしのねよわく、はなすせはく、あをはしくろはしともに長直に、目のまへとをく、うけかい直につまり、いたたきたいらにつまり、こくひ長、ふかくし、まなこの毛うすく、めのりんまろく、中めなり。此顔たての鷹は、すくれて逸物なり。

一　つみかほの事。青はしのねよわく、くろはしつまり、みしかくいたゝきたいらに、うしろのかしらつまり、おへあひをさす。まかくしあさく、かゝり目のりんまろく、こめにしてよし。たい鷹はわろし。

一　おんとりかほの事。はしのねつよく、はなのすひろく、目の前ちかく、うけかいすこしくりさんめんあつく、まさめひろく、いたゝきまろく、をへあひをさす。めのうへ、よこにたかく、うしろかしらつまりてまかくしかゝらす。目のりんまろく、中めなり。こくひより、かしらまて、さうおうするなり。此さうおうの鷹は、大わさをするといへとも、心よわくして、つかいにくし。

一　ましこかほの事。はしのねつよく、はしまろく、みしかく、はなのすひろく、めのまゐちかく、うけかい少くり、こくひみしかく、いたゝきまろく、おへあひをさす。目のしりひねり、うしろかしらつまり、まかくしかゝらすして、毛おへさんめんあつく、まさめ少立ておへあひのうへの毛あつく、ましこひたいのことく、毛をたてへし。めのうちよはく、おうめなり。かやうのさうかうの大鷹には、ほめす。せうには逸物也。

一　へひかほの事。はしのねよはく、はなのけせはく、めをはしつまり、目の前ちかく、うけかいすくに、こくひなかし。いたゝきひらにせはく、おゐあひをさす。うしろかしらつまり、まかくしめひとしくして、毛うすく、めのりんまろく、つよく大め也。かやうのさうかうの鷹、心よくしてつかゐよき也。逸物とす。

一　みわ《(さカ)》こかほの事。はしのねつよく、はなのすひろく、めのまゐとをく、うけかいふかく、くりこくひみしかく、いたゝきまろく、おひあひせはく、ふかく出て、うしろかしらなかく、まかくしあさく、まなこつよく、おうめなり。ましりの毛あつく、みしかくする也。せうには、よきさうかうなり。

一　かけは《(すカ)》かほの事。はしのねよはく、めのまゐちかく、うけかいすくに、こくひみしかく、いたゝきまろく、おへあひひろく、おしてうしろかしらつまり、まかくしあさく、かゝりめのりん、ひらく、まなこよはく、ちやう上の毛うすく、なかく、おゐへし。此かほたては、わろき也。逸物をする事なし。せうはよし。

一　とひかほの事。はしのねよはく、はなのすせはく、目ちいさく、まかくしかゝらす、うけかいすくに、いたゝきまろく、うしろかしらつまり、おへあひをさす。こくひみしかく、めのうちよはく、大め也。逸物にする事なし。せうはすくるゝなり。

一　鵜顔の事。青はしのねふとく、みしかく、はなのすひろく、いたゝき大にひろく、うしろかしらいかにもつまり、おへあひの毛なかく、うけかいふかく、くりまなこよはく、まかくしあさく、こくひみしかく、かんの毛うすし、か様のかほたての鷹は、逸物。鳫にはあしく。

以上、十二顔是也。此内六のさう顔は、すくれて逸物。六のさうかう少おとれる也。但いつれも目のうちによるへき。鷹如此と六文字をきをもよめる也。

これによると、第一項＝顔の種類名未詳、第二項＝大鷲顔、第三項＝鷹顔、第四項＝こわしかほ、第五項＝つみかほ、第六項＝おんとりかほ、第七項＝ましこかほ、第八項＝へひかほ、第九項＝みわこ《(さカ)》かほ、第一〇項＝かけは《(すカ)》かほ、第一一項＝とひかほ、第一二項＝鵜顔についての説明となっている。第一一項の「とひかほ」と第一二項の「鵜顔」とは重複する顔の種類のようであるが、その説明内容は一致していない。また、いずれの項目もすべて「はしのね」（嘴根。上嘴の付け根）の叙述から始まり、続いて「はなのす」「こくひ」「いた、き」など、説明する部位ごとに定型句を使ってその特徴を述べている。

先にも述べたように、「鷹の顔」（鷹の一二顔）は鷹詞として広く流布していたため、その説についてはさまざまな異伝が展開している。ただ、前掲の調子家の鷹書に見える鷹の一二顔は、膨大にある用例のうち、内閣文庫蔵『宇津宮流鷹之書・乾坤』第五（函号一五四 - 三三八）に見える「鷹十二顔之事」に類似している。同書の該当部分を以下に挙げる。

鷹十二顔之事

マカホノ事

觜根ツヨクナク、ヨハクナク、黒觜フトク、鼻ノス廣ク、目ノ前遠ク、ウケカイ深ク、クリ小首長ク、イタ、キ平ニ、後遠ク、タヲミヲイアイセマク、深ク、押テ眉庇フカク、カ、リ目ノ輪、前クホニ眼ツヨクシテ、黒目スクナク眼ノ内マサメカケ、厚サ薄サ相應スヘシ。此鷹ハ、必乱取スヘシ。是ヲ本ト云テホムル也。

大鷲顔之事

觜根強ク、常ヨリスクニ、ヲイ鼻ノス廣ク、目ノ前遠ク、ウケカイスクニ、小首長ク、イタ、キ丸ク、ヲイ合アサク、押テ毛ウスク、後頭ツマリ、マカクシ深ク、掛リ目尻ノ毛ヲシテ、眼輪丸ク、小目ニシテ強ク、觜先ヲマモリ、此顔立ノ鷹ハ、心コハクシテ、使ワレヌ也。小鷹ハホムル也。

鷹顔之事

觜ノ根強クナク、弱クナク、鼻ノスモ同ツレテ、青バシツマリ、黒觜長ク、スクニシテ、細ク、ウケカイ少、タヲミ小首長ク、イタヽキ丸ク、ヲイ合ヲシテ、後頭ツマリ、マカクシ深ク、カヽリ毛ヲヘ、目輪丸ク、眼ツヨク、中目也。此カホ立ノ鷹ハ、一逸ヲスル也。

小鷲顔事

觜ノ根ヨハク、鼻ノスセマク、青觜、黒觜トモニ長ク、スグニ目ノ前遠ク、ウケカイスグニツマリ、イタヽキ平ニヲイ合アサク、ヲシテ後頭ツマリ、小首長ク、マカクシ目トヒトシクカヽリ、マカクシノ毛ウスク、目ノ輪丸ク、強中目也。此顔立ノ鷹ハ、勝テ一逸也。

ツミ顔之事

青觜ノ根ヨハク、黒觜ツマリ、鼻ノスセマク、目ノ前近ク、ウケカイスグニ小首短ク、イタヽキ平ニ後頭ツマリ、ヲイ合ヲサス。マナコカクシアサク、小目ニシテ眼ヨハク、此ノ顔ノ鷹、小鷹ハ吉。大鷹ハワロシ。

見サコ顔ノ事

觜ノ根強、鼻ノス廣ク、目ノ前遠ク、ウケカイ深クリ小首短ク、イタヽキ丸ク、ヲイ合セマク、深クヲシテ、後頭長ク、マカクシアサク、眼強大目也。目尻ノ毛アツク、短クヲヘ、此顔立ノ鷹ハ、心ウラヤカニシテ、ツカワル、トイヘトモ、物ニコリル也。小鷹ハ能也。

カスケ《ケスカ》顔之事

觜ノ根弱ク、目ノ前近ク、ウケカイスグニ、小首短ク、イタヽキ丸ク、ヲイ合廣クシテ、後頭ツマリ、マカクシアサク、カヽリ目ノ輪、ヒラニ眼ヨハク、チヤウシヤウノ毛ウスク、長ク、可生。此顔立ノ鷹、ワロキ也。一逸スルコトナシ。

ヲン鳥顔之事

觜ノ根ツヨク、鼻ノス廣ク、目ノ前近ク、ウケカイ少クリ三ケツアツク、マサ目廣ク、イタ、キ丸ク、ヲイ合ヲサス。目ノ前、横ニ高ク、後頭ツマリ、マカクシカ、ラス。目ノ輪丸ク、中目也。小首ヨリ頭迄、相應スル也。此顔立ノ鷹ハ、大業ヲスルトイヘトモ、心ヨハクシテ使ニクキ也。

マシコ顔之事

觜ノ根強、觜丸短ク、鼻ノス廣ク、目ノ前近ク、ウケカイ少クリ小首短ク、イタ、キ丸ク、ヲイアイヲサス。目ノ尻ヒネリ、後頭ツマリ、マカクシカ、ラスシテ、毛ヲイ三ケツアツク、マサシテ少タチテ、ヲイ合ノ上ノ毛アツク、マシコノヒタイノコトク毛ヲ可立。目ノ内ヨワク、大目也。此顔ノ鷹ハ、大鷹ハ不譽。小ハ一逸也。

蛇《ヘビ》顔之事

觜ノ根ヨハク、鼻ノスセマク、青觜ツマリ、目ノ前近ク、ウケカイスグニ、小首長ク、イタ、キ平ニセマク、ヲイアイヲサス。後頭ツマリ、ヒトシクシテ、毛ウスク、目ノ輪丸ク、強大目也。此顔立ノ鷹、心能シテ使ヨキ也。一逸スヘシ。

トヒ顔之事

觜ノ根ヨワク、鼻ノスセマク、目チイサク、マカクシカ、ラス、ウケカイスグニ、イタ、キ丸ク、後頭ツマリ、ヲイ合ヲサス。小首短ク、目ノ内ヨハク、大目也。此顔立ノ鷹ハ、ワロキ也。一逸スルコトナシ。小鷹ハ勝也。

モス顔之事

青觜ノ根深ク、短ク、鼻ノス廣ク、イタ、キ大ニ平ク、後頭ツマリ、ヲイアイノ毛長ク、ウケカイ深ククリマナコヨワク、マカクシアサク、小首短ク、マカヘシノ毛ウスク、此顔立ノ鷹ハ、必一逸也。鳫ハトラヌ物也。
能々可心得也。

右十二顔之見様是也。鷹之相形ハイラス。只、目之内ニ可在。右云、目ハ肝之臟ニツウスル故ニ、肝ト云文字、
キモトヨメリ。哥ニ、

目ノウチノ見所アラン鷹モガナ
鶴トルヘクトアラソイニセン

これによると、鷹の一二顔の種類は、第一項＝マカホ、第二項＝大鷲顔、第三項＝鷹顔、第四項＝小鷲顔、第五項＝ツミ顔、第六項＝見サコ顔、第七項＝カスケ（カケス）顔、第八項＝ヲン鳥顔、第九項＝マシコ顔、第一〇項＝蛇顔、第一一項＝トヒ顔、第一二項＝モス顔となっており、調子家の鷹書に見える鷹の一二顔とやや異なった種類が挙げられている。ただし、その叙述については調子家の鷹書と同様、「嘴根」に関する説明から始まり、続いて例の「鼻ノス」「小首」「イタ、キ」「目ノ輪」といった部位についての定型句による叙述がされている。いずれの項目も、調子家の鷹書と完全に一致する文言とまではいかないものの、種々さまざまに叙述される鷹の一二顔の説明のなかではきわめて近い内容といえる。

この内閣文庫蔵『宇津宮流鷹之書』とは、『放鷹』の「本邦放鷹史」の「宇都宮」の項において、宇都宮流の代表的なテキストとされているものである。しかしながら、同書の巻一一は「諏訪明神流大事巻　上中下」として諏訪明神流の秘事が記載されている。『放鷹』でも指摘されているように、内閣文庫蔵『宇津宮流鷹之書』は、その書名において宇都宮流を標榜しながら、実際には諏訪流に近いテキストであることが判じられる。さらに、同書巻一一の巻

末に記載されている奥書によると、同書を相伝する人物の一覧に、芳賀・益子・小山・下河辺など、下野国にゆかりの人々に混じって「大宮新蔵人宗勝」の名前が見える。この「大宮新蔵人宗勝」は、その姓から推測できるように諏訪・大宮流の流れを汲む人物である。大宮流とは、すでに述べたように大宮新蔵人宗光（禰津貞直の四代の子孫）の創始とされる諏訪流の最も有力な伝派である。

その大宮流は本来、『啓蒙集』と称されるテキストを基幹とする。同書には多数の類書があり、同じ『啓蒙集』の書名を持つテキスト同士でも叙述内容や構成がそれぞれ大きく相違している（本書第二編第一章「諏訪流のテキストと四仏信仰」参照）。その中で、書陵部蔵『啓蒙集画入・乾』（函号一六三-一二四七）は、書名通り大宮流の絵入りのテキストで、表紙右肩にウチツケ書きで「文久元辛酉年　小右門傳通院門前鳫金屋ヨリ御覧□□□（ラベル貼付で判読不能）」と見える（奥書無し）。同書の一八丁表～二一表「十二顔之傳」によると、以下のような一二顔の叙述が記載されている。

十二顔之傳

真顔者、青觜根強ク無ク、ヨハクナリ。黒ハシ大ニ鼻穴廣ク、小頂長ク、イタ、キ平ニ、ウシロ頭トウ々トタハミ、生合セマク、フカク押テ、目庇フカク掛リ。眼輪前クホニ目強ク、黒目少ク、目ノ内マサシテニ三面カケ合イ、アツサヒロサ相應シタル也。是ヲ鷹顔ノ木（ママ）トス。如此ノ鷹家良。

○大鷲顔、觜根強ク常上リ、長クスクニオユル。鼻穴ヒロク、眼ノ前トウ々、ウケカイスグニ小頂長ク、頂キ丸ク、生合アサク薄ク、後頭ツマリ目カクシアサク、カ、リ眼尻ノ毛ヲシテ眼病丸ク、小目ニシテ、ツヨク觜先キヲ守ルナリ。如此ノ鷹ハ、心強クシテ任ニクシ。兄タカニハ、ホムルナリ。

小鷲顔、觜根ヨハク、鼻穴セマク、青ハシ黒、觜長ク、スクニ目ノ前トウマ、ウケカイスクニツマリ、イタ、キ丸ク、平ニ生合アサク、押テ、ウシロ頭ツマリ、小頂長ク、目カクシ眼トヒシシテ、カ、リ目(ママ)カクシノ毛ウスク、目輪丸ク中目也。此顔立之タカ、勝テ逸物也。

鷹顔、觜根ツヨタラス、ヨハカラス。鼻穴モ同シ青ハシツマリ、黒觜長ク、スクニシテ細ク、ウケカイ少シクハミ、小頭ツマリ、イタ、キ丸ク、生合押テウシロ頂長ク、目カクシ次クカ、リ、毛生ル也。眼輪丸ク、目強ク、中目也。如此ノ鷹ハ逸物也。

雀鷂顔、青觜根フトク、黒ハシ結ヲ請、具スクニ鼻穴少ク、目ノ前少ク、小頂ミチカク、イタ、キ平ニウシロ頭ツマリ、生合ヲサス。眼カクシ、アサクカ、リ目輪丸ヲ小目ニシテ目ヨハシ。此顔立ノタカ弟タカニハ悪シ。兄タカニハ良。

雄顔、觜根強ク、鼻穴廣ク、目ノ前近ク、ウケカイ少シシテリ。三面厚ク、眼サシテ廣ク、イタ、キ丸ク、生合不押目ノ上、横ニタカク、後頭ツマリ、眼カクシ不替。目輪丸ク中目也。小頂頭迠、相應スヘシ。此顔ノ鷹、大熊スルトイヘトモ、心強シテ遣悪シ。

鳩顔、觜根丸ク短ク強シ。頂丸ク、鼻穴廣ク、目ノ前近ク、請具少クリ。小頂ツマリ、生合押サス。目尻ヒネリ、後頭ツマリ、眼カクシ押サスシテ毛生ル也。三面アツクアサシテタチテ生合ノ毛厚ク、マシロ顔ノコトクニ毛ヲ立ヘシ。目ノ内ヨハク、大目也。此顔立ノ鷹、兄ニハホムル也。弟鷹ニハホメス。

鵰顔、觜根強ク、鼻穴廣ク、目ノ前遠々ウケカイ次リナ、リ。小頂短ク、頭丸ク生合セマク、次ク押ヲ、後頭長ク、アサク、眼強ク大目也。目尻ノ毛、厚ク短ク生ヘシ。此顔ノタカ心強ク、物コリスル也。兄ニハ良。

鷙顔、觜根ヨハク、目ノ前近ク、請カイスクミ、小頂短ク、頭丸ク、生合廣ク、押テ、後頭詰リ、眼カクシ、アサクカ、リ、眼輪、平ニ目ヨハク、頭ノ上毛薄ク長ク生ル也。此ノ顔ノ鷹、逸物ニハ無シ。兄ニハ良。

鴟顔、觜根ヨハク、鼻穴セマク、目少ク眼カクシアサク、請カイスクニ頭丸ク、後頭ツマリ、生合不押シテ、小頂ヨハク、眼ノ内ヨハク青眼也。此顔ノ鷹、逸物ナシ。兄鷹ニハ良。

鵤顔、觜根フトク短ク、鼻穴廣ク、イタ、キ大ニ平、後頭ツマリ、生合ノ毛長、請カイフカククリ、眼ヨハク、マカクシ、アサノ小頂短ク、目カクシノ毛ウスク、此顔立ノ鷹ハ、鴉ヲヨクトル。

○鷹顔ヤ真顔、鵤顔、蚫ニ鷲、雄顔ハ、弟タカニ良。

○雀鷂ヤ大鷲、鳩、ミサコ、鳶、鷙カホコソ、兄鷹ニコノメリ。

○大鷲ヤ小ハシト顔ヲハケスレハ、海ト里トノ鷲ノカホタテ。

○雄ノ顔トナツクルタカナラハ、雉子ノ顔ノテ見ル心侍セヨ。

右十二顔ノ内、六品ハ勝テ逸物ナリ。残者劣ト云。鷹ハ眼ニ善悪有。其形ニ不限也。

右に見える「鷹の一二顔」の種類は、第一項＝真顔、第二項＝大鷲顔、第三項＝小鷲顔、第四項＝鷹顔、第五項＝雀鷂顔、第六項＝雄顔、第七項＝鳩顔、第八項＝鵰顔、第九項＝鷙顔、第一〇項＝鴟顔、第一一項＝鵤顔となっており、一一種類しか確認できない。網掛け部に見える「蚫（顔）」が脱落しているものと思われる。その一一種類の部分について、調子家の鷹書や内閣文庫蔵『宇津宮流鷹之書』に見える鷹の一二顔の叙述と比較すると、挙げられている顔の種類がやはり異なっている。また、三書を細かに比較してみると、それぞれ叙述の「表現」は似ていても、「内容」については異同が多く、直接的な影響関係があったとは判じ難い。しかし、各顔の説明については定型句や言葉遣いが共通しており、表現レベルにおいては類似していることが確認できる。

一方、東京国立博物館蔵『宇津宮明神流　大崎流　全』（分類番号一七二八　七六‐四三）は、『放鷹』の「本邦放鷹史」において、内閣文庫蔵『宇津宮流鷹之書・乾坤』と並んで宇都宮流の代表的な鷹書とされるテキストである。ただし、内閣文庫蔵『宇津宮流鷹之書・乾坤』と同じく、その奥書に「大宮新蔵人宗勝」の名前が見え、やはり大宮流の影響を受けたテキストでもあった。このような宇都宮流の鷹書類についての詳細は、本書第二編第四章「宇都宮流の鷹書―『宇都宮社頭納鷹文抜書秘伝』をめぐって―」で言及するが、ここで確認しておきたいのは、東京国立博物館蔵『宇津宮明神流　大崎流　全』が、内閣文庫蔵『宇津宮流鷹之書・乾坤』と同質の属性を持つテキストであるという点である。というのも、東京国立博物館蔵『宇津宮明神流　大崎流　全』「鷹顔の事」には、以下のような鷹顔に関する叙述が見える。

鷹顔の事

一　ひよ鳥かほの鷹は、いかにもほそく、起くかほまるく、目はあを目しろき星有。はし末に、たかうすあをく、ふはきれすしはなにすみ〳〵なり。尾にふきれす。此鷹はらん取する也。

一　かんきかほの鷹。目ははやふさにちかそす。羽未長く、毛なしはきつまる。

一　野されの鷹、せなかにしろき星有。目はしろ目也。

一　ひやまのたか。目は赤し。

一　大黒しふの鷹。いかにも大きく、いかにもたかしろく、よしあしに。

一　小さるくひの鷹。てにきす有。いかにもよし。

一　はしたへの鷹。も、のうへに二つすしあり。むかふには無。
一　はんこの鷹。かさちいさく、大鷹にすねはちかはすらん取するすねは、ひらすねなり。
一　もす顔の鷹。顔大きく、こしよわく候。
一　あをしろの鷹。あをかきに似たり。ふさくろし。
一　つま白の鷹。よしわろし。
一　ほう白の鷹。ほらの貝にちかはす。
一　つみ顔の鷹。目はあをめ、まへとうへ、うしろかしら長く、後頭の毛を立るなり。
一　雪白の鷹。大きく背黒し。むらさき色にふをきる也。
一　鷹かほの鷹。目はきめ也。はなのすせはく、うけかいくい入、くひれふかく、後ろかしら長く、顔ほほきく、まひさしふかく、まひさしにも毛おい申候。
一　ましこ顔の鷹。顔丸か少かはしも丸か、まひさしにも毛おい申候。
一　まないたふちの鷹。顔大に目は白めのかへし有。ほいあいふかく、すねは大ひらすね、かもます背にひをかけ、も、ふとくとつて、ほそく、まひさしふかく、くい入ふかく、はなのすひろし。
一　しほの鷹は二つ有り。みなき目なるへし。
一　くじのたか顔。まるく目はしらめ。はしさき黒し。ひかきのまひさしに、まいけおい候。どうはひらとう也。羽はほそく、足は白し。足ほそく、けも大し。尾羽つまりて、いかにも羽こまくかさちいさく、すねはいかも丸か聲は餌のたかより大なり。いた、きひしけこいけなうし。

一　おん鳥かほの鷹。顔少か小くひ長か觜白觜さき黒し。はなのす廣、かいはきひしけ目はしら目のまへを丶すねは、ひくしみは白、足黒し。丸みも有。こいそ長く、まひさしふかし。

一　ませ顔の鷹。いた丶きひらけて、めは青目あかく入ふかし。目のまへとおし。まひさしふかし。あたまひしけて、すねは大ひらすね尾羽短く、しりほそひ□むにはんを二つ合たる。ふ目は起目の度赤し。

一　へひかほの鷹。顔丸かこくひ長し。目はあをめ、白きも有。鼻のすせはく丶ひは無し。食入ふかし。尾はなかし。たも長し。すねはまるし。

一　しほのたか有。むらさきを付たふ。

一　大わし顔の鷹。いかにも細く目ははし白し。鼻のすせはく、目のまへとをく、うしろ頭長く、尾羽つまりて、はらに御助有ふたすし有。顔大に□ほそく、すねは丸、すね羽末わるくほこに居る時、そる也。

一　こわしかほの鷹。大にはし有。めさして白し。めは青め、おなしくは起目よく候。鼻は一つのすせはし。うしろかしらの毛をたかく、尾はつまり、しり細く、ほうせうの毛長し。

一　かけす顔のたか。觜丸く、すくにまたまるく、まひさしあさくか丶り候。鼻のすせはく、黒めの内に白き星有。

一　起目のうちにときく赤き星見へるは、らん取する也。

一　ちう赤きめの鷹見検有。うす赤き御助かり候。

一　こあか目。めの鷹有。

一　あかめの鷹有。

一　桃花ふの鷹有。もゝの花を付たるふに、目のあたりにも有。せなかにもうす赤く有。
一　桜花ふのたか有。桜のはなを付ふ。くにせなかにも有。
一　からす手のたか。いかにもよし。
一　まひさしに毛おい候てよし。

これは「鷹顔の事」という章段で、三二種類の鷹の顔について説明したものである。このうち「もす顔」「つみ顔」「鷹かほ」「ましこ顔」「おん鳥かほ」「へひかほ」「大わし顔」「こわしかほ」「かけす顔」の項目は、内閣文庫蔵『宇津宮流鷹之書・乾坤』に挙げられた鷹の一二顔の項目と重複している。が、その叙述内容や表現の文言は全く違ったものとなっている。

このように「鷹の顔」（鷹の一二顔）のモチーフは、同じ特質を持つテキスト同士でもその叙述が一致せず、異伝が記載されるものであった。このことから、当該のモチーフには、各テキストの属性と関係なく展開していったことが想像される。特に、先に指摘した内閣文庫蔵『宇津宮流鷹之書』と書陵部蔵『啓蒙集画入・乾』との類似性は大宮流の伝承世界という脈絡が予想されないこともないが、調子家の鷹書には連繋する部分がまったく存在しない。むしろ特筆するべきは、各種テキストにおいて多種多様なモチーフが存在する「鷹の顔」（鷹の一二顔）の中から、関連性の薄いテキスト同士において類似の用例が見られるという点であろう。これはすなわち、同モチーフが属性を超えて広く流布した伝承であることを示唆していると考えられる。それならば、調子家の鷹書が、このような鷹詞の類については比較的普遍性のある文言を引用する傾向があったことが確認できるものの、この鷹の一二顔の叙述を以って同書の独自性を分析する対象とすることは難しい。

以上のことから、前掲の薬飼や療治の記事と同様、「鷹の一二顔」の叙述もまた、調子家の鷹書の特性を見出す手がかりとはなりにくいことが判じられよう。

前掲の「薬飼・療治」「鷹の一二顔」以外の、第一条〜第一六条と第五〇条〜第六一条には「鷹に関する作法」が叙述されている。「作法」に関する叙述は、いわゆる有職故実の知識として教養書的な要素が窺える一方で、実用的でもあることから伝派ごとに一定の内容が確立されやすい。当該書の中で、テキストの属性が顕著に表出される唯一の部分といえる。その第一条〜第一六条と第五〇条〜第六一条のうち、類似する用例が他文献で確認できるのは、第一条・第二条・第三条・第四条・第五条・第一〇条と第五〇条〜第六一条である。

ところで、本書の第二条と第三条との間には「口傳書」という見出しが記載されている。つまり、当該書において、第三条〜第一〇一条は「口傳書」として総括されるもので、冒頭の第一条と第二条は、それとは別に独立した条項という体裁になっているのである。このように、わざわざ冒頭に掲げられ、しかも別格に扱われている第一条と第二条は、当該書において特化した記事であると判じられよう。そこで、まずは、第一条と第二条について取り上げ、他の用例との比較検討を通して調子家の鷹書の特性を明らかにしてみることにする。なお、第一条と第二条以外の作法に関する叙述については、相対的に独自性を窺うことができる記事として、次章で取り上げることとする。

二　調子家文書『鷹飼に関する口伝』第一条・第二条について

調子家の鷹書の冒頭の第一条と第二条には、以下のような記事が見える。

一　神社ほうへいのために鷹を神へたてまつるには、ほこをやしろの左におくへし。かふきのもと、同やしろの方に成てほこをゆふへし。つなきやうは、ゑつにあり。大おのふさをさかさまにすることをいむへし。鞭と餌袋は宮司に渡へし。

一　ほこの高さ四尺三寸二分。かふき、はしらのとに出分二寸二分。ほこ、きぬのすんは、はしらのあいたによるへし。たてさまは三尺三寸二分。上は竹にぬいくくむ。ぬのゝ、はしを、うらになすへし。すそは少はつすへし。ぬいあわせは合ぬいにして、二とをりつゝぬふへし。すそのかたを三寸二分ぬいにす。きくとちくろかわなり。

右のうち、第一条には、神社奉幣のために鷹を神に奉る作法、第二条には、架に関する寸法やそれに掛ける布についての寸法が説明されている。これに類似する用例としては、内閣文庫蔵『責鷹似鳩拙抄』（函号一五四‐三〇四）の以下のような記事が挙げられる。

鷹之書　此書も所持之抄也。旅宿のため抜書に注也。秘する抄物也。仍右之抄に閉加者也。

一　神社俸幣のために鷹を奉には、架を社の左の方に、かふきの木を社の方になしてつなくへし。つなきやうは常のことく、大緒のふさを逆にする事を殊に禁べし。鞭餌袋は宮司に渡遣へき也。常のことし。又鷹の祈祷のために参詣申つなく事あり。つなぎ様は小鷹つなきなるへし。

一　架のたかさ四尺三寸二分。かふき同。柱のふとさは二寸三分。かふき柱より外にあまる分四寸八分。惣のなかさ六尺二寸。臺のたかさ五寸六分。おもてのひろさ六尺二寸。たい《いやかき歟本ノマヽ》のたかさ五寸六分。おもてのひろさ六寸六分。おもての両のはしをおとすへし。長さ二尺五寸二分。かふきにつほかね四つ。はしらに一つゝうつへし。下のよこ木は臺の間にして、はしを臺のうちにさしとむるなり。作木なるへし。二架の長さ一丈一尺六寸。つほかね五つ。柱のつほ同前。鷹《大タカ》は本。兄鷹は末につなくへし。坪かねをうたすは鷹末につなくへし。架の木は檜《ヒノキ》柞《ハヽソ》をほんとする也。

一　架布敷は柱の間にしたかふへし。堅様にして三尺三寸二分。上は竹にぬひくゝみ、布のはしをそ《う》らになすへし。すそは少はつすへし。縫合は合縫にして、二とをりつゝぬうへし。すその方を三寸二分縫さしてきくとちあり。くろ革にておもてのかたにむすひめあるへし。ぬいめより上はみしかく下長。惣長さ八分。上の竹のきはにとんはうむすひあるへし。口は上になるへし。布あさきにそむる也。むらさきは斟酌者也。もんをつけは虎豹を付へし。とらは本木のかたにあるへし。かふきと架布の間一寸八分。

右掲の傍線部が調子家の鷹書と類似する記述である。この『責鷹似鳩拙抄』は、奥書に持明院基春の署名と永正三年（一五〇六）二月の年号があり、基春が集めた一〇種類の鷹書の集成である『持明院家鷹秘書』全一〇巻のうちの一冊である。持明院家は姻戚関係のある西園寺家より鷹術を伝授されたということもあり[15]、室町期以降は、堂上の鷹の家の代表的な存在であった。また、調子家の鷹書の第二条に見える「架や布についての寸法」の説明は、例えば同じ基春の著作になる『鷹経弁疑論』など、他の持明院流の鷹書にも多数記載されている。寸法の数値に若干の異同があるとしても、架や架布に関する鷹道具の説明は種々の鷹書類に記載されるものである。

しかし、第一条の「鷹を神に奉る作法」についての具体的な作法の説明は、『責鷹似鳩拙抄』以外の公家流の鷹書類にはほとんど見当たらない。「鷹を神へ奉る」作法とは、贄鷹の神事になぞらえられるものである。鷹詞としての「贄鷹」が和歌に詠みこまれる例は種々の文献に多数散見できるものの、それは神事における作法の説明といった類のものではない。『責鷹似鳩拙抄』以外で類似の礼法が確認できるのは、例えば、内閣文庫蔵『持明院家鷹秘書』第六（函号一五四・三五四）に見える「贄鷹」の架繋ぎの図示が挙げられる。『持明院家鷹秘書』第六は、末尾に基春の子である持明院基規の名前が見える持明院家の鷹書である。ただし、これは調子家の鷹書の第六一条の「神参鷹」の架繋ぎの図と非常に似ている。次章で詳しく述べるが、そもそも調子家の鷹書の第五〇条〜第六一条に見える架繋ぎの図示は、いずれも『持明院家鷹秘書』第六に見える架繋ぎの図示と酷似する。その他にも、調子家の鷹書の第三条「大鷹の脚緒」第四条「兄鷹の大緒」第五条「鷂の大緒」第一〇条「鷹たぬき」の説明が『持明院家鷹秘書』第六に見える記述とほぼ一致する（いずれも次章参照）。調子家の鷹書の「神参鷹」の架繋ぎの図と「贄鷹」の架繋ぎの図の類似は、むしろ調子家の鷹書と持明院家の鷹書とのテキストの上での近接した関係を窺わしめる一例と見做すべきであろう。また、『責鷹似鳩拙抄』の著者である持明院基春とその子息の基規は、種々多様な鷹書類を雑駁に蒐集して書写し、自家のテキストとしたという。(16)『責鷹似鳩拙抄』記載の「鷹を神に奉る作法」の記事についても、持明院流の鷹術の実情に即した叙述というよりも、基春が蒐集した鷹書類から引用した文献上の知識である可能性が予想される。その他に、「鷹を神へ奉る」儀礼（贄鷹の神事）についての具体的な作法を記載する公家流の鷹書は見当たらない。この儀礼は、公家流の鷹術においてはそれほど重要視されていなかったと判じられる。

一方、調子家の鷹書では、前に触れたように、第六一条にも「神参鷹」の架繋ぎが図示されている。第一条の本文で「つなきやうは、ゑつにあり」と記すのに相当するものであろう。先にも触れたように、持明院家の膨大にある鷹書群の中で、神前における鷹の作法を記すのは、右掲の『責鷹似鳩拙抄』の記事と『持明院家鷹秘書』第六の図示のみである。相対的に調子家の鷹書が、「鷹を神へ奉る」儀礼について比重を置いている姿勢が窺えよう。あるいは、調子家では、実際にこの儀礼を行っていたのかもしれない。

ちなみに、この部分の記述は、西園寺文庫蔵『十二繫図　外四巻合冊』（函号二〇九）の『十二繫図』にも、『責鷹似鳩拙抄』からの書写であることを明記した上で引用されている。同書は、奥書等は確認できないが、一丁表に「藤井蔵圖書記」の印が見え、奥書にも「藤井蔵書」の印がある。『地下家伝』[17]によると藤井家は代々にわたって衛門府の衛士に補された地下官人の家柄であるという。江戸時代には地下の有職家としても知られていた[18]。この『十二繫図』に当該の記述が引用されるのは、これが京都近辺で流布した鷹書類に好まれる内容であったことを示す一例といえよう。

ところで、「鷹を神に奉る作法」の用例は、諏訪流の鷹書類には多数確認することができる。それは諏訪流の鷹術が諏訪大社の贄鷹の神事から発したものによるためであろう。例えば、禰津松鷂軒（信直）の著作になる諏訪・禰津流の鷹書の『禰津松鷂軒記』[19]には、

一　仏詣社参の時たかをつなぐやう。つなぎめをわにぐちに心得て、大緒をかねの緒と心得て、わきへおさむべからず。一すぢわにして、ひきそろへてさげべし。ゆがけをふちにおさめて、鷹のたなさきのかたのほこのわきにたてべし。是は御へいの心也。是を七難そくめつ七福即生といふなり。

（中略）

一　神前にほこをゆふ事。さか木をたて、一方にくぬぎひの木を鷹の手さきにたてる。ほこには、春は梅、夏は柳、秋は楓、冬は松。つなぎやう、むすびやうさげる也。ゆめくわきへおさめぬ也。心得べし。

（中略）

一　神に鷹をおさむるには。むちをば当座になに木の枝にてもきる也。

と記される。また、松鶴軒の高弟の一人である荒井豊前守の著である『荒井流鷹書』[20]には、

一　神前に鷹縻事
架へ寄三度拝して可縻。大緒をくさりて、大鷹ならば木崎へ一筋留るなり。一筋をば其まゝ置て鐘の緒と心得べし。鷹を申おろす時、彼大緒をかねのをとして申おろすなり。鷹斗の時は御にゑ鷹と申也。

一　神前に構ゆひ様の事
神の左に可結。御前にも結也。

御にゑ鷹　【図】（略）

一　神馬鷹の事
鷹に馬を添て参らするを神馬鷹と云也。神の御目に掛る時は。馬引轡をならし。其時鷹飼と馬引を目合して。神に向紋を唱べし。其後鷹を架に縻。本木へ大緒を一筋留る。末木へ一筋留る。如斯両方へ大緒を留て。本木の方へ三足後さまにあゆみ寄て。鞭を架なりに。ひさくはなを末木へして。本木の方に可置。鷹に鞭を當て押上て。構はつかせて立のくべし。其後申おろす時。本木の大緒をときて申おろすべし。扨末木の大緒をもときて居かゆる也。秘。能々口傳可有也。

（中略）

一　諏訪の御前に鷹を縻事
昔は白張装束にて鷹にもしてを切付て参らせたる也。当世は事新敷とてせぬ也。鷹を指上て居。鳥居の本にてすわのもんを七辺唱へ。又縁のきわにて五辺。神前にて三辺つくぼうて可唱。鷹は神の方へ向て可居。

鷹二つの時は。神の左右につくぼう也。何も神に向せべし。口傳。

と見える。傍線部は、両書において類似の作法が確認できる部分で、それによると、どちらも神前で鷹を繋ぐ際には、大緒の一筋を鐘の緒と見做すという。これは『荒井流鷹書』に説明されるように「御にゑ鷹」（贄鷹）の作法で、調子家の鷹書の第一条に相応するものである。しかし、ここに見える諏訪の贄鷹の作法は調子家の鷹書の作法とは一致しない。さらに、『荒井流鷹書』には「神馬鷹」の作法や諏訪の御前に鷹を繋ぐ礼法が記されるなど、諏訪の神事の説明が続くが、これにも調子家の鷹書と重なるような記述は見当たらない。諏訪流の鷹書が示す贄鷹の作法と調子家の鷹書の作法とは異質なものである。調子家の鷹書の記載する「鷹を神に奉る作法」が諏訪の贄鷹の神事の影響と無関係であることが確認できる。

三　調子家の鷹術伝承

次に、下毛野氏の携えた鷹術伝承のもう一つの例として、調子家の家伝に見える由緒書について検討してみる。調子八郎家所蔵の年月日未詳『調子家由緒書』[21]には、以下のような記述が見える。

調子員数

奉レ預ニ御随身職一御役儀勤来候、則調子知行等、上古者調子村一職本地被下并丹波之石田庄下司職、近江ニ而穴尾庄、同粟本、河内ニ片野禁野両郷之段別、是ハ調子預申、御鷹ニ而禁野之三足雉をとらせ、忽天子御脳（悩）平安故、御ほうびとして千貫文之段別被下、又改テ鷹飼之御倫（綸）旨頂載（戴）仕、于今其時之鷹装束道具以下御綸旨書物等御座候事、これによると、当家が御鷹飼として河内国の「片野禁野」を管理するようになったのは、三本足の雉を退治した褒賞であるという。「片野禁野」とは、河内国交野郡（大阪府交野市全域と同枚方市・寝屋川市の一部）の北部にあった天皇の狩猟地である。『山槐記』[22]応保元年（一一六一）一二月二三日条には、

片野御鷹飼下毛野武安・知武訴申、免田作人不レ弁二地利一、任二先例一賜二所牒一令レ果レ事、又為二楠葉御牧住人一御鷹飼等被レ追二捕住宅一、并凌破□了

とあり、片野（交野）の御鷹飼の「下毛野武安・知武」が楠葉牧の住人に追捕されたと見える。また、調子八郎家所蔵の建保六年（一二一八）四月付「蔵人所牒写」[23]には、

蔵人所牒　河内国交野禁野　応令早任右近衛府生下野朝俊譲補御鷹飼職事（中略）牒、得彼能武去三月　日解状、
承元四年二月廿六日任御鷹飼朝俊之譲、御牒畢

とあり、交野禁野の御鷹飼職が下野朝俊から能武に譲られたことが記されている。この「能武」とは、「下野朝俊」の養子となった人物である[24]。さらに、宝治二年（一二四八）一二月付「蔵人所牒写」[25]には、

蔵人所牒河内国交野禁野司　応令早任右近衛府生下野能武譲以男武貞補御鷹飼職事使（中略）牒、（中略）爰能武去承元年中被補置件職以降有勤無怠、年齢漸及八旬、後栄残日少所労随日増気無減少、然間、任先例、以息男武貞欲被補彼職矣者、早任能武譲、以男武貞可為御鷹飼之職之状如件

とあり、同じく交野禁野の御鷹飼職が下野能武から下野武貞に譲られたことが見える。これらの文書により、中世において、交野禁野の御鷹飼職は下毛野氏の一族に世襲されてきたことが確認できる。『調子家由緒書』に見える交野禁野の賜領譚は、このような史実と響きあう伝承であろう。

さて、その調子氏が交野の禁野を賜領される由来となった三本足の雉退治のモチーフは、鷹書の中でも類話が見られる。たとえば、比較的早い例として、奥書に文亀三年（一五〇三）の年号と秋山近江守泰忠の署名がある書陵部蔵『放鷹記』（函号一六三‐一〇八一）の以下のような叙述が挙げられる。

一　金野のきみの事　又は交野のきみと云也。交野のうちに禁野と云在所有る也。昔は、此字を用ひ侍る也。文徳天皇の御宇に、やまと哥の郡よりまいる。けてうかたつに取て、御門を脳み奉る。御子の惟高の親王、聞召て、河内交野にこゐて狩し給ふ也。是は鶺をつかひ給へる也。在原業平、御供申奉る。是又、めいよの鷹かひ也。然間、あやしき鳥を思ひのまゝにとり給ふ也。三足の雉也。刃のきみ《し也》是なり。此鳥の羽、つるきのことくなるかゆへに、やひはの雉と云。御脳たちまち平癒ならせ給ふ也。それより此かた、今に至まて三足の雉を御調にそなへ奉る也。今は、常の雉に別の鳥の足を一つつきてそなへまいらする也。

右によると、文徳天皇の御悩を平癒させるために、惟喬親王が「めいよの鷹かひ」である在原業平を伴にして、交野の禁野にて三本足の雉を退治したと見える。それ以降、御調には三本足の雉を供えるようになり、今では別の鳥の足を一本添えて三本足にしているという。同書では、三本足の雉を退治する「名誉の鷹飼」が『調子家由緒書』とは相違して業平となっている。『伊勢物語』第八二段に見える惟喬親王と業平の交野の狩りの説話をモチーフにした設定であろう。このように本話には、雉を退治する鷹飼名誉譚の様相も見出せる一方で、三本足の雉を御調に供える由来譚ともなっている。

また、藤原定家・二条為家父子の問答形式の鷹書である『定家問答』[26]では、「三本足の雉」について、次のように叙述している。

一　三足の雉子と申如何。
答云。有時、御門、御なふなりし時、さう人うらなひ奉れば、かた野に三足ありし雉子、御狩ありておほ鷹にて彼三足の雉子、とり給へば、すなはち御悩平給也。其後、祭事に別の雉子の足を取、三足にむすび付、御祭事有けると云々。

『調子家由緒書』や狂言『禁野』『放鷹記』に比して随分と簡略化しているが、概要はほぼ同じである。ただ、三本足の雉を狩った人物については言及していない。そしてやはり、祭事の由来譚となっている。

さらに、近衛前久の著である『龍山公鷹百首』[27]では、三本足の雉説話を以下のように叙述している。

まちかけの事。昔、禁野の雉、八重羽にして、足も三ありと注之。合する鷹をとりころしける化鳥也。其時まちかけをたくみ出し、彼化鳥をとらせけるとなん。それよりまちかけ始て、あら鷹などのかたいりなるをとりかふには、待かけにあはすれば、やすくとるにより用之。雉の足を別足といひならはす事、禁野の雉よりおこれり。当事あながち足三ツなけれ共、雉の足にかぎり、今に別足と云也。同事ながら山鳥の足をば別鳥と云べからずと也。右の子細は高国朝臣彼諸木抄廿巻の聞書に見へたり。（中略）彼書に禁野の雉の事、押紙に被注也。昔、仁徳天皇御悩有時に相者云、彼雉のたゝりなりと。占ふに、保昌卿と云人、渡唐して、鷹を習て日本へ帰り、此雉をあわするに、彼化鳥、三足の別足にて鷹に向ふを、鶚といふ鷹、彼足の三有て羽も八重羽の雉を取かためたるといへり。其鷹はしたいと云也。鶚と書也。此名あまりに秘して、鶚はせうと云鷹也と注之。又云。鶚。ハツ。ハシタイ。共いへり。口傳あり。難注事也。

これは、「まちかけの事」を説明している部分である。「雉の足を別足といひならはす事」の由来譚として、禁野における三本足の雉退治譚が叙述されている。また、仁徳天皇の悩みを解消するために「保昌」が渡唐して学んだ鷹狩の術で三本足の雉を退治した、とも伝える。雉退治をした「保昌」は未詳であるが、(28) 右掲の叙述によると、日本で初めての鷹飼とされている。本話もまた三本足の雉に関する祭事由来譚の異伝と見做すことが出来よう。

その他にも、諏訪・大宮流のテキストで奥書に承応三年（一六五四）の年記が見える書陵部蔵『啓蒙集』（函号一六三-九〇二）第一一条にも以下のような三本足の雉の説話が見える。

十一

・禁野の文字、むかしは金野とかくのことく書と云也。交野ゝ内に禁野といふ在所ある也。文徳天皇の御時に、大和國宇多郡より毎日化鳥交野にきたりて、御門をくるしめたてまつる。御子惟高ノ親王きこしめし、河内國交野にはしめて狩し給ふ。在原業平、供奉したてまつる。これまためいよの鷹匠なり。然ル間、かのあやしき鳥お思ふまゝにとらせ給ふ。三足の雉也。弥重羽の雉これなり。此雉の羽、釼のことくなりし共いふせつもあり。御悩、たちまち平癒ある。それよりいまにいたるまて、御調に常の雉に別の雉の足一つそへて、三足になして奉るとなり。これにより別足といふ事、雉にかきる言葉也。定家卿の哥にも

△むはたまの黒生の鷹やはつといふ
　足の三つある鳥やとるらん

交野の御狩の御時に、御鷹を繋し架の木とていまに交野に樟の木三本ありといふ。

△かり衣交野の御野の三つくぬ木
　若木や鷹の架となるらん

右の叙述もまた、交野の禁野に大和国宇多郡からやってくる化鳥を惟喬親王と在原業平が退治するという筋立てで、先に挙げた書陵部蔵『放鷹記』とほとんど一致した内容となっている。書陵部蔵『放鷹記』の属性や同書と書陵部蔵『啓蒙集』との典拠関係などの問題はあるものの、ここでは、贄鷹の神事に端を発する諏訪流のテキストに三本足の雉説話が採録されていることに注目したい。同話が神事に携わる鷹術の伝派に好まれた伝承であることが伺えるものであろう。

なお、狂言『禁野』においても、三本足の雉退治のモチーフが引用されている。たとえば、元禄一三年（一七〇〇）版『絵入　続狂言記』巻四の七「禁野」(29)によると、

扨も垂古天王の御時、此野にて御狩有しに、諸鳥迷惑して、血の涙を流し、津の国玉作り天王寺指して逃げて行、太子ふびんに思召、王位に御異見有て、それより此野は禁野と成、其後三足の雉出生す、化鳥なれば退治有べしとて、御鷹を合され候へ共、此雉の尾やいばの剣なれば、御鷹を刺し落し申間、鉄にて鷹を作り、いつものごとく合ければ、彼雉誠の鷹と心得、刺せども〳〵刺されず候所に、誠の鷹を助鷹にかけとらせ、其雉を神に斎ゐ、雉の領とて、今に有、

と見える。これは、シテの大名が禁野の由来を説明している場面である。ここで述べられている故事によると、聖徳太子が制定した禁野に三本足の化鳥の雉が現れたため、鉄の鷹を作って退治したという。退治された雉はやはり神に斎くものとされている。

以上のように、「三本足の雉退治」譚のモチーフは、その雉を退治する鷹飼の名誉譚であるとともに、三本足の雉にまつわる神事・祭事の由来を説き明かす逸話でもあった。その神事や祭事が具体的にどのようなものであったかは

不明である。が、おそらくは贄鷹の神事に類するようなものではないだろうか。贄鷹の神事は、先の『禰津松鷂軒記』や『荒井流鷹書』が記すように、鷹そのものを神に奉る以外に、鷹狩の獲物を供える儀礼もある。[30] 三本足の雉は、それに相応するものといえよう。また、前節で確認したように、調子家の鷹書には、鷹の神事に関する礼法が積極的に掲載される傾向がある。それゆえに、家の由緒書にも三本足の雉説話を記載したのではないか。下毛野氏の家伝における鷹術伝承にもモチーフに祭儀的な要素を見出すことが出来ることは注目に値する。

おわりに

以上、山城国乙訓郡調子庄に拠した下毛野氏の鷹術伝承をめぐって、調子氏に伝来した鷹書を手がかりに考察を進めてきた。調子家の鷹書には、贄鷹の神事に類するような礼法の記載が見える。それは、公家流の鷹術には見られない礼法で、諏訪流の鷹術とも異質なものである。調子家の鷹書の独自な礼法といえる。

また、下毛野氏の家伝における由緒書が記載する交野の禁野の鷹術伝承（三本足の雉の伝承）も、神事に関わるものであることが推察される。

ところで、第三節で挙げた『調子家由緒書』冒頭に記される調子家知行の諸所のうち、交野の禁野以外の所領については、たとえば、応永一七年（一四一〇）一一月一九日付「調子武遠譲状」[31]に

　応永廿《壬》九年十一月七日
調《寅》子庄内陸段永代買得仕申宝寿丸（花押）
譲与　山城国乙訓郡調子庄

并江州左散所
丹波国石田庄
河内国右散所但（是者不知行便宜以御機嫌可歎申也）
江州穴尾庄但（不知行便宜以御機嫌可歎申者也）
右彼所者、下毛野武遠相伝所無相違者也、然而嫡子下毛野春光丸武俊所譲与実正也、更不可有他妨、両御所様奉
公不可有無沙汰者也、仍譲状如件、
応永十七庚寅年十一月十九日　武遠（花押）

と見える。これによって、『調子家由緒書』が記す「調子村」「丹波之石田庄」「近江ニ而穴尾庄」は、中世において実際に下毛野氏の所領であったことが確認できる。また、『調子家由緒書』には記載されていないが、右掲の記事に見えるように、下毛野氏は「江州左散所」「河内国右散所」も知行していた。これは、下毛野氏が主家の近衛家から与えられ、代々領した土地である[32]。なお、丹波国石田庄と近江国の穴尾（太）庄も散所と関係する土地であるらしい[33]。『調子家系譜』[34]には、一一世紀後半から一二世紀前期の人物である「武忠」以来、「散所長」「知行散所雑色」と注記される人物が代々続く。このように、下毛野氏が近衛家の散所を預かり、経済基盤を掌握していった経緯については中原俊章氏の論に詳しい[35]。散所経営は、下毛野氏の最も重要な収入源であった。

以上のように、下毛野氏の職務について考えるとき、交野の禁野の知行以外に各地の散所支配があったことは無視できない。中世において散所を支配する散所長は、同所に居住した下級宗教者や芸能者たちの長的な存在であった。それならば、下毛野氏側から発信される鷹術伝承に神事的な要素が窺えるのも、あるいは下毛野氏のこの職務が関連

していたのではないかと思われる。

下毛野氏の鷹術については、散所と関わる下毛野氏の職掌を踏まえ、神事としてその本質を考えるべきであろう。

注

（1）『続々群書類従　第6輯』所収。

（2）『古事談・続古事談』（新日本古典文学大系41、川端善明・荒木浩校注、岩波書店、二〇〇五年一一月）。

大饗の鷹飼は、中門をとほりて幔門の本にて鷹はすふるなり。それに東三條は、中門より幔門のもとまで　はるかにとをし。下毛野公久といふ鷹飼、西の中門より鷹もすへであゆみいりたりけるを、上達部の座よりあらはにみえけるに、錦のぼうししたるもの、手をむなしくしてあゆみきければ、人々、「千秋万歳のいるはなにごとぞ」とわらひけり。そののち、中門のとにて、たかをすへているなり。

（3）『古今著聞集』（新潮日本古典集成76、西尾光一・小林保治校注、新潮社、一九八六年一二月）。

藤中納言家成卿、くろき馬をもちたりけるを、下野武正資頻にこひけるを、『汝がほしう思ほどに、われはおしうおもふぞ』とて、とらせざりければ、武正ちからをよばですぐしけるに、雪のふりたりける朝、中納言のもとに盃酌ありけるに、武正御鷹飼にて侍ければ、鳥を枝につけてもてきたりけり。中納言侍をもて、『武正はなに色の狩衣に、いかていなる馬にかのりたる』と見せければ、『かちかへしの狩衣に、ことにひきつくろひて侍るあしげなる伝馬の不可思議なるにこそ、のりて候へ』といひければ、『此うへはちからなし。かなしうせられたり』とて、秘蔵のくろ馬をたまはせてけり。

（4）『方丈記・徒然草』（新日本古典文学大系39、佐竹昭広・久保田淳校注、岩波書店、一九八九年一月）。

岡本の関白殿、盛りなる紅梅の枝に、鳥一双を添へて、この枝に付けてまいらすべきよし、御鷹飼下野武勝に仰られたりけるに、『花に鳥付くる、すべて知りさぶらはず。一枝に二つ付くることも存知し候はず』と申ければ、膳部に尋ねられ、人に問はせ給て、又武勝に、『さらば、をのれが思はんやうに付けてまいらせよ』と仰せられたりければ、花もなき梅の枝に一を付けてまいらせけり。武勝が申侍しは、『柴の枝、梅の枝、蕾みたると散りたるに付く。五葉などにも付く。枝の長さ七尺、返し刀五分に切る。枝半ばに鳥を付く。踏まする枝、付くる枝有。しゞら藤の割らぬにて、二所付くべし。藤の先はひうち羽の長に比べて切りて、牛角のやうにたはむべし。初雪の朝、枝を肩に掛けて、中門より振舞てまいる。石を伝ひて、雪に跡を付けず。あまおほゐの毛を少しかなぐり散らして、二棟の御所の高欄に寄せ掛く。禄を出さるれば、肩に掛けて、拝して退く。初雪といへど、沓のはなの隠れぬほどの雪にはまいらず。あまおほゐの毛を散らすことは、鷹は細腰を取ることなれば、御鷹の取りたるよしなるべし』と申き。花に鳥付けずとは、いかなるゆへにかありけむ。長月ばかりに、梅の造り枝に雉を付けて、『君がためにと折る花は時しもわかぬ』と言へること、伊勢物語に見えたり。造り花は苦しからぬにや。

（5）『群書類従　第19輯』所収。

一　中比におもしろかりしは承保の野の行幸也。（中略）嵯峨のちかくになりては。鳳輦の前に供奉人なし。みな御後にとゞめらる。御こしのつなをも。そばへはられてまへゝはらるゝことなし。大鷹生。小鷹生。御こしの前にて思ひ〳〵にこれをつかふ。爰に随身敦友くきやうの鷹飼なりしかば。鳳輦のまへにて。おんとりをたてゝこれをあはす。やがてとりて御こしの前におつ。叡感はなはだし。但延喜以来代々の例にまかせて。はじめてとりたる雉をすなはちはなたる。これ仁慈の儀なり。又下野敦久といふものあり。おなじく雉をたてゝこれをあわす。きじは西の山へいれば。鷹は東の山へそれて入。諸人をとがいをときて笑こと。さきの芸能にけんかく也。」と見える。

（6）『柳庵雑筆』第二巻（『日本随筆大成　第三期　3』所収、日本随筆大成編輯部編、吉川弘文館、一九七六年一二月）によれば、「又蒙求臂鷹往来の作者を松田宗岑と云、左馬助元藤の法名なり、是は下毛野武氏の弟子と云り」と見える。

（7）『続群書類従　第13輯下』所収。
一両日者。疾風飛雪。殊以凝冽。如何躰御事候哉。今朝者隣里音信難通。依知已来往既止。獨倚爐温酒。聊令禦厳寒之処。禁野奉行秦某。以交野御調鳥餘禽。着雌雄於鳥柴。相伴宇多野奉行下毛野某。携来之間。云一朶賞翫。云深雪入来。旁感悦無極。令及大飲候訖。雖為卒爾申状。明朝有尊隙者。光隆尤所仰也。

（8）日本史研究の分野では、森末義彰「散所考」（『史学雑誌』50-7・8、後に『中世の社寺と芸術』所収、畝傍書房、一九四一年一一月）、網野善彦『日本の歴史一〇蒙古襲来』（小学館、一九七四年）、中原俊章「中世随身の存在形態―随身家下毛野氏を中心にして―」（『ヒストリア』67、一九七五年六月）などがあり、日本文学の分野では、渡辺晴美「下毛野武正と秦兼弘―『今物語』第四四話より―」（『お茶の水女子大学人文科学紀要』38、一九八五年三月）、渡辺晴美「下毛野武正考―随身説話への再検討―」（『国語と国文学』62-3、一九八五年三月）、槙野広造「一一世紀初頭の下毛野の官人たち」（『平安文学研究』73、一九八五年六月）、鬼頭清明「上毛野、下毛野氏の系譜伝承と氏の構造」（『東洋大学大学院紀要（人文研究科）』26、一九九〇年二月）、川島茂裕「下毛野公時と金太郎伝説の成立」（『国立歴史民俗博物館研究報告』45、一九九二年一二月）、辻田豪史「「綱公時」の可能性―下毛野氏と坂田氏のはざま―」（『古典遺産』53、二〇〇三年九月）などがある。

（9）弓野正武「「鷹飼渡」と下毛野氏―古代に於ける一行事と下毛野氏の系譜について―」（『史観』93、一九七六年三月）で、大臣大饗の鷹飼渡と下毛野氏の関連について考察している。また、川嶋将生も「三上散所」（『散所・声聞師・舞々の研究』所収、世界人権問題研究センター編、思文閣出版、二〇〇四年一二月）において近江国野洲郡（滋賀県野洲市）に所在した下毛野氏の所領である三上散所の実態について論じており、下毛野氏の鷹飼の職掌と散所の関係についても言及している。

（10）『長岡京市の古文書』（長岡京市史資料集成1、長岡京市史編さん委員会編、長岡京市教育委員会、一九九九年三月）。

(11) 同書の書誌は以下のとおり。
所　蔵　京都府長岡京市　調子武俊氏　（調子八郎家文書八）
寸　法　縦一八・四糎×横二五・六糎。横本。
丁　数　三一丁
行　数　半葉九行～一八行。無罫。漢字平仮名交じり文
目　録　三丁裏七行～四丁裏八行に第一項から第三〇項までの目録有り
外　題　なし
内　題　なし
奥　書　三一丁表末尾に「水摘・千代丸」
内　容　鷹の薬飼や大緒の結び方など、鷹飼の故実について約一〇〇項目が記されている。大緒の結び方や鳴の体に関する図など有り。

(12) 『鷹詞より見たる『和訓栞』の研究』（三澤成博編著、汲古書院、二〇〇一年四月）所収。

(13) 書陵部蔵『定家卿鷹三百首（注）』（『鷹詞より見たる『和訓栞』の研究』所収）「春」第八首の注記に『増補語林和訓栞』下巻と類似した「鷲顔」についての説明が見える。

(14) たとえば、書陵部蔵『放鷹記』（函号一六三‐一〇八一）上巻や、前章までにおいて取り上げた書陵部蔵『政頼流鷹詞　全』（函号一六三‐九三〇）・西園寺文庫蔵『鷹秘伝書』（函号二〇六）、延宝三年（一六七五）の書写年記と「眞野正次」「吉田多右衛門尉」の名前が奥書に見える書陵部蔵『鷹十二顔竝目形』（函号一六三‐一一八一）、同じく奥書に寛政九年（一七九七）の書写年記と「加藤氏」の名前が見える書陵部蔵『鷹十二顔之次第』（函号一六三‐九三五）、あるいは江戸時代の諏訪藩に伝えられた河西節郎氏所蔵『鷹書（大）』（『鷹の書―諏訪藩に残る『鷹書（大）』

の翻刻と注解―』、中部大学学術叢書、堀内勝・大橋和華・小瀬園子・箕浦芳浩編、文化出版、二〇〇八年三月）第八などにも「鷹十二顔」の記述が見られる。しかし、これらの書物と調子家の鷹書の「鷹の一二顔」とは内容が全く異なっている。
(15)『三内口決』（『群書類従　第27輯』所収）など。
(16) 中澤克昭「持明院家の歴史と鷹書―基本的な情報の整理まで―」（二〇〇八年五月一七日鷹書研究会例会での口頭発表）。
(17) 復刻日本古典全集『地下家傳1』（正宗敦夫編纂校訂、現代思潮社、一九七八年八月）。
(18) 西園寺文庫には、他に藤井総博の蔵書印のあるテキストとして『西園寺家鷹秘傳』（函号一九三）がある（本著第一編第四章「下毛野氏の鷹書・他流儀のテキストと比較して―」参照）。
(19)『群書類従　第19輯』所収。
(20)『続群書類従　第19輯中』所収。
(21)『長岡京市史　資料編2　古代・中世・家わけ』（長岡京市史編さん委員会編、長岡京市役所、一九九二年三月）所収。
(22)『史料大成　第二八巻　山槐記』（増補史料大成刊行会編、臨川書店、一九六五年九月）所収。
(23) 前掲注（21）に同じ。
(24)『調子家系譜』（『長岡京市史　資料編2　古代・中世・家わけ』所収）など。
(25) 前掲注（21）に同じ。
(26)『続群書類従　第19輯中』所収。
(27)『続群書類従　第19輯中』所収。

(28)　仮名本『曾我物語』巻第五「朝妻狩座の事」で朝妻の狩座を末代まで禁止した藤原保昌をイメージしたモチーフか。
(29)　『狂言記』(新日本古典文学大系58、橋本朝生・土井洋一校注、岩波書店、一九九六年一一月)所収。
(30)　『放鷹』第二編「鷹と礼法」(宮内省式部職編、一九三一年一二月、吉川弘文館、二〇一〇年六月新装復刻)など。
(31)　前掲注(21)に同じ。
(32)　永徳三年(一三八三)一〇月一一日付「管領斯波義将奉書」、明徳三年(一三九二)閏一〇月九日付「管領細川頼元奉書案」、応永三年(一三九六)八月二二日付「管領斯波義将奉書」、応永二一年(一四一四)八月付「下毛野武俊申状案」(以上、すべて『長岡京市史　資料編2　古代・中世・家わけ』所収)。
(33)　前掲注(8)森末義彰論文。
(34)　一三四頁参照。
(35)　前掲注(8)中原俊章論文。なお、前掲注(9)の川嶋将生論文も、下毛野氏の散所支配について述べている。

『調子家系譜』

武忠　［競馬上手］
御鷹飼母同近季京極殿番長官人後二条殿官人白河院官人帰参京極殿競馬楊馬上手［知行散所雑色］

武正　［散所長］楊馬上手
御鷹飼知足院殿番長同官人法性寺殿官人右近将曹年預楊馬上手［散所雑色知行］

武成　［散所］
法性寺殿烈番長同官人中関白殿官人近衛殿官人［散所知行］母公利女後将監シテ入道シテ死去了

武守
中殿下下臈松殿烈同左番長近衛殿下官人当殿下大将時番長大臣時官人同関白殿御時左官人止左官人子息武用ヲ補左番長其後補左近将監入道シテ死去了

武員
近衛殿烈右番長

武直
当殿下少将御時小○御随身大将時下臈同関白御時烈殿下御子少将殿小御随身ニ子息武近ヲ可令上之由令申テ父武守我末子武兼ヲ令参之間殿下并父ヲ恨テ入道殿ニ参而殿下番長闕出来之間入道殿ニ所望無御承行間又奉帳一条右大臣殿参仍父不赦云々彼府官人也又其後九条左大臣殿大将之時被触申近衛殿下而召仕官人其時年号寛喜二年也

武利
当殿下烈其後同殿下御子左大将御時番長左大将殿御死去後ハ格勤者近衛殿下参

武近
一条右府兵杖烈後九条左大臣殿御子中納言殿衛府長府官人後又御父大将時下臈一座

武末
近衛殿下臈

武村
近衛左大将殿烈

諸武　［散所長］
法性寺殿烈中殿烈番長右官人松殿左官人近衛殿左官人［散所知行］御鷹飼為強盗人被害了

久武
母敦忠女中殿烈近衛殿少将御時小御随身殿下御時左番長次摂録右官人当殿大臣大将御時番長殿下御時右官人［散所知行］遷左官人

吉武　御鷹飼
当殿下少将御時小御随身大将御時烈摂録御時烈一座友俊之為養子譲得御鷹飼右番長右官人

清武
近衛左大将殿烈其後侍祇候

祐武
近衛左大将殿下臈二烈左近将監

武貞
梅尾殿之御時右官人左近衛官人後番長又大臣之御時官人室町殿之御時官人番長

武世
左近衛左番長

武次
左近衛左官人

（以下略）

第四章　下毛野氏の鷹書——他流儀のテキストと比較して——

はじめに

平安時代に近衛府の下級役人を世襲した下毛野氏は、摂関家（主に近衛家）の随身として家人化していった氏族である一方、鷹飼の家としてもよく知られていたことはすでに前章でも触れたとおりである。

同じく前章で述べたように、下毛野氏は、中世以来、山城国乙訓郡調子庄（京都府長岡京市調子）を領知したとされる。そして、代々当地に居した調子氏はその下毛野氏の直系を称し、調子家文書と称される古文書群を伝えている。その中に、当家に伝来したとされる鷹術に関する伝書（鷹書）が現存する。

前章では、その調子家所蔵の鷹書を手がかりにして、下毛野氏の鷹術伝承を考察した。下毛野氏の鷹書が、神事に関わる叙述が特化されていることを指摘し、下毛野氏の鷹術が神事に関わる可能性を論じたのである。このように、当家伝来の鷹書には、下毛野氏の鷹術の本質を明らかにする情報が記載されており、彼らが携えた鷹術の実相を探るもっとも有効な手立てとなりえるものであった。

そこで、本章もまた調子家所蔵の鷹書について取り上げる。前章において確認した事項を踏まえながら、さらに同書に関する分析を推し進め、より詳細な検討を試みることにする。すなわち、前章では調子家所蔵の鷹書に見える特化した叙述について注目し、それを手がかりにして下毛野氏の鷹術の本質について考察した。それに対して本章では、他の鷹書類との比較検討を中心に考察を進め、同書の相対的な特性について言及する。そのことによって、従来、ほとんど解明されてこなかった「鷹飼」という職掌における下毛野氏の位置づけを確認し、複雑な展開を見せる鷹飼の流派やその属性に基づく鷹術伝承の諸相の一斑を明らかにしたい。

一 『鷹飼に関する口伝』第一条〜第一六条

前章同様、本章においても『長岡京市の古文書』[1]において仮称された『鷹飼に関する口伝』の書名で統一する。まずは、もう一度、『鷹飼に関する口伝』の内容と構成について確認してみることにする。

第一条〜第一六条＝鷹を神社に奉納する手順や鷹道具に関する作法について。
第一七条〜第四九条＝鷹の薬飼について。
第五〇条〜第六一条＝鷹の架繫ぎの作法について。
第六二条〜第六五条＝鷹の薬飼について。
第六六条〜第七七条＝鷹の一二顔について。
第七八条〜第一〇一条＝鷹の薬飼・療治について。

このうち、本章が扱うのは第一条〜第一六条＝「鷹を神社に奉納する手順や鷹道具に関する作法について」と第五〇条〜第六一条＝「鷹の架繫ぎの作法について」といった、礼法に関する部分である。前章でも述べたように、「鷹の薬飼」「鷹の一二顔」「鷹の療治」については、一般にその叙述内容の異同がテキストごとに激しく、比較検討が不可能な項目である。それに対して、鷹書における礼法の記述は、伝派ごとにある程度一定した内容が確認でき、各テキストの属性が端的に見出しやすい。本章においても「礼法」を手がかりにして他伝派のテキストと相対的な比較分析をし、当該書の特性を明らかにしてみることが必要であろう。

さて、その「礼法」に関する叙述部分の冒頭にある記述については、すでに前章においても触れたところであるが、第一条には神社奉幣のために鷹を神に奉る作法が記載され、第二条には、架に関する寸法やそれに掛ける布についての記述が見える。これと非常に近似した叙述が内閣文庫蔵『責鷹似鳩拙抄』（函号一五四-三〇四）に見えることもすでに前章で指摘した。両書の記事を比較してみると、『鷹飼に関する口伝』第一条・第二条は、『責鷹似鳩拙抄』の記述を抄出したような内容といえるものである。内閣文庫蔵『責鷹似鳩拙抄』は、奥書に持明院基春の署名と永正三年（一五〇六）二月の年号があり、持明院家の鷹書である『持明院家鷹秘書』全一〇巻に所収されているテキストである。

このテキストを携えた持明院家は、藤原北家中御門流の公家の一族で、氏祖である基頼以来、弓馬・鷹犬の道に通じた家柄とされ、『持明院家鷹秘書』全一〇巻をはじめとする多くの鷹書が残されていることはすでに何度か触れた。さらに当家は、西園寺家と姻戚関係がある（『尊卑分脈』[2]「藤氏一　北家甲」によると、公経の母が「前権中納言藤原基家卿女」とされる）縁により、西園寺家から鷹術を伝授され[3]、堂上の鷹の家の代表的な存在といえることも繰り返し述べたとおりである。

さらに、西園寺文庫蔵『十二繋図　外四巻合冊』（函号二〇九）所収の『十二繋図』は、右掲の記事を含む『責鷹似鳩拙抄』の一部（同テキストの後半部）をそのまま転写している。同書は奥書等が確認できず、伝未詳のテキストであるが、一丁表に「藤井蔵圖書記」の印記が見える上、奥書にも「藤井蔵書」の印が押してある。この「藤井」の印記については、西園寺文庫蔵の『西園寺家鷹秘伝』（函号一九三号）の一丁表に「藤井蔵書」の印記が確認できる上（『十二繋圖』の見えるものとは形が異なる）、奥書にもひょうたん型の印の上に「藤井総博」の署名が見えることから、これらは西園寺文庫の中でシリーズ的なテキストの一つであるかもしれない。ちなみに、黒木祥子氏は、[4]『国書人名辞典』[5]第二四巻「西園寺家諸大夫並侍伝」に藤井総博の子である尚弼が西園寺家諸大夫藤井文宜の男とされていることに注目し、「衛士の藤井氏から西園寺家諸大夫の藤井氏へ養子に入ったのだろうか」と予想し、「もしそうならば、この縁により、藤井総博の蔵書が西園寺家に入ったと考えられる」と想定している。前章でも触れたように、藤井家は代々にわたって衛門府の衛士に補された地下官人の家柄であると同時に京都の有職家として知られ、たとえば「藤井総博」については『賀茂祭備忘』『賀茂臨時祭記』『賀茂臨時祭次第』『光格上皇修学院御幸始御列書』などの有職故実に関する著書が確認される。[6]

また、前章で述べたように、『鷹飼に関する口伝』の第二条と第三条との間には「口傳書」という見出しがある。これは第三条以降の内容を一括して称するものであろう。それならば、この第一条と第二条は別項目として特設された叙述ということになり、本書において特別な意味を持つ項目であることが判じられる。そもそも鷹書において巻頭に掲げられる叙述は当該書の特性を端的に示すことが多い。下毛野氏の『鷹飼に関する口伝』の巻頭の第一条に「神社奉幣のために鷹を神に奉る作法」の記事が掲載されているのは、下毛野氏の鷹術が神事に関ることと響きあうものであろう。実際、下毛野氏は諸国の散所を経営して散所長を世襲するなど、芸能者や下級宗教者たちの長的な家柄であった。[7]それに対して、一方の持明院家については、実態として神事に携わった痕跡は確認できない。『責鷹似鳩拙抄』に「神社奉幣のために鷹を神に奉る作法」を記載しているのは、実情を伴ったものではなく、テキスト上における情報の引用に過ぎないことが想像されるのは前章で指摘したとおりである。

次に、『鷹飼に関する口伝』の第三条・第四条・第五条には、以下のような記事が掲載されている。

口傳書

一　大鷹の脚緒《おしふお》の寸六尺六寸也。

一　兄鷹の大をの寸五尺五寸也。

一　鷂の大お七尺七寸也。

これは、それぞれ大鷹の脚緒の寸法（第三条）・兄鷹の大緒の寸法（第四条）・鷂の大緒の寸法（第五条）を説明したものである。これと類似する記事は、内閣文庫蔵『持明院家鷹秘書』第六（函号一五四‐三五四）に以下のように確認できる。

一　大鷹ノ大緒ノ長サ　六尺六寸六分　クケ革両方二寸五分宛ナリ。

一　兄鷹ノ大緒ノ長サ　五尺五寸五分　クケ革両方へ二寸一分宛也。

一　鷂ノ大緒四尺八寸　クケ革一寸八分宛也。

これによると、大鷹の脚緒の寸法・兄鷹の大緒の寸法・鷂の大緒の寸法に関する記事が『鷹飼に関する口伝』と同じ順番で示されている。それぞれの寸法についても『鷹飼に関する口伝』に近い数字が挙げられている。この内閣文庫蔵『持明院家鷹秘書』第六巻は、その奥書に持明院基春の子息である基規の名前が見える持明院家のテキストである。

続いて『鷹飼に関する口伝』の第六条・第七条・第八条・第九条には以下のような記事が掲載されている。

一　鷹ならへてつなく事。大鷹うら木につなくへし。兄鷹本木につなくへし。

一　大鷹のゑふくろに鳥をさす事。おん鳥おはひたりのあしをいたして、右のあしをはゑふくろのうちゑ入ておく也。同めん鳥をは右の足をいたしてひたりのあしを餌袋のうちゑ入へし。尾羽をも、おもてより見せ女鳥おん鳥も同ことなり。

一　大鷹あしをの寸。長さ八寸、はらきのひろさ八分。同兄鷹のあしを是五寸。はらきひろさ五分。

一　鵃のむちの寸。一尺八寸也。同おく時のむち四尺七寸。是はとるちくともに此分也。

これは、それぞれ鷹を並べてつなぐ作法（第六条）・大鷹の餌袋に鳥をさす作法（第七条）・大鷹の足緒の寸法（第八条）・鵃の鞭の寸法（第九条）について説明したものである。これらの記述については、相対比較できるような相応の用例が管見において見当たらない。特に、第八条「大鷹の足緒の寸法」と第九条「鵃の鞭の寸法」のような鷹用具に関する決め事は、たとえば鷹の薬飼ほどではないが、それぞれの鷹書によって比較的異なった説明がなされ、種々多様に相違する情報が記され、内容が一定しにくい。

さらに、『鷹飼に関する口伝』第一〇条には、以下のような記事が見える。

一　鷹たぬきの長さ四寸八分。くちのひろさ二寸八分。鷹かいの手のせいによる也。色はあおくすへし。へりのひろさ四分也。同手くるみはさるのかわをほんとする。又はてんのかわをもすへし。

これは、「鷹たぬき（手袋）」の寸法や色についての説明である。すなわち、長さは四寸八分、口の広さは二寸八分と示す一方で、飼い主の手のサイズに合わせることが但し書きされている。さらに、色は青くするべきこと、「さるのかわ」もしくは「てんのかわ」を使用することが記されている。この説明に類似する情報としてまず、内閣文庫蔵『鷹経弁疑論　中巻』（函号一五四‐三四八）に見える以下のような記事が挙げられる。

或問。韝と云はいかやう成そや。答云。韝と云は、鷹をすゆる時、腕の細き所を平にして踏せんため也。韝の上にさす也。青色を用事もあり。是を翠韝と云。寸法は四寸八分。廣さ二寸八分。へりの廣さ四分。但腕によるへし。

又云。長四寸五分。廣さ三寸三分。掌飼腕よる也。錦をもつて韝を付事もあり。

又云。袖の韝と云、貴人の為也。なへては翠韝を用るなり。白氏文集云。錦の韝に花隼を臂すと云へる也。

これによると、「韝（たかたぬき）」に青色を用いることもあると説明している上、寸法については、『鷹飼に関する口伝』とまったく同じ数字を一例として挙げている。さらには、飼い主のサイズに合わせるという但し書きもやはり同様に見える。この『鷹経弁疑論』もまた、持明院基春の著になる持明院流の鷹書のテキストであった。また、内閣文庫蔵『責鷹似鳩拙抄』においても、

一　鷹たぬきの事

なかさ四寸八分。ひろさくち二寸七分。へりのひろさ四分なり。たゝし大かたぬしのうてによるへし。

と見える。これによると、『鷹飼に関する口伝』とほぼ近似した「鷹たぬき」の寸法（口の広さのみ二寸七分で、『鷹飼に関する口伝』が二寸八分とするのに若干相違する）が示されている上、飼い主の手のサイズに合わせるべきことも同様に記されている。その他、内閣文庫蔵『持明院家鷹秘書』第六巻にも以下のような記事が見える。

一　たかたぬきの事　なかさ四寸八分。ひろさ二寸七分。へりの廣さ四分也。但大方主のうてによるへし。

これによると、『鷹飼に関する口伝』とほぼ近い「たかたぬき」の寸法（やはり口の広さのみ二寸七分で若干相違する）が見える上、飼い主の手のサイズに合わせるべき注意書きも同様に見える。

先にも述べたように鷹道具に関する記述は、各書によって内容が異なる場合が多い。その中で、『鷹飼に関する口

伝』に見える鷹用具の記事については、それと類似する記述が、上記のように持明院流のテキスト群に集中して見出せるのは実はきわめて稀有なことである。先に検した第一条と第二条の記述に見られる特性と併せて、やはり『鷹飼に関する口伝』は、持明院流（公家流）の鷹書類と非常に近しいテキストであることが判じられよう。ちなみに、前章で触れた『鷹飼に関する口伝』第二二条には、以下のような鷹の療治に関する記事が見える。

　一　風と云病、ちする事

　此病はかしらの毛なくして耳のあな、あらわにみゆるなり。まつ鷹をふせて、なまゆか中にてあらいて、とちの木をせんしてあらふへし。そのゝちひの木のひてに、かたしおゝ入て合、つけへし。うち薬には、あつきにいたしてそのしるにて餌をあらいてかうへし。

これによると、鷹の「風」と称する病気は、頭の毛が失われる症状で、耳の穴が露になるという。その治療法としてぬるま湯で洗ったり、トチノキを煎じたもので洗ったりした後、ヒノキのひて（未詳）に堅塩を合わせたものを付けるべきで、内服薬としては小豆を煮た汁で洗った餌を与えればよいという。このような鷹の病名・病状やその処方について、よく似た内容を伝える記事が内閣文庫蔵『鷹経弁疑論　下』（函号一五四‐三四八）に記載されている。該当部分を以下に挙げる。

　或問。風と云病は其相如何やうなるそや。

　答云。先頭に毛なくして耳の穴あらはに成なり。鷹を伏てなまぬる湯をもつて檜刀にて削てすてよ。

　薬云。檜脂塩を合てぬれ。すゝを加よ。内薬に小豆を煎して汁をかへ。

これによると、「風」という病気がやはり鷹の頭の毛が抜ける症状であること、ぬるま湯による温浴療法やヒノキと塩をあわせた塗り薬や小豆を煎じた汁を内服薬とする処方など、その内容がほぼ『鷹飼に関する口伝』第二二条と一致している。前章でも述べたところであるが、鷹書における鷹の薬飼や療治の記事については種々の異伝や異説が膨大に流布しており、中にはその効用すら疑わしいものも多い。そのような中で、わずか一条項ではあるが、病名や治療法（処方箋）が上記の如く類似しているのはやはり稀有な例である。これもまた、下毛野氏の鷹術伝承が持明院家の鷹術伝承と近しいものであることを示す一証左と判じられよう。

ところで、『鷹飼に関する口伝』第一一条〜第一六条には、以下のような記述が見える。

一　鶉をはさむ事。かみよりにて、二ゑにまきて、かたむすひにしてすへをき、□むすひめは、鳥の右にあるへく、たはさみやう、一尺二寸より上からはさむなり。野にて竹なとのなき時は、をきすゝきのくるしからす。そのときは、むすひめうしろにあり。もとおは一もんしにきる。すへは鳥より上三こせはかりおくへし。白の雪紫なとをつける事もあり。鶉の数は廿三十七、又は五十を一さほと云。又ひとくしと云事あり。七五九を一くしと云。鳥のかすたらぬ事あらは、さきをそきてをくへし。

一　かりつゑの寸四尺。

一　おきなわ二十ひろ。しきには十八ひろ。又二十ひろ也。

一　おをの色。はるはしろし、秋冬は青し。

一　鷹の鳥を木につくる事。春は桜、秋冬は松の木也。

一　鷹いぬのやりなわの寸の事。犬のはなさきよりおさきまてみたけのするなり。又は七ひろにもする也。あら犬事。

これらは、鶉をはさむ作法（第一一条）・狩杖の寸法（第一二条）・置縄（大鷹の足緒）の寸法（第一三条）・小緒（鶕の緒）の色（第一四条）・鷹の狩った鳥を木に付ける作法（第一五条）・鷹犬のやり縄の寸法（第一六条）について説明したものである。このうち、第一五条の「鷹の狩った鳥を木に付ける作法」の記述については、鷹狩においてよく知られた礼法で、属性を問わず類似の用例は膨大にある。それ以外の、第一一条「鶉をはさむ作法」・第一二条「狩杖の寸法」・第一三条「置縄（大鷹の足緒）の寸法」・第一四条「小緒（鶕の緒）の色」・第一六条「鷹犬のやり縄の寸法」についても、他のテキストにおいて種々記載されており、その説明は一致していない。

二 『鷹飼に関する口伝』第五〇条～第六一条

次に、『鷹飼に関する口伝』の第五〇条から六一条（一三丁表～二二丁表）までに描かれている架繋ぎの図について確認してみる。同書に見える架繋ぎの種類は全部で一二項目ある。これともっとも近似する架繋ぎの礼法が確認できるのは、管見において内閣文庫蔵『持明院家鷹秘書』第六巻の二一丁表、二二丁表、二四丁表～二七丁表に掲載されている二九種類の架繋ぎの図である。その図柄もまた『鷹飼に関する口伝』とよく似ており、単調な棒線と記号で構成されている。次に類似する礼法が見えるのは、西園寺文庫蔵『十二繋図』の一丁表～六丁裏に掲載されている一二種類の架繋ぎの図である。同書に見える架繋ぎの図柄それ自体は、『鷹飼に関する口伝』や内閣文庫蔵『持明院家鷹秘書』第六巻とは全く異質で、写実的で複雑な描写となっているが、繋ぎ方については、両書ときわめて近い作法が多く確認できる。(8)

そこで、『鷹飼に関する口伝』第五〇条～六一条に見える架繋ぎの図一二項目のそれぞれの礼法について、よく似た図示を掲載する内閣文庫蔵『持明院家鷹秘書』第六巻と西園寺文庫蔵『十二繫図』の該当部分を比較対象として取り上げる。さらにその一方で、『鷹飼に関する口伝』とは異質な作法を示すものとして、内閣文庫蔵『宇津宮流鷹之書・坤』（函号一五四-三三八）の二丁裏～二八丁表に見える架繫ぎの図と『荒井流鷹書』[9]に掲載される架繫ぎの図も取り上げる。（【資料Ⅰ～Ⅴの図】参照）。内閣文庫蔵『宇津宮流鷹之書・乾坤』は、「宇都宮流」を冠した書名を持つ鷹書であるものの、奥書に、諏訪・大宮流の流れを汲む人物である「大宮新蔵人宗勝」の名前が見えることはすでに述べた。また、『荒井流鷹書』については、その著者である荒井豊前守は禰津松鷂軒の高弟で、諏訪・禰津流（大宮流）の流れを汲む鷹飼である。[10]つまり、両書はどちらも諏訪の流儀を記載したテキストなのであった。次に、『鷹飼に関する口伝』と上掲の四種類の鷹書類に見える架繫ぎの図を掲げ、それらを相対比較した簡略な一覧表を【表③】として挙げる。

表③

	『鷹飼に関する口伝』（資料Ⅰの図参照）	内閣文庫蔵『持明院家鷹秘書』第六巻（資料Ⅱの図参照）		西園寺文庫蔵『十二繫図』（資料Ⅲの図参照）		内閣文庫蔵『宇津宮流鷹之書・坤』（資料Ⅳの図参照）		『荒井流鷹書』（資料Ⅴの図参照）	
一	「兄鷹　あらたか」	「荒鷹　兄鷹」（図⑲）	◎	「兄鷹」（図②）	○	該当注記・図無し		該当注記・図無し	
二	「大たか　青鷹　せいおう」	「荒鷹　弟鷹」（図⑰）	◎	「大鷹」（図①）	○	該当注記・図無し		該当注記・図無し	
三	「鳥屋鷹」	「鳥屋鷹」（図⑳）	○	「塒鷹」（図③）	○	「如是ハ鳥屋鷹を麇也」（図①）	×	「鳥屋鷹本」（図①）	×

四	「やまかへり 白鷹 又もろかへり共云」	「やまかへり 白鷹」（図㉒）	◎	該当注記・図無し		該当注記・図無し		該当注記・図無し
五	「隼」	「隼」（図㉔）	◎	「隼」（図⑦）	◎	「如是ハヤブサノ逸物ニワスレカイニ縻也」（図②）	×	該当注記・図無し
六	「たひ鷹 ひかとおり」	「旅とをり鷹是也 私注 此装束縻不番也」（図⑧）	○	「トヲリタカ」（図⑥）	◎	「如此ハ通リ鷹を繋也」（図③）	◎	「通り鷹」（図②） ◎
七	「とまり鷹 たひ」	「とまりたか 夜架」（図㉑） ○ 「とまり鷹是也」（図⑪） ×		「四繋」（図⑤）	○	「如是ハ泊リ鷹ヲ縻也」（図④）	×	「泊り鷹」（図③） ×
八	「さうおう 蒼鷹しろ」	「しろ 蒼鷹」（図㉖）	○	「白」（図⑧）	○	「如斯ハ、シロノ大鷹、亦、トヤナリトモ一年ノ鷹ヲ縻也」（図⑤）	×	「白鷹」（図④） ×
九	「もゝのはなたか 桃花鷹 あかたか」	「あかたか 桃花鷹」（図㉗）	○	「桃華」（図⑩）	○	「如斯ハ、シロノ大鷹、亦、トヤナリトモ一年ノ鷹ヲ縻也」（図⑤）	◎	該当注記・図無し
十	「しおう 紫鷹しほ」	「しほ 紫鷹」（㉕参照）	○	「紫保」（図⑨）	○	「如是ハ、シホ、シロヲ草屋ニ縻時、可縻也」（図⑥）	×	該当注記・図無し

十一	「くらいの人の鷹」	「貴人の鷹のつなき様是也」（図④）	×	該当注記・図無し		該当注記・図無し		該当注記・図無し	
十二	「神参鷹」	「神前にて是也」（図⑦）	×	該当注記・図無し		「如是神前ニ用ル也」（図⑦）	×	「御にゑ鷹」（図⑤）	×
		「にへ　贄鷹」（図㉙）	○			「如是ハ、にゑ鷹を糜也」（図⑧）	×	「諏訪の御前に鷹を糜事（相木の鷹）」（図⑥）	×

◎……ほぼ一致した繋ぎ方の作法が図示されている。
○……よく似ているがやや相違する繋ぎ方の作法が図示されている。
×……まったく相違する繋ぎ方の作法が図示されている。

さて、この一覧表によると、『鷹飼に関する口伝』に見える架繋ぎの図は、「十一」の項目に挙げられた「くらいの人の鷹」を除いて、すべて内閣文庫蔵『持明院家鷹秘書』第六巻の架繋ぎの図と対応する。やはり、架繋ぎの礼法においても持明院流の鷹書ともっとも近しい内容であることが確認できよう。次に、西園寺文庫蔵『十二繋図』に掲載される架繋ぎの図との比較においても、「四」の項目の「やまかへり　白鷹　又もろかへり共云」と「十一」の項目の「くらいの人の鷹」と「十二」の項目の「神参鷹」を除いてすべての項目が対応している。前節で述べたように、西園寺文庫蔵『十二繋図』は、京都在住の有職家の蔵書であったことから、当該の架繋ぎの礼法が教養的な有職故実の知識と見なされていた可能性も考えることができる。

それとは対照的に、諏訪流の流れを汲みつつ、宇都宮流を称する鷹書の内閣文庫蔵『宇津宮流鷹之書・坤』の二丁ウ～二八丁ウには五三通りの繋ぎ方が図示され、さらに、『荒井流鷹書』には一四通りの架繋ぎの図が掲載されているが、『鷹飼に関する口伝』と一致する繋ぎ方はほとんどない。唯一、「六」の項目に挙げられた「とおり鷹」の繋ぎ方が一致するのみである。そもそも、『鷹飼に関する口伝』と内閣文庫蔵『宇津宮流鷹之書・坤』『荒井流鷹書』では、繋ぎ方を示す注記からして、内閣文庫蔵『持明院家鷹秘書』第六巻や西園寺文庫蔵『十二繋図』ほど一致するものが多くない。また、たとえ「三」「五」「七」「八」「十」「十二」の項目のように、同様の注記があったとしても繋ぎ方は全く異なっているか、「九」の項目のように繋ぎ方が同じでも注記の内容が相違しているかのいずれかである。つまり、『鷹飼に関する口伝』に見える架繋ぎの礼法は、諏訪流のそれとはまったく乖離するものであった。

ちなみに、内閣文庫蔵『持明院家鷹秘書』第六巻には、『鷹飼に関する口伝』の「十二」の「神参鷹」の項目に対応する「にへ　贄鷹」（図㉙）という架繋ぎの図が示されている。一覧表に示したとおり「にへ　贄鷹」（図㉙）は、『鷹飼に関する口伝』「十二」の「神参鷹」で図示される繋ぎ方と類似している。ここで問題なのは、前節でも述べたように、持明院家の鷹術が神事と無縁であるにも関わらず「贄鷹」の架繋ぎの図をテキストに掲載していることである。これもまた、実際に必要な鷹術の礼法としてではなく、テキスト上の知識として採りこんだものであろう。やはり、両家の鷹書のテキストが近しい関係にあることを示す一証左といえよう。

おわりに

以上において、地下の鷹飼として知られた下毛野氏の鷹術について、下毛野氏伝来とされる鷹書について他のテキストとの比較を中心に考察してきた。下毛野氏の鷹書は、鷹術における礼法などの有職故実的な記述について、持明院家の鷹書類にもっとも近似しており、次いで京都の有職家の蔵書ともよく似た内容を持つものであった。その一方で、諏訪流の鷹書類に掲載される礼法とはまったく内容が異なっている。同書は相対的に京都の公家（持明院家）や有職家たちの鷹術伝承に近い特性を持つことが判じられる。

　ところで、江戸時代末期に栗原柳庵が著した『柳庵雑筆』[11]第二巻には、当世の鷹術に関する以下のような記述が見える。

> 尺素往来に、去頃両御所桜狩のため、禁野片野辺に御出たるべく候、當道相伝練習の家々、園中将、坊門少将、楊梅侍従以下、并に御隋身は秦、下毛野等の鷹掌と云は、公家の鷹飼なり。

これによると、一条兼良の『尺素往来』からの引用として、鷹術伝来の家々には、園家、坊門家、楊梅家ならびに御随身の秦氏と下毛野氏等のあることを挙げ、さらにそれらが「公家の鷹掌」であると叙述する（この「公家の鷹掌」という説明は、出典である『尺素往来』には見られない）。この場合の「公家」は「こうけ」と訓んで朝廷をさすものであろう。なお、園家は持明院家の庶流であり、坊門家は持明院家と同じ中御門流である。それならば、この『柳庵雑筆』の記事が示しているような、園家などの公卿の鷹飼と下毛野氏とが同じ「朝廷の鷹飼」として一括される認識は、下毛野氏の『鷹飼に関する口伝』と持明院家の鷹書類との内容が近似していることと一脈通じており、示唆的である。

　なお、そのような両家の鷹書の近似性から想像される下毛野氏と持明院家を始めとする堂上の鷹飼たちとの交流関係については、現在のところ未詳である。今後の課題としたい。

注

（1）『長岡京市の古文書』（長岡京市史資料集成Ｉ、長岡京市史編さん委員会編、長岡京市教育委員会、一九九九年三月）。

(2)『新訂増補国史大系　尊卑分脈　第1篇』（黒板勝美・国史大系編修会編、吉川弘文館、一九五七年五月）。

(3)『三内口決』（『群書類従　第27輯』所収）など。

(4)「立命館大学西園寺文庫蔵『西園寺家鷹秘伝』について」（『神戸学院大学　人文学部紀要』30、二〇一〇年三月）。

(5)『国書人名辞典　第4巻』（市古貞次他編、岩波書店、一九九八年一一月再版）。

(6)『国書総目録　著者別索引』（森末義彰等編、岩波書店、一九七六年一二月）。

(7)中原俊章「中世随身の存在形態―随身家下毛野氏を中心にして―」（『ヒストリア』67、一九七五年六月）など。

(8)西園寺文庫蔵『十二繫図』に掲載されている一二種類の架繋ぎの図案は、江戸時代に広く流布したものらしく、たとえば、以下に挙げるテキストは西園寺文庫蔵『十二繫図』とまったく同じ一二種類の架繋ぎの図を掲載している。

①　書陵部蔵『十二架　全』（函号一六三‐一二三二）。奥書に「原田三野右衛門　督利」の署名と花押有り。

②　書陵部蔵『十二架　全』（函号一六三‐一一六八）。表紙右肩に打ち付け書きで「原田三野右衛門蔵書寫」。奥書に「原田三野右衛門　督利」の署名と花押有り。

③　書陵部蔵『十二枷之圖』（函号一六三‐一二二四）。奥書に「松岡九八郎□□五代之孫松岡昌一郎方ヨリ御借用安政二乙卯年　八月　模寫　寺田城八　平井仙蔵」。

(9)『続群書類従　第19輯中』所収。

(10)『柳庵雑筆』第二巻（『日本随筆大成　第三期　3』所収、日本随筆大成編輯部編、吉川弘文館、一九七六年一二月）に「その中に祢津神平が流は、諏訪の贄鷹の派と云り、但祢津の系図には、清和天皇第四皇子貞保親王一本貞元に作八代平権大夫重道の二男、祢津左衛門尉道直の子を神平貞直と云、貞直が子神平宗直、のちに美濃守と云、宗直の子神平宗道、その子神平敦宗、その子神平宗光、また大宮新蔵人と云、此時御所御鷹飼方の秘訣を伝ふと云は、酒君の流と、米光由光のながれと、祢津の家に一統して相承ること、なりしなり、宗光十五代美濃守信直入道して、松鷗軒常安と云、宮内大輔元直の男なり、松鷗軒の弟子に、屋代越中守、吉田多右衛門家元、熱田鷹飼伊藤清六、小笠原某、羽根田某、横澤某、荒井豊前守、平野道伯等の数人あり、皆新得発明する所ありて、各一家をなす、是鷹飼流派の大概なり。」

と見えることなどによる。

（11）　前掲注（10）に同じ。

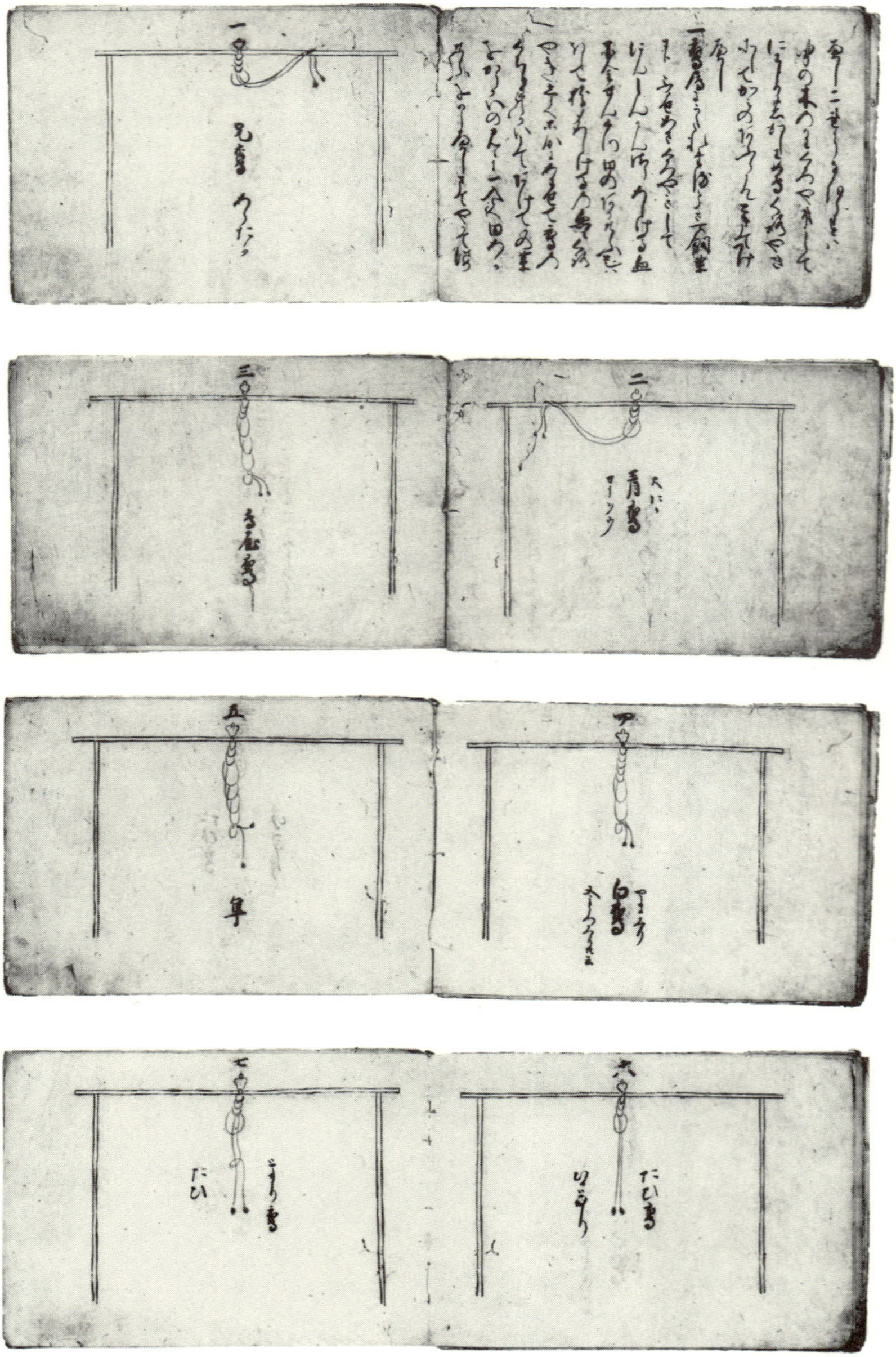

〔資料Ⅰ〕調子八郎家所蔵『鷹飼に関する口伝』（一三丁オ～二二丁オ）

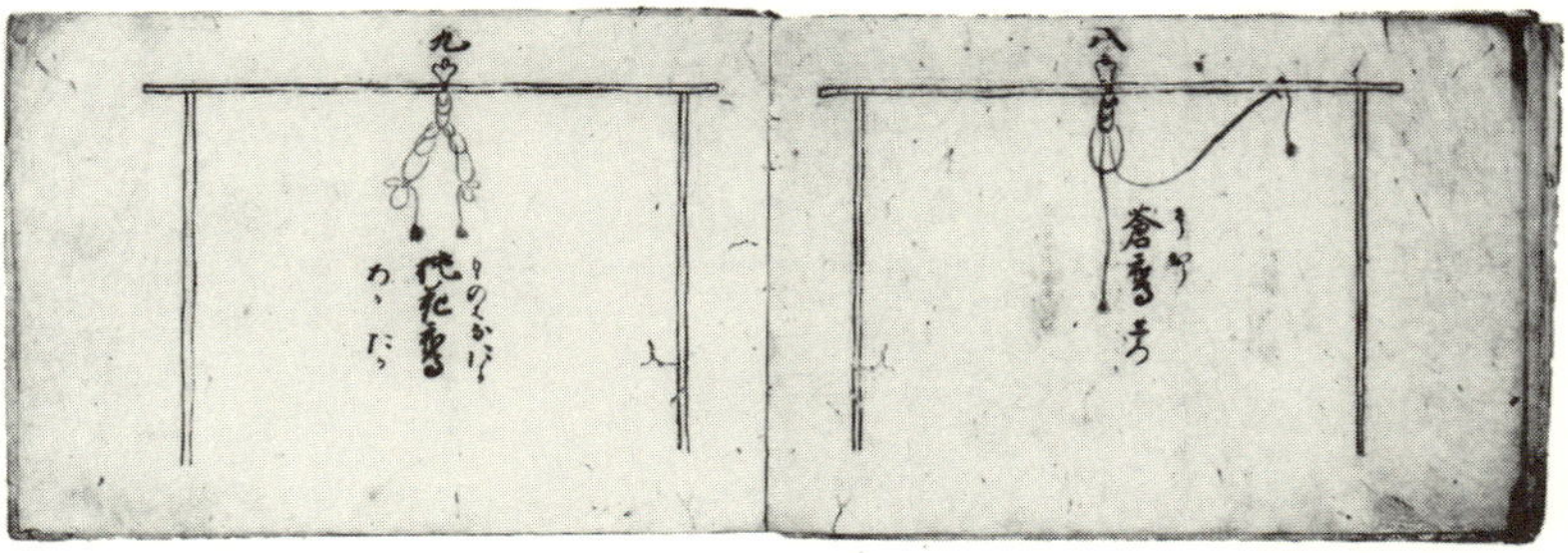

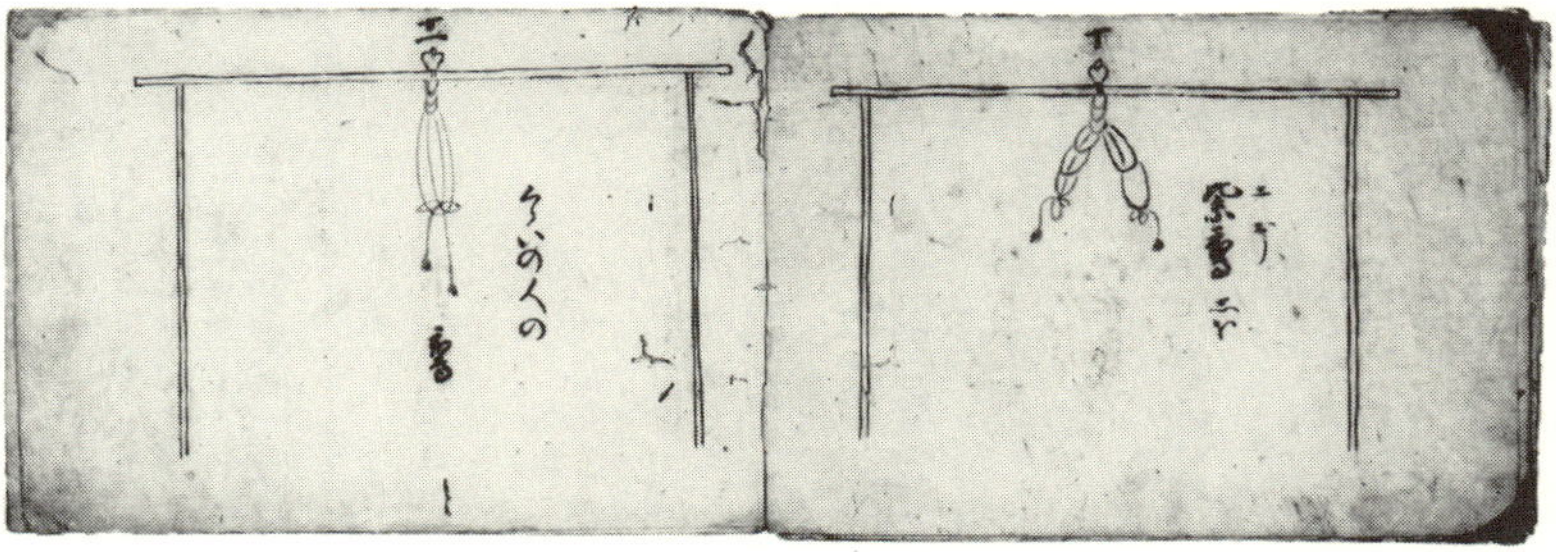

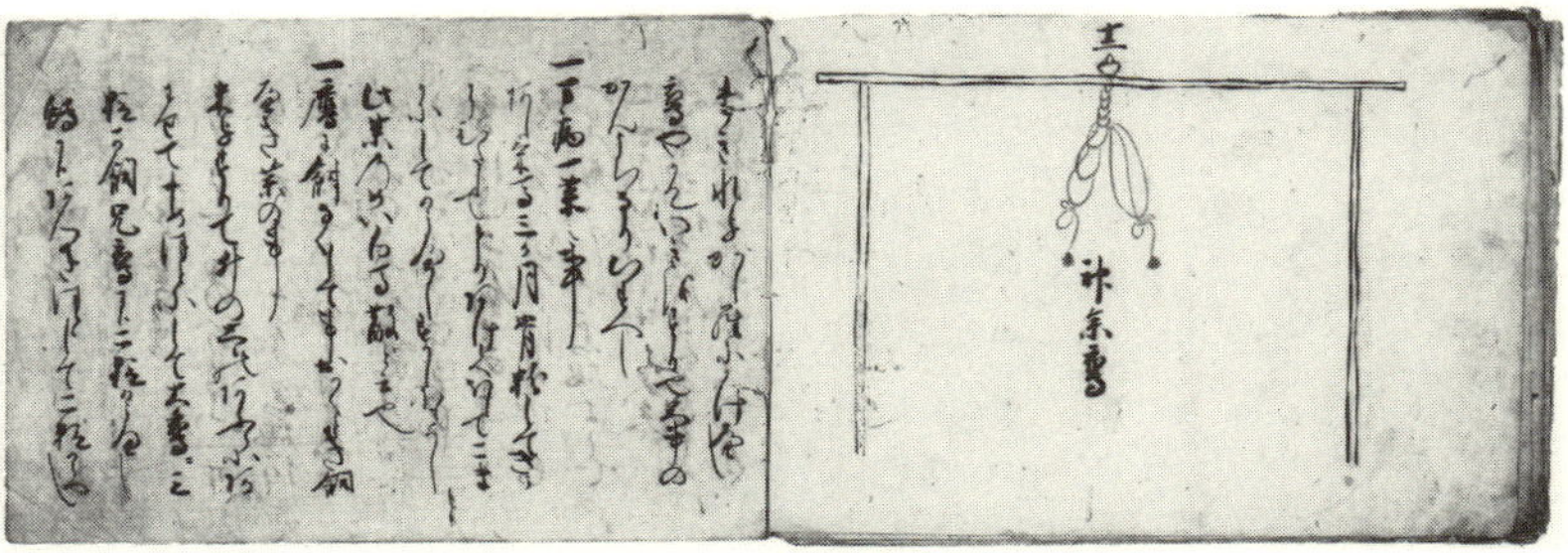

【資料Ⅱ】内閣文庫蔵『持明院家鷹秘書』第六(二一オ、二三丁オ、二四丁オ〜二七丁オ)

図①　鷺

図②　旅ニ通時

図③　鷺

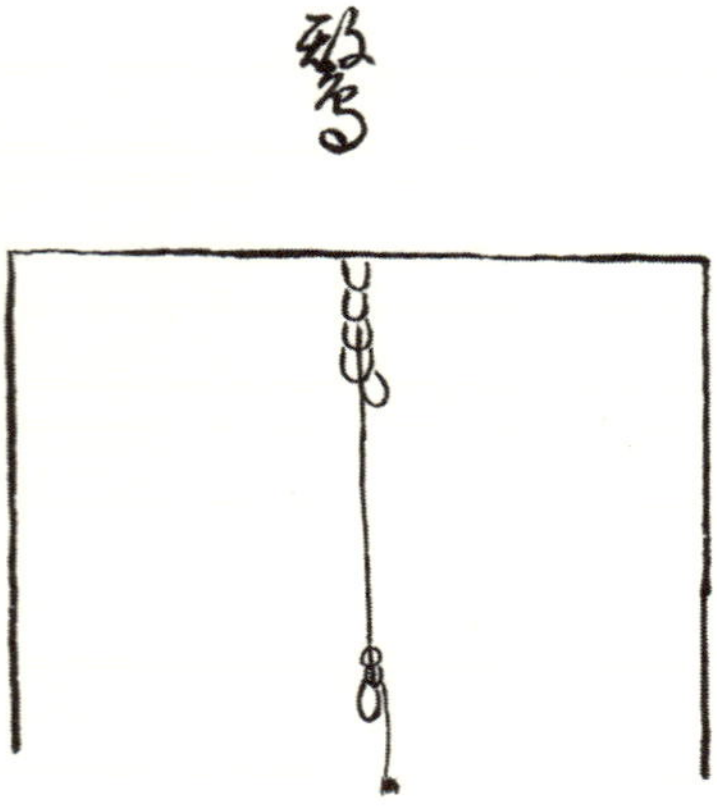

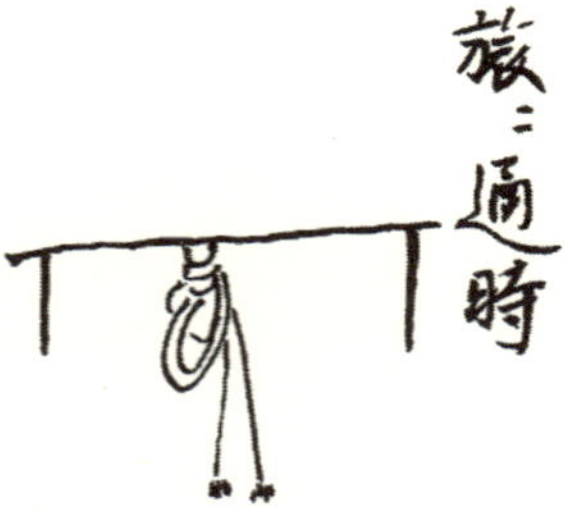

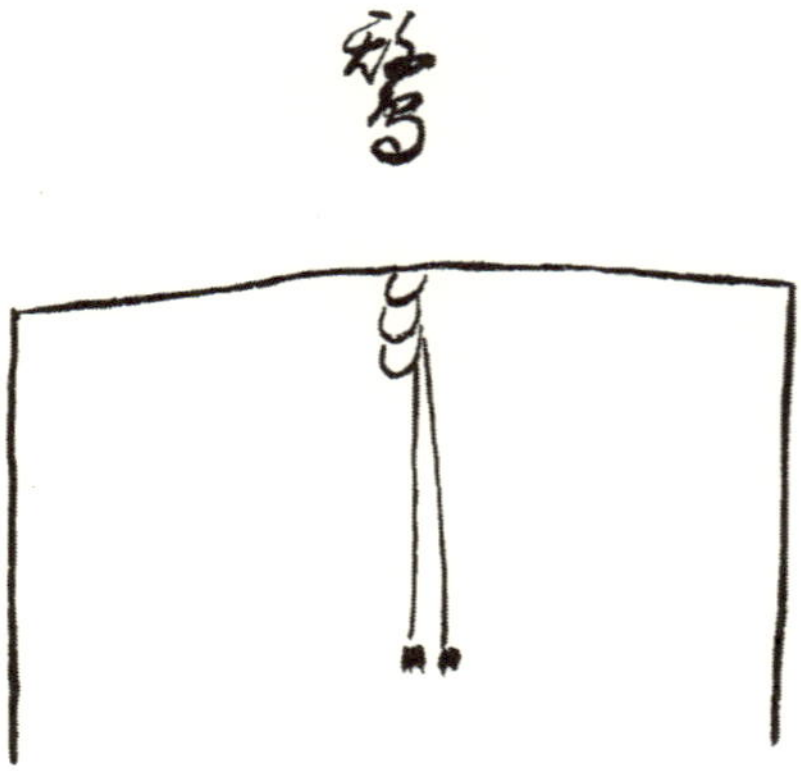

図⑤　きんそくそ毛し

図④　貴人ノ鷹ノつるきれ毛し

図⑦　神前にて毛し

図⑥　きやをおろすけ毛し

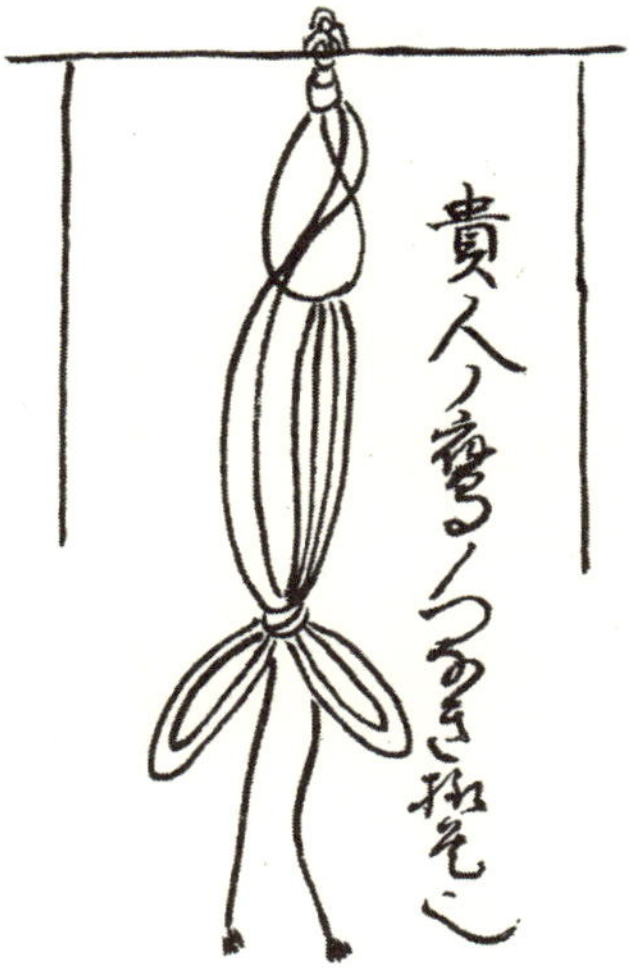

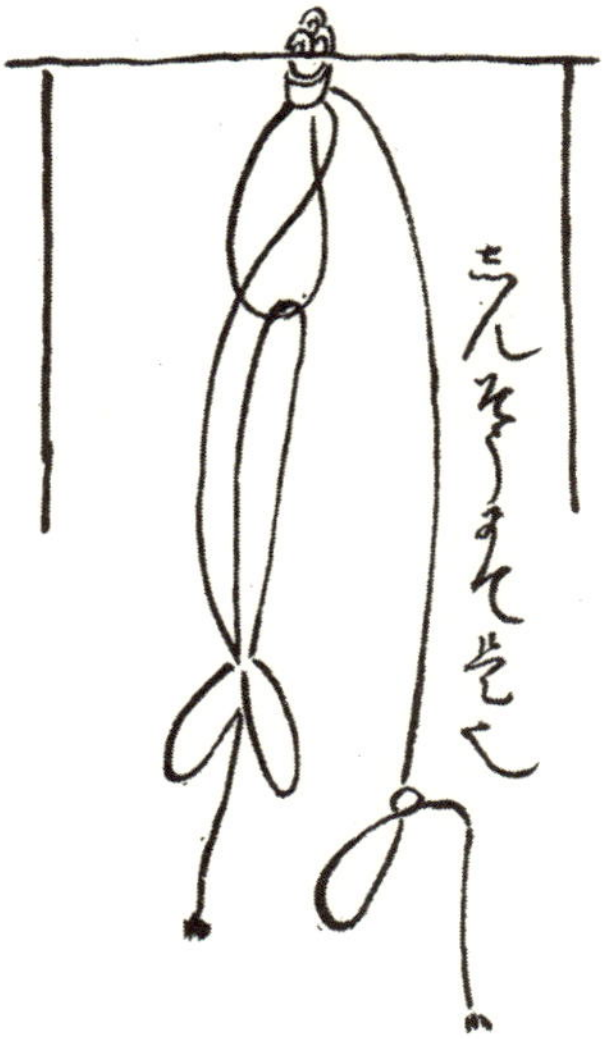

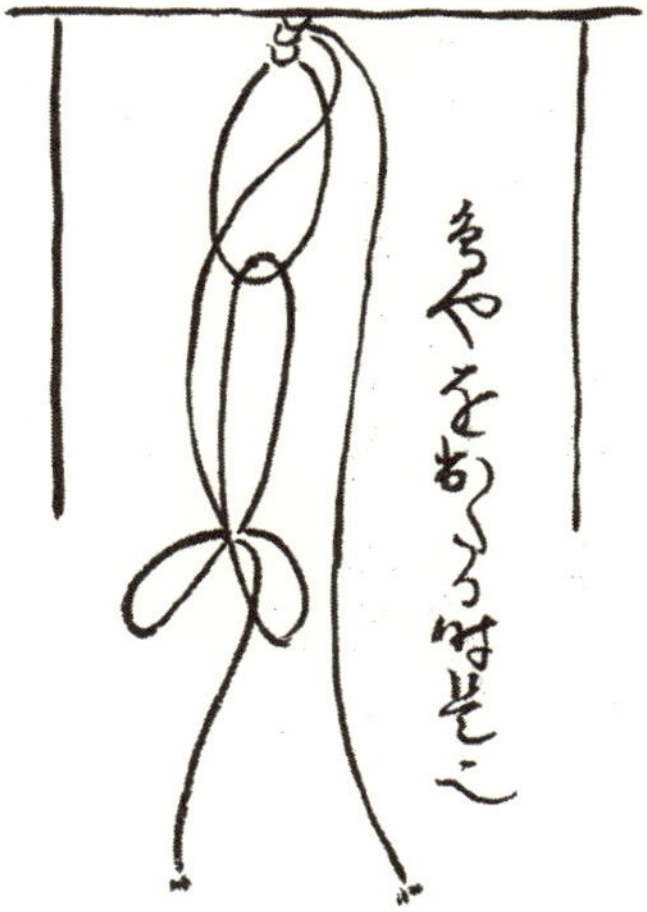

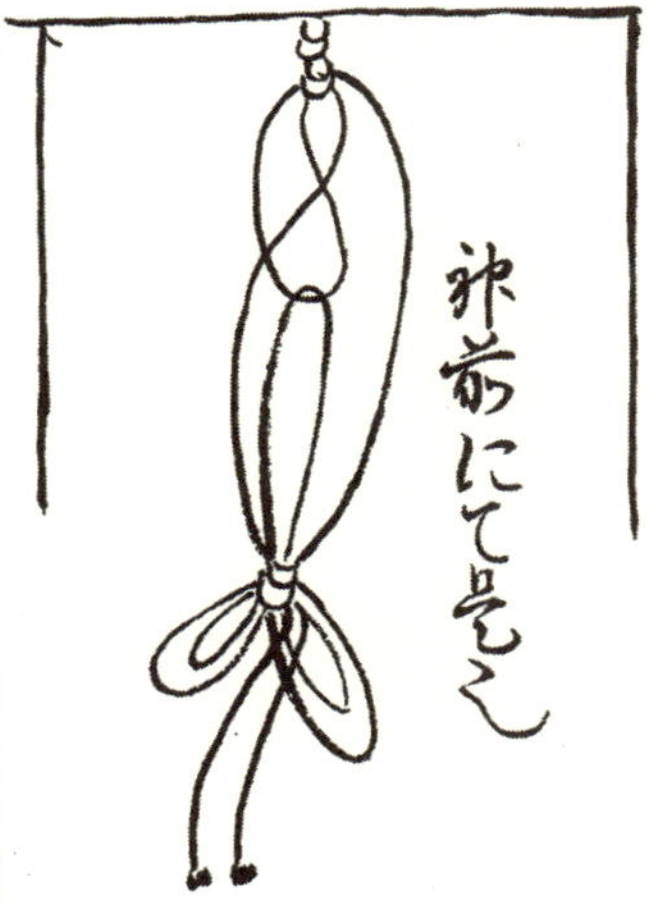

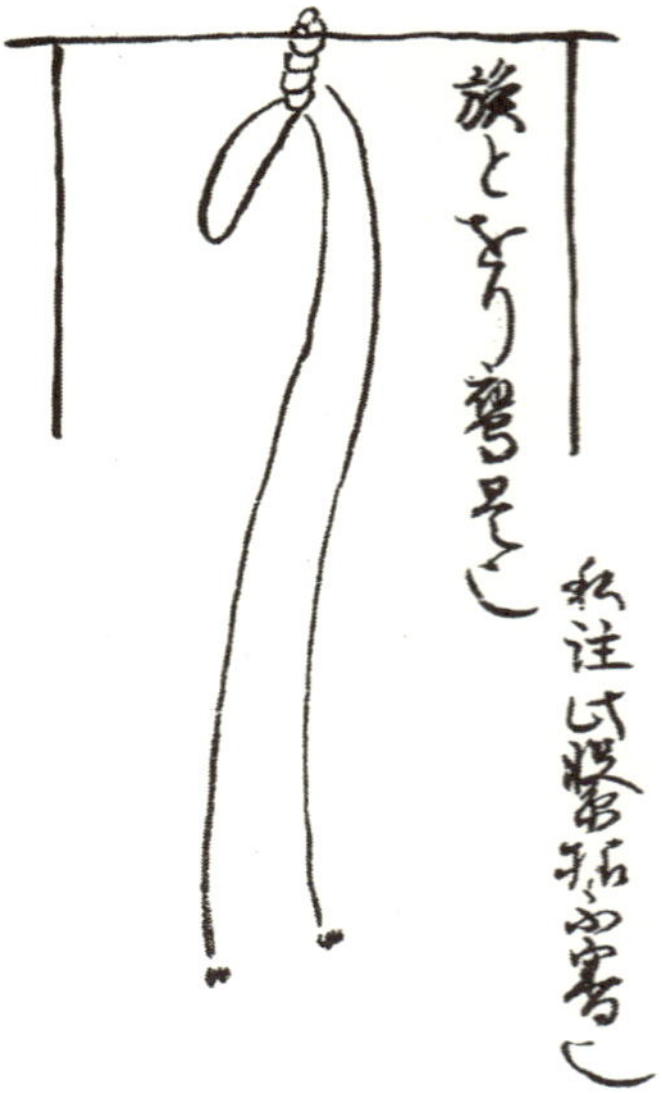

図⑧

図⑨

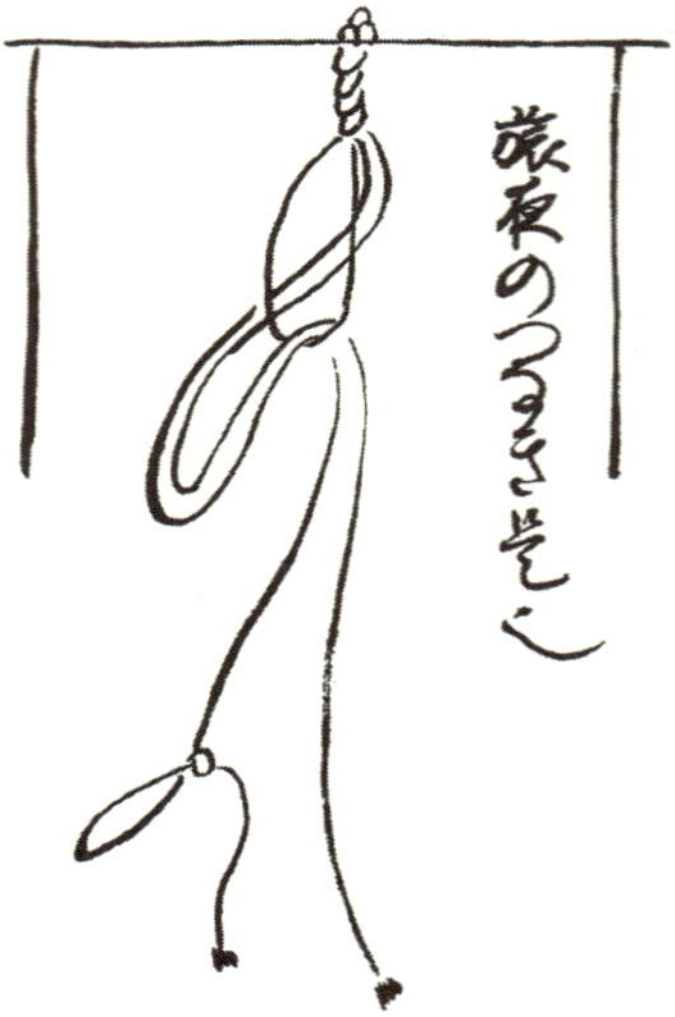

図⑩

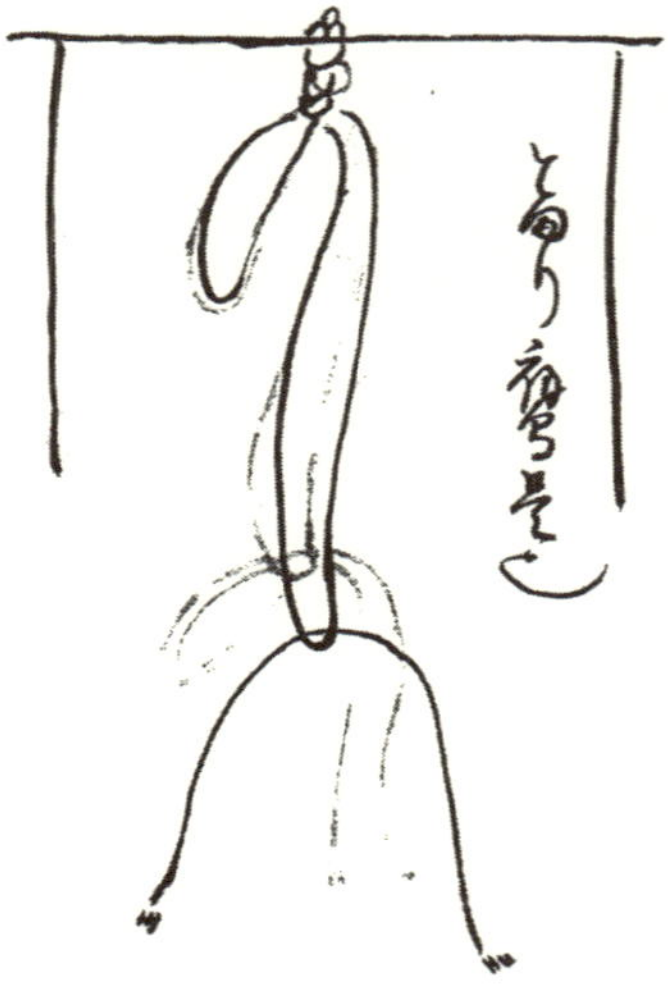

図⑪

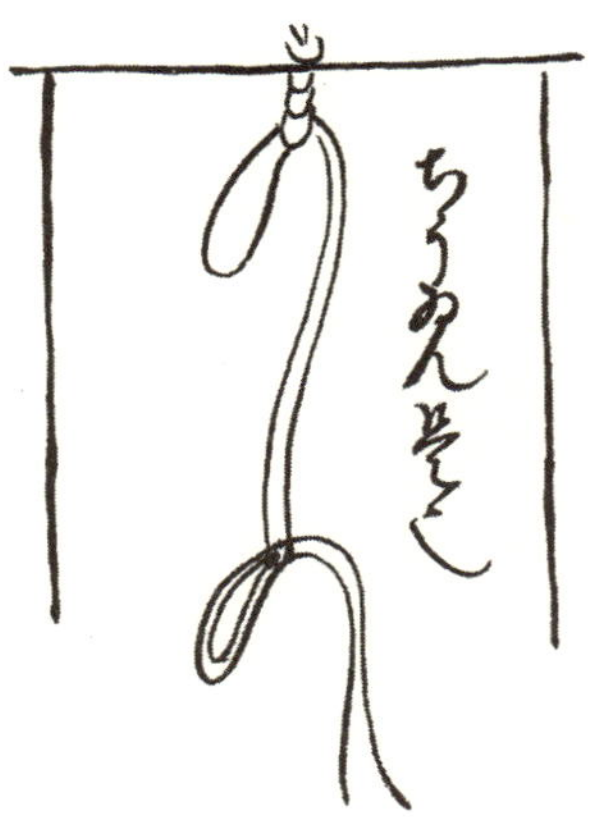

図⑫

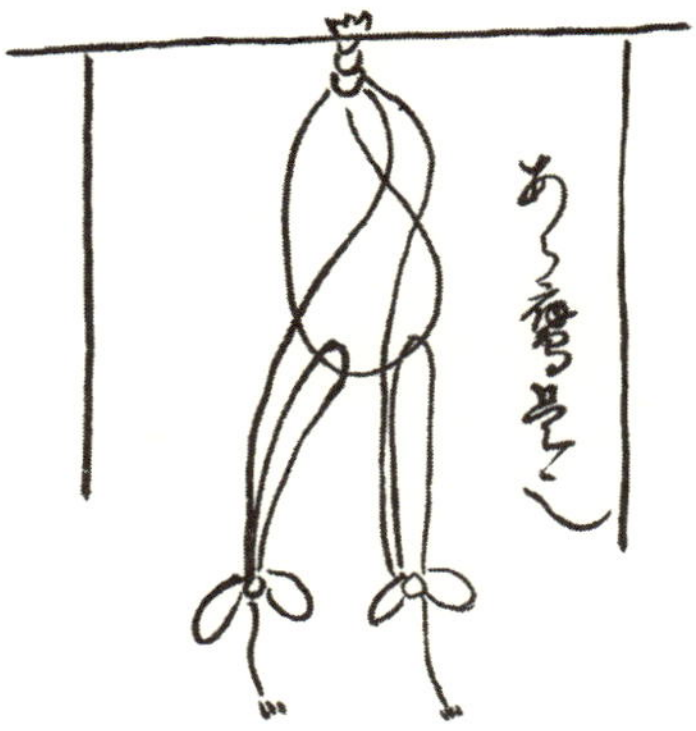

図⑬

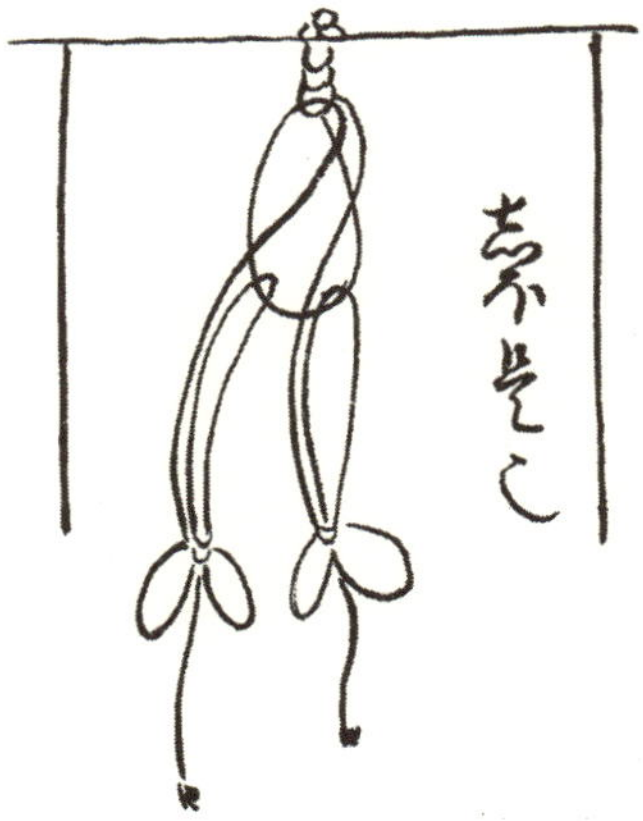

図⑭

図⑮

図⑯

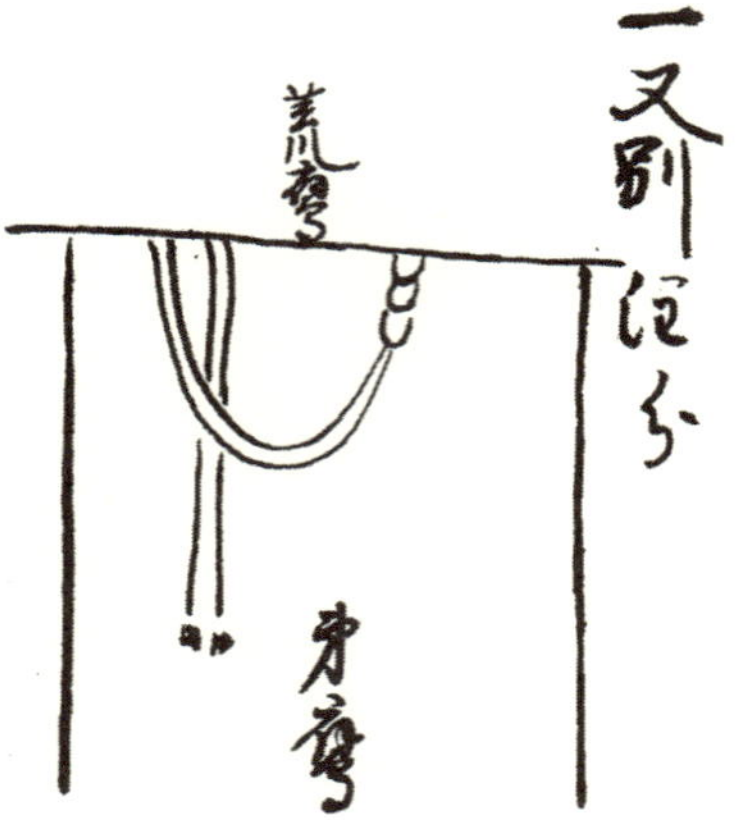

図⑰

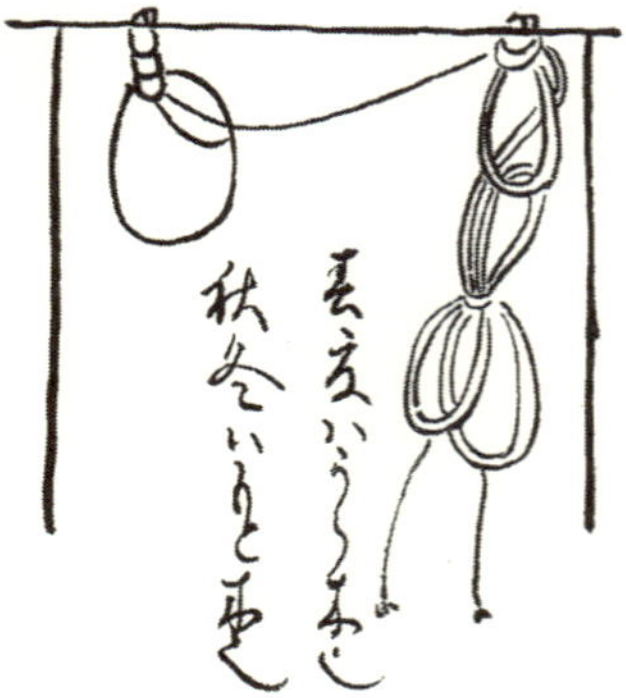

図⑱

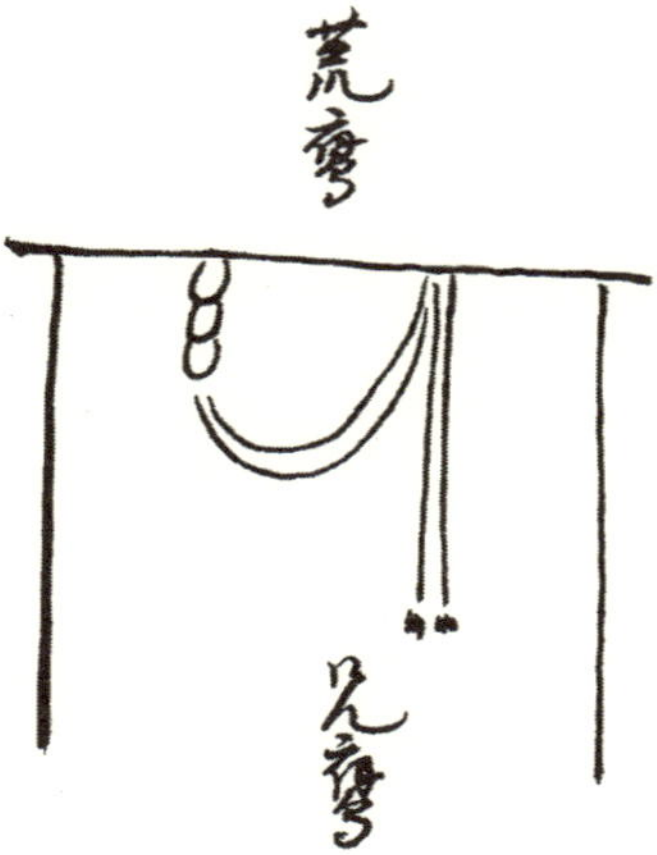

図⑲

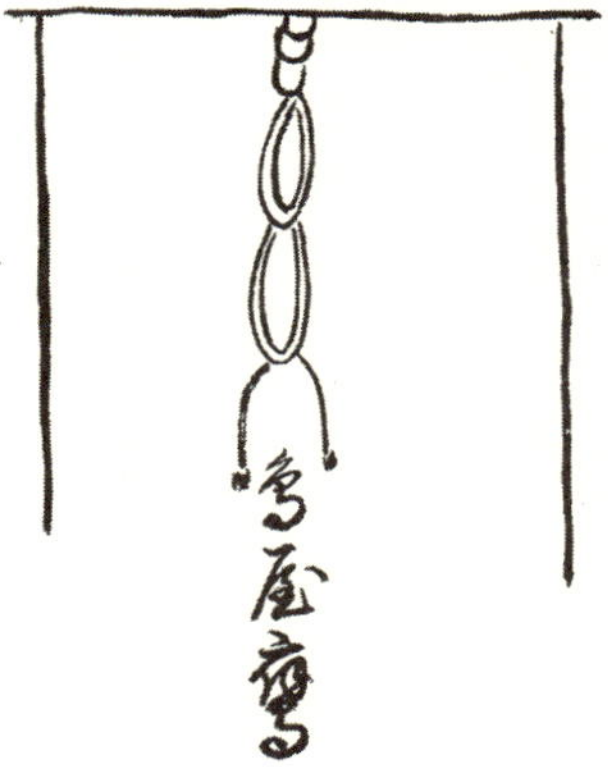

図⑳

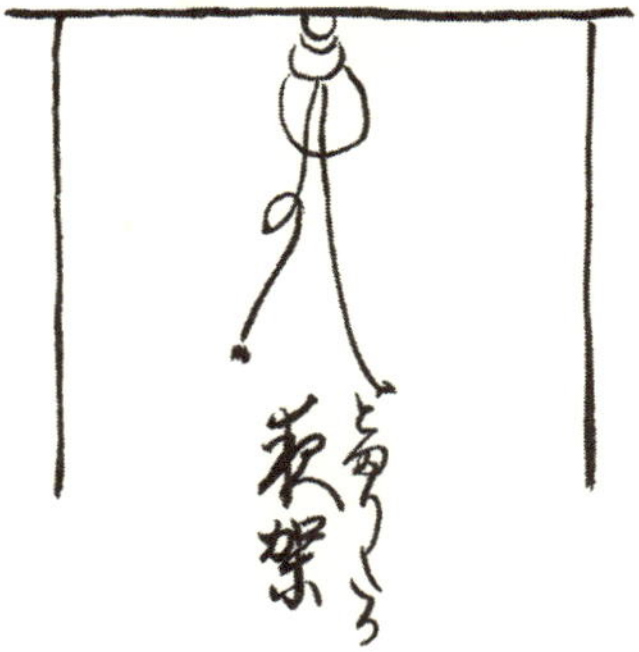

図㉑

図㉒

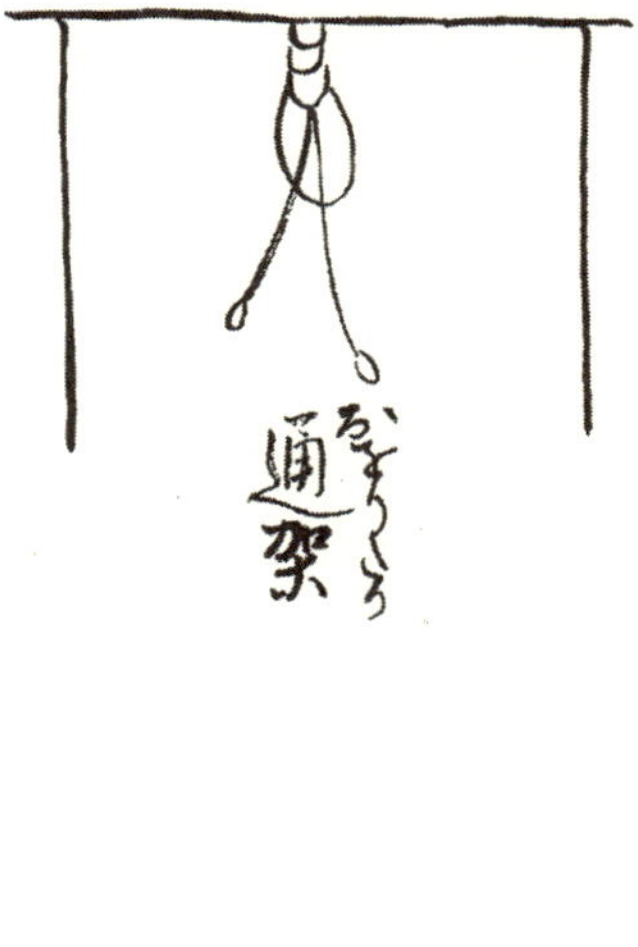

図㉓

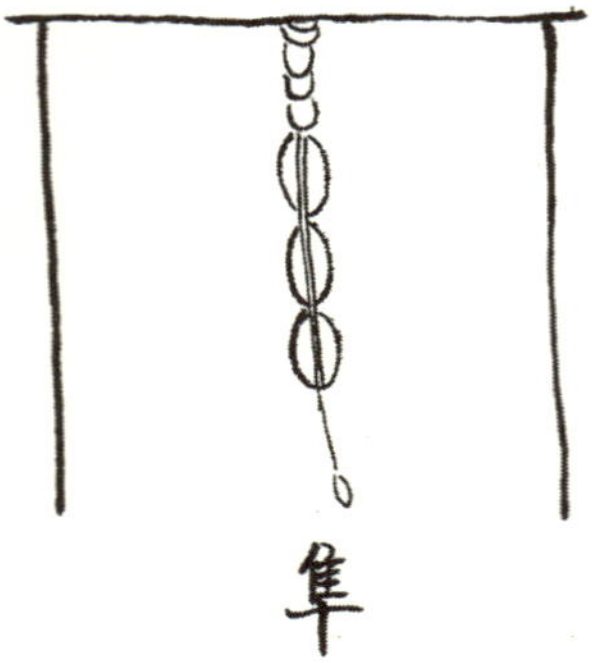

図㉔

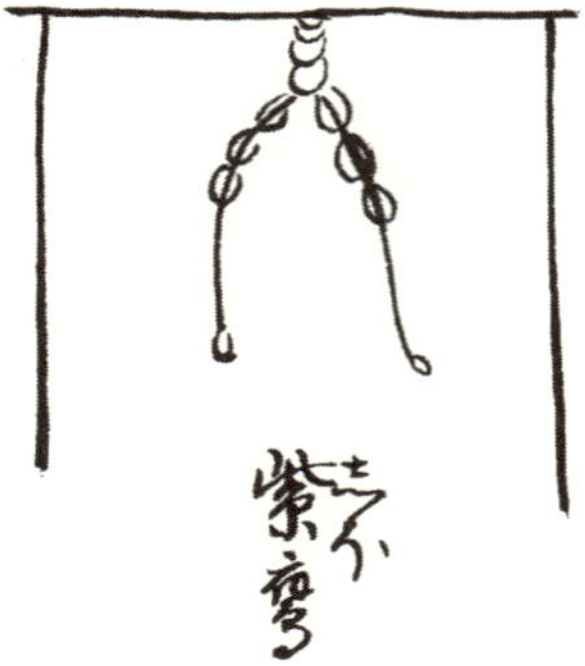

図㉕

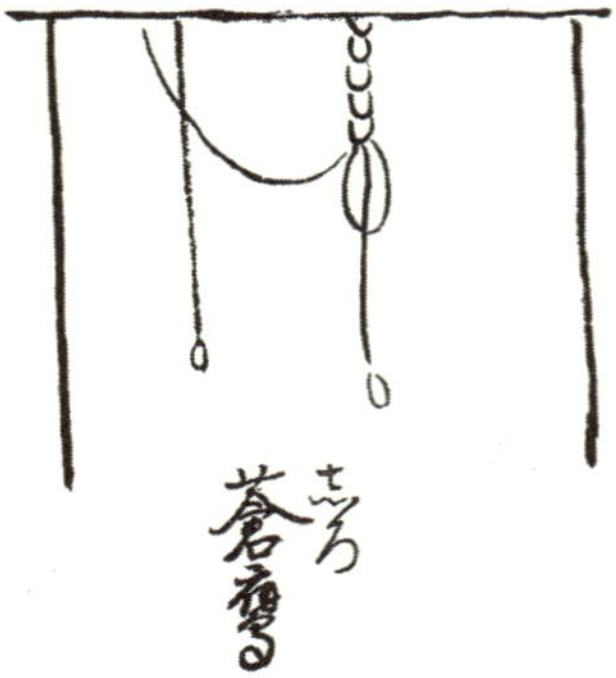

図㉖

図㉗

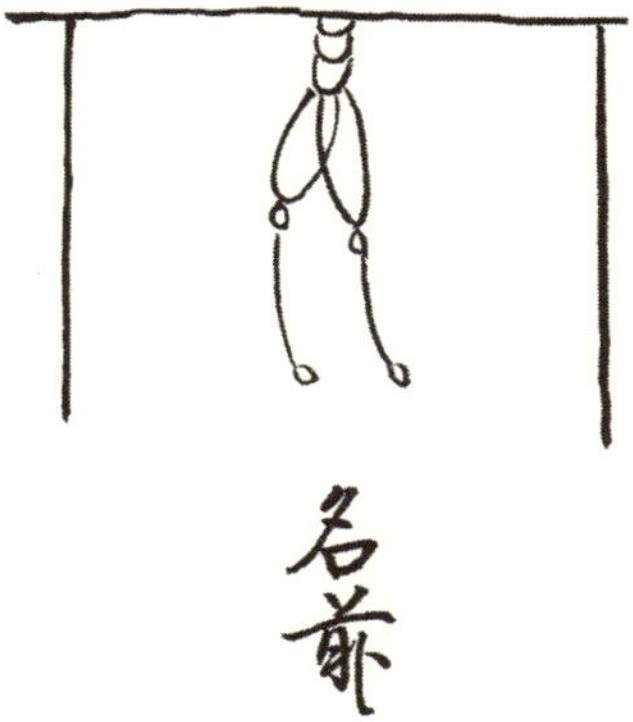

図㉘

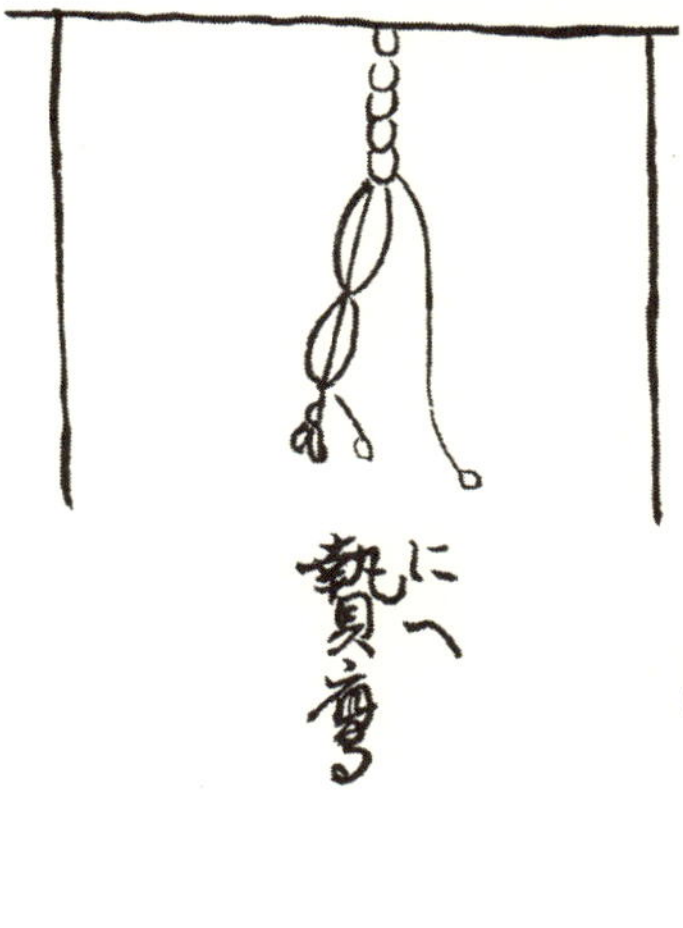

図㉙

〔資料Ⅲ〕 西園寺文庫蔵『十二繋図 外四巻 合冊』（一丁オ～六丁ウ）

図①

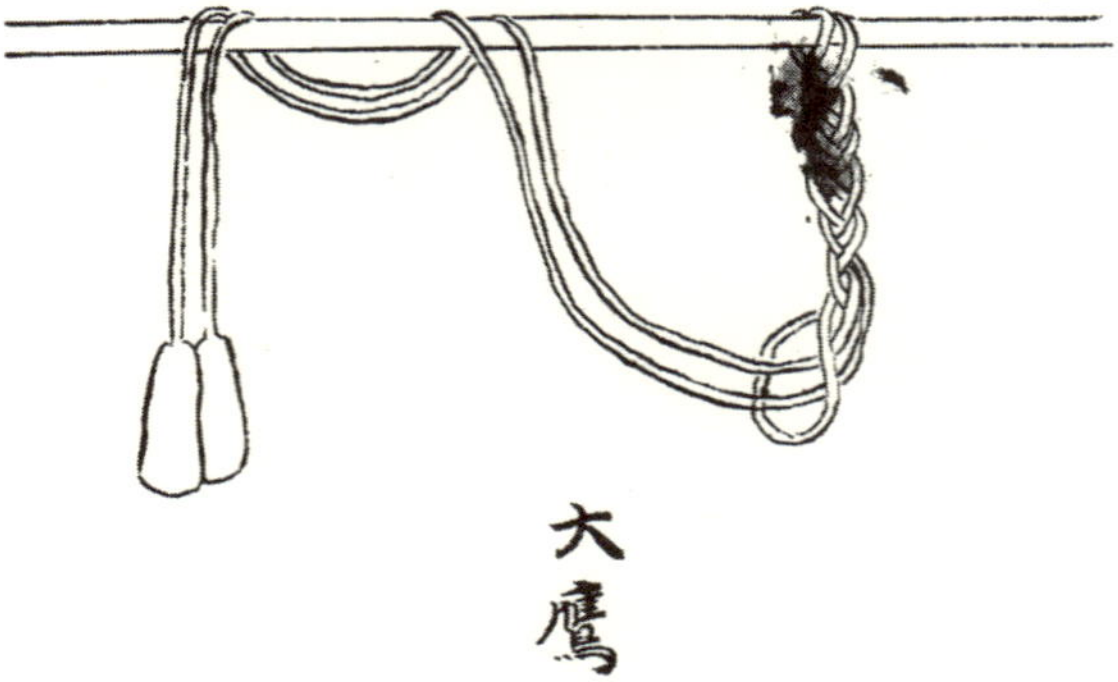

図②

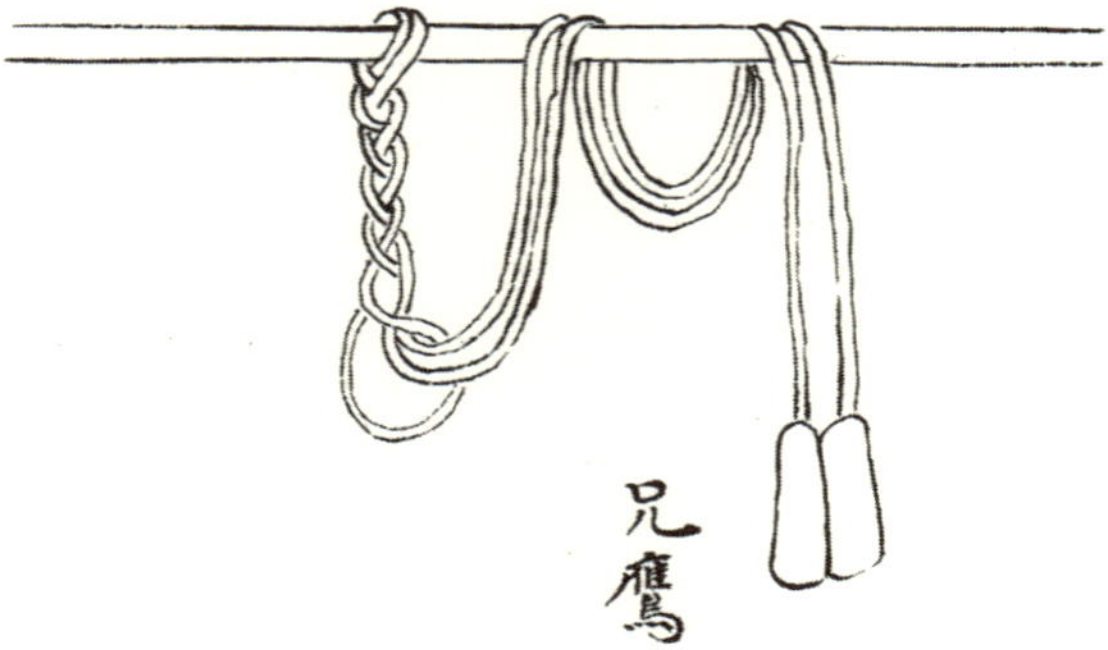

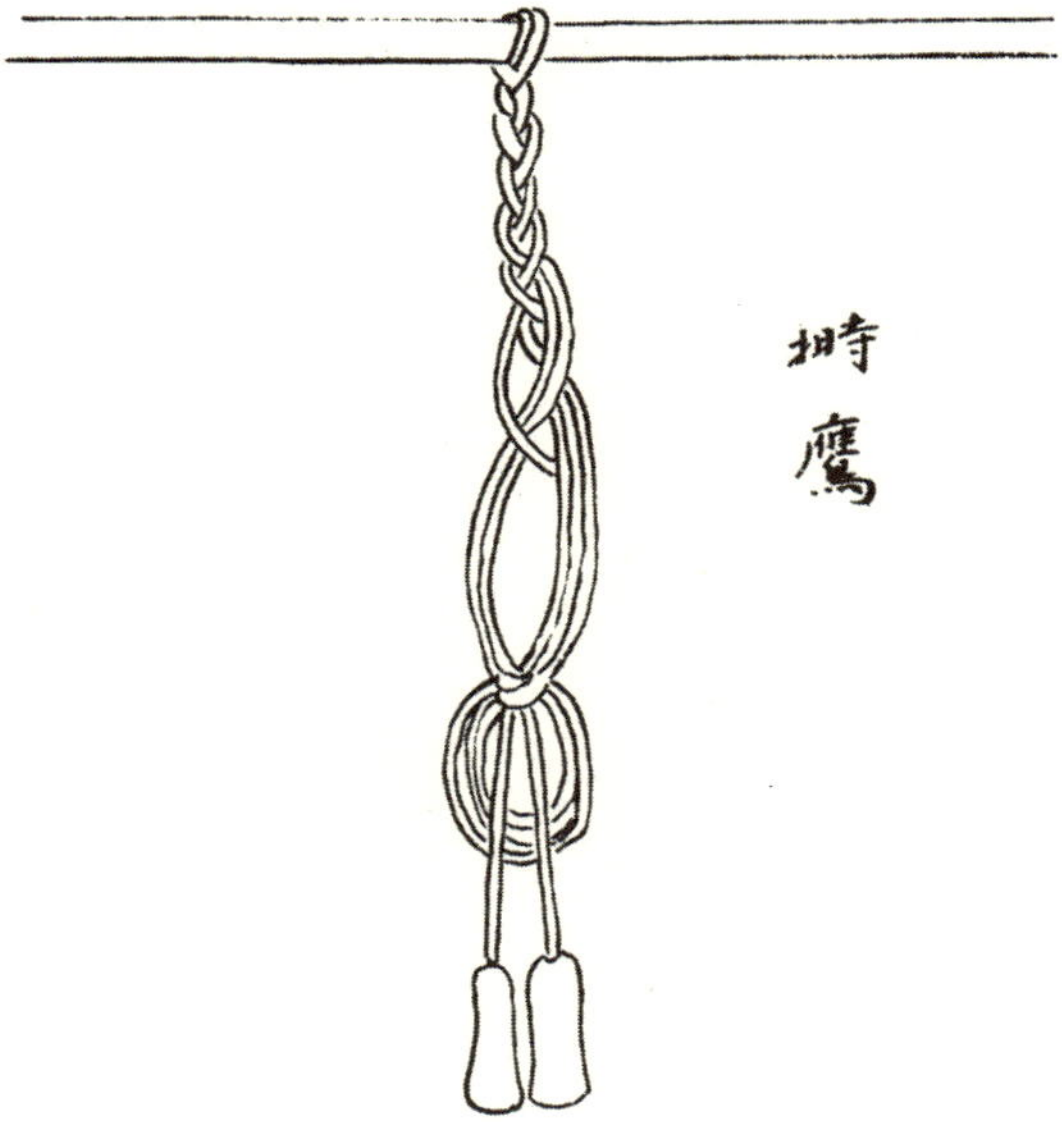

図③

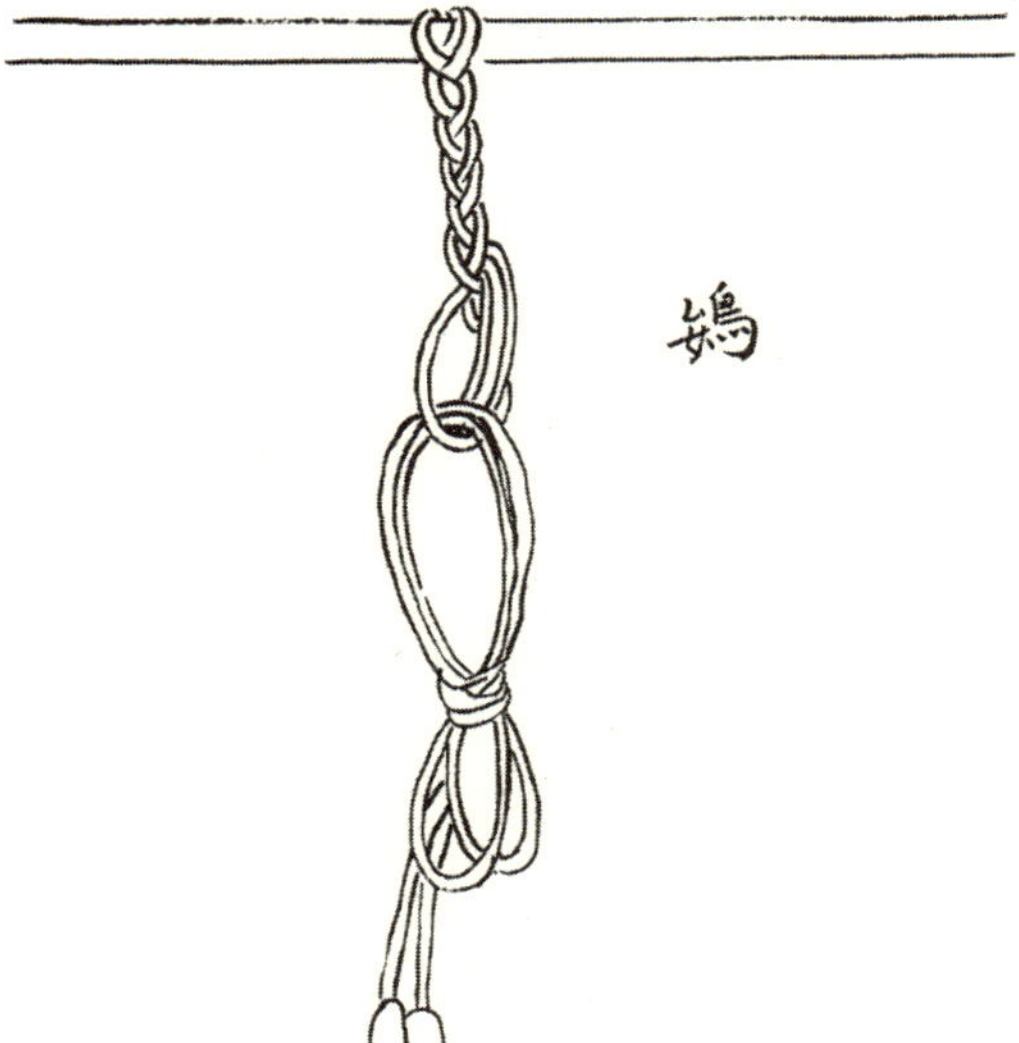

図④

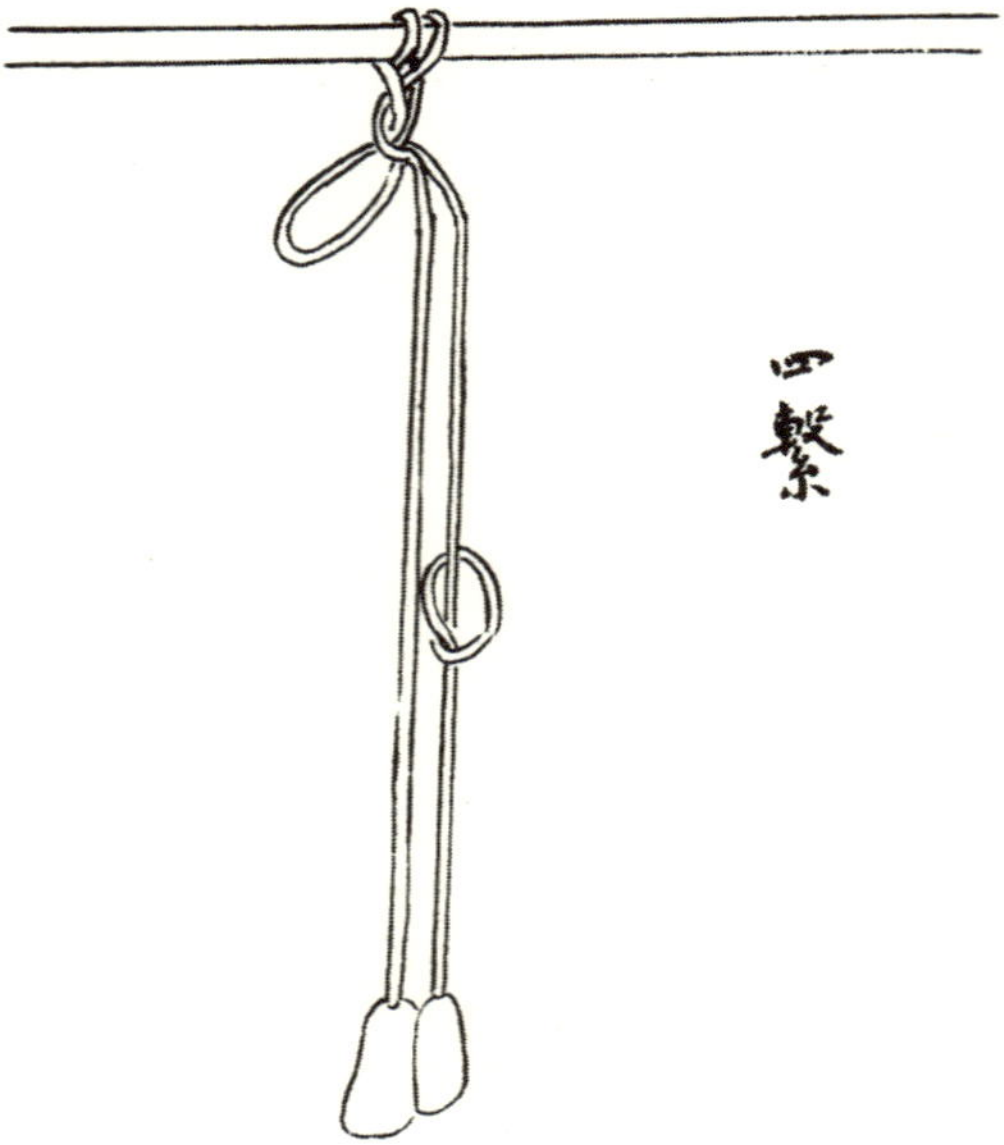

図⑤

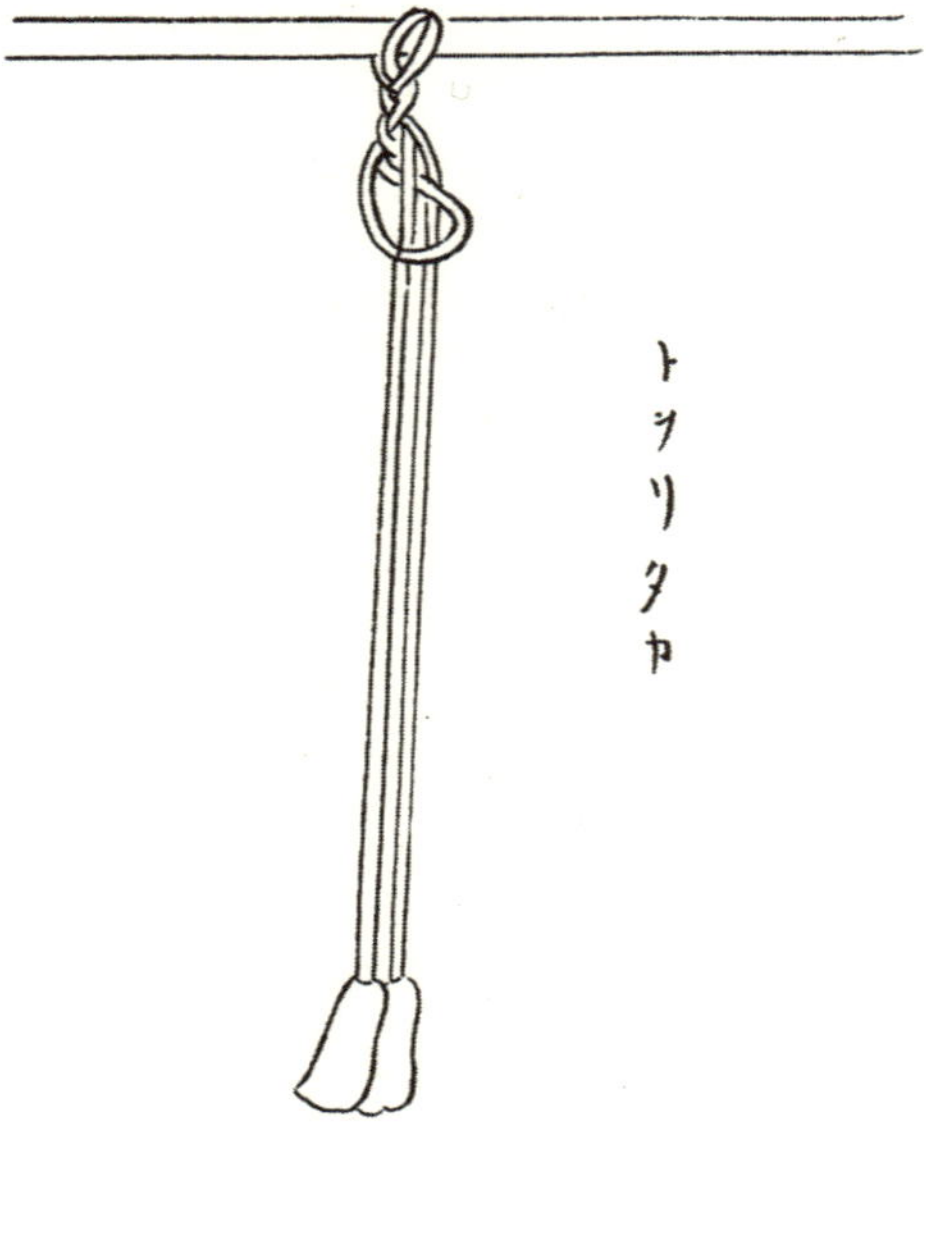

図⑥

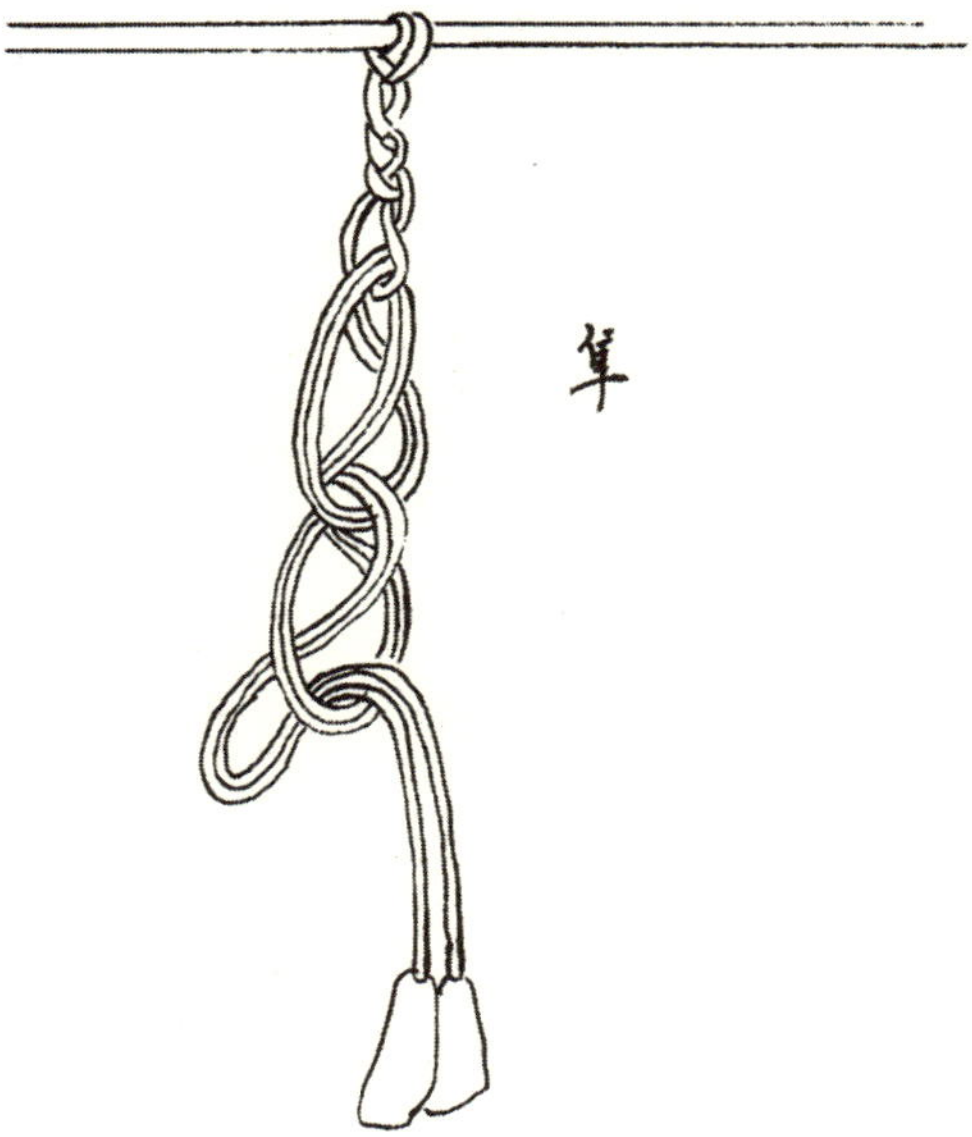

図⑦

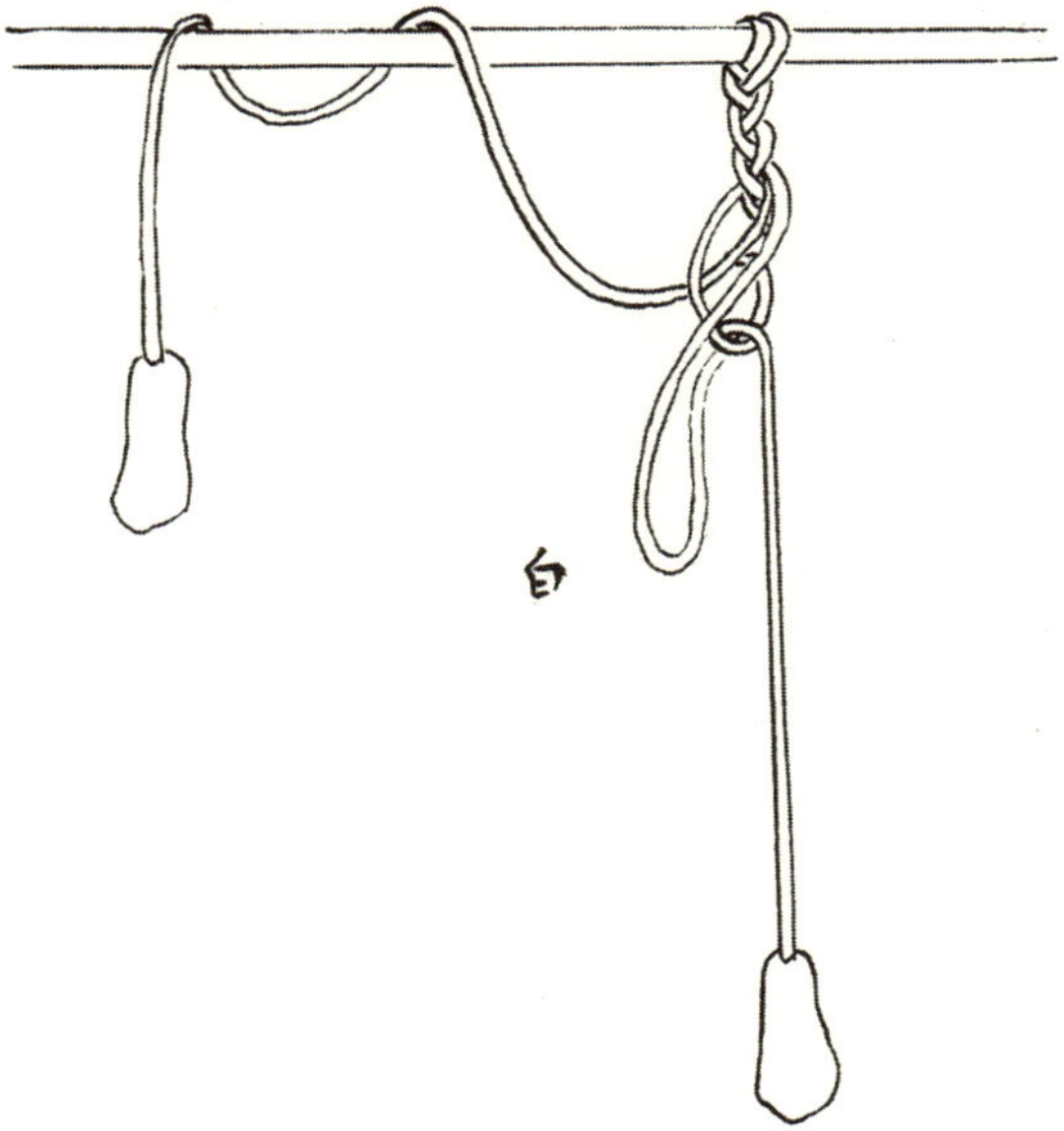

図⑧

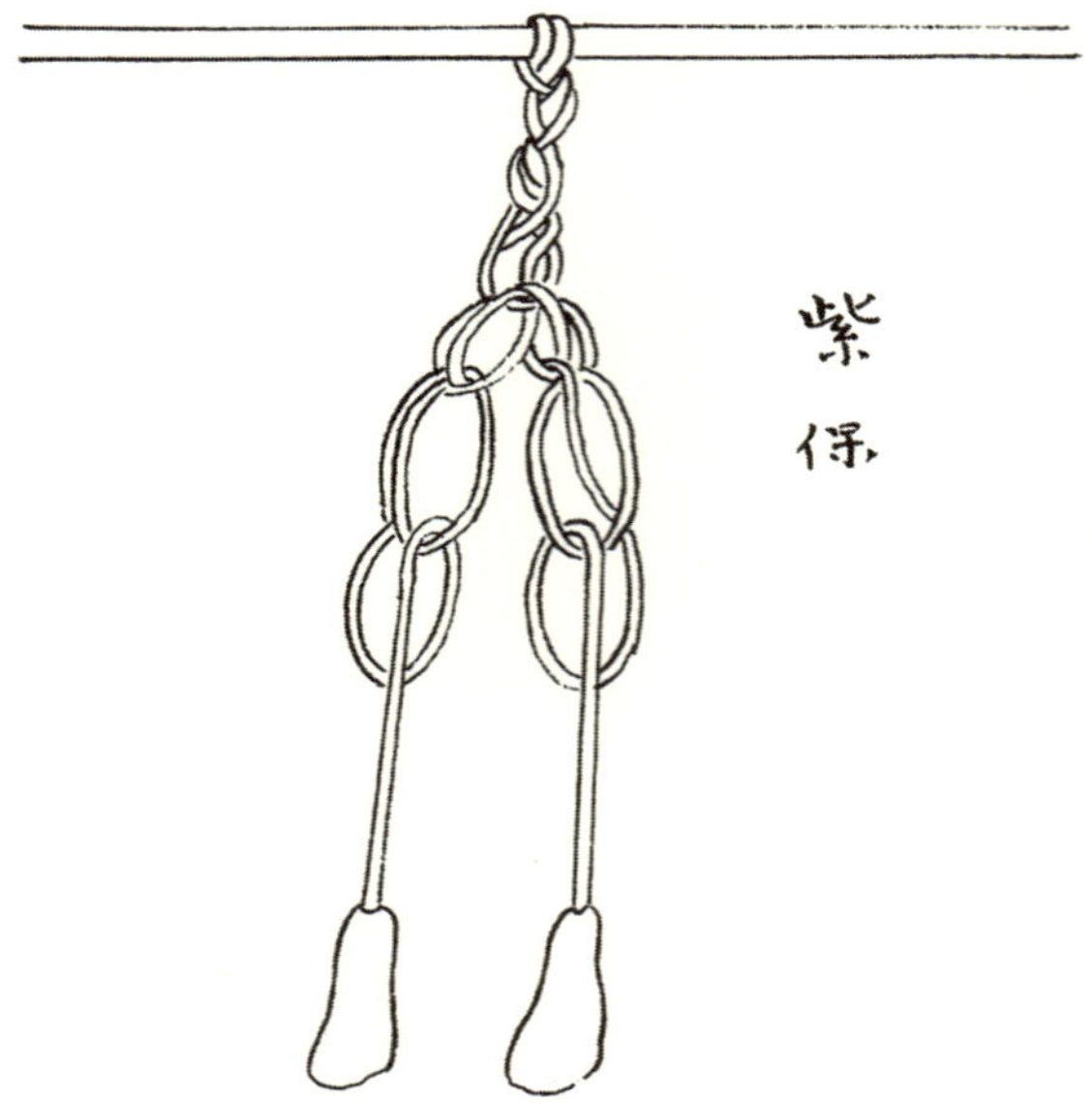

図⑨

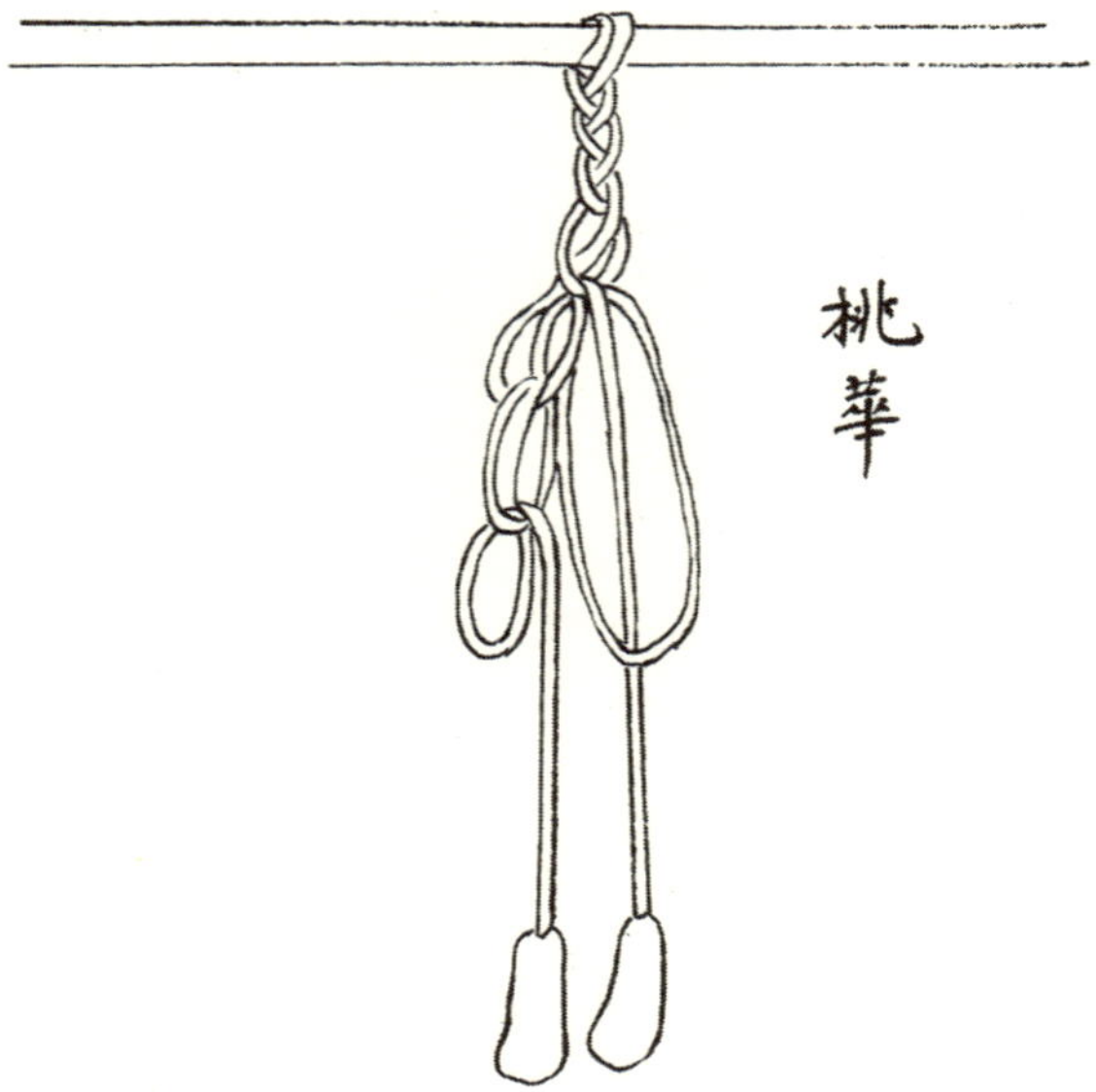

図⑩

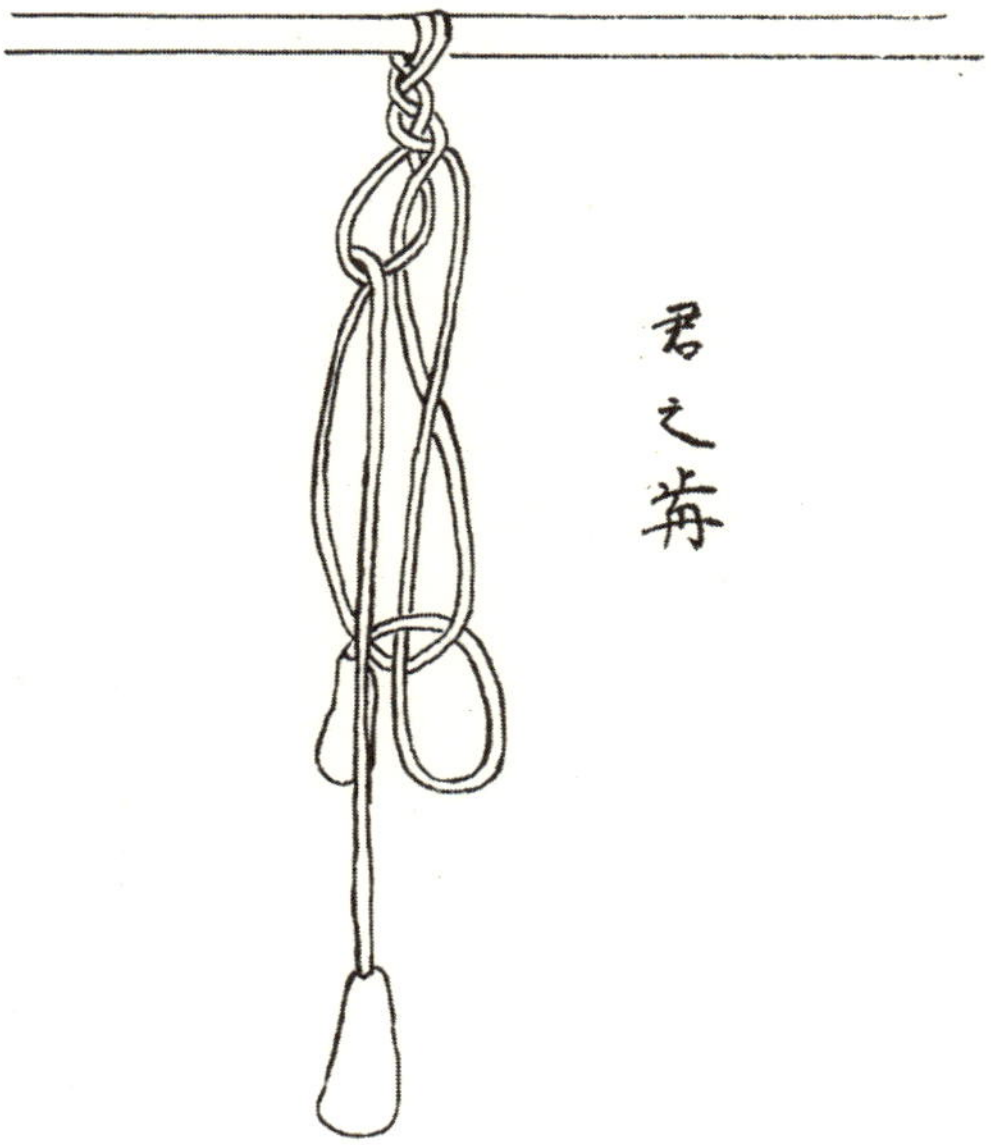

図⑪

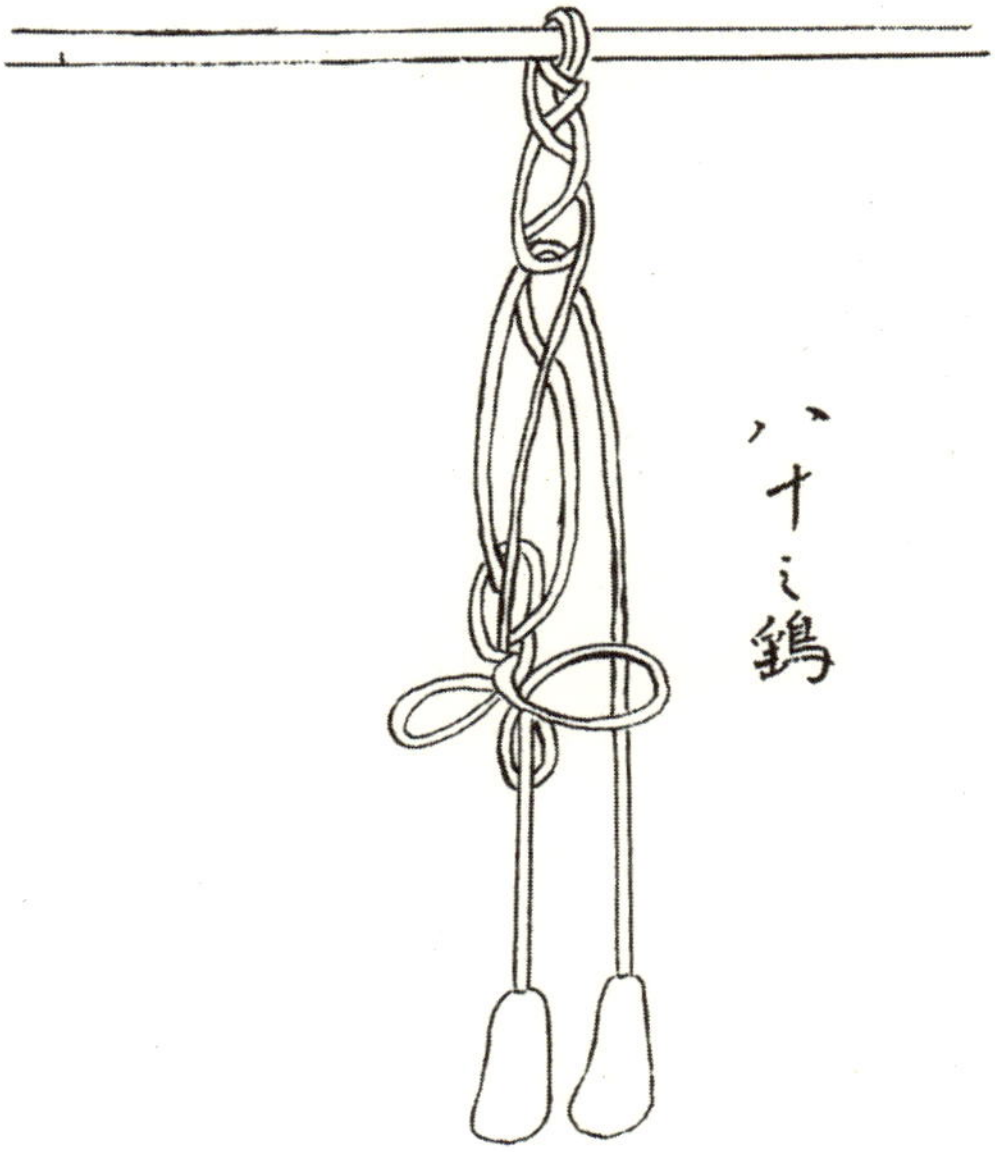

図⑫

〔資料Ⅳ〕　内閣文庫蔵『宇津宮流鷹之書坤』（二丁ウ～二八丁ウ）

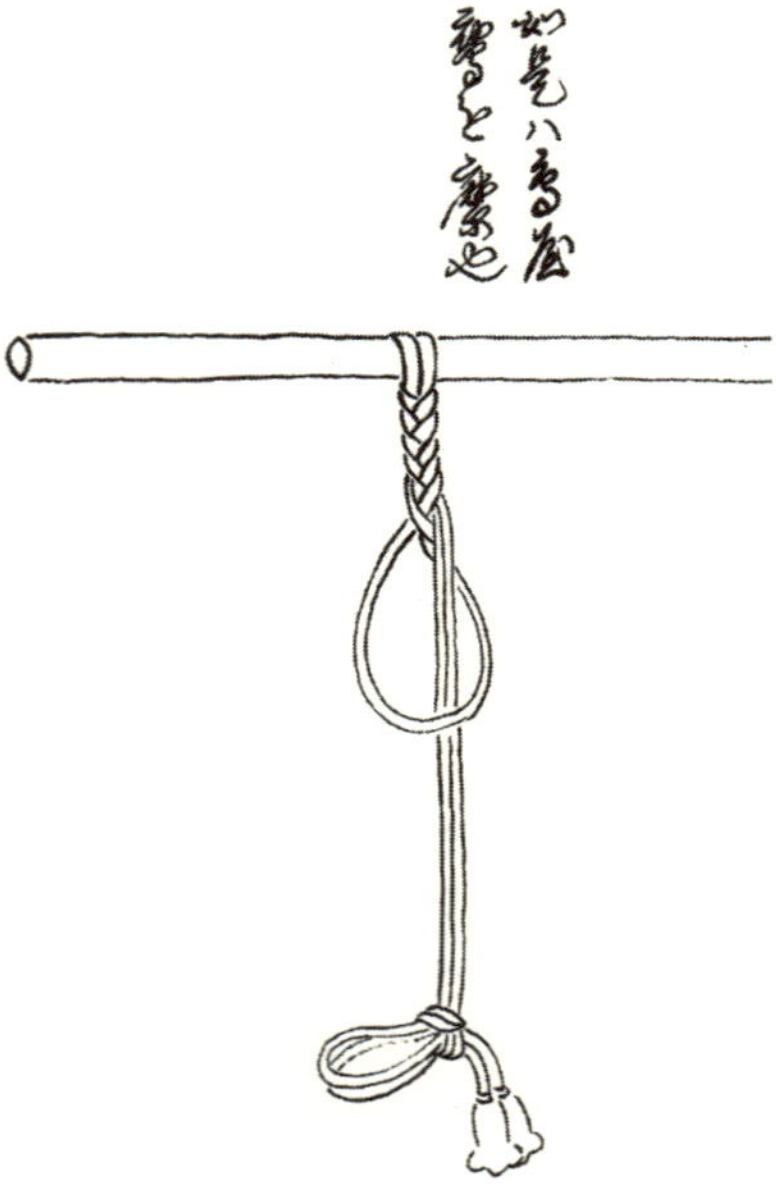

図①

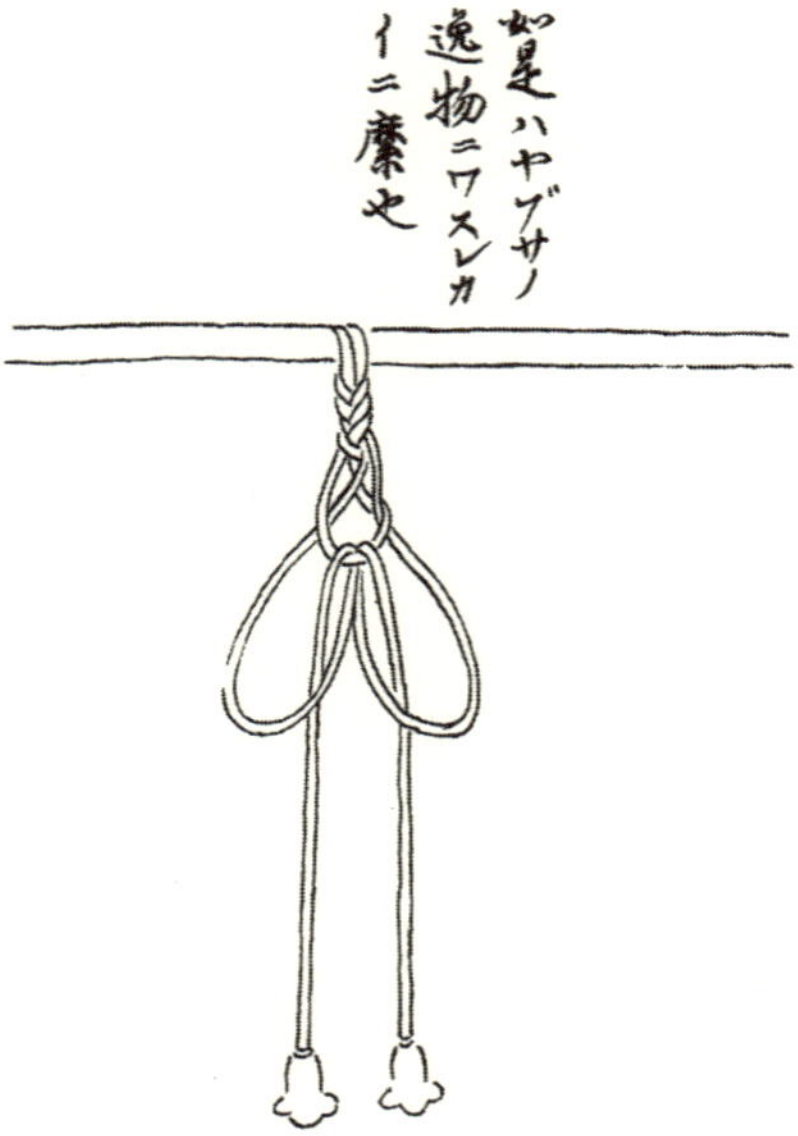

図②

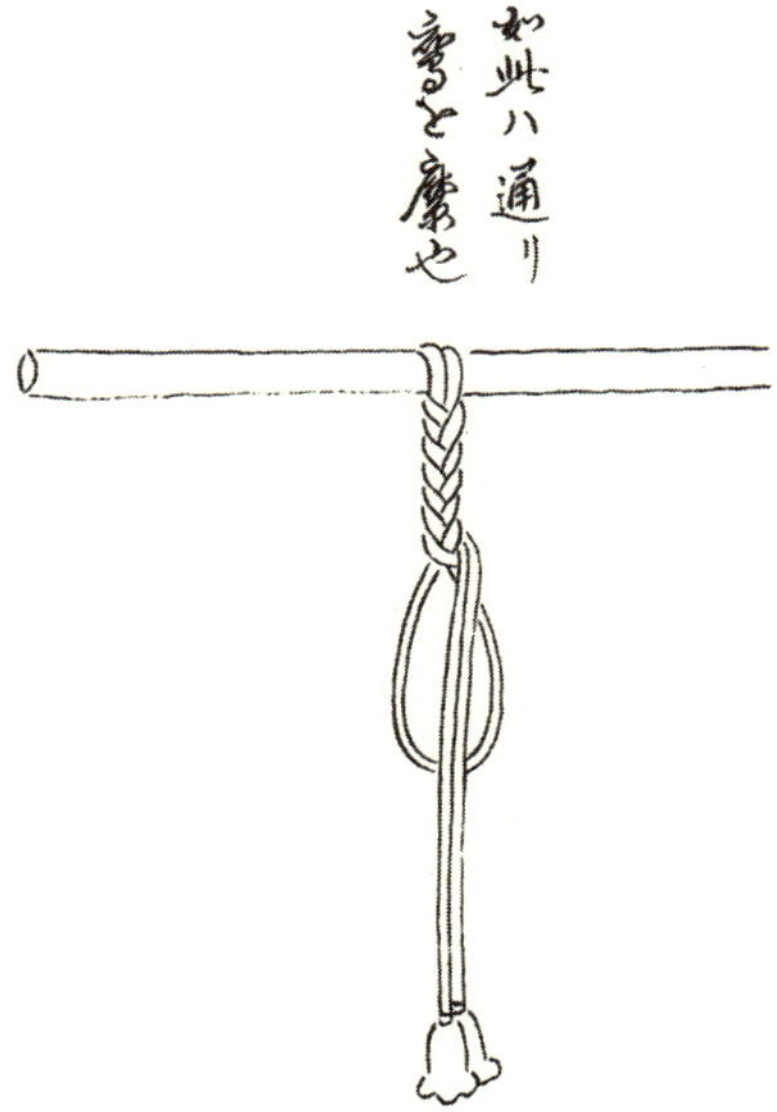

図③

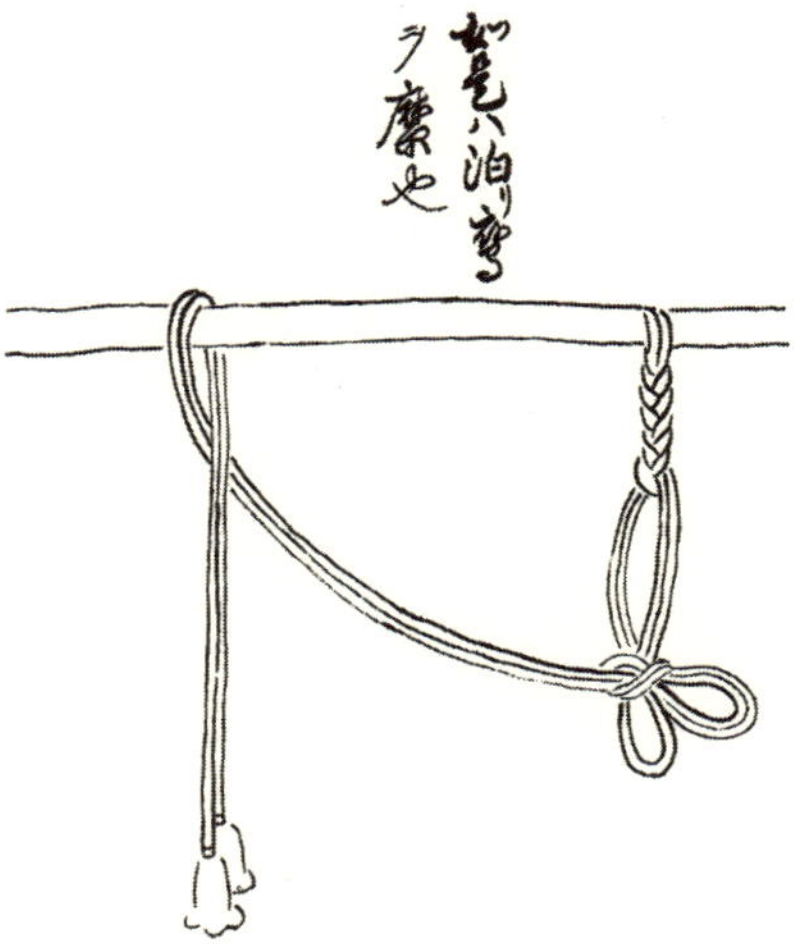

図④

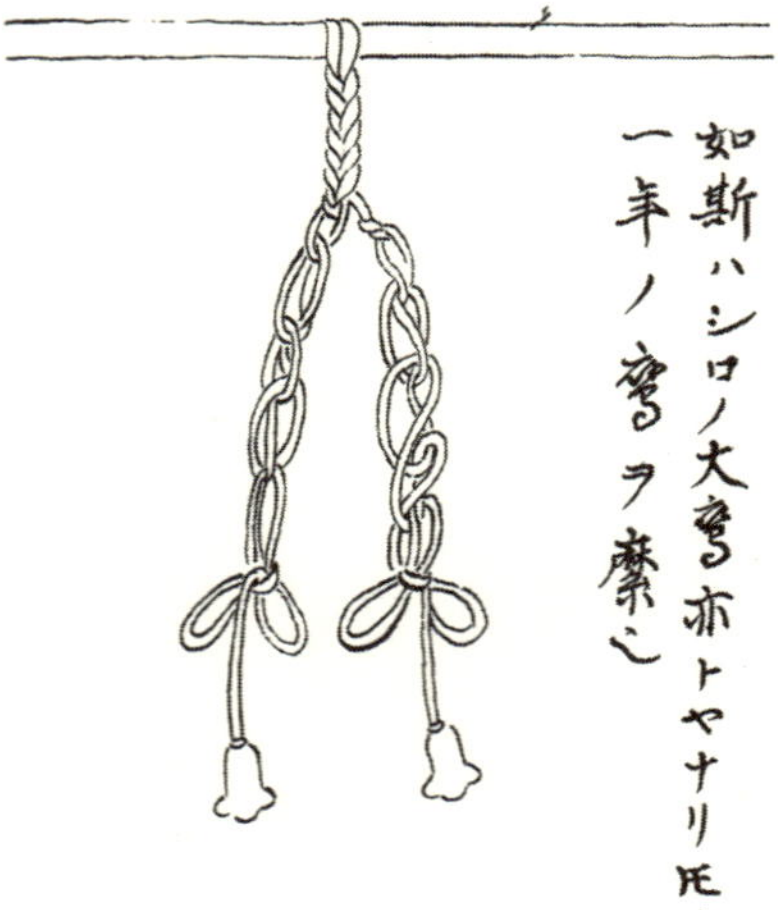

図⑤

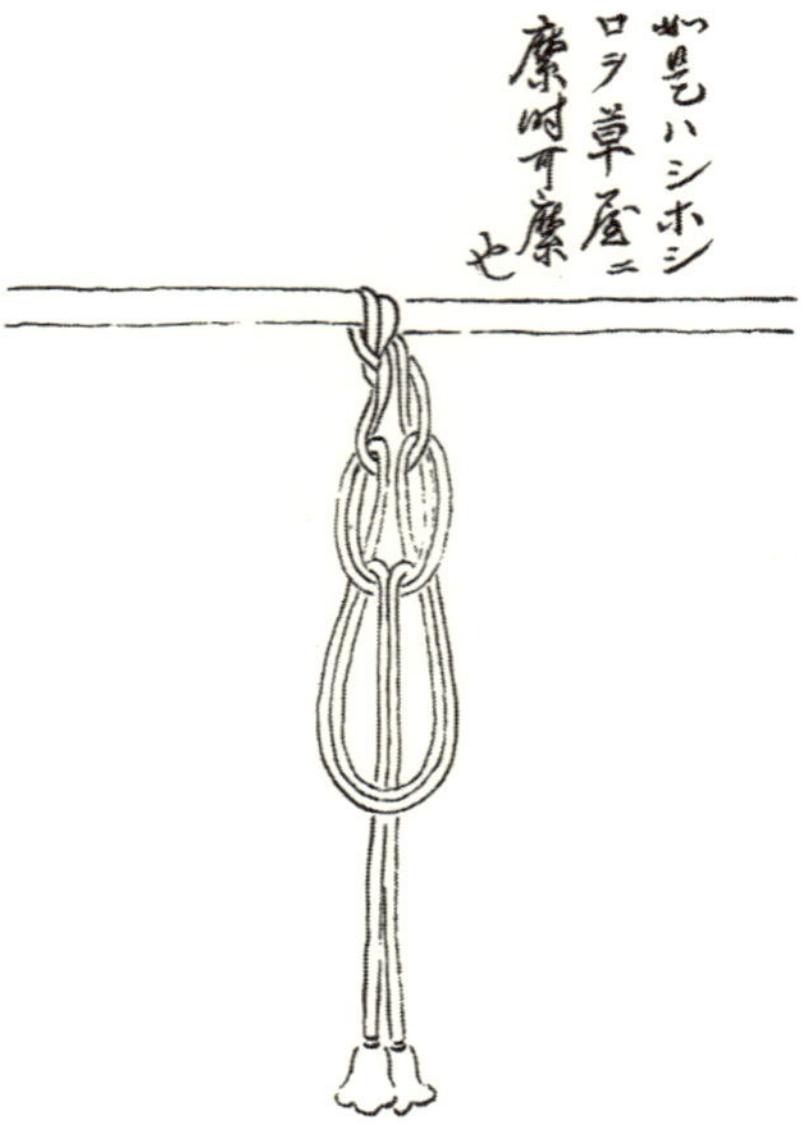

図⑥

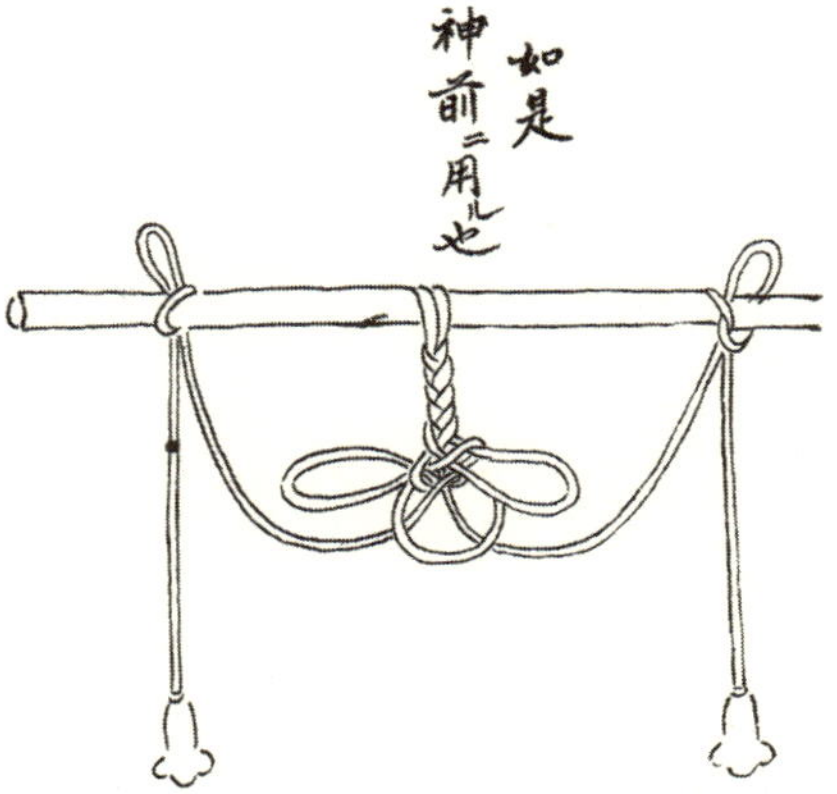

図⑦

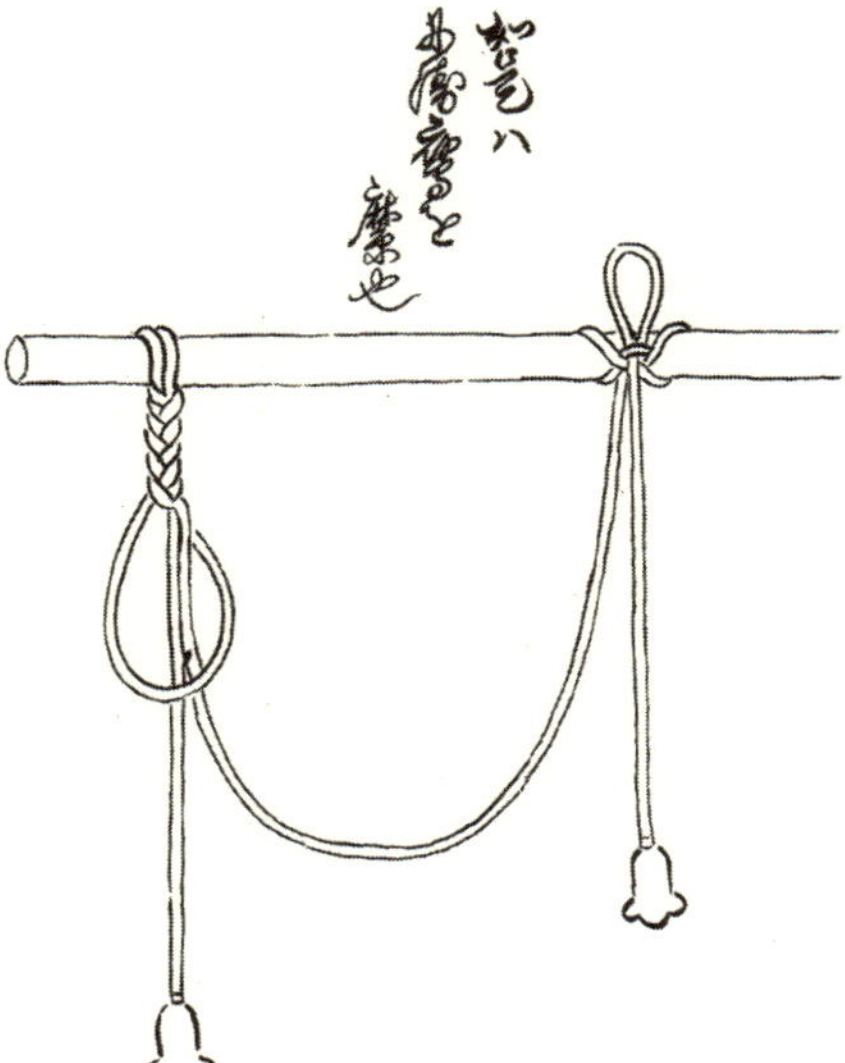

図⑧

〔資料V〕 続群書類従 第19輯中所収『荒井流鷹書』

図①

網掛鷹本

鳥屋鷹本

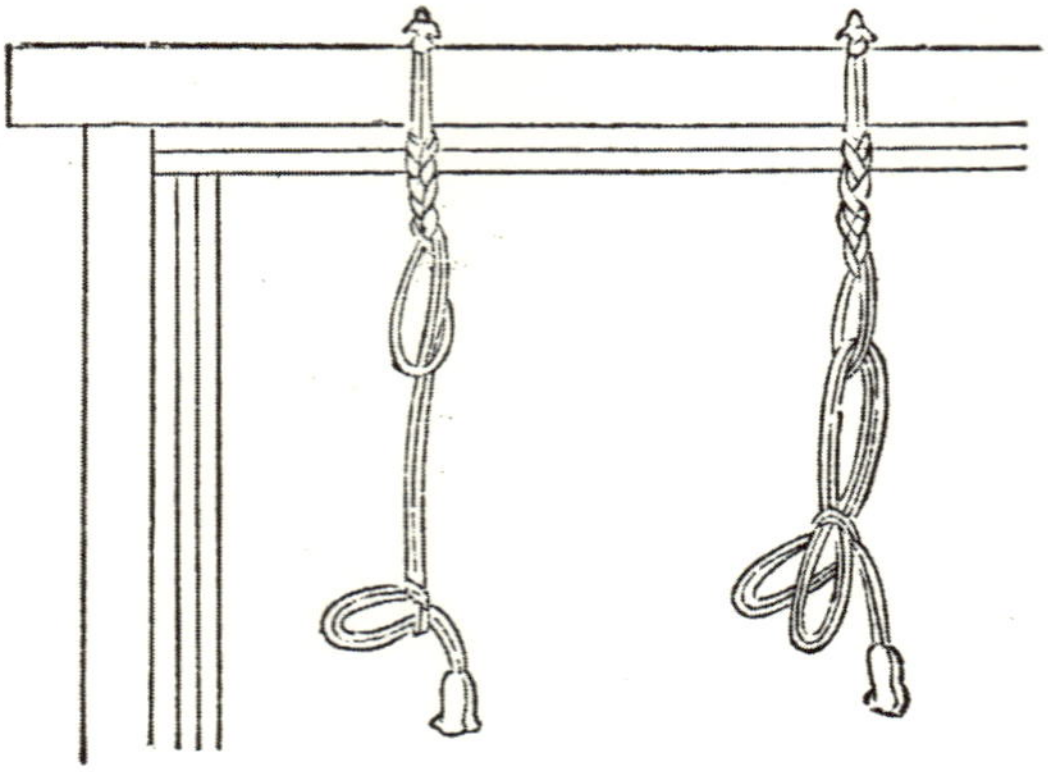

図②・図③

通り鷹

泊り鷹

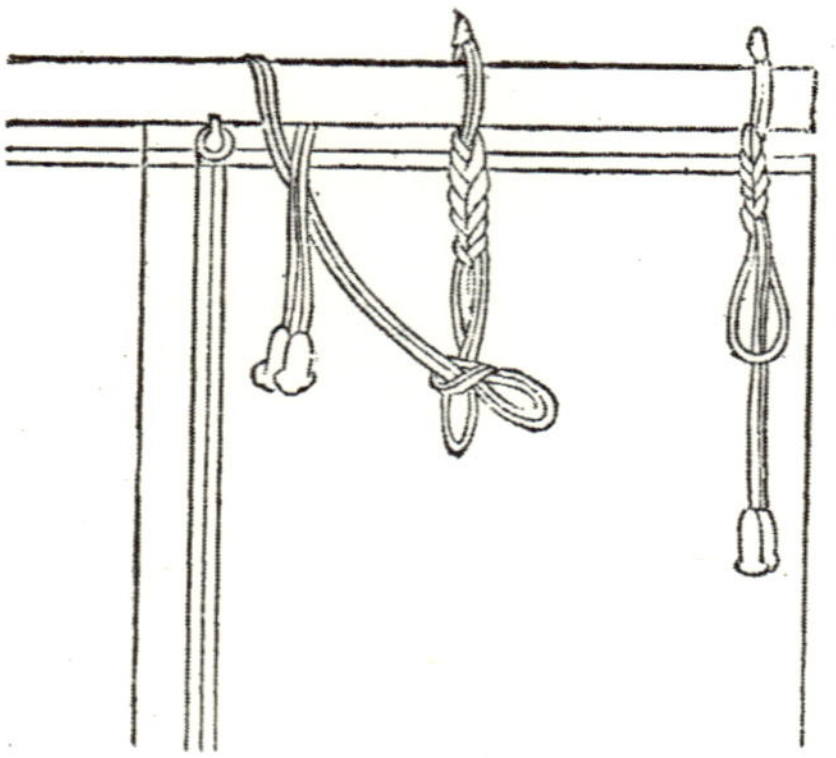

白鷹

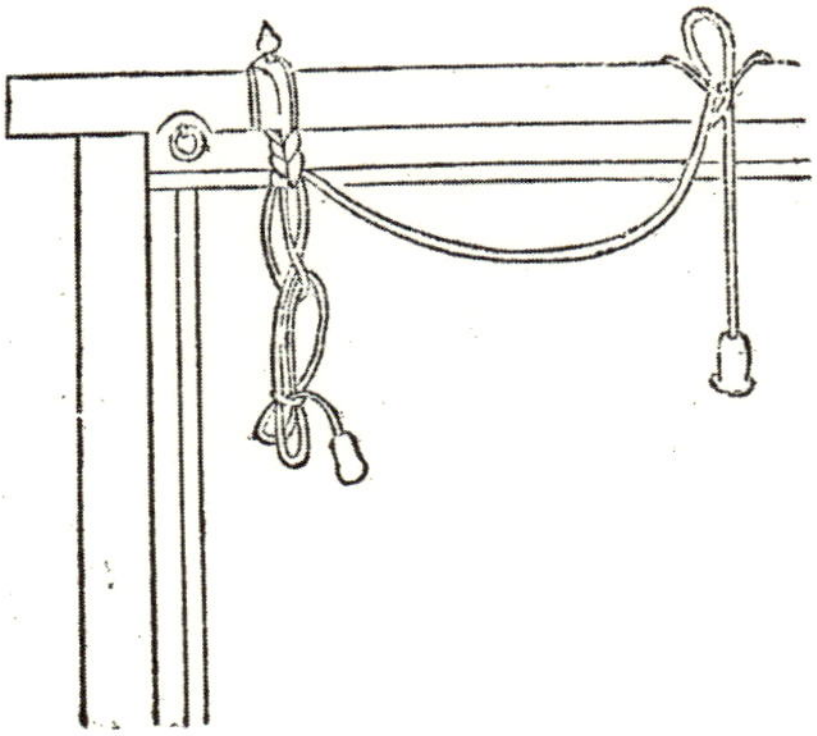

図④

御にゑ鷹

図⑤

相木の鷹

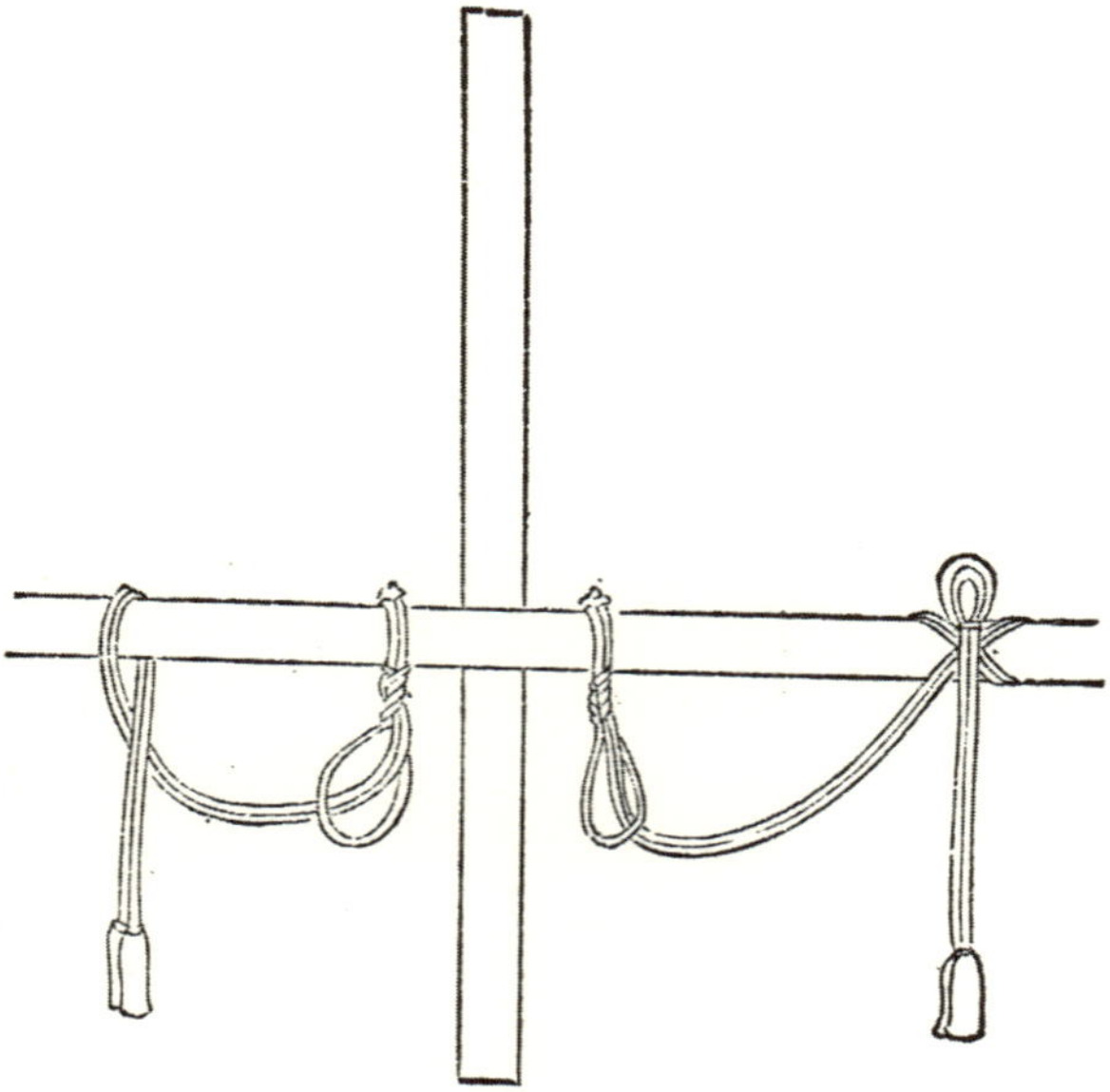

図⑥

第二編

東国の鷹書

第一章　諏訪流のテキストと四仏信仰

はじめに

序説において触れたように、諏訪流の鷹術は、信濃国（長野県）の諏訪大社における「贄鷹」に端を発するとされる。「贄鷹」とは、狩に遣う鷹やその鷹が捕らえた獲物を神に奉納する神事のことで、諏訪社におけるその歴史は古く、少なくとも鎌倉時代以前にまで遡るとされる。さらに、当派は室町期以降、各時代の権門勢家に取り立てられ、我が国で最も広く普及したことは繰り返し述べた。その結果、中世から近世にかけて諏訪流の鷹書類が数多く制作され、全国に流布するようになる。これらの相当数にのぼる鷹書類は、我が国の放鷹文化で主流をなした諏訪流の文化的基盤を支えたテキスト群として注目に値する。

さて、周知のとおり鷹書には種々雑多な内容が記載されており、分類することが困難な様相を呈している。その中で、諏訪流の鷹書には、諏訪明神への信仰に関する叙述が多少なりともほぼ必ず記載されるという一貫した傾向を持つ。当派が諏訪の神事に端を発することを鑑みればそれは当然のことといえ、さらにその叙述が当派の根幹的な思想を支えるものであることも容易に想像が付く。それならば、諏訪の鷹書に見える諏訪信仰に関する叙述は、テキストの特性を明らかにする重要な手がかりとみなされるものである。そこで、本章では諏訪流のテキストに記載される諏訪信仰の叙述について取り上げ、その叙述の特性について分析し、諏訪流の鷹術の実相を解明する一手立てとしたいと思う。

一　諏訪流の鷹書における鷹の本地

先に触れたとおり、諏訪流の鷹書類はもっとも広く流布したテキストで現存数も多い。本章ではその中から諏訪流の代表的な鷹書として「大宮流」のテキストを取り上げる。大宮流が信濃国の諏訪大社に奉仕した禰津一族による在地の鷹術の伝派であることはすでに述べた。寛文九年（一六六九）の奥書を持つ書陵部蔵『啓蒙集秘傳』巻第七（函号一六三‐一三九〇）の巻末には、

　大宮新蔵人鷹学のおしへあまねくふるきをたつね、あたらしきをきわめて理をつくし、（中略）みつから心に得手になれし事をかきあつめて、けいもうしうとなつけ侍る。すこぶる童子のこの理にくらきものをひらき、みちひく便にもあらんかし。

と見える。これによると、大宮新蔵人の放鷹の教えを集約した書物を「けいもうしう」と名づけたという。これは、『啓蒙集』が大宮流の根幹となるテキストであることを主張するものである。いわゆる大宮流の鷹書類は相当数現存しており、それらの大多数に共通する特徴としては、『啓蒙集』という称が書名に含まれていることが挙げられる。この書名は、当流のテキストであることを示す普通名詞的な名称として使われていたらしい。そのため、似たような表題のテキストが多く見られるが、内容については諸本によって大きく相違する。その中で、今回は、最も古い承応三年（一六五四）の奥書を持つ書陵部蔵『啓蒙集』（函号一六三‐九〇二）を取り上げる。

さて、その書陵部蔵『啓蒙集』には、冒頭の第一条に以下のような叙述が見える。

・夫鷹仕ひ初ル事人間のわさにあらす。天下に諸鳥満々衆生の耕作を食うしなひける人間のなやミ、これに過し。普賢観音不動毘沙門この四佛あわれミ給ひ、普賢観音弟鷹とけんせらるゝ。不動毘沙門兄鷹とけんし、諸鳥おとりほろほし給ふにより、世間の耕作うせさるゆへに人間いまに繁昌なり。この四佛のはかり事ありしより、諸鳥ほろび人間をたすけ衆生に在度《ママ》し、山人のすかたとなり、草刈鎌を、腰にさし、信濃の國にかへり上の宮下の宮とあらわれ給ふ。諏訪上下とあらわれ給ふなり。上の宮ハ、普賢、下の宮ハ、毘沙門にてまします。諏訪の上下これなり。

・諏訪の上の宮、表ハ十一面観音裏ハ普賢なり。

・諏訪の下の宮表ハ不動裏ハ毘沙門なり。これにより四佛と申也。

これは、鷹狩の由来を説明した叙述である。すなわち、諸鳥に農作物を荒らされて悩んでいる衆生を救済するため、普賢菩薩と観音菩薩が「弟鷹」（オオタカの雌）、不動明王と毘沙門天が「兄鷹」（オオタカの雄）にそれぞれ現じて諸鳥を滅ぼしたという。諸鳥を滅ぼした後は、山人の姿となって草刈鎌を腰に差して信濃国に帰り、普賢菩薩は諏訪の上社、毘沙門天は下社にそれぞれ示現したとする。また、諏訪の上社の表は十一面観音で裏は普賢菩薩、下社の表は不動明王で裏は毘沙門天をそれぞれの本地としており、これによりこれらの諸仏を四仏と称するようになった由を伝える。ちなみに、この叙述に見える「鎌を携えた山人の姿」は、諏訪の御柱祭の前年に行われる「薙鎌打ちの神事」のイメージに重なるものであろう。それならば、「四仏」の発想については、諏訪の御柱祭で大木が曳行される先である上社の「本宮」「前宮」、下社の「秋宮」「春宮」（祭りでは合計一六本切り出された大木をそれぞれの社殿の四方に建てる）という「四宮」のイメージとも重なろうか。

一般に、鷹書類において巻頭に掲げられた記載事項は、そのテキストの基幹となる理念が提示される。書陵部蔵『啓蒙集』においては右掲の逸話がそれに相当することから、鷹を四仏（＝普賢・観音・不動・毘沙門）の化身とする叙述は、本書を支える根本思想のひとつであることが指摘できよう。

ところで、信濃国の諏訪大社は、諏訪湖を挟んで北側に下社（長野県下諏訪町）、南側に上社（長野県諏訪市）がそれぞれ鎮座している。その本地については、たとえば、『諏訪大明神講式』[1]によると、

第一奉レ讃二上宮本地一者、夫普賢菩薩者、布二十種願綱於苦海一弘二一乗法輪於濁世一。（中略）第二奉レ讃二同垂迹一者、大権應迹随レ機示現、冥衆隠顯依レ時不レ定。（中略）第三奉レ讃二下宮本迹一者、先本地者大悲観音也。（中略）第四奉レ讃二種子神變一者、一天之下四海之中、霊佛霊社比レ甍比レ樞、遥護二國家一。

とある。これによると、上社の本地は普賢菩薩で下社は観音菩薩という。ちなみに、この『諏訪大明神講式』は『諏訪大明神画詞』を制作した諏訪円忠の著であることが推定されるものである[2]。実は、一般に広く流布している諏訪の上社・下社の本地垂迹説は当該書に見える方の説で、書陵部蔵『啓蒙集』の本地垂迹説は、いわば異説といえよう。

また、同じ書陵部蔵『啓蒙集』の第七条には以下のような叙述が見える。

・弟鷹ハ毘沙門けんし給ふなれば、策は法方也。鷹緒ハ御手の糸なり。
・兄鷹ハ不動のけんし給ふなれは、策は御釼也。鷹緒ハ縛縄也。
・真言にとる時ハ三杖也。餌を飼、策水を飼事ハ灑水なり。されば三杖に寸尺定てさためされば策も寸尺さためてさためす。たゞし口傳にあり。経緒忍縄の心得めん〳〵をつく縄なり。
・鈴板ハ、護麻板也。餌袋ハ胞袋を表すなりし然ル間、胞袋とも文字ニ書也。また鳥の卵を表共いふ。或伏衣も胞

お表といふ也。
・策に三の心へあり。第一策にて鷹の毛羽をなおす事、祈念なりとおなし不動の利釼お表《ス》ゆへ也。策の文字はかりこと、よむ文字也。第二策にて悪摩敵あきふさかりを拂。これも御釼お表すゆへ也。第三諸の鷹に藤ハくすりなる間、藤水を養へきため也。
・決拾に五常の事、第一決拾をさす事手のいたミおよけへきため也。第二鷹ハ四佛けんじたまふとなれば、人の血をのぞく心也。第三鷹ハ四佛にてましますとなれば、我かとる物のけかれそのほかふぢやうおよけへきため也。あるひハ高家のおそれ斟酌をのぞく也。然《ル》間たかひにから拳にて鷹居《ル》事を斟酌すへし。第四寒をのぞく。第五熱を用べきためなり。

この叙述は、鷹道具における諸仏の霊験を説明したものである。これによると、弟鷹は「毘沙門天」の示現とされ、その策（鞭。鷹の羽毛を整えたりする）は毘沙門天の「法方」（未詳）で、緒（鷹をつなぐひも）は毘沙門天の手の糸（未詳）とされる。(3) さらに兄鷹は不動明王の示現といい、その策は不動明王の「御釼」（不動明王が通常右手に携えている宝剣を指すか）で、条（鷹をつなぐひも）は同じく不動明王の「縛の縄」（不動明王が通常左手に持っている「羂策」を指すか）とされる。その他にも、決拾（ゆがけ、鷹を据える際にはめる手袋）に関する霊験を五項目挙げており、その「第二」の項目において、鷹は「四仏」の示現なので「人の血」が流れないようにしてくれること、「第三」の項目には、鷹は「四仏」なので穢れなどを除けてくれることを挙げている。

このうち、「策」と「緒」の説明部分に見える弟鷹と兄鷹の本地に毘沙門天と不動明王をそれぞれ該当させる発想は、第一条のそれと異同が見える。同じテキスト内でも認識の揺れが伺える部分といえよう。一方で、「決拾」の説明部分については鷹の本地を「四仏」と一括する説明をしており、第一条の叙述と乖離するものではない。書陵部蔵『啓蒙集』における一貫した鷹の本地の思想性としては、この「四仏」という一括したモチーフが挙げられよう。

二　諏訪流以外の鷹書における鷹の本地

一方、諏訪流以外のテキストにも鷹を諸仏の化身と見なす叙述が確認できる。たとえば、書陵部蔵『鷹之書』第一条（函号一六三・八七九）は、その奥書に「長禄二年（一四五八）六月一日／石原弾正右衛門秘蔵本書写」と見える。この「石原弾正右衛門」は京都洛西の地侍である西岡衆であることから(4)、同書は京都において流布した鷹の伝書と判じられ、諏訪流とは属性を異にするものである。その第一条には、以下のような叙述が見える。

それ鷹《たか》は仁徳《とく》天王六拾六年百徳済《さい》徳国より徳始《はじめ》て渡《わた》す。名《な》をは駿王鳥《しゆんわうちやう》といふ。鷹かいの名《な》をは勾陳《くちん》といふ者《もの》也。ゐちせんの國つるか津に付る事の由をそうす。諸公卿、せんきあつて、かの駿王鳥《しゆんわうちやう》を取へき器用《きよう》をゑらまれけり。其時に蔵人源政頼《くらんとみなもとのまさより》其人にあたる。政頼《まさより》ちよくせんを取てかの津に行《ゆき》むかいて、駿王鳥《しゆんわうちやう》、ほんしよ共にうけとるへきよし申。

（中略）扨いまのほん書《しよ》のことく駿王鳥《しゆんわうちやう》と云。只《たゝ》の鳥《とり》にあらす、毘娑門天王《ひしやもんてんわう》の他身也。

これは我が国における鷹と鷹書の伝来に関する叙述である。これによると、「百済国」より我が国に初めて伝来した鷹である「駿王鳥」は毘沙門天の化身であるという。

これと同様の認識は、宇都宮流の鷹書にも見える。すなわち、西園寺文庫蔵『宇都宮社頭納鷹文抜書秘伝』（函号一九五）は書名のとおり、下野国（栃木県）の宇都宮流の鷹術のテキストである。次章で詳しく紹介するが、奥書に「宇都宮平野代々秘書」という記載と文禄四年（一五九五）の年記が見える。そもそも宇都宮流の鷹術は宇都宮二荒山神社の狩猟信仰に関わるものとされ、宇都宮明神の祭祀に関わる平野一族が担っていたらしい。当然、諏訪流とは属性が異なる。そのテキストの冒頭には以下のような記述が見える。

其仁徳天皇之御代を八拾七年たもたせ給ふ。四十貳年と申せし正月十日、きのへねに太國よりしゆんはうと云たかをこされたり。太國の御つかひこうちん、しゆんわう鷹ふみをもあひくして渡りたり。（中略）さて、いわく、しゆんわうはこれたゝの鳥にあらす。ひしやもん天皇のへんさなり。ひしやもん、しゆんわうのその上にてしゆほうを請、けいそく山まてきてうなる。まかた国の内、けいそく山をこしては、しゆんわうといへり。さいまん國の内、けいそく山のこしにては、ちうまんといへり。

これもまた我が国における鷹と鷹書の伝来に関する叙述である。これによると、「太国」より我が国に初めて伝来した鷹は「しゆんはう」と称し、毘沙門天の変化であるという。これらのテキストのように、鷹の本地として毘沙門天を挙げる叙述は、前節で紹介した書陵部蔵『啓蒙集』にも見られる発想である。が、書陵部蔵『啓蒙集』では、衆生を救済するために弟鷹や兄鷹に化身した四仏の一とされているのに対して、書陵部蔵『鷹之書』西園寺文庫蔵『宇都宮社頭納鷹文抜書秘伝』では、我が国に伝来した初めての鷹という特定の固体（「駿王鳥」又は「しゆんはう」）の本地となっている。同じ毘沙門天を本地とする叙述ではあるが、それが化現した鷹についてはそれぞれ異質な発想をしていることから、これらは本質的には相違するモチーフであることが想像されよう。

また、長野県諏訪市在住の河西節郎氏所蔵『鷹書（大）』[5]は、江戸時代の諏訪（高島）藩に所蔵された鷹書である。諏訪藩所縁の鷹書ではあるが、諏訪流のテキストというわけではない。同書の巻第一の冒頭には以下のような記述がある。

鷹之本地

一　惣テ鷹仕フニ鷹の捉レハ我手柄ト思ヒ捉サル時ハ鷹ニ難ヲ付ルナリ。夫鷹ハ忝モ本地大日成リ。地蔵菩薩ノ化身也。鷹之体ハ周見ノ形、両眼は日月、両ノ羽ハ十二神、尾符五ツ地水火風空五智如来トモ号ス。二ノ足ハ不動毘沙門二天是也。四ツノ指ハ持国多門増長広目四天是ナリ。惣テ毛ノ数三世諸仏之名有リ。

これによると、鷹の本地は「大日如来」で「地蔵菩薩」の化身とされる。そしてその体は「周見」（＝須弥山）で両目は「日月」（＝日神・月神）、尾符（尾の模様）は五智の如来（＝大日・阿閦・宝生・無量寿・不空成就）、二の足は不動明王と毘沙門天、四つの指は四天王（＝持国天・広目天・増長天・多聞天）であるという。ここに見える鷹の本地（＝「大日如来」もしくは「地蔵菩薩」）に関する思想は、書陵部蔵『啓蒙集』のそれとは明らかに相違している。

以上のように、鷹の本地について叙述するテキスト類は、その本地とされる諸仏は伝派ごとに異なっている。すでに何度か指摘したように、鷹書では冒頭に掲げられている叙述に、そのテキストを貫く思想性や属性が提示されている。それならば、上掲のテキスト類における鷹の本地に関する叙述は、そのテキストの基幹となる理念を表象するものといえよう。さらに、そのモチーフが伝派ごとに異なっているのは、各テキストの属性を区別化するための指標のひとつであった所以ではないかとも推測されよう。

三　四仏信仰のモチーフ

では、書陵部蔵『啓蒙集』と同じ諏訪流の他のテキストにおける諏訪信仰の叙述はどのようなものであろうか。次に、書陵部蔵『啓蒙集』と同じ属性を持つ鷹書について検討してみる。

戦前の宮内省式部職が編纂した『放鷹』[6]「本邦鷹書解題」によると、かつて宮内省には、禰津松鶴軒から伝えられたとされる奥書を持つ松岡本『才覚之巻』が所蔵されていたという。この禰津松鶴軒（禰津政直）が戦国時代末期〜江戸初期にかけて活躍した諏訪流の鷹飼であったことや『信州滋野氏三家系図』[7]によると、大宮流の祖である禰津宗光から一八代目に当たる人物（ちなみに、江戸時代後半に栗原柳庵が著した『柳庵雑筆』[8]第二巻では「宗光十五代美濃守信直入道して、松鷗軒常安と云」と見え、宗光の一五代裔とされる）であることから、諏訪・大宮流の流れを汲む鷹飼と判じられることはすでに触れた。その松鶴軒が徳川家康に取り立てられて以降、近世を通じて幕府の職制としての鷹飼は代々諏訪流が継承することになった[9]。このように彼の活躍を契機として諏訪流の鷹術は一層の隆盛をし、それに伴って同派の鷹書も多数制作されるようになったのである。松鶴軒自身も多くの鷹書を著しており、その中で、『放鷹』に取り上げられているように、もっともよく知られたテキストが『才覚之巻』なのであった。が、その奥書に松鶴軒の署名が見える『才覚之巻』は管見において確認できない。ただし、書陵部には、巻首題に「鷹書才覚之巻抄出」と見えるテキスト（書陵部蔵『才覚之巻』（函号一六三 - 九二八））がある。それには、『放鷹』が紹介する松岡本『才覚之巻』に記載されているという諏訪流の鷹飼の系譜とほぼ同じものが巻末に掲載されている。当派の由来を示す重要な系譜について、ほとんど同じ記載を有する両書は極めて近いテキスト同士であったことが予想され、あるいは、松岡本『才覚之巻』の抄本が、巻首題の示すとおり「鷹書才覚之巻抄出」のテキストであるかもしれない。少なくとも、現存する書陵部蔵『才覚之巻』（「鷹書才覚之巻抄出」）が、松鶴軒の著作に近い諏訪流のテキストであることは認められよう。それならば、同書は書陵部蔵『啓蒙集』と密接な関係にあるテキストであることもほぼ間違いない。

その書陵部蔵『才覚之巻』には、冒頭の第一条に以下のような叙述が見える。

一　鷹をつかひ初る事は、人間のわざにあらず。たかと申は、日本國其うへ天下に鳥共みち〳〵て、しゆじやうのかう作をくらひうしなひける程に、天下の人間はや残りずくなに成ける所に、毘娑門大鷹、不動せうの鷹、普賢観音此四佛もろ〳〵の鷹とげんぜられ、彼鳥どもをうしなひ給ふにより世間のかうさくうせざる間、人間はまだ繁じやうす。さる間普賢はかみの宮、観音は下の宮とて、諏訪上下是也。

これは先に検した書陵部蔵『啓蒙集』の巻頭に掲載される鷹の本地譚の類話といえるものである。が、細部においては叙述に異同が見られる。たとえば、右掲の書陵部蔵『才覚之巻』では、衆生を害鳥から救済するために、毘沙門天は「大鷹」、不動明王は「せう」、そのほか普賢菩薩と観音菩薩を併せた「四仏」が諸鷹に示現して害鳥を滅ぼしたとする。ちなみに、ここに見える「大鷹」は「せう」（大鷹の雄）と対にされることから、いわゆる「オオタカの雌」を表すものであろう。一方、書陵部蔵『啓蒙集』の当該条では、先にも述べたとおり普賢菩薩と観音菩薩が「弟鷹」、不動明王と毘沙門天が「兄たか」にそれぞれ現じて諸鳥を滅ぼしたとされる。すなわち、書陵部蔵『才覚之巻』と書陵部蔵『啓蒙集』では、各鷹に対応する本地の認識が微妙に異なっているのである。ところがその一方で、鷹の本地とされる諸仏を普賢・観音・不動・毘沙門として「四仏」と一括する思想性は、両書ともに一致している。なお、上掲の書陵部蔵『才覚之巻』の叙述では、諏訪の上社の本地を普賢菩薩、下社の本地を観音菩薩と説明しており、書陵部蔵『啓蒙集』とは相違して一般的な諏訪の上社・下社の本地垂迹説の方を掲げている。

ところで、書陵部蔵『啓蒙集』第一条によると、鷹が諏訪の上下社に示現する前に鎌を携えた山人の姿になった由を述べているが、書陵部蔵『才覚之巻』では、それに相当する叙述は第三条に記述されている。以下に該当部分を挙げる。

一　諏訪と申、普賢観音不動毘沙門、鷹となつて鳥共をたやし、人間をたすけ給ふ。しゆ生には田舎山人の姿となり、薬苅かまをこしにさしたる。信濃国にふり給ひて、諏訪上下とあらはれ給ふ。上の宮は普賢下の宮は観音にておわします也。

これによると、普賢・観音・不動・毘沙門が鷹に化現して人間を救済したのち、鎌を腰に差した山人の姿となって信濃国の諏訪社の上社・下社に垂迹したという。本条においても鷹の本地を普賢・観音・不動・毘沙門（＝四仏）とする思想が確認できるのであった。なお、諏訪の上社と下社の本地についても第一条と同様、一般的な説を挙げている。

また、書陵部蔵『才覚之巻』第八条・第九条には、以下のような叙述が見える。

一　大鷹は毘沙門のげんじ給へば鞭はほうはう也。大緒は御手のいと也。

一　せう鷹は不動のげんじ給ふによつて鞭はりけん也。大緒はさつくの縄也。しんこんに取時は鞭はさんちやう也。ゑがふ事はしやすいの水也。されば三ちやうに寸尺定らぬによつて、鷹の鞭の寸更になし。

これによると、大鷹の本地は毘沙門で、鞭は「ほうはう（未詳）」、大緒は毘沙門天の手の糸とされる。また、兄鷹の本地は不動明王で、鞭は明王の理剣、大緒は「さつくの縄」（「羂策」を指すか）という。ここに見える鷹の本地に関するモチーフは、先に挙げた書陵部蔵『啓蒙集』の第七条に見える記述と同じである。

そのほかにも、書陵部蔵『才覚之巻』第一一条には、以下のような鷹の本地に関する記述が見える。

一　鷹をつかふに、かう作をそんぜさす事有べからず。それをいかに云に、前にあらはすごとく、四佛鷹とげんじ給ふ事も、しゆ生をたすけんための本せつなれば、第一には彼せつをふみやうに似たるべし。

これは、鷹を遣うときに耕作を損わないように戒める記述である。すなわち、四仏が鷹と現じたのは衆生を救おうとしたためであり、その本説を第一にするべきであると説いている。これに該当する類似の記述は書陵部蔵『啓蒙集』には見当たらない。しかし、やはりここでも鷹の本地を「四仏」とみなす両書に共通の思想が確認できる。

さらに、書陵部蔵『才覚之巻』第一三条・一四条にも、鷹の本地に関する以下のような叙述が見える。

一　鷹は佛にてましませば、ちをよけべき為也。

一　たかは四佛にましませばきう中手にとる物に其外、不浄をよけんが為也。

これによると、第一三条では鷹は「仏」なので血を除けることが記され、第一四条では鷹は「四仏」なので手に取る物そのほか不浄を除くことが述べられている。これらの叙述は、先に挙げた書陵部蔵『啓蒙集』第七条と類似しており、鷹の本地についてもやはり「四仏」としている。

以上のように、書陵部蔵『才覚之巻』は書陵部蔵『啓蒙集』と類似した内容が多々認められるものの、細部においては若干の異同が見られる。しかしながら、鷹の本地を「四仏（＝普賢・観音・不動・毘沙門）」とみなす思想性については両書において一貫していて揺れがない。この思想は、前節で確認したように、他派の鷹書にはみられない独自のものであるが、諏訪流の鷹書類においては普遍的な理念であったことが判じられよう。

ちなみに、禰津松鶴軒の高弟の一人という荒井豊前守(10)の著になる『荒井流鷹書』(11)には、鷹の本地に関する認識について、錯綜した思想性を示す叙述が記載されている。まずは、同書の第四条を以下に挙げる。

一　鷹の本来の事

鷹は是大日也。地蔵菩薩化身共申也。鷹の姿は須彌の姿。再眼は日月。両の羽節はこんたい両部の躰也。つむは七は七ようの星。十二の尾は十二神。尾の五の駮は地水火風空。亦五知の如来共がうす。二の足は不動毘沙門二天是也。四の指は地国多門増長広目四天是也。惣じて毛の数に三世諸仏の御名有。

右の叙述によると、鷹は「大日（如来）」にして「地蔵菩薩」の化身といい、鷹の二の足は「不動毘沙門」とされる。この叙述は、前節に挙げた河西節郎氏所蔵『鷹書（大）』に記載される本文と常に類似した内容となっている。が、一方で、同書の第二〇四条には以下のような叙述も確認できる。

一　相子鳥の段の事

（中略）

二つの鴈を引ならべ。毛をひかせ。其後初鴈の羽を直す也。亦一つの鴈をば以前の如く直すべし。其後我が身を清る也。（中略）二つ鳥より四仏の鳥を抜也。先初鴈の鳥を二抜上。二つのつのに立る後。鳥の二つの羽をば下二つの角に指立てまつるべし。別ては普賢千手観音。不動毘沙門。惣而ははく西国。まかだ国。大唐。扨我が朝の諸神諸仏に立。鞭を取脚緒を指。我則四仏と我を念じ。辰巳へ向て鴈を直し。女鳥男鳥を見分。陰陽に左右を取飼也。

右掲の記述は「相子鳥」の儀礼に関するものである。これによると、雌雄の鴈を狩った際、「普賢」「千手観音」「不動」「毘沙門」すなわち「四仏」に祈念する作法が説明されている。このように、当該書では鷹の本地として大日如来や地蔵菩薩のモチーフを叙述している一方で、やはり「四仏」信仰の思想性のあることも確認できるのであった。このように鷹の本地を「大日如来」もしくは「地蔵菩薩」とする認識と「四仏」を該当させる思想が混在しているのは、諏訪流の流れを汲むテキストの中でも、管見において当該書のみである。この錯綜した思想性が同じテキストに記載される根拠については問題が残るものの、諏訪の流派に属する鷹書に「四仏」信仰の記載が確認できることは、やはり注目しておきたい[12]。

おわりに

以上において、諏訪流の鷹書の中から代表的なテキストである書陵部蔵『啓蒙集』を取り上げ、それに記載されている諏訪信仰に関する叙述について考察を進めてきた。

すなわち、書陵部蔵『啓蒙集』には鷹を四仏（普賢・観音・不動・毘沙門）の化身とみなす思想が主張されている。四仏のうちの普賢・観音については、諏訪大社の上社・下社の信仰と関わらせた主張であろう。また、書陵部蔵『鷹之書』や西園寺文庫蔵『宇都宮社頭納鷹文抜書秘伝』は、諏訪流とは相違する属性を持つが、これらのテキスト類においても鷹を毘沙門天の化身とする叙述が見える。しかしながら、それは我が国に初めて伝来した特定の鷹のみについての発想であり、書陵部蔵『啓蒙集』のように、鷹全般に対する認識とは異質なものと判じられる。また、河西節郎氏所蔵『鷹書（大）』では鷹の本地を大日如来にして地蔵菩薩の化身でもあるとしており、書陵部蔵『啓蒙集』とは明らかに相違する思想が示されている。このように種々異伝のある諏訪信仰の叙述の中で、書陵部蔵『啓蒙集』と同じ属性を持つと判じられる書陵部蔵『才覚之巻』は、同じく鷹の本地を四仏とする叙述を提示している。諏訪流の鷹書類では、一貫して「四仏」を主張する思想性を共有することが確認できるものである。しかもその叙述はいずれもテキストの巻頭に掲げられており、当派の根本理念のひとつであったらしいことが伺える。一方で、本章第一節で触れたところであるが、一般的な諏訪の本地垂迹説は「上社＝普賢菩薩」で「下社＝観音菩薩」である。諏訪流のテキストが携えた「四仏」伝承が、そのような通説とやや異同を見せる背景には、同派の鷹術が必ずしも諏訪信仰の宗教文化にのみ依拠して流布していったわけではない実相が予想され、注意される。この問題点に関しては、いわゆる「諏訪流の鷹術」が、本章で検した大宮流のような信濃国在地の「諏訪流」と諏訪円忠の末裔たちが携えた在京の「諏訪流」とでは別の属性を持つことも併考して、慎重に考えてゆくべきであろう。

注

（1）『神道大系 神社編30 諏訪』（竹内秀雄校注、神道大系編纂会、一九八二年三月）所収。

（2）『神道大系 神社編30 諏訪』「『諏訪大明神構式』解題」。

（3）ちなみに、宮内庁書陵部蔵『啓蒙集』の第八条にも「八　・引率杖・狩杖・撿養杖の事。毘沙門の法方なれば貧およけ福をきたれとの法也。あるひハ法方なれば成佛得道の杖と成《ル》也」という記述が見え、鷹道具に関する毘沙門天のご利益が説かれている。

（4）応仁二年（一四六八）三月四日付『細川勝元奉行人奉書』（『長岡京市史 資料編2 古代・中世・家わけ』所収、長岡京市史編さん委員会編、長岡京市役所、一九九二年三月）は細川勝元が神足孫左衛門尉以下四人の西岡衆に宛てた文書であるが、その宛先の一人に「石原弾正左衛門尉」と見える。「右衛門」と「左衛門」の相違については、誤記あるいは縁者であることが推測される。

(5)『鷹の書—諏訪藩に残る『鷹書（大）』の翻刻と注解—』（中部大学学術叢書、堀内勝・大橋和華・小瀬園子・箕浦芳浩編、文化出版、二〇〇八年三月）。

(6)『放鷹』（宮内省式部職編、一九三一年一二月、吉川弘文館、二〇一〇年六月新装復刻）。

(7)『続群書類従 第7輯上』所収。

(8)『日本随筆大成　第三期　3』（日本随筆大成編輯部編、吉川弘文館、一九七六年一二月）所収。

(9) このあたりの経緯については、寺島隆史「近世大名になった祢津氏—中世末から近世初頭にかけての祢津氏の動静—」（『千曲』46、一九八五年七月）などに詳しい。

(10)『柳庵雑筆』第二巻に「松鷗軒の弟子に、屋代越中守、吉田多右衛門家元、熱田鷹飼伊藤清六、小笠原某、羽根田某、横澤某、荒井豊前守、平野道伯等の数人あり、皆新得発明する所ありて、各一家をなす、是鷹飼流派の大概なり」とある。

(11)『続群書類従 第19輯中』所収。

(12) ちなみに、『群書類従　第19輯中』所収の『箸鷹和歌文字抄』に「観世普賢不動に毘沙門は鷹をさづくる四佛とはしれ」という鷹歌が見える。同書の奥書に見える「浅利兵庫助政義」は出羽国比内郡（秋田県大館市・北秋田市・北秋田郡）を領した浅利氏に連なる人物と推される。この浅利氏は、久保田藩主の佐竹氏に代々鷹匠として仕えるなど、鷹術を生業とする一族であった。ちなみに、鷹絵で知られる初代・橋本長兵衛も同一族の人物（浅利政吉（牛欄））に比定されている。彼らがどのような属性の鷹術を携えていたかは不明であるが、この一族の人物が著した鷹歌に「四仏」信仰に関する記載が見えることは、諏訪の鷹術伝承が地方においてどのように展開し、流布していったかを推測する重要な手がかりといえる。同和歌集が有する問題点として、今後の課題としたい。

第二章　諏訪流の鷹術伝承㈠――「みさご腹の鷹」説話の検討から――

はじめに

これまで繰り返し述べたように、諏訪流の鷹術は、中世から近世において全国でもっとも普及した鷹術の一派である。当派は、もともと信濃国・諏訪大社の贄鷹の神事に端を発する地方の鷹術であった。それが全国的に隆盛したのは、たとえば、諏訪円忠が制作した『諏訪大明神画詞』に代表されるように、物語文学やそれに類した書物の介在による影響が大きい。しかしながら、先学における諏訪流の鷹術の研究は、神事に関わる儀礼の意義や狩猟実技としての価値が取り上げられることが多かった。(1)その中で、文学的営為に関わる諸問題について論じたものとしては、たとえば、『諏訪大明神画詞』や南北朝期に成立した『神道集』の「諏訪縁起」に関する論考などが挙げられる。(2)ただし、これらはあくまで『諏訪大明神画詞』なり『神道集』なりの作品論の一環として諏訪の鷹術に触れているというものである。

そこで本章では、諏訪流の鷹術をめぐって、その特性を表象するような伝承を取り上げ、その背景を考察する。そしてこのような当派の文学的な伝承世界を辿ることによって、その伝播と隆盛を支えた文化的位相を明らかにする手がかりとしたいと思う。

一　「みさご腹の鷹」説話と諏訪流の鷹術伝承

本書第一編第一章「西園寺家の鷹術伝承―『西園寺家鷹口傳』をめぐって―」で取り上げた部分と一部重なるが、まずは諏訪・大宮流のテキストである書陵部蔵『啓蒙集』（函号一六三・九〇二）の第三条の全文を以下に挙げる。

・宗養元年八月三日に摩伽陀國より大國へ鷹渡す。日本に鷹渡す事ハ、仁徳天王の八十七年お保給ふ。四十六年と申時、鷹に文書をそへ、日本に渡す。かの文書お讀人なし。其比、大王、鷹養兼光と云者を日本に渡し、かの鷹をかわせらる丶。あひしおほしめすところに、兼光、たかお仕て御目にかけて、其後、御暇を申ける。御門、おしみ給ひと丶め給ひけれ共、唯かへり申さんと申さる。公家、申されけるハ、人おと丶むるにハ、女にしかしと申されける。これをけにもとおほしめし、美人千人の中にすくれたる呉竹といふ女を兼光にくたされける。かの女について、唐人帰る事をわすれ、年月を送るほとに、姫一人儲。かの娘、十五才になるとき源藏人政頼公を兼光かむこになし、十八の秘事三十六の口傳おしへける。政頼の方より、種々のちやうろくお送らる丶。唐人の方よりは狩装束の鷹の道具をとりそへて送る。かのこちくか娘の名を朱光と云と也。有人、鷹を持けるに、此鷹、鳥を捉ことなし。鷹ぬし、路邊に架を結てかの鷹を繋て、上下の人の批判おきく。朱光、これを見て申やう、此鷹の鳥とらさるも道理なり。母ハ鷹なれとも父ハ鵰《（マヽ）》なる間、魚ならてハ捉へからす。鳥ハ捉ましきといふ。扨ハこの鷹を、いかやうにと尋ければ、朱光こたへて、猵に歸《（嫁カ）》て持たるをたつねて池にいれて、鯉を水上に浮て、この鷹にとらせ候へと申て、

△奥山のみさごにとつくたかあれは猵の子はらむ獱おたつねよ

扨、猿の子の犬ハいかやうなるそ、と問ふ。朱光こたへて申やう、猿の子の犬は四ツ目の犬の内にあると云。さらばとて四ツ目の犬をあつめ、神泉苑といふ池にいれて鯉お水上にあらわし、かの鷹を合羽見るに無㆓相違㆒鯉を捉なり。

△箸鷹の升懸の羽お翔時ハ波間の鯉もあらわれにけり

其比、鷹に鳫おあわせさる間、鳫に口餌なし鯉に口餌ありとハ、この時の秘蜜也。かの朱光、政頼か家ぬし也。

右の叙述は、大きく分けて「鷹の伝来説話」である前半と「みさご腹の鷹」説話である後半とに分けられる。前半の内容は、宗養元年八月三日、鷹は摩伽陀国より大国へ渡ったという（「宗養」の年号については未詳）。さらに、日本へは仁徳天皇四六年の時、鷹と文書が伝来したとされる。そのとき、大国の王は「兼光」という鷹飼を日本に派遣する。「兼光」は鷹を遣って見せた後に暇を乞うたため、それを惜しんだ帝は公家の進言に従って「呉竹」という美女を「兼光」に下賜した。「兼光」は帰ることを忘れ、「呉竹」との間に娘を一人もうけ、「源蔵人政頼」を娘婿になし、「十八の秘事三十六の口傳」を教えたという。

続く後半部は、「兼光」と「呉竹」の間に生まれた「朱光」という娘の活躍譚で、何度も取り上げてきた「みさご腹の鷹」説話である。すなわち、「有人」が鳥を狩らない鷹を架に繋いで通行人の批判を聞いていた。朱光はこれを見て、この鷹がみさご腹の鷹であることを見抜き、まずは魚を捕らせるべきこと、そして川獺腹の犬をこの鷹の番いとしてふさわしいことを進言する。そして、その川獺腹の犬の特徴として四ツ眼であることも説く。果たして「朱光」の進言とおり、みさご腹の鷹は神泉苑にて四ツ眼の犬とともに鯉を捉えたという。

また、書陵部蔵『才覚之巻』（函号一六三‐九二八）第五条においても、前掲の書陵部蔵『啓蒙集』とほぼ同様に、

「鷹の伝来説話」(=前半)「みさご腹の鷹説話」(=後半)の叙述が見える。現存する書陵部蔵『才覚之巻』(函号一六三・九二八)が、『啓蒙集』ときわめて類似した内容を持つことは前章で述べたとおりで、当該の叙述部分についても、大筋において両書はほぼ同じ内容となっている。(3) 目立った相違としては、鷹を本朝に伝えた渡来人の娘の名前について、書陵部蔵『啓蒙集』では「朱光」、書陵部蔵『才覚之巻』では「よねみつ」となっている点が挙げられるくらいで、これらは同じ主張を伝える類話としての同質性が窺われよう。

さて、これらのテキストの前半部分に見える鷹の伝来説話は、多数の鷹書類に種々の類話が掲載されており、各テキストの属性を示す伝えとなっている。(4) それは各派の最も根幹的な思想に関わる重要な伝承といえるものではあるが、書陵部蔵『啓蒙集』と書陵部蔵『才覚之巻』に見える当該説話は、普遍的に知られているいくつかの鷹の伝来説話と比較して、大筋において特殊な異同は見られない。が、後半部分で、渡来人の娘の「朱光」もしくは「よねみつ」が叙述されている活躍譚へと続く構成と「渡来人の娘」が登場するモチーフは他の鷹書類には見られず、注意される。

また、書陵部蔵『啓蒙集』の第一〇条には百済国、摩伽陀国から本朝に続く鷹飼の系譜が挙げられていることも第一篇第二章「第二章　政頼流の鷹術伝承―『政頼流鷹方事』をめぐって―」で触れたところである。それには渡来人の「兼光」の娘とされる人物として「朱光」が挙げられており、その注記には「此流ハ何も装束花粧也」と記され、諏訪流の一流の祖とされている。同じく、書陵部蔵『才覚之巻』の巻末に記載されている鷹飼の系譜にも、渡来人「兼光」の娘の「よねみつ」の注記に「是より又一流有。此流何をもしやうそくはなやかにするなり」と見え、やはり同じく彼女を一派の祖と伝えている。つまり、書陵部蔵『啓蒙集』や書陵部蔵『才覚之巻』に見える後半部分の「よねみつ」活躍譚は、みさごから生まれた鷹のモチーフを引用して、諏訪流の鷹術の一派についての始源を説く始祖伝承となっていることが理解できる。既に述べたように、書陵部蔵『啓蒙集』は諏訪流の中枢である大宮流のテキストであり、書陵部蔵『才覚之巻』もその流れを汲むことから、両書は諏訪流のテキストの中でも特に重要なものと判じられる。それならば、これらのテキストに記載されている諏訪流の一派の始祖伝承は、当派の根源を示す基幹的な伝えとして、やはり重視するべきものであろう。

そこで、次に、この諏訪流の始祖伝承とされる「みさご腹の鷹」説話について取り上げる。当該説話については、本書第一編の第一章「西園寺家の鷹術伝承―『西園寺家鷹口傳』をめぐって―」と第二章「政頼流の鷹術伝承―『政頼流鷹方事』をめぐって―」においても詳しく論じたように、各鷹書の属性と関わってモチーフの異同が分別できるなど、それぞれのテキストの特性をもっともよく伝える話柄のひとつであった。本章では、これまで論じてきたような「類話ごとの属性」といった問題点からは視点を変えて、当話を始祖伝承として主張する諏訪との関わりに注目して、その伝承世界について検討してみることとする。

二　非持検校と「みさご腹の鷹」

この「みさご腹の鷹」について、管見におけるもっとも早い例としては、本書第一編第一章「西園寺家の鷹術伝承―『西園寺家鷹口傳』をめぐって―」でも挙げたとおり、『古今著聞集』[5]巻第二〇・魚蟲禽獣第三〇「六七八　ひぢの検校豊平善く鷹を飼ふ事」である。重複になるが、再度当該話全文を以下に挙げる。

一条院の御時、御秘蔵の鷹ありけり。但いかにもとりをとらざりけり。御鷹飼ども面々にとりかひけれども、すべて鳥に目をだにかけざりければ、しかねて、件鷹を、粟田口十禅師の辻につなぎて、行人に見せられけり。もしをのづからいふ事やあるとて、人をつけられたりけるに、たゞの直垂上下に、あみ笠きたるのぼりうど、馬よりおりて、この鷹を立廻〳〵みて、「あはれ逸物や。上なきものなり。たゞしいまだとりかはれぬ鷹なれば、鳥をばよもとらじ」といひて、すぐるものありけり。其時御鷹飼いで、、彼行人にあひて、「只今のたまはせつる事すこしもたがはず。これは御門の御鷹也。しかるべくは、とりかひて、叡感にあづかり給へ」といへば、このぬし、「とりかはん事いとやすき事なり。われならでは、此御鷹とりかひぬべき人おぼえず」といへば、「いと希有の事也、すみやかにこのよし叡聞にいるべし」とて、やどくはしく尋きゝて、御鷹すゑまいりて、このよし奏聞しければ、叡感ありて、則件男めされて、御鷹をたまはせけり。すゑてまかり出て、よくとりかひてまいりたり。南庭の池の汀に候て、叡覧にそなへけるに、出御の後、池にすなごをまきければ、魚あつまりうかびたりけるに、鷹はやりければ、あはせてけり。則大なる鯉を取てあがりたりければ、やがてとりかひてけり。御門よりはじめてあやしみ、目を驚かして、その故をめしとはれければ、「此御鷹はみさご腹の鷹にて候。先かならず母が振舞をして後に、父が芸をばつかうまつり候を、人そのゆへをしり候はで、いまゝで鳥をとらせ候はぬなり。このゝちは一もよもにがし候はじ。究竟の逸物にて候也」と申ければ、叡感はなはだしくて、所望何事かある、申さむにしたがふべき由、仰下されければ、信濃国ひぢの郡に屋敷・田園などをぞ申うけける。ひぢの検校豊平とはこれが事なり。大番役にのぼりけるときの事也。

これによると、一条院の御時、院のご秘蔵の鷹が鳥を一切捕らないので「粟田口十禅師の辻」につながれたという。「ひぢの検校豊平」がそれを見て、逸物たる素養を見抜き、必ず鳥を捕らせることを約して、これを遣うべく下賜される。そして、約束どおり、豊平はこの鷹に鳥を捕らせ、院をはじめ、見るものは耳目を驚かせる。豊平はこれがみさご腹の鷹であることから、まず魚を捕らせた後に鳥を狩らせるべきで、そうすれば究竟の逸物となりえることを申し述べる。叡感に預かった豊平は、その褒賞として「信濃国ひぢの郡に屋敷・田園など」を賜領されたと叙述されている。この『古今著聞集』の説話には「兼光」「よねみつ」の名前をはじめ、「諏訪」に関する事項を直接明記するような叙述は一切見出せない。そもそも、書陵部蔵『啓蒙集』や書陵部蔵『才覚之巻』では渡来人の娘が遣っている「みさご腹の鷹」を、本話では諸注において伝未詳とされる「ひぢの検校豊平」となっている。「検校」は荘園の管理者の意であろう。ただ、伝未詳の人物とはいえ、「ひぢ」の地名の検校を名乗っていることや、鷹術の褒賞として当地に所領を賜ったと伝えられることから、「信濃国ひぢの郡」に所縁深い人物であることは推定できよう。

では、この「信濃国ひぢの郡」についてであるが、日本古典文学大系『古今著聞集』(6)の五一二頁頭注によれば「長野県伊那郡美和村字非持」とされ、新潮日本古典集成『古今著聞集　下』(7)の三六四頁頭注には、

信濃国は国府の置かれた筑摩郡以下一〇郡に分かれるが「ひぢの郡」はない。現在の長野県上伊那郡長谷村に「非持」の字名が残る。

と記されている。両書の注が比定している場所は、現行の行政で長野県伊那市長谷非持に相当する。当地は長野県の南信エリアで、東は赤石山脈（南アルプス）に接し、西は天竜川支流の三峰川を境とする場所にある【地図参照】。その旧長谷村の字非持には、「ひぢの検校豊平」に関する遺跡といくつかの在地伝承が伝えられている。

その在地伝承の一つとして、たとえば、高遠藩士である葛山紀流が、安永八年（一七七九）に著した地誌である『木の下蔭』「人の巻」(8)に、

1：200,000　地勢図「長野」「甲府」「高山」「飯田」（国土地理院）より編集

信濃地名考に言う、著聞集に一条院御秘蔵の御鷹ありけり、いかにも鳥をとらざりけるを、よくとりかひまゐらせしを、叡感のあまり所望申さんにしたかふべきよし仰せ下されければ、信濃国ひぢの郡に田園をぞ申しうけける。（按ずるに郡の字。郷に作るべし）ひぢの検校豊平とは、是が事なり、大番役に登りける時のことなりと云て、今按ずるに高遠の辺に非持てふ村見ゆ、其地なるべし、世に云、根津甚平依田豊平が鷹術の秘は、出羽守成し源斉頼より伝ふといふ其人なるべし。下略。

という伝えがみえる。これによると、『著聞集』に見える「ひぢの検校豊平」が賜った領地が高遠の辺にある非持に比定されている。さらに、「根津甚平」とともに「依田豊平」の鷹術が「斉頼」からの伝来であることも記す。このうち、「根津甚平」と「斉頼」はこれまで何度も取り上げてきた件の伝説的な鷹匠のことと思われ、一方の「依田豊平」とは、『長谷村誌 第三巻 歴史編下』[9]によると、『尊卑分脈』[10]「清和源氏」満快流の信濃源氏・為公の孫に「依田小三郎　豊平」と見える人物であるという。この人物は、伊那市長谷非持の池上家所蔵『池上氏系図』[11]にも記載されている。同系図によると、豊平の子息である「豊明」が「非持小太郎」と称されて以降、嫡流は代々非持を名乗っており、非持の地に蟠居した一族であることがわかる。さらに、同系図によると、天文一八年（一五四九）に武田信玄の軍勢と戦った高遠氏配下の「非持三郎」（『高遠記集成 上巻』[12]『武田勢囲城附御岳権現霊験』など）や天正一〇年（一五八二）の織田信長の武田攻めの際に、仁科五郎に随って戦死した「飛志越後守」（『信長公記』[13]一五など）も非持氏の末裔であるという。なお、この非持越後守（豊氏）の子息である光氏以降、姓を非持から池上に改めたという。

また、同じく『尊卑分脈』[14]「清和源氏」満快流によると、「依田小三郎　豊平」の同族に「諏訪盛重」がいる。この人物は、『諏訪家譜』[15]「其の一」に「盛重　始号諏訪太郎　右兵衛尉　法名蓮仏始而号諏訪氏」と記されるように、諏訪氏の祖とされる。さらには、同系図によると、盛重の子孫に諏訪・高遠氏の始祖である「信員」がいる。この信員とは、高遠城を創設し、居城とした人物でもある。非持は、武田氏によって高遠氏が滅ぼされるまで、同氏の支配をうけた。

以上のように、非持における豊平伝承に「依田豊平」を関わらせる地元の伝えは、非持の地に代々居した依田流の非持氏一族の存在とひびきあうことが予想されよう。

その他、高遠藩の儒官である中村元恒が、文化九年（一八一二）に著した『伊那志略』[16]巻之六「入谷」にも、「ひぢの検校豊平」に関する以下のような伝承が見える。

墳墓　非持検校豊平墓（在非持村、豊平見于氏族下、）

（中略）

氏族（中略）非持検校豊平（著聞集曰、一条院、褒其善養鷹、賜非持郷、是也、或曰、豊平出羽国司斉頭金吾忠隆男、晩年使女嫁根津貞直、授蒼黄書云、墓在非持郡、）

これによると、当該の非持には豊平の墓があるという。さらに、『著聞集』の「ひぢの検校豊平」が賜領された土地をやはりこの「非持」の地に比定する伝えと、豊平が出羽国司斉頼すなわち源政頼の子息で、晩年には禰津貞直すなわち禰津神平と姻戚関係を結んだという伝えとを併記している。ここに記されている豊平と政頼・貞直との関係は、もとより史実に基づくものではない。そもそも禰津神平は、『諏訪大明神画詞』『信州滋野氏三家系図』などに見えるように、諏訪大社の大祝家の一族に連なる人物で、鷹飼の名手であった。保元平治の合戦にも参じたという。中世には、諏訪流の鷹術は彼を祖と仰ぐ伝えが広く流布し、当派の象徴的な人物となったことは繰り返し述べた。このように、非持の豊平伝承に、諏訪・禰津流の鷹飼に関わる内容が見えることは注意される。先に述べた「依田豊平」の伝承にしても、当該の依田氏は諏訪氏とつながる一族であった。非持における検校豊平の在地伝承には、諏訪との関わりが無視できないことが指摘できよう。

そもそも、非持の地は、諏訪市にある諏訪神社上社の前宮から杖突峠を経て約二〇キロ南に進んだ場所に位置し、秋葉街道の出発点になる高遠の的場のすぐ南にある。二〇キロというのは、諏訪を出発してから大人の足でだいたい一日で到着する距離である。上社から杖突峠を越え、秋葉街道を南下する行程において非持は重要な基点であったことが想像されよう。秋葉街道とは、高遠的場と飯田八幡から青崩峠を経て遠州に入り、掛川に至る道である。この道は、柳田國男が諏訪社に奉仕するものたちが通った道として「諏訪路」と称したとおり[17]、街道沿いに諏訪の分社が点在し、諏訪信仰の強い影響下にある。非持の地を南北に貫く秋葉街道にも、諏訪社が鎮座している[18]。ちなみに、この諏訪社を勧請したのは、非持の検校豊平とする在地の伝えもある[19]。また、前掲の『伊那志略』に記されている検校豊平の墓も、同じく非持の秋葉街道沿いに、この諏訪社と数百メートル離れた場所にある。

以上のように、「ひぢの検校豊平」所縁の非持の地とは、諏訪社との関わりが窺われる場所であった。次節では、その具体的な関わりについて確認してみることにする。

三　非持と諏訪

さて、『吾妻鏡』[20]文治二年（一一八六）三月一二日条によると、

十二日庚寅。（中略）又関東御知行国々内及貢未済庄々注文被レ下之。今日到来。召二下家司等一可下加二催促一給上之由云々。

注進　三箇国庄々事下総信濃越後等国々注文

（中略）

信濃国

（中略）

黒河内藤澤無庄号字之由今度尋捜之処新為諏方上下社領仍不随国衙進止

と見える。これは、鎌倉幕府が関東の知行国のうち、年貢が納められていない庄園に対して催促をした際の記事である。これによると、信濃国の「黒河内藤澤」という土地の庄号がないので尋ね捜したところ、新たに諏訪の上社・下社の神領となったので国衙の進止に随わなくてもよいことが記されている。また、同じく『吾妻鏡』文治二年一一月八日条では、

八日辛亥。藤澤余一盛景依二諏方大祝訴一。去比蒙二御気色一。今日所レ預二厚免一也。是盛景於二御奉寄地黒河内藤澤一。抑二留御狩一。妨二拝殿営作一之間。就二愁申一及二此儀一訖。而祝申云。為レ被レ懲二粛傍輩一。可レ止二自由張行一之由。為レ蒙二恩裁一。言上之処。忽被二罪科一之条。還可レ違二神慮一之由云々。仍件両条。尤守二先規一。可レ致二急速之沙汰一之由。被二仰含一云々。

下　信濃国黒河内藤澤

可レ令下早任二先日御下文旨一専随二大祝下知一権中仕　神事等上事

右件両郷。御二寄進諏訪大明神一之外。全無二他勤一。而余一盛景已忘二本跡一。抑二留恒例之御狩一。忽二緒拝殿造営一之由事。以二彼対捍之時一。無二左右一雖レ可レ令レ改レ之。早任二先例一。且令レ勤二仕御狩一。且可レ令レ修二造拝殿一之状耳敢不

レ可レ及二遅々一。大明神者。以二神主大祝下知一為二御宣一事也。何背二其下知一哉。返々不当也。

元暦三年十一月八日。

と見え、その黒河内と藤澤について、諏訪の神官である大祝氏が訴訟を起こしている経緯が確認できる。すなわち、この黒河内と藤澤は、藤澤余一盛景が諏訪大明神に寄進したところであるが、余一盛景は勤めを怠って、恒例の御狩を抑えとどめ、拝殿の造営を妨げたのを神慮に違うとして大祝氏が幕府に訴えているものである。この黒河内とは、『伊那志略』巻之六「入谷」に

入谷東鑑所謂黒河内、為諏訪神領者即是地也、　郙里（中略）非持今分為二、曰中非持、曰非持山、

とあり、非持が属した入谷郷について、それが『吾妻鏡』にいうところの「黒河内」という地域に相当するという。入野郷の領域は、江戸時代の高遠藩によって三峰川上流及び山室川の谷と定められたが、[21] それがそのまま「黒河内」の全域に比定できるかについては未詳。一般に、中世の「黒河内」は、現在の黒河内地区を中心に三峰川流域沿岸の谷全体を含んだ地域とされている。[22] いずれにしても、非持はこれらの黒河内の比定地域に含まれる。それならば、前に挙げた『吾妻鏡』に見える二つの記事が示すように、黒河内が鎌倉時代より諏訪の神領であったことから、非持もまた当時において諏訪社の神領であったことが判じられる。しかも、前掲の『吾妻鏡』文治二年一一月八日条の記事によると、「於二御奉寄地黒河内藤澤一抑二留御狩一」と記されていることから、黒河内が諏訪社の御狩の神事に関わる場所であることも認められる。

また、『上諏訪造営帳』[23] によると、

天正六年戊寅二月吉日

上諏方御柱大鳥居御宝殿御門屋廓末社造営帳

（中略）

一楓宮　比地（伊那郡）・山室（伊那郡）之役　同所祢宜　近年退転、

とあり、天正六年（一五七八）二月に諏訪上社の楓宮の造営の役を担った神領として伊那郡の「比地」が挙げられており、諏訪社の神領として「非持」そのものの地名も確認できる。なお、非持の地形が諏訪上社の前宮を起点にする秋葉街道沿いにあるという状況も鑑みると、当地は諏訪の上社系の神領に属する可能性も予想されよう。

　ところで、前掲の『吾妻鏡』文治二年一一月八日条に見える大祝氏は、先に触れたように禰津神平もその一族に連なる諏訪の神官で、御狩の神事をはじめ、贄鷹の神事にも携わったとされる。同氏の系図である尊経閣文庫蔵『神氏系図』[24]によると、神平貞直の祖父の弟に当たる「敦家」に「検校　上伊那郡住　鷹上手」という注記が見える。この敦家が住んだとされる「上伊那郡」は、非持の属するところであり、神平より二世代前の人物ということから、「一条院の御時」の豊平とかろうじて時代が重なる。しかも鷹の名手という。非持が諏訪社の神領であったことを踏まえると、非持の検校豊平は、この大祝敦家になぞらえて創り出された可能性も考えられる。

　以上のように、信濃国の非持は中世において諏訪社の神領で、しかもそれは御狩の神事と関わるものであった。さらに、「非持の検校豊平」は、諏訪社の神官である大祝氏の一族で、上伊那郡の検校である鷹飼の名手「敦家」が、そのモチーフに影響している可能性も予想される。「みさご腹の鷹」説話は、本来、このような非持の在地伝承に端を発していることが考えられる。それを、『古今著聞集』では、諏訪との関わりを明らかにしないまま、「非持の検校豊平」の説話として採り込んだものであろう。

四　「みさご腹の鷹」説話の展開

以上において検してきたように、「みさご腹の鷹」説話は信濃国非持の在地伝承に端を発したものであった。しかし、本書第一編第一章・同第二章においてたびたび引用してきたように、この「みさご腹の鷹」説話は、中世以降において広く流布したらしく、『古今著聞集』以外にも種々のテキストにおいて異伝を含めた類話が確認できる。

まず、第一編第一章で詳しく取り上げた『西園寺家鷹口傳』第五一条・第五二条と『西園寺家鷹秘傳』第二三条には、みさごとの間に生まれた鷹について、まず魚を捕らせること、そのとき、水の中に川獺との間に生まれた犬を伴ってその鷹を遣うこと、そして、それらの鷹と犬を遣ったのは、信濃国の禰津神平であったことが叙述されている。ちなみに、両書ではこの禰津神平は政頼の聟とされ、史実を無視した荒唐無稽な系譜も伝えられている。一方、たとえば、嘉暦二年（一三二七）に二条道平が著したとされる『白鷹記』[25]のように、禰津神平の奉った白鷹が一条天皇の「みさごはら」に比肩する名鷹であった由が見え、禰津神平と「みさご腹の鷹」が明らかに無関係であることを示す類話もある。「みさご腹の鷹」説話は、諏訪との関わりを明記するものとそうでないものとが混在しながら京都で流布していたことが窺われよう。そのほか、『塵荊抄』第一一や『鷹経弁疑論』の記述や『蒙求臂鷹往来』「左京大属某　謹上大府侍郎」の条などのように、必ずしも諏訪から乖離した叙述と確定はできないものの、少なくとも諏訪について一切触れられていない「みさご腹」の説話が存在することも同じく本書第一編第一章・第二章で紹介したとおりである。

それ以外にも、たとえば『雑談集』[26]第一巻「上人ノ事」に

或ル禅僧、律僧比丘尼《ビクニ》ト寄リ合テ、子息多ク有《リ》レ之。私ノ利口云、「聖ノ本ニハ彼ノ禅僧ノ子息ナルベシ。鵙胎《ミサゴハラノ》

鷹ノ子ノ、父方ニ似テ取《リ》レ雉《キジヲ》、母方ニ似テ取《ル》レ魚《ウホ》ラム如ク、父方ハ達磨大師ノ末葉、宗風ニ明カナルベシ。母方ハ南山律師ノ孫裔、戒律ヲ専スベシ。父方・母方無双《ブソウ》ノ聖人ナルベシ」ト云フ時、或ル僧ノ云、「彼ノ母定テ子生《ム》事安穏《アンオン》ナラジ。南山ノ末ナル故ニ」ト。此ノ利口殊勝也。

という叙述が見える。これは「禅僧」と「律僧比丘尼」との間に生まれた子供について冗談を交わしている会話で、これによると、優れた親から優れた子供が生まれることを示すたとえとして「みさご腹の鷹」が引用されており、「諏訪」のモチーフ云々以前に鷹や鷹狩とはまったく関係の無い文脈で使用されている点が注目されよう。同話が、鷹術伝承の世界以外でもよく知られていた逸話であったことが伺えるものである。

また、時代が下ると、越前国朝倉氏の鷹である書陵部蔵『朝倉家養鷹記 完』第三七条「たかけをかゆるな、たかの美名、ほひよす山のな、みさこまり《(る)》の事」第三七条（函号一六三－一三一九）に『西園寺家鷹口傳』『西園寺家鷹秘傳』に見える「みさご腹の鷹」説話と近似した類話が掲載されていることはすでに本書第一編第二章で指摘したところである。再度、当該の叙述を以下に挙げる。

一　鷹に鯉《ミサゴ》丸と鷹《(ママ)》、昔あり。鯉にとつき生鷹也。又、獱にとつきまふけたる犬、江州大津の浦にて尋出し、祢つの神平、神泉苑の池にて是を使。鯉鮒を取也。一条院、御幸有て叡覧有。神平は政頼公の聟也。哥云

あら磯の鯉の巣とりかふに

おその子はらむ犬をたつねよ

右によると、みさご腹の鷹と対にして遣う川獺腹の犬は江州大津の浦の出身とされ、政頼公の聟とされる禰津神平がそれらの鷹・犬を神泉苑で使うのを一条院が叡覧したというモチーフが見え、それらがいずれも『西園寺家鷹口傳』

『西園寺家鷹秘傳』の類話と一致しており、きわめて近しい話柄であることが伺える。

さらに、書陵部蔵『原田三野右衛門蔵書写 政頼鷹秘書』（函号一六三-一二一三）は、その奥書に延享二年（一七四五）と弘化三年（一八四六）の書写年記が見えるテキストである。同書の巻第七には、以下のような「みさご腹の鷹」の叙述が見える。

一　鷹鯉丸と云、昔在。鯉にとつきて生鷹也。又河うそにとつきて儲たる犬、江州大津の浦迄尋出、祢津の甚平、神泉苑の池にて是を使。鯉《コイ》鮒を捉也。一条院御幸有て、叡覧《エイラン》あり。神平は政所《（ママ）》卿聟也。

哥《ニ》曰

／荒磯の鯉の巣鷹をとりかへはをそのこはらむ犬をたつねよ

また、同書の巻第八にも重複して以下のような叙述を載せる。

一　鷹鯉《ミサコ》丸と云、昔有。鯉にとつきて生鷹也。又川おそにとつきて儲《モウケタル》たる犬、江州大津の浦迄尋出、祢津の甚平、神泉苑《エン》の池にて是を使。鯉鮒を捉也。一条院御幸有て、叡《エイ》ランあり。神平は政所《（ママ）》卿ノ聟《ムコ》也。

哥《ニ》曰一しゆ

／荒磯の鯉の巣鷹とりかへはおその子はらむ犬《ヲ》たつねよ

どちらの叙述も書陵部蔵『朝倉家養鷹記 完』の叙述と表現レベルにおいても非常に似ており、近接した出典関係が予想される。この時代においては、西園寺家の鷹書を遡源とする系統の「みさご腹の鷹」説話の方がより一般的に流布していたことが想像されよう。そもそも西園寺家の鷹書類が、「みさご腹の鷹」説話に限らず諏訪に関する情報を積極的に採りこむ傾向があることは繰り返し指摘した。このような西園寺家の鷹書が有する諏訪への志向性と、前節で確認した「みさご腹の鷹」説話の本来の素性—諏訪の神領である非持の在地伝承—とが響きあった結果、禰津神平が登場する「みさご腹の鷹」説話が、新たに諏訪の鷹術伝承として再生産されたものであろう。

おわりに

以上において、諏訪流の鷹術を代表する伝承として、書陵部蔵『啓蒙集』や同じく書陵部蔵『才覚之巻』に記載されている当派の始祖伝承としての「みさご腹の鷹」説話について取り上げ、その伝承背景を考察してきた。まず、「みさご腹の鷹」説話の文献上の初見である『古今著聞集』の類話が、信濃国の非持に所縁深い叙述となっていることに注目した。非持は鎌倉時代から諏訪社の神領で、しかも御狩の神事と関わる土地であったことから、当地と関わる「みさご腹の鷹」説話は、諏訪の信仰文化圏である非持の在地伝承であることを明らかにした。『啓蒙集』や『才覚之巻』において、みさご腹の鷹説話が始祖伝承として取り上げられたのも、そのような在地伝承と連動した所以と考える。

次いで、京都の西園寺家の鷹書である『西園寺家鷹口傳』『西園寺家鷹秘傳』に、その「みさご腹の鷹」を禰津神平と結び付ける類話が記載されていることについて言及した。諏訪の情報を積極的に取り込む西園寺家の鷹書がこの「みさご腹の鷹」にこだわり、禰津神平と併せたモチーフ展開を叙述したのは、やはり非持の在地伝承の存在と無関係ではなかったと予想する。さらに、後世においては、この西園寺家の鷹書に見える禰津神平モチーフの類話が、主に鷹書類を中心として種々展開されていったことも確認した。

中世以降、他の派を席捲して全国的に隆盛した諏訪流の鷹術には、背後にこのような伝承世界が控えていたのであった。諏訪の在地伝承と交錯する鷹書類を媒体として、物語伝承としての諏訪を発信するという経緯が、諏訪の鷹術伝播の大きな原動力になっていたことを推測するのである。

注

（1）千葉徳爾『狩猟伝承研究』（風間書房、一九六九年一一月）、伊藤富雄『諏訪神社の研究』（伊藤冨雄著作集第一巻、永井出版企画、一九七八年四月）、金井典美『諏訪信仰史』（名著出版、一九八二年四月）など。

（2）前掲注（1）の金井典美論文。今津隆弘「『諏訪大明神画詞』の解説」（『神道史研究』42‐3、一九九四年七月）、福田晃『神道集説話の成立』「甲賀三郎譚の管理者（三）」（三弥井書店、一九八四年五月）、中澤克昭「鷹書の世界―鷹狩と諏訪信仰―」（『芸能の中世』所収、五味文彦編、吉川弘文館、二〇〇〇年三月）など。

（3）書陵部蔵『才覚之巻』第五条（函号一六三‐九二八）の全文は以下のとおりである。

一　鷹のまかだ國よりつたわる事、そふよう元年八月三日に太國へつたはり候。日本へ渡る事は、仁徳天皇の八十七年をたもち給ふ、四十六年と申時、鷹に彼文書を相添て、日本へ渡さるれども、彼文書をよみひらく人もなし。其頃、大わう、鷹かひ兼光と云者を、日本へ渡し、彼鷹をかわせられて、愛し思召之處に、彼兼光、鷹をつかひ、御門の御目にかけ、扨、其後、しきりに暇を申けり。御門、おしみ給ひて、とゞめさせ給へ共、唯かへらんと申。有公家の中より申さるゝには、人を留るには女にしくはなし、と有ければ、御門げにもと思召。美人千人が中にすぐれたる、こちくと云女を下さるゝ。彼女房に付て、唐人帰る事を忘れ、年月を送る程に、ほどなくむすめ一人もうくる。彼息女、十五になりし時、せひらひの卿を兼光がむこになし、十八の秘事、三十六の口傳、をしへけり。せひらひの卿の方より、唐人の方へ、種々のちやうろくを送らるゝ。唐人の方より返報とおぼしくて、狩しやう束を鷹の道具、相そへて送るとて、かくなん、

　小ちくてふことをかたらばふえ竹の
　ひとよのふしを人にかたるな

彼小ちくがむすめの名をば、よねみつと申。彼よねみつ清水ぶつけいの時、有者、鷹を一つ持けるが、惣而鳥を取事なし。鷹主、五條の橋の本に、ほこをゆひ、彼鷹をつなぎ、上下の人のひはんを聞。彼よねみつ申には、鷹の鳥をとらぬも道理也。母は鷹なれども、父はみさごに有間、魚をとらでは、鳥を取べからず、と申。其せうと《(こカ)》には、鷹のほこよりとび落るが、此鷹はみさごに羽をつかふ程に、みさごの子也、と見申也。水をあびせて御覧ぜば、ぬれべからず、と申。水をあびせてみれば、あんのごとくぬれず。扨、彼鷹をいかやうにと申。よねみつ、こたへて申やう、さらば川をぞにとつぎて、持たる犬を御尋候而、池へ入、鯉をとらせられ候へと申。二首かくなん、

　此浦にみさごにとつぐ鷹あらば
　をその子はらむ犬を尋ねて

扨、をその子はらむ犬は、いかやうなるぞ、ととひければ、よねみつこたへて申やう、をその子の犬、四まなこと云。さらばとて四まなこの犬を尋ねて、しんぜむゐんと云池へ入て、鯉をさがさせて、彼鷹を合てみれば、相違なく鯉を取也。口餌には、

　はし鷹のますかきの羽を飛ときは
　波まの鯉もあらわれにけり

其後、鳫、鷹なき間、鳫に口ゐなし、鯉に口餌有とは、彼ひみつあり。女房はせひらひが家主なり。

(4)　鷹の伝来説話と各派の属性についての論考は本書第二編第四章「宇都宮流鷹書の実相—『宇都宮社頭納鷹文抜書秘伝』をめぐって」参照。

（5）『古今著聞集』（日本古典文学大系84、永積安明・島田勇雄校注、岩波書店、一九六六年三月）。

（6）前掲注（5）に同じ。

（7）『古今著聞集 下』（新潮日本古典集成76、西尾光一・小林保治校注、新潮社、一九八六年一二月）。

（8）『長谷村誌 第3巻 歴史編上』（長谷村誌刊行委員会編、長谷村誌刊行委員会、一九九七年九月）所収。

（9）『長谷村誌 第3巻 歴史編下』（長谷村誌刊行委員会編、長谷村誌刊行委員会、一九九七年九月）所収。

（10）『新訂増補国史大系 尊卑分脈 第3篇』（黒板勝美・国史大系編修会編、吉川弘文館、一九七四年七月）。

（11）『長谷村誌 第3巻 歴史編上』所収「池上氏系図」に以下のように見える。

信濃守伊那真人 為公 ― 依田六郎 為実 ― 依田小三郎 豊平 ― 非持小太郎 豊明 ― 豊重 ― 豊国 ― 豊将

― 武重 ―（十四代略）― 重晴 ― 豊光 ― 重氏（非持三郎 天文十八年十二月青柳峠ニ於テ武田勢トシテ戦攻アリ）

― 豊氏（非持越後守ト称ス 弘治二年伊那勝頼公ニ従ヒ非持ニ於テ永五拾貫文ノ地ヲ賜ル 天正元年十一月ヨリ仁科五郎信盛ニ随イ同十年三月高遠ニヲイテ戦死ス）― 光氏（児名久丸後伊兵衛ト改ム 父戦死ノ節二才母ト共ニ生家池上氏ニ隠レ成人ノ後ハ民間ニ降リ本姓非持ヲ改メ母方ノ池上ニ改ム 寛永十八年三月十二日死）― 重平（池上久太郎 慶安三年死去）

重平 ┬ 久太郎（幼年ニテ早世）
　　 └ 女子 ＝ 喜平治弟（久太郎ト改ム 元禄三年死去）― 孫作 ……（以下略）

（12）『新編信濃史料叢書 第8巻』（信濃史料刊行会編、信濃史料刊行会、一九七四年）所収。

同五月十日景虎陣払シテ引入ケレハ、晴信猶モ信州ニ逗留有リ、先ノ三将ニ命シ、伊那口ニ押入ル、此事高遠ニ聞ケレハ、保科カ逆心トハ夢ニモ知ラス、前々ノ通リ難所ヲ前ニ当テ、伏勢ヲ以テ爰彼処ヨリ敵ヲ遮リ、討破ラント、城ニハ僅ニ勢ヲ残シ、神宮寺ヘハ千邨内匠ヲ大将トシテ、保科弾正正俊・市瀬主水入道・同左兵衛・非持三郎・春日淡路守・林式部・小原・山田カ一党、木曽ノ番手大略数ヲ尽シテ、千二百余人、杖突嶺ニ登テ敵陣ヲ見下シ備ヘタリ、

(13)『新訂 信長公記』（桑田忠親校注、新人物往来社、一九九七年四月）。

天正十年三月朔日、三位中将信忠卿飯島伊那郡より御人数を出され、天竜川被乗越貝沼原に御人数被立、松尾ノ城主小笠原掃部信嶺大輔為案内者、河尻与兵衛秀隆、毛利河内守秀頼、団平八景春、森勝蔵長可、足軽に御先へ被遣、中将信忠卿ハ御ほりの衆十人計召列、仁科五郎信盛楯籠候高遠之城川よりこなた高山へ懸上させられ、御敵城之振舞様子被成御見下墨、其日はかいぬま原伊那郡に御陣取、

（中略）

仁科五郎　原隼人　春日河内守　渡辺金大夫　畑野源左衛門　飛志越後守　神林十兵衛　今福又左衛門　小山田備中守是ハ仁科五郎脇大将にて候也、　小山田大学　小幡因幡守

小幡五郎兵衛　小幡清左衛門　諏訪勝右衛門　飯島民部丞　飯島小太郎　今福筑前守　以上頸数四百余有、

仁科五郎頸、信長公へもたせ進上候、

(14)『新訂増補国史大系 尊卑分脈 第3篇』（二二六頁）に見える。

(15)『諏訪家譜』「其の一」（『復刻諏訪史料叢書 第5巻』所収、諏訪教育会編、中央企画、一九八四年一一月）（二一七頁）に見える。

(16)『新編信濃史料叢書 第3巻』所収（信濃史料刊行会編、信濃史料刊行会、一九七一年一二月）。

(17)柳田国男「東国古道記」（『旅』一九五九年一月～三月号初出、『定本柳田国男集 第二巻』所収）。

(18) たとえば、元禄四年四月「非持村諏訪神社改帳」（『長谷村誌 第三巻 歴史編上』所収）には以下のように見られる。

社地改帳

一　諏訪大明神　但勧請年号不分明候
一　拝殿一宇　舗地六尺
一　木建　五拾八間
　　四十八間　是ハ従御　公儀御除地
一　祭礼　七月朔日
一　御年貢地　田方　壱反四歩　但神田
　　　畑方　五反五畝拾歩　但屋敷共ニ
右之通相違無御座候
信濃国伊奈郡比持村　　神主　河内
　　　　　　　　　　　神子　大蔵
多賀谷唯右衛門様
　小松六郎左右衛門様

(19) 『信州伊那入野谷の伝承』「非持の栃の木」（黒河内谷右衛門、甲陽書房、一九七五年一月）。

(20) 『新訂増補国史大系 吾妻鏡 第1』（黒板勝美編、吉川弘文館、一九六八年五月）。

(21) 『長野県の地名』「黒河内」（日本歴史地名大系20、平凡社地方資料センター編、一九七九年一一月）など。

(22) 前掲注（20）、『長谷村誌 第三巻』、『高遠町誌 上巻』（高遠町誌編纂委員会編、高遠町誌刊行会、一九八三年三月）など。

(23)『新編信濃史料叢書 第二巻』(信濃史料刊行会編、信濃史料刊行会、一九七二年)所収。
(24)『諏訪史 第2巻 前編』(信濃教育会諏訪部会編、信濃教育会諏訪部会、一九三一年二月)所収『神氏系図』(二一八～二一九頁)に見える。
(25)本書第一編第一章「西園寺家の鷹術伝承―『西園寺家口傳』をめぐって―」注(12)参照。
(26)『雑談集』(中世の文学4、山田昭全・三木紀人校注、三弥井書店、一九七三年九月)。

『尊卑分脈』（注14）

●武門当代相続源氏
正統〔御わか〕祖

清和天皇
諱惟仁 改天安三年四月十五日
為貞観元年〔四行わまか无〕

貞純親王
中務卿 兵部卿〔一行ま无〕
四品 上総常陸等大守〔一行ま无〕
天徳五年〔わまか无〕六月〔わまか无〕十五日〔わまか无〕始而賜源朝臣姓
鎮守府将軍 又〔わまか无〕筑前信濃美濃〔美濃ま无〕但馬伊与等守
武蔵守下野介〔四字わまか无〕正四位〔わまか无〕上 上総介〔三字わ无〕
内蔵頭 太宰大弐 哥人拾遺集〔わまか无〕作者
左衛門権〔こ无〕佐 式部丞〔三字わまか无〕〔兵了少甫 左馬允わまか〕〔叙留か〕天性達弓馬長武略
依為第六親王子也

*経基王
号六孫王
母右大臣源〔わか无〕能有公女
天徳五年〔わか无〕十一月〔わか无〕十日〔わか无〕卒四十一歳
此王於西八条池為龍令住之云〔此所今為律院わまか〕

延喜十二年〔わまか无〕四月〔わまか无〕十日〔わまか无〕誕生〔左馬才頭治了大甫わまか〕
昇殿 鎮守府将軍 武略長 哥人拾遺集〔わまか无〕作者
摂津 越前 伊与 美濃 信濃 武蔵 下野 陸奥等守
左馬〔才わまか〕助 兵部少輔 武蔵介〔わまか掾〕正四位〔わまか无〕下 又〔わまか无〕上総常陸〔武蔵等わまか〕介
春宮帯刀〔帯刀わ亮〕 兵庫允〔伊与目まか〕 左馬允〔春宮亮まか〕
*満仲 。
●当代源家武門正嫡
子孫分流相続繁多各別載之
依住摂津国多田郡
号多田建立多田院〔云々こ〕
母橘繁古女 或説〔わまか无〕武藤守藤原〔わまか无〕敏有女
寛和二八十五出家法名満慶七十五歳〔長徳三ゝ卒八十五才わまか 贈イ三位〕

満政
使 鎮守府将軍 従四位〔わまか无〕下
陸奥伊与武蔵等〔わか无〕守 治部少輔
左衛〔わまか无〕門大尉 兵庫允〔三字わまか无〕 左馬助 兵部丞
号八島〔丈夫ま〕 又号村岡大夫
母同満仲〔満仲わか无ま上〕

経基王

満快
経基王五男〔一行わまか无〕
使 下野守 相模介
右衛門尉 従五上
母〔わまか无〕

満国
満快子〔一行わまか无〕
甲斐守 従五下
遠江介 伊豆掾
母〔わまか无〕

為満
従五下
甲斐守
母〔わまか无〕

為公〔源〕
号伊那馬本人〔一行わまか无〕
信濃守従五下
右馬助伊豆掾
母河内守頼信女

為実
依田六郎
母〔わまか无〕

実信
依田〔依田わまか同〕二郎大夫
母〔わまか无〕

信行
依田〔依田わまか同〕三郎
母〔わまか无〕

信澄
手塚太郎
母〔わまか无〕

信綱
手塚又〔わまか无〕太郎
母〔わまか无〕

盛重
右兵衛〔わまか无〕尉
諏方太郎
母〔わまか无〕

豊平
依田小三〔四字わ同小太〕郎〔一行まか无〕
母〔わまか无〕

『諏訪家譜』「其の一」（注15）

○清和天皇　諱惟仁
人皇五十六代也
文徳天皇第四皇子

貞純天皇　四品中務卿号桃園親王　兵部卿上総太守常陸太守
介

経基　正四位下　六孫王鎮守府将軍左衛門佐昇殿　太宰
王号
大弐兵部少輔信濃守伊与守武蔵守上
総介従四位上内蔵頭左馬権頭
右
大

満仲　号新発意鎮守府将軍昇殿　左馬権頭春宮亮
母武蔵守橘繁右女
延喜十二壬申年四月十三日生於摂津国多田館／延長三乙酉年正月廿三日元服十四歳加冠蕃基王
寛和二丙戌年八月十五日出家法名満慶／長徳三丁酉年八月廿七日薨八十五歳

二　満政　従四位下鎮守将軍　号八嶋又村岡大夫陸奥守
母同満仲

三　満季　従四位下武蔵守
母同満仲

四　満実　従五位下下野守
母藤原敏有女

五　満快〔みつよし〕　従五位下　多田下野守　相模介　使右衛門尉〔右衛門尉〕〔検
非違使清和天皇四代満仲弟〕
経基王五男

満国　従五位下　甲斐守　遠江介〔守〕〔伊豆守〕

為満〔ためみつ〕　従五位下　甲斐守

為公〔ためとも〕　従五位下　信濃守　有馬介　伊豆掾〔守〕
母河内守頼信女

為実《ためざね》　依田《よだ》六郎
為公四男

実信〔さねのぶ〕　依田次郎太夫

豊平　依田小太郎

信行〔ゆき〕　依田三郎

信澄〔のぶすみ〕　手塚太郎

信綱〔つな〕　手塚又太郎

盛重〔もりしげ〕　始号諏訪太郎　右兵衛尉　法名蓮仏　始而号諏訪氏
防

（以下略）

『神氏系図』（注24）

- 御衣木祝 有員　諏方大祝元祖
  - 此間十四代系図紛失
  - 大祝 頼信　美濃権守
    - 大祝 為信　神大夫
      - 大祝 為仲　神太
        人皇七十代後冷泉院御宇奥州安倍貞任宗任依為朝敵仰鎮守府将軍陸奥守頼義朝臣被追討之間伊予守義家朝臣相共発向有十二年被討平朝敵是号前九年後三年之合戦此時祝為信以長男為仲令為随遂義家朝臣抽戦功云々
        人皇七十二代白河院御宇為仲当職之時鎮守府将軍陸奥守義家朝臣依誘引有上洛京都之企任当職之輩不出郡内事垂迹以来流例也不可然之由父為信再往雖加教訓不能承引上洛畢既自郡内種々有先表至美濃国莚田庄芝原新羅三郎義光（号刑部）有召請酒宴之時双六賽論出来忽令自殺偏所致神罰也自其時彼芝原庄被補当社領以為仲勧請当所神云々于今当所芝原宿中程社頭是也有員以来至頼信十四代系図并代々　勅裁以下相伝之証文等為仲奥州発向之刻預置舅伊那馬大夫（信濃権守）許之処紛失訖仍十四代不知名字然間自頼信記之
      - 二男 大祝 為継　次郎
        経三日頓死神罰
      - 三男 大祝 為次　三郎
        経七日頓死神罰
      - 四男 大祝 為貞　四郎
        兄三人依神罰不続当職以四男為祝神慮納受余胤十余代相続之仍当家之輩長男之外四男為賞此列也
        - ● 大祝 敦貞
      - 五郎 為頼　五男

- 貞方　大祝　安芸権守
  - 貞光　大祝　新大夫　安芸権守
    - 敦光　大祝　新大夫
      - 敦忠　大祝　信濃権守　元久二八相模守義時朝臣寄附諏方郡小坂郷於当社厚忠為代官可致沙之旨寄進状在之仍号彼孫在名小坂
      - 敦信　大祝　新大夫　承久三年五月大乱之時左京権大夫義時朝臣相催諸国信州其専一也神氏一族各相談云当社大祝者是為神体崇敬異于他重職也当職之間不出郡内保元平治逆乱養和寿永征伐之時以庶子等分遣之今度者君臣争上下闘也天心難測宜仰冥鑑之旨存之敦信於宝前可否令卜筮之処可発向之段有神判任神慮長男信重一族家人勇士相副之令発向神氏正嫡自臨戦場事是最初也種々有神験度々戦功無比類之間義時朝臣令送書札於敦信祝褒美軍忠感歎神験其時神家一族数多西国北国令居住後胤猶令相続之是皆彼恩賞之地也
    - 清貞　諏方次郎　桑原
    - 金法丸
    - 貞直　欄津神平　本姓者雖為滋野自母胎有神告約神氏大祝貞光為猶子号神平為諏方郡一庄領主東国無双鷹匠此道一流子孫相伝之
- 敦真　諏方次郎
  - 範真　同太郎
    - 真重　中沢神太
  - 光親　千野大夫
    - 光弘　千野太郎　六　保元平治逆乱養和寿永征伐之時欄津神平貞直藤沢次郎清親相共為大祝代官令発向武勇無比類
    - 親貞　藤沢神次
      - 清親　左衛門尉　次郎　右大将家（頼朝卿）御代自文治五正九至正治二数年為弓場始射手也子孫等（鞏イ）数代参勤在別記
- 敦家　検校　上伊那郡住　鷹上手
  - 家貞　栗原四郎　栗林
  - 敦成　上原五郎　子孫等数代為弓場始射手
  - 家直　矢島神六
  - 敦方　栗沢七郎
  - 敦高　遠山別当　八郎
  - 敦綱　中村余一
  - 敦頼　西保与次
- 貞澄　大六

第三章　諏訪流の鷹術伝承(二)――「せいらい」の展開と享受――

はじめに

これまで何度も触れてきたように、平安時代中期の武将・出羽守源斉頼が鷹飼の名人であったことはよく知られている。さらに、この歴史上実在した源斉頼とは明らかに齟齬をきたす鷹飼の「せいらい」が、中世以降、伝承上に多数登場していることについても、折に触れ言及したきた。それらの伝承はいずれも、それぞれモチーフなどの異同が激しく、さまざまな逸話を織り交ぜて複雑に展開している。

その多様性は、先学によってすでに指摘されており、たとえば、戦前の宮内省式部職が編纂した『放鷹』[1]の「本邦放鷹史」では「伝説化せられて種々に伝へられたり」と評される。さらに、その「種々伝説化された伝え」のうちのいくつかについては、『日本伝奇伝説大事典』「斉頼」[2]の項で紹介されている。同項目に見える研究成果も踏まえつつ、中世～近世末期に成立した文献の中で、「せいらい」の系譜・来歴を伝える主なものを検討すると、およそ以下のような内容が確認される。【表④参照】（二五〇頁）

① 源斉頼（『古事談』『尊卑分脈』）。
② 禰津神平を聟とする（『西園寺家鷹口傳』『西園寺家鷹秘傳』など）。
③ 根津清来と称される（『養鷹秘抄』など）。

④三条西家（三条家）の祖とされる（『政頼流鷹詞　全』『政頼流鷹方之書』『政頼流鷹方事』『朝倉家養鷹記 完』など）。

⑤唐崎の大納言と称される（『故竹流乾・坤』『武用弁略』『倭訓栞』『貞丈雑記』など）。

⑥唐人とされる（『運歩色葉集』『龍山公鷹百首』『庭訓往来注』など）。

⑦本朝に鷹を伝えた渡来人の娘婿とされる（『啓蒙集』『才覚之巻』など）。

⑧西園寺家の「御内仁」とされる（『鷹秘伝書』など）。

⑨「源政頼」や「蔵人政頼」（『鷹之書』『塵荊鈔』『鷹経弁疑論』『宇都宮社頭納鷹文抜書秘伝』など）。

右のうち、⑨については、「源政頼」や「蔵人政頼」といった実在の斉頼に即した名称を伝えてはいるが、仁徳天皇の時代の人物とされるなど、やはり史実とは異なる来歴となっている。このように、複雑な展開を見せる「せいらい」伝説には、およそ一貫した統一性や普遍性などを見出すことができない。逆に、このように多種多様に展開している異伝の諸相そのものが重要な問題を孕んでいるといえよう。

さて、伊勢貞丈の著になる『貞丈雑記』[3]巻之一五「鷹類の部」には、

一　政頼流・諏訪流　鷹の家、両家あり。政頼・諏訪流なり。政頼流の元祖は、唐崎大納言政頼なり。諏訪流の元祖は、禰津神平なり。古は、天子の御鷹をば持明院殿あずかり給いしとなり。今も、鷹の故実、その家に伝えらるるなるべし。

と見える。これによると、政頼流の鷹術はその元祖が「唐崎大納言政頼」であるという。この「唐崎大納言」の「唐崎」の称は未詳であるが、「政頼（せいらい）」の名が見えることより、この伝えはいわゆる「せいらい」伝承の一種であることがわかる。さらに同書は、その政頼流とは別の伝派として諏訪流を取り上げ、「禰津神平」を元祖とするこ

とを説明している。周知のように、諏訪流の鷹術は信濃国諏訪社の贄鷹の神事に端を発するとされるが、その遡源に関する具体的な実態はよくわからない。後世において、当派に関する由来が種々伝えられるのみである。右掲の記事もそのひとつといえよう。

また、栗原柳庵の著になる『柳庵雑筆』[4]第二巻には、

> 御厨子所の鷹飼なり、其芸は百済の酒君より伝はりしなり、（中略）又百済の米光由光の芸を伝へしは、出羽守源斉頼なり、斉頼の父は駿河守忠隆と云、母は権大納言斉信の女なり、忠隆は鎮守府将軍満政の二男にして、清和天皇五代の孫なり、斉頼無双の鷹飼にて、其芸武家に伝はり、信濃国諏訪の贄鷹、下野国宇都宮の贄鷹等の徒、みな此斉頼の流を相承す、その中に祢津神平が流は、諏訪の贄鷹の派と云り、但祢津の系図には、清和天皇第四皇子貞保親王一本貞元に作八代平権大夫重道の二男、祢津左衛門尉道直の子を神平貞直と云、貞直が子神平宗直、のちに美濃守と云、宗直の子神平宗道、その子神平敦宗、その子神平宗光、また大宮新蔵人と云、此時御所御鷹飼方の秘訣を伝ふと云は、酒君の流と、米光由光のながれと、祢津の家に一統して相承ること、なりしなり、宗光十五代美濃守信直入道して、松鷗軒常安と云、宮内大輔元直の男なり、

と記される。これによると、百済国の「米光由光」の鷹術を伝えたのは「出羽守源斉頼」で、その「斉頼の流」を相承したのが信濃国諏訪と下野国宇都宮の贄鷹等の徒であったという。さらに、祢津神平流は諏訪の贄鷹の一派であるとして、御厨子所の鷹飼の祖とされる酒君（ちなみに酒君とは『日本書紀』において本朝で初めて鷹を遣った渡来人とされる）の流れと、米光由光すなわち斉頼の流れとを一括して、その禰津流の家が相承したと伝えている。

両書に見える諏訪流の鷹術の始祖伝承を比較すると、『貞丈雑記』では当流を「政頼流」とは別個のものとした上

でその元祖を「禰津神平」と伝え、一方の『柳庵雑筆』では、諏訪の禰津神平流が「酒君流」と「斉頼（米光由光）流」を相承したと伝えている。両書の成立は、『貞丈雑記』が天保一四年（一八四三）刊行、『柳庵雑筆』が嘉永元年（一八四八）刊行で、ほぼ同時代のテキストであるにも関わらず、「せいらい」と「禰津神平」をめぐって矛盾した伝えを記載しているのである。

では、このような矛盾した伝承は、どのような根拠によって流布したのであろうか。本章では、これを単なる伝承上の混乱と見做すのではなく、しかるべき必然を背景に生成された伝承と予想する。そこで、まずは、鷹術伝承における「禰津神平」と「せいらい」について、それぞれの伝承の背景について検証し、その流布の経緯をたどってみることにする。それによって、「せいらい」伝承の展開と享受の様相の一端を明らかにし、放鷹伝承の世界における「せいらい」の意義を理解する緒にしたい。

一　諏訪流の鷹術における「禰津神平」

『貞丈雑記』が諏訪流の祖と伝える禰津神平は、信濃国小県郡禰津（長野県東御市）を本貫地とする禰津一族に連なる人物である。この禰津神平を比較的早い段階で著名にしたのは、延文元年（一三五六）に成立した『諏訪大明神画詞』(5)第五に見える叙述であろう。同書には、以下のような鷹に纏わる禰津神平の叙述が見える。

禰津神平貞直、本姓ハ滋野《シケノ》ナリシヲ、母胎ヨリ神ノ告アリテ、神氏ニ約テ大祝貞光《サタミツ》カ猶子トシテ、字ヲ神平トソ云ケル。諏訪郡内一庄ノ領主トシテ、保元・平治ノ戦場ニモ向ニケリ。武勇《ユウ》ノ業ノミニアラス、東国無双ノ鷹匠《シヤウ》ナリ。只今打ヲロシタル荒鷹・ハトヲモ多年使《ツカヒ》入タルカ如クニソ用ヒケル。サレハ此ノ道《ミチ》ノ名誉モ今ニクチセストソ聞エケル。

これによると、禰津神平は信濃国諏訪大社の神官の一族である大祝家の猶子となって神平を称し、諏訪郡内の一庄の領主になったとされる。また、保元・平治の合戦に参戦した武勇のみならず「東国無双の鷹飼」であったとも評されている。同書は続けて、神事の際に逃げた「雲井丸」なる鷹を、神平とその妻女が旅先の浅間獄の麓にて確保する逸話を掲載し、神平夫婦の鷹の技について賞賛している。

ところで、その『諏訪大明神画詞』を制作したされる諏訪円忠は、大祝敦信の弟で小坂氏の祖に当たる助忠の四代の裔である。一六世紀頃に作成されたという(6)尊経閣文庫蔵『神氏系図』(7)掲載の「円忠」の注記によると、

円忠　公人奉行号惣奉行　評定衆　引付衆　常社執行　法橋法眼　道号貞叟　諏方大進　大円為猶子　等持院殿征夷大将軍之始仰嵯峨開山夢窓正覚国師自信州被召上之為右筆方衆異他奉公之次第別記在之諸国諸庄園為奉公之賞拝領之地数十ヶ所在之帯数通之　御下文公家一統之時者為記録所寄人　暦応二将軍家奉　勅建天竜寺始末為奉行　禰津神平貞直鷹道一流文書并諏方郡大鹽御牧等相伝之　延文比　当社縁起絵令発願　今上皇後光厳院忝下外題之宸翰　征夷大将軍記全部奥書親王臺司貴種卿士或録其儀趣或書其詞章家督相伝之　将軍家或時指庭下信濃桜有御発句円忠令続之在別莵玖波集作者　新千載新後拾遺集等作者

とあり、夢窓国師の推挙によって足利尊氏の右筆に抜擢されたことなどの円忠の業績が詳しく記されている。なお、円忠以来、彼の子孫も代々幕府奉行人を世襲し、在京の諏訪氏として活躍していた(8)。また、前掲の注記によると、円忠が禰津神平貞直の鷹道と文書並びに祢津一族が領した大塩牧を相伝したという。このうち「大塩牧」の相伝については、すでに中澤克昭氏(9)が指摘しているように、暦応二年（一三三九）六月一一日付『高師直施行状』(10)に、

諏方大進房円忠申、信濃国諏方郡内大塩御牧・同国四宮庄内（四宮右衛門太郎入道円明跡）事、任御下文可被沙汰付円忠之状、依仰執達如件、

暦応二年六月十一日　　武蔵守（花押）（高師直）

小笠原信濃守（貞宗）殿

と見えることから確認できる。すなわち、高師直が小笠原貞宗に宛てた暦応二年（一三三九）六月一一日付の書状において、円忠が信濃国諏訪郡内の「大塩御牧」と同国の四宮庄内を領することが記されているのである。一方の「禰津神平貞直鷹道一流文書」については、たとえば、一六世紀頃に成立した往来形式の鷹書である『蒙求臂鷹往来』[11]「六月十二日　陸奥大目某上　進上　右馬権助殿」には

次鷹鶬并隼鶻脚絆同装束法等事。脚緒者以貞直正本。忠卿判形秘本。令写之所奉献也。

と見える。これによると、鷹・鶬および隼・鶻などの脚絆や装束の作法のうち、脚緒（鷹の脚につけて紐とつなぐ道具）については「貞直正本」に拠った由が窺える。この「貞直」は禰津神平貞直を指す。そしてその「貞直正本」は「忠卿」の秘本であったというのである。この「忠卿」は円忠から五代目に当たる人物であることから、この『蒙求臂鷹往来』の記述は、円忠の流れを汲む一族が禰津神平流の鷹書類を所蔵していた由を伝えていることになる。ただし、この『蒙求臂鷹往来』は、松田宗岑が幼童向けの鷹狩の啓蒙書として著したものであることから、その記述内容の史実性については慎重に判断しなければならない。しかし、少なくとも、通念的な認識として円忠の子孫が禰津神平の鷹書類を携える一族と見なされていたことは判じられよう。また、尊経閣文庫蔵『神氏系図』では、円忠の五代裔の「光信」の注記に、

光信　新恩地等拝領　評定衆　引付衆　信濃守　左近将監　次郎　童名松名丸　母山徒円明女　改号忠政亦忠卿

慈照院殿御代於御前被鷹仕下給御剣　鷹事雖為天下御禁制於当家如先々　贄鷹可繋旨蒙　上命矣　法名信功道

号徳林

とある。これによると、光信は後に「忠政」「忠卿」と改名したとあり、先に挙げた『蒙求臂鷹往来』で「貞直正本」を秘本とした件の人物に相当する。その光信（忠卿）は、足利義政の御代に御前で鷹を遣って御剣を下賜され、さらには天下で御禁制となっている贄鷹を当家に限り特別に許可されたという。このように忠卿は、円忠の子孫の中でも特に放鷹で活躍したとされる人物であった。それならば、『蒙求臂鷹往来』が伝える忠卿秘蔵の「貞直正本」についても、イメージ上の「史実性」のあったことが推察される。

なお、円忠自身が著した鷹の文書については、同じく『蒙求臂鷹往来』「仲夏初七　某　源左衛門尉殿　御返報」に

次米光像一幅円忠賛。令進之訖。此図者非世流布物歟。円忠亦可被賞玩哉。猶以数羽厚恵之至。云芳志云祝着。

旁非翰墨之所覃。毎事期来音候。

とあり、「米光像」の円忠賛があったことが記される。「米光」とは、鷹書類に多数散見する鷹の伝来説話において、我が国に初めて鷹を伝来させた渡来人のことである。その他にも、『蒙求臂鷹往来』「十二月三日付修理権大夫某　浄上備中前司歟」に

鷹経一巻圓忠自筆。同和点。裏書加註。等。

とあり、円忠自筆の『新修鷹経』があったとされ、和点や注釈が付されていたと伝えている。また、円忠以外の当家

の鷹書類については、同じく『蒙求臂鷹往来』「十二月三日付修理権大夫某 浄上 備中前司歟」に「貞通握翫書三冊」という鷹書名が見える。さらに同条はこの「貞通」の鷹書について

貞通伝書者。或記法度々髄脳相形之精究。或録調養之奇術。医療之捷経。又挙古来多説之昌。詳諸家所用之区。又攅義理幽微之事。示難解玄妙之秘。其外至條々之本説。諸事之濫觴。態芸之委曲。毎物之真贋。故実之細砕等盡載之。直所見先達不傳之極意也。是則貞直淵底。神家握玩書也。

と記す。すなわち、「貞通」の鷹書は、鷹の調養や医療などについての技術や、放鷹に関する古来からの諸説や故実を詳述するもので、先達の極意というよりも貞通の奥義を記しており、「神家」愛読の書であることなどを説明している。「神家」とは、先に挙げた『諏訪大明神画詞』第五に禰津神平が母の胎内にいるときに神告を受けて「神氏ニ約テ大祝貞光《サタミツ》カ猶子」となった由が記されているように、一般には、大祝家を初めとする諏訪社の氏人の一族を指す。そして、「貞通」は忠卿の子息でいわゆる円忠の直系に当たる人物である。このように、円忠系の在京諏訪氏は、鷹術・鷹書を相伝する鷹の家として積極的な活躍をしていた一族と見なされていたものであろう。

　さらに、『蒙求臂鷹往来』「前備中守某謹上匠作尹」には

次此道事。於神平貞直流者。諏方相伝為勿論哉。至家流者。以何人為其家。以如何書可弁明正説候哉。

と見える。これによると「此道」（鷹道）には「神平貞直流」と「家流」があるという。このうち、「神平貞直流」は諏訪氏が相伝している由を伝えるが、それに対して「家流」は未詳とされる[12]。「神平貞直」はいうまでもなく「禰津神平貞直」のことである。さらに、『蒙求臂鷹往来』「十二月三日付修理権大夫某 浄上 備中前司歟」にも

次当道事。如賢意。於神平流者。在洛諏方的々相承勿論也。而神家爪葛末葉之輩。号貞直余胤。披失錯書。委説

功能。為師範之類多之歟。

とある。これによると、「当道」（鷹道）のこととして、「神平流」については在京の諏訪氏が相承していると説明する。その一方で、神家の末葉が禰津貞直の子孫を称し、「失錯書」を披露して師範となるものが多いという。「神家」とは先にも述べたように諏訪社所縁の氏族のことであり、当時の京都には同族が相当数居していたらしい。諏訪氏についても諸家が京都に在住していたようである。その中でもっとも目立った活躍をしたのが円忠の一族であった。同じく中澤氏[13]によると「円忠系」の在京諏訪氏は「祢津氏の諏訪贄鷹故実の正当な後継者であることを示そうとする意識」を主張する志向が尊経閣文庫蔵『神氏系図』において強く窺えるという。このような中澤氏の指摘は、『蒙求臂鷹往来』において円忠の一族が禰津神平流の鷹道や鷹書を相伝する家であったと記すことと符号するものであろう。すなわち、「円忠系」の在京諏訪氏が、他家との優位性を図る手段として「鷹の家」であることを主張し、さらには禰津氏の鷹飼の象徴的な存在としての禰津神平の伝承を積極的に取り込んでいったと予想されるのである。前節において提示した諏訪流の元祖を「禰津神平」とする『貞丈雑記』の伝えは、このような在京の諏訪氏によって喧伝された禰津神平流の放鷹伝承が基盤となっていることが想定されよう。

二　禰津松鷂軒の伝派と「せいらい」

さて、先に挙げた『柳庵雑筆』第二巻には、神平流の禰津氏の系譜が記述されている。同書によると、禰津氏は清和天皇を祖とし、貞保親王八代の孫として禰津道直の子である「神平貞直」を挙げている。さらに貞直の子として「神平宗直」、宗直の子として「神平宗道」、宗道の子として「神平敦宗」、敦宗の子として「神平宗光」をそれぞれ挙げる。このような同書の神平流の系譜は、『信州滋野氏三家系図』[14]の示す内容にほぼ基づいている。二三〇頁に同系図の該当部分を挙げる。

左の系図で注目したいのは、貞直の裔である「宗光」「光長」「重綱」「頼直」「時直」に「神平」の称が記されていることである。『柳庵雑筆』第二巻では、彼ら以外の「宗直」「宗道」「敦宗」にも「神平」の称が付されている。また、後掲の『信州滋野氏三家系図』では「信直」までしか記載されていないが、それ以降の系譜については、『断家譜』[15]（二四七頁参照）、『系図纂要』[16]（二四八頁参照）「滋野朝臣姓系図」、長野市妻科米山一政氏所蔵『系図写』[17]（二四九頁参照）、高崎市中豊岡町常安寺所蔵『祢津氏略系』[18]（二四九頁参照）に記載されている。『断家譜 第二』と『系図纂要 第一二冊下』「滋野朝臣姓系図」によると、「信直」の孫にあたる「吉直」に「神平」の称が見える。一方、長野市妻科米山一政氏所蔵『系図写』と高崎市中豊岡町常安寺所蔵『祢津氏略系』では、「信直」は「政直」と記され、その子息である「月直」と「信政」、「信政」の子である「信直」に「神平」「甚平」の称が注記されている。すなわち、これらの系図を見ると、同氏には代々「神平（甚平）」を名乗る人物が存在しており、まさに「禰津神平」の一族であることがわかる。

なお、『信州滋野氏三家系図』において「貞直」より二一代目とされる「信直」（法名・松鶴軒）は、徳川家康に取り立てられ、諏訪流の鷹飼が江戸時代を通じて幕府の公式な職制となるきっかけを作った人物であったことは繰り返し述べた。種々の鷹書を著したことでも有名で、諏訪流の鷹術の中興の祖ともいえる人物である。近世初期には、鷹飼の功績によって上州豊岡藩一万石の大名に取り立てられた[19]。内閣文庫蔵『朝野旧聞裒藁』[20]には

祢津美濃（慶長七年）守信政卒す、これよりさき家伝の鷹の書を徴れし（さ脱カ）かとも、其事に及はさるにより、嗣子神平吉直これを

『信州滋野氏三家系図』

清和天皇　仁王五十六代帝也。水尾天皇。文徳天王第四王子。在位十八年。

- 陽成院　仁王五十七代。在位八年。
- 貞保親王　式部卿　母二条后。号南院宮。貞観十年誕生。延喜二年四月十三日薨。

目宮王　菊宮トモ云　母嵯峨第四惟康親王女。

善淵王　従三位　延喜五年始賜滋野朝臣姓。

滋氏王

為廣　従五位上　号三寅大夫。贈中納言。従三位。

為通　従四位下左衛門督

- 則廣
- 道直　禰津小二郎
- 廣重　望月三郎

貞直　神平　鷹名誉アリ。自院賜宝珠并御剣

宗直　禰津小二郎美濃守

宗道　小二郎左衛門尉

敦宗　左衛門尉

宗光　神平　法名光仏

光長　神平四郎

光義　三郎　大力也。

重綱　神平〔ニイ〕郎

光頼　禰津美濃守

頼直　神平二

時直　禰津神平二

長泰　美濃守

泰綱　美濃守

氏綱　〔直サ〕美濃守民部丞

遠光　従五位下越後守

女子　無男子而女子相続。

時貞　上総介　法名龍雲。

信貞　三郎上総介　法名正山。

光直　宮内大夫　法名竹叟。

覚直　宮内大夫　法名一英。

元直　宮内少輔　法名元山。

信直　美濃守　法名栄安。

献す。

と見え、信直の子である信政が卒した時、これから先の「家伝の鷹の書」がこれ以上には及ばないとして、「嗣子神平吉直」がこれを献上したと記されている。信直の子孫もまた鷹書を携えていたことが確認できよう。

ところで、さきの『柳庵雑筆』第二巻では、神平より五代の孫にあたる「宗光」を「大宮新蔵人」と称した由が記されている。この大宮流はいわば諏訪流の鷹術の本流にあたり、信直（松鶴軒）もその流れを汲む。この大宮新蔵人の放鷹の教えを集約した書物を『啓蒙集』と称し、大宮流の根幹となるテキストであることはすでに確認した。同テキストには異本が多くあり、書陵部には、抄本を含めて一六本が現存[21]し、内閣文庫にも同じく抄本を入れて三本が現存[22]している。それら全ての『啓蒙集』を確認してみても、「禰津神平」に関する記述は一切見られない。とって代わって同書が伝派の始祖伝承と関わらせて重要人物として主張する鷹飼が「せいらい」なのである。

たとえば、本書第一編第一章「西園寺家の鷹術伝承―『西園寺家鷹口傳』をめぐって―」や第二編第二章「諏訪流の鷹術伝承㈠―「みさご腹の鷹」説話の検討から―」で指摘したとおり、書陵部蔵『啓蒙集』（函号一六三‐九〇二）の第三条には鷹の伝来説話が見え、それに「せいらい」が登場している。すなわち、仁徳天皇の時代に鷹を本朝に伝えた渡来人と「こちく」なる美女から生まれた娘・朱光について、

かの娘、十五才になるとき源藏人政頼公を兼光かむこになし、十八の秘事三十六の口傳おしへける。

と見え、彼女が一五歳になったさいに、「政頼」を婿として一八の秘事と三六の口伝を教授されたという。さらに、「かの朱光、政頼か家ぬしなり。」とも記され、朱光は「政頼」の「家ぬし」であるともされる。この鷹の伝来説話は、もとより史実に基づくものではなく、ここに見える「源政頼」もいわゆる歴史上実在した件の人物に比定することは

できない。ただ、鷹の伝来説話とは、各鷹書類においてそれぞれの伝派などの属性を表象する縁起としてテキスト内で最も重要な意義を持つ。このような説話に「政頼」が登場していることから、当派において「政頼」は伝派の由来に関わる重要な人物と認識されていたことが窺えよう。さらに、同書の第一〇条にはその「政頼」に関する諏訪流の系譜が見える。本書第一編第二章「政頼流の鷹術伝承―『政頼流鷹方事』をめぐって―」で引用した内容と一部重複するが以下に該当部分を挙げる。

・大國の住人兼光これより又一流あり。　黒

・鷹と文書をさしそへ、我朝に大國より渡すといへ共、よみひらく人なし。かの兼光に呉竹をくたされ、年月を送らせ給ふほとに、娘一人もつ。朱光と名をいふと也。源政頼おむこになし、十八の秘事三十六の口傳狩装束をゆるすとなり。

・朱光　兼光ヵ娘也。政頼の家主也。　黄

此流ハ何も装束花粧也。

・當國の住人政頼　黒

此以後、弟子數百人有ルト云。

右は、百済国・摩伽陀国・大国・本朝などにおける鷹と鷹飼の伝来の系譜を記したものの一部で「朱光」の項については何度か引用してきた。これによると、政頼は先に挙げた鷹の伝来説話が示すとおり、渡来人より鷹の秘伝を伝えられた人物とされ、それ以後に弟子が数百人輩出された由を記す。すなわち、「政頼」は当流の有力一派の派祖とされているのである。

その他にも、同書の第四条に以下のような「せいらい」の逸話が掲載されている。

・箸鷹の白尾接といふ事ハ、政頼、君の御鷹のぐしの尾をきりて、鵠のきミしらすにて接しとなり。これハ衣更著の比なり。君、御覧して政頼ハ無節なる事仕るとて、すてに嶋へもなかさるべきよし宣旨あり。政頼申やう、たとへ國王の御鷹なりとも、逃してハゐきなし。鷹ハ春になれは古巣をこひ、北に帰るなり。白尾つけばおのれと見て、我か身にハいまた雪のふりたると心へ、古巣をこひぬと申。

△朝霞霧のうち野の遠はまり
白尾つかすハ尾かけ見ましや

△白尾つく鷹よおのれか尾となミそ
去年のまくなる雪山としれ

扨は、とおほしめし政頼をなかさるゝ事をゆるさるゝときこゑし。

△きさらきの白尾にのこる雪みれは
心まかせに君ゆるし給ふ

△箸鷹の尾の上の雪のまたのこり
花はたとりにはやきあらしハ

唐国にては花娥鳥と鷹をいふとなり。

これは箸鷹の「白尾接」についての説話である。すなわち、政頼が天皇の御鷹のぐし(切り斑が近くにある部分の尾)を切り、鵠《くぐい》(白鳥)の尾を接いだ。如月の頃であったという。その咎で政頼を島流しにする宣旨がくだる。しかし、政頼は春になると古巣を恋しがって北へ帰ろうとする鷹の逃亡を防ぐため、白尾を接いで鷹に雪が積もっていることを勘違いさせたと弁明して罪を免れたという。さらに、この逸話にちなんで、「白尾」を詠み込んだ鷹歌も併せて所収されている。この鷹「白尾つぎ」の逸話は和歌説話としてよく知られていたらしく、『西園寺鷹百首』（たかやまに類）の有注本の諸本には上掲の『啓蒙集』に見える「朝霧霞…」の類歌の注釈としてこの「白尾つぎ」の類話が引用されている。たとえば、書陵部蔵『西園寺鷹百首（注）』[23]（函号一五四・三三二）によると以下のように見える。

あさ明のかすみのうちのとをはまりしら尾つかすハおかけ見ましや

鷹に白尾つく事。一条院行幸の御狩の時、鷹古山を思、気色有ければ、政頼卿鷹の尾を二ツきりてくゝいの君しらすにて白く尾を継けり。鷹尾の上の白を見て、いまた尾上に雪の有心して古山を思ひ忘れけり。御門御尋の時、政頼卿、二月の白尾の雪ハしらねとも心まかせにたつねてそゆく、と仕りけり。此心より白尾、春継也。

これによると、『啓蒙集』記載の「朝霞…」の類歌の注記として、件の「白尾つぎ」の類話が付されている。ただし、『西園寺鷹百首（注）』の方は、天皇を「一条院」としており、具体的な天皇名を挙げない『啓蒙集』とは異なった叙述となっている。さらに、両書のもっとも大きな相違点として、『西園寺鷹百首（注）』には政頼が白尾を継いだために天皇から勘気をこうむった場面の顛末が叙述されていない。同書の「白尾つぎ」説話は、あくまで鷹の白尾を春に継ぐことの説明となっている。[24]

この『西園寺鷹百首（注）』に見えるような「一条院と政頼」のモチーフを持ち、春に白尾をつぐことの説明に終始する類話は、『鷹詞より見たる和訓栞の研究』[25]の第Ⅱ部「資料篇」によると、『龍山公鷹百首』にも引用されている他、松永貞徳の歌学書である『和歌寶樹』『歌林樸樕拾遺』にも記載されているという。[26]これらの類話を比較すると、少しずつモチーフなどに些末な異同が見られるものの、いずれも「鷹の白尾つぎ」を説明することに主題が置かれている。一方、『啓蒙集』に見える白尾つぎの説話は、結末が政頼の「流罪赦免」であることから、必ずしも白尾つぎの説明のみが主題であるとは限らない。むしろ、政頼が卓越した鷹術で危機を回避したという、政頼名誉譚としての様相を窺うことができよう。このような「政頼名誉譚」の系譜に連なる「白尾つぎ説話」の類例としては、たとえば、貞享元年（一六八四）の序文を持つ京都工芸繊維大学附属図書館所蔵『武用弁略』巻八「鷹犬之辨《イヨウケンノベン》　鷹」（資料番号九八五三〇八一〇四三）に以下のような叙述がある。

白尾《シラオ》トハ陸奥《ミチノク》ヨリ大鳥屋高麿《ヲヽトヤタカマロ》ト云鷹《タカ》ヲ奉《タテマツリ》ケリ。交野《カタノ》ノ行幸《ミユキ》ニ鷹飼政頼《タカカヒマサヨリ》ニ鷹参《タカマイラ》スヘシト有《アリ》シ時《トキ》、栖《スミカ》ノ山《ヤマ》ヲ思《ヲモヒ》出《イデ》テ翦《ソレン》トセシ心《コヽロ》ヲ知《シリ》テ鈴付《スヾツキ》二枚切《マイキリ》テ鵁《カウ》ノ君《キミ》シラズニテ白尾《シラヲ》ニ續《ツギ》テ二月雪残《キサラギユキノコル》風情《フゼイ》ヲ見《アラハ》シ、水吹《ミズフキ》タリケレハ身搔《ミセヽリ》ストテ己《ヲノ》ガ尾《ヲ》ノ白カリシニ心替《コヽロカハリ》、眼毛《マケ》ヲ緩々《ユル〳〵》ト立《タテ》タリ。其時擎出《ソノトキスエイデ》シ風情《フセイ》、白尾《シラヲ》ノ異相《イサウ》ナルヲ叡覧《エイラン》マシ〳〵天氣《テンキ》興《ケウ》ナク見《ミヘ》サセ給《タマヒ》ケレバ政頼頓《マサヨリヤカ》テ御前《ヲノマヘ》ヲ立《タテ》サマニ烏帽子《エボウシ》ヲ脱《ヌギ》、笠《カサ》ヲ首《クビ》ニ掛《カケ》テ云《イヒ》ツラネケリ。

二月《キサラギ》ノ尾上《ヲノヘ》ノ雪《ユキ》ハシラネドモ　心任《コヽロマカセ》ニ免《ユルサ》シメ君《キミ》

アハレノコトニ思召《ヲボシメシ》テ御狩始《ミカリハシマリ》ケル。鳥立高尾《トリタチカサミヲ》ヲ越《コシ》ケルニ、鷹外概《タカマスカキ》ニ飛渡《トビワタリ》テ嵐羽《アラシハ》ヲ縷《ヨリ》テ毛華《ケハナ》ヲ散《チラシ》、空執《ソラトツ》テ御車《ミクルマ》近《チカ》ク沓《クツ》ヲ結《ムスン》デ落重《ヲチカサナ》リシカハ、

陸奥《ミチノク》ノ栖《スミカ》ノ山《ヤマ》ノ金鳥《コガネトリ》カクトシラ尾《ヲ》ノ名《ナ》ニ残雪《ノコルユキ》

叡感斜《エイカンナヽメ》ナラズ。政頼《セイライ》ニハ武蔵《ムサシ》ノ高麗《コマ》ノ郡《コヲリ》ヲ賜《タマフ》ト云云。其後《ソノノチ》、弥《イヨ〳〵》、鷹術《イヨウジユツ》、天下《テンカ》ニ名誉《メイヨ》ヲ施《ホドコ》シ、唐崎大納言政《カラサキダイナゴンマサ》頼《ヨリ》ノ一風《イツフウ》トテ、世《ヨ》ニ慕《シタフ》コト末代《マツダイ》ニモ替《カヘラ》ズ。今世《コンセイ》ハ、黄鷹《ワカタカ》ニ限暮春《カキリボシユン》ニ續《ツヾク》ト云ヘリ。但《タヾシ》、續尾《ツギヲ》ノ鷹《タカ》ト許《バカリ》云ハ別《ベツ》也。

これによると、陸奥国より奉られた鷹を、政頼が交野の行幸に参上させようとした際、鷹が故郷の山を思い出して逃

げようとした。そこで政頼は例によって白尾を接いで雪が残っている風情を演出し、和歌を詠んで鷹を飛ばした。その結果、なのめならず叡感に預かった政頼は「武蔵《ムサシ》ノ高麗《コマ》ノ郡《コヲリ》」なる所領を賜ったという。当該話によると政頼は白尾をついだことによって褒賞までされており、明らかにその名誉が強調されている。政頼名誉譚としての側面が特化した「鷹の白尾つぎ」説話の典型とみなすことができよう。

さて、書陵部蔵『才覚之巻』（函号一六三 - 九二八）は、禰津松鷂軒（信直）の著である『才覚之巻』の抄本と判じられるものであることや、同書の第五条にも先に挙げた書陵部蔵『啓蒙集』の鷹の伝来説話とほぼ同様の叙述が見えることはすでに何度も述べた。両書における鷹の伝来説話の目立った異同としては、渡来人の娘（「せひらひ」の妻）の名前が「よねみつ」となっていること、「小ちくてふ…」の和歌で末尾が締めくくられていることの二点が挙げられるくらいである。また、同じく書陵部蔵『才覚之巻』の巻末にも『啓蒙集』に類似した以下のような系譜が挙げられている。

一　太國之住人兼光　・黒　　我か朝にて、鷹と云によりを〱にもおう〱とよふなり。鷹と云字、おうのこゑなるゆへなり。

太唐より鷹と彼書を相そへて我朝へ渡さるれとも、彼書をよみひらく人もなし。

其比、大王鷹飼兼光と云者を日本へ渡し給ふ。彼兼光を相留めせいらひの卿むこになり、十八の秘事三十六の口傳狩しやう束をゆるさるゝ也。其外四佛の巻に細にしるすなり。

よねみつ　・黄　　兼光かむすめ政頼か家主なり。

是より又一流有此流何をもしやうそくはなやかにするなり。

一 當國之住人政頼公・黒 此から後弟子数百人也註すに及はさるなり。

右掲の系譜にも「政頼」から数百人の弟子が出たことが伝えられており、やはり政頼が一派の始祖として重要視されていることが窺える。

先にも述べたように、禰津松鷂軒（信直）は大宮流の流れを受け継ぐ諏訪流の鷹飼である。右掲の書陵部蔵『才覚之巻』において書陵部蔵『啓蒙集』と同様に「せいらい」を派祖とする伝承が記載されているのは、それが当流において一貫した主張とされていた所以であろう。ちなみに、書陵部蔵『才覚之巻』には鷹の白尾説話は掲載されていない。

以上のように、信濃の禰津一族は「禰津神平」ではなく「せいらい」の伝承を携えるものであった。そもそも、この一族は禰津神平貞直の直系で、代々「神平」を称していたことを鑑みると、ことさらに禰津神平の流れを主張する必要はないのは当然である。その代わりとなる鷹飼のシンボリックな存在として「せいらい」を主張したものであろう。

三 「せいらい」と「禰津神平」

前節において確認したように、円忠の流れを汲む在京諏訪氏は「禰津神平」をモチーフとする伝承を携え、大宮流の系統を受け継ぐ信濃国の禰津一族は「せいらい」を始祖とする伝承を主張している。このように諏訪流では厳密に区別され、決して混在されることの無い「禰津神平」と「せいらい」の伝承であったが、当該の伝派以外では、少々様相が異なるようである。

たとえば、西園寺文庫蔵『西園寺家鷹口傳』（函号二一〇）の第五一条・五二条には、たびたび取り上げてきた「みさご腹の鷹」説話が見えるが、これによると、鷹とみさごとの間に産まれた「こい丸」を遣う「しなの、ねつの神平」は「政頼公の聟」と説明される。このように両者を結びつけて併記するのは、先にも述べたが諏訪流では絶対にありえないモチーフである。しかし、西園寺文庫蔵『西園寺家鷹秘傳』（函号一九三）「雉々通用の詞」第二三条にも「みさご腹の鷹」の類話が見られ、先に挙げた『西園寺家鷹口傳』と同様、みさごから産まれた鷹（本書では「鱗丸」と称す）と川獺から産まれた犬を遣う「ねつの神平」について、「清頼公」の婿と伝えている。

その他にも、西園寺文庫蔵『西園寺家鷹秘傳』「雉々通用の詞」第八七条では、以下のような叙述が見える。

一　つき鷹と云事

是は交野にて立たる鳥、遠江国さよの中山までにくるに鷹飛つかれて鳥をにかす。是政頼公か鷹也。然を神平、さよの中山にかねて鷹を置て待けるに、いつものことくに、にくるを合せて候程に、猶又にけてきさ《ママ》れとも、信濃国符郡の野と云所にて追つめて是をとる。女鳥也。羽八重に生てふし儀の鳥也。其よりして此野を八重羽野と云也。此鳥を金鳥と云歟。

これはいわゆる八重羽の雉説話の一種である。「交野」から「遠江国さよの中山」まで逃げた鳥を「政頼公」の鷹が捕まえ損ね、代わって「神平」が「さよの中山」で鷹を置いて待ち構えていた。そして「信濃国符郡の野」まで鳥を追い詰め、これを捕らえたとする。その鳥は女鳥で羽が八重あり、それ以降、その野を「八重羽野」と称するようになったとされる。この逸話において注目されるのは、八重羽の女鳥を逃がしたのは「政頼公」で、それを狩るのに成功したのは「神平」であるという組み合わせである。これもまた「せいらい」と「神平」を縁者とするモチーフのひとつといえよう。さらに、この「八重羽の雉」の類話は、近衛龍山の著になる『龍山公鷹百首』[27]にも以下のように見える。

付。禁野かた野の八重羽の雉をとらせられんとて。つき鷹といへる鷹有。政頼が聟禰津神平が鷹と注之。

この叙述によると、「禁野かた野」の八重羽の雉を狩らせようとした「つき鷹」について、その持ち主を「せいらい」の聟である「禰津神平」と説明するのである。同話が伝える「政頼」と「禰津神平」の関係は『西園寺家鷹秘傳』の「八重羽の雉」説話とやや相違しており、「舅と婿」の間柄となっている。これはむしろ、『西園寺家鷹口傳』や同じく『西園寺家鷹秘傳』に所載されている「みさご腹の鷹」説話の方のモチーフと共通する。『龍山公鷹百首』の巻末に見える奥書によると、

這一冊者。西園寺相国鷹百首。并中納言藤原定家卿鷹の哥よみ侍りける三百首を見て。わづかにおもひわきまふる事を百首の哥にあらはし書付けり。

とあり、龍山は当該書を制作するにあたって西園寺家の鷹百首を参照した由を記す。それならば、同じ西園寺家の鷹書類である『西園寺家鷹口傳』や『西園寺家鷹秘傳』も龍山が視野に入れていた可能性は否定できまい。『西園寺家鷹口傳』『西園寺家鷹秘傳』の伝本に記載される先に挙げた奥書の年代については検討の余地があるものの、これらが「せいらい」と「禰津神平」を組み合わせるモチーフを伝承していた比較的早い例であることはおよそ認められよう。

その他にも、「せいらい」と「禰津神平」を組み合わせるモチーフは種々の鷹書類に散見する。それらは往々にし

て「みさご腹の鷹」の類話において見られるという傾向にあった。たとえば、すでに何度か挙げてきた「みさご腹の鷹」の類話の中から確認してみると、南北朝期から戦国時代まで越前国を支配した朝倉家の鷹書である書陵部蔵『朝倉家養鷹記』第三七条「たかけをかゆるな、たかの美名、ほひよす山のな、みさこまり《（る）》の事」（函号一六三－一一五四）に見える「みさご腹の鷹」の叙述では、みさご腹の鷹を遣う「ねつの神平」について「神平は政頼公の聟也」と説明する。また、西園寺文庫蔵『政頼流鷹方事』（函号二〇七）第六二条～第六四条にも「みさご腹の鷹」説話が見え、みさご腹の鷹と川獺から産まれた犬に関する叙述の後、唐突に「信濃国根津神平、正頼聟也」という記載が見える。文意にみだれはあるものの、おそらくはこのみさご腹の鷹と川獺から産まれた犬を遣った人物として「根津神平」についての説明のつもりであろう。同様に、西園寺文庫蔵『鷹秘伝書』第二八条（函号二〇六）に見える「みさご腹の鷹」説話によると、みさご腹の鷹と川獺から産まれた犬を遣う人物を「祢津神平」として「せいらいの公の聟也」と叙述する。これらの「みさご腹の鷹」類話はいずれも『西園寺家鷹口傳』『西園寺家鷹秘傳』と同様、「せいらい」を「禰津神平」と結び付けるモチーフを伝えているのであった。

また、書陵部蔵『斉藤助左衛門鷹書 全』（函号一六三－一一七三）には「諏方祭次第如此也」として、諏訪大明神の祭壇の図[28]が見え、それによると向かって右に「南無政頼」、左に「南無禰津神平」がそれぞれ祀られている。同書は、その書中に、

右此一巻諏方之本書也。出羽国齊藤助左衛門殿朝倉太郎左衛門秘傳也。両家被究如此被注置也。実子タリ共此道ヲ歎サランニハ不可傳者也。

永正三年三月吉日　　天羽迄　吉盛　在判

という識語が見える。これによると、このテキストは「諏方之本書」とされ、出羽国の「齊藤助左衛門」と越前国の「朝倉太郎左衛門」の秘伝のものという。(29) 永正三年（一五〇六）三月の年記と天羽吉盛なる人物の署名と在判が示されているが、この識語に見える「諏方」流が在京諏訪氏のそれなのか、信濃国の禰津氏の携えた方のものなのかについては未詳で、慎重な検討が要されるものである。このように、諏訪流を称するとはいえ、厳密な属性がよくわからないテキストにおいては、「政頼」と「禰津神平」を組み合わせる事例が見られるのであった。

その他、鷹書類以外の書物では、『書言字考節用集』(30) 第四冊「人倫　四」に以下のような記事が見える。

斎頼《セイライ》今世謂二万品堪レ事者一為二――一。蓋源――者。金吾忠隆男。後冷泉朝人。出羽国司鷹養達人。晩年使レ女嫁二禰津貞直授二蒼黄書式一人云々。

これに見える「斎頼」は、「忠隆」の子で「出羽国司」とされていることから、歴史上実在した源斉頼を示すものであろう。しかし、傍線部に見えるように晩年に娘を禰津貞直（神平）に嫁がせたとする記述は当然史実とは相違する。これもまた、「せいらい」と「祢津神平」を組み合わせる伝承の一種と見なすことができよう。なお、古辞書類の記載する鷹詞は、鷹書類を典拠とするケースが多数確認できることから、『書言字考節用集』の叙述もまた、『西園寺家鷹口伝』『西園寺家鷹秘傳』をはじめとする鷹書類に影響された可能性もありえるかもしれない。

以上のように、「せいらい」は、まず「みさご腹の鷹」説話において「禰津神平」と結び付けられる傾向が強い。そのモチーフを持つ類話は、早い段階では西園寺家の鷹書において確認でき、それ以降も鷹書類を中心とする種々の文献に散見する。が、いずれも円忠系や大宮流とは無縁と判別されるテキストである。(31) やはり諏訪流のテキスト以外では「せいらい」と「禰津神平」が厳密に使い分けられることはなく、むしろ縁者として結び付けられ、併記するモチーフが広く伝わっていたことが確認されよう。

おわりに

以上、「せいらい」伝承の変容のあり方について、諏訪流の鷹術に纏わる「禰津神平」伝承を手がかりにしてたどってみた。すなわち、諏訪円忠の流れを汲む在京の諏訪氏が禰津神平を祖と仰ぐ伝えを持つのに対して、信濃国小県郡を本貫地とした禰津氏の一族は「せいらい」を派祖とする縁起伝承を携えていた。

このように、諏訪流ではそれぞれの属性によって厳密に区別された「せいらい」と「禰津神平」である一方で、たとえば、西園寺家の鷹書類など、諏訪流以外の属性を持つテキストでは両者を結び付けて併記する異伝が広く伝わっていた。なお、『実隆公記』(32) 文明八年(一四七六)三月四日条によると、

戊申、雨降、(中略)抑信州諏方社不断大般若経転読事、今年退転、近日可令再興之由、諏方左近将監貞通申之、任元弘・建武両度勅裁之旨、今度綸旨之事申之、今日以民部卿伺申入之、則勅許、書遣綸旨了。

とある。これによると、信濃国諏訪大社における不断大般若経の転読再興の由を在京諏訪氏の貞通が朝廷に申し出て、民部卿を介して勅許を得たという。貞通とは、円忠から五代目の末裔に当たる人物であることは本章第一節で述べた。信濃国の諏訪大社にまつわる交渉ごとを在京の諏訪氏が行っていたことが確認できよう。このような経緯から察すると、信濃国の諏訪氏(禰津氏)と在京諏訪氏との間には相応の連絡があり、関係は必ずしも悪くなかったことが予想される。内情としてはそれぞれ分別された鷹術伝承を主張していた禰津氏と在京諏訪氏であったが、対外的には「諏訪流」と一括され、それぞれの携えた伝承が混在してゆく要因は十分にあったことが予想されよう。たとえば、書陵部蔵『斉藤助左衛門鷹書　全』に見られる「政頼」と「禰津神平」の組み合わせなどは、そのような背景による一例

と想像されるのである。

このように、「せいらい」が諏訪流の各派において、象徴的存在として扱われる（あるいは扱われない）ことによって、その伝承が変容され、展開していった。このような「せいらい」伝承の展開を鑑みると、史実を離れた「せいらい」像の崩壊とその伝承の再生には、各鷹書類の果たした役割がいかに重要な意義を有していたかが伺えよう。いわば鷹術の伝派と鷹書の多彩性が「せいらい」像の多様化を支えているといっても良かろう。両者は近しく連動しながら、中世以降における「せいらい」伝承を生成していったものと想像される。

注

(1)『放鷹』（宮内省式部職編、一九三一年一二月、吉川弘文館、二〇一〇年六月新装復刻）。
(2)『日本伝奇伝説大事典』（乾克己・小池正胤・志村有弘・高橋貢・鳥越文蔵編、角川書店、一九八六年一〇月）「源斉頼」の項。
(3)『貞丈雑記4』（東洋文庫453、島田勇雄校注、平凡社、一九八五年六月）。
(4)『日本随筆大成　第三期　3』（日本随筆大成編輯部編、吉川弘文館、一九七六年一二月）所収。
(5)『神道大系 神社編 30 諏訪』（竹内秀雄校注、神道大系編纂会、一九八二年三月）所収。
(6) 中澤克昭「神を称する武士たち―諏訪「神氏系図」にみる家系意識―」（シリーズ歴史学の現在『系図が語る世界史』所収、青木書店、二〇〇二年一一月）。
(7)『諏訪史 第2巻 前編』（信濃教育会諏訪部会編、信濃教育会諏訪部会刊行、一九三一年二月）「附録」。
(8) 村石正行「室町幕府奉行人諏訪氏の基礎的考察」（『長野県立歴史館 研究紀要』11、二〇〇五年三月）に詳しい。

（9）前掲注（6）論文。
（10）唐津市小笠原記念館所蔵文書・一三五五号。『南北朝遺文 九州編 第2巻』（東京堂出版、一九八一年四月）所収。
（11）『続群書類従 第13輯下』所収。
（12）前掲注（6）中澤論文。
（13）前掲注（6）論文。
（14）『続群書類従 第7輯上』所収。
（15）『断家譜 第2』（斎木一馬・岩沢愿彦校訂、続群書類従完成会、一九七六年一一月）二四七頁参照。
（16）『系図纂要 第12冊下』（岩沢愿彦監修、名著出版、一九九一年六月）二四八頁参照。
（17）寺島隆史「近世大名になった祢津氏—中世末から近世初頭にかけての祢津氏の動静—」（『千曲』46、一九八五年七月）所収。
（18）前掲注（17）寺島論文所収。
（19）前掲注（17）寺島論文に詳しい。
（20）『信濃史料 補遺巻下』（信濃史料刊行会編・坂本太郎・宝月圭吾監修、信濃史料刊行会、一九六九年五月）所収。
（21）『啓蒙集 大宮流』（函号二〇七 - 一六九）、『啓蒙集 大宮流』（函号二〇七 - 一七〇）、『啓蒙集 大宮流』（函号一六三 - 九〇一）、『啓蒙集 大宮流』（函号一六三 - 九〇二）、『啓蒙集 大宮流』（函号一六三 - 九〇三）、『啓蒙集』（函号一六三 - 一三二六）、『啓蒙集 大宮流』（函号B七 - 二〇三）、『啓蒙集 大宮流』（函号一六三 - 一二九三）、『啓蒙集 大宮流』（函号一六三 - 一三九〇）、『啓蒙集 大宮流』（函号一六三 - 一三二二）、『啓蒙集 大宮流』（函号一六三 - 一二八五）、『啓蒙集 大宮流』（函号一六三 - 一三二三）、『啓蒙集 大宮流』（函号一六三 - 一三二四）、『畫入 啓蒙集』（函号一六三 - 一二四七）、『啓蒙集抜書 大宮流』（函号一六三 - 一二八四）、『啓蒙集法儀』（函号一六三 - 一〇四八）。いずれも重

複している内容が部分的に見えるものの、全体を通して異同が激しい。ちなみに、その他の大宮流のテキストとしては『鷹似歌集 大宮流』(函号一六三‐一〇五五)、『鷹似歌集 大宮流』(函号一六三‐一二五六)などがある。

(22)『鷹啓蒙集』(函号一五四‐三一〇)、『鷹啓蒙集』(函号特九四‐九)、『啓蒙集抜書』(函号一五四‐三八九)。こちらも重複している内容が部分的に見えるものの、全体を通して異同が多い。ちなみに、その他の大宮流のテキストとしては『鷹相之巻抜書(大宮流鷹書)』(函号一五四‐二七八)などがある

(23)『鷹詞より見たる和訓栞の研究』(三澤成博編著、汲古書院、二〇〇一年四月)所収。

(24) 諏訪円忠の子孫・忠卿も『西園寺鷹百首』に注釈を付している。同書における「あさ明の…」の和歌の注記として天理大学附属天理図書館蔵『鷹百首 西園寺相国家』(請求記号七八七—イ5)に次のように見える。

朝あけの霧のうちの遠はまりしら尾つかすは尾かけみましや

白尾つく事　一条院御宇、行幸の時、御狩の鷹古山を思出て、気色あしかりけれは、源正頼卿。時代能々可勘。或は仁徳天皇御宇、百済国米光、渡ける時にも仔細奉書に在て。

書陵部蔵『西園寺鷹百首(注)』の注記と比較すると、やや叙述に異同が見られる。こちらの注記の方は途中で文脈が切れている箇所がいくつかあり、文意が取りにくいものの、「白尾つぎ」に源政頼が関わることを挙げていることは確認できる。ただし、それを政頼の名誉とするような叙述やモチーフは見出されず、仁徳天皇時代の鷹の伝来説話を例に挙げて時代の整合性を考えるべく提案している。この仁徳天皇云々の叙述は書陵部蔵『西園寺鷹百首(注)』に見えないが、同書と同じく「白尾つぎ」を説明することに主眼を置いた叙述と判じられ、特に政頼を称える姿勢は見出されない。

(25) 前掲注(23)に同じ。

(26) その他、連歌師の宗碩が永正年間(一五〇四～一五二一)頃に編んだ歌語辞書『藻塩草』に「白尾」という歌語が

挙げられていることから、この「白尾つぎ」説話は、一方で和歌を媒体として伝承されていった側面のあることが予想される。

(27) 『続群書類従 第19輯』所収。

(28) 本書三一五頁参照。

(29) 本書結章「中世鷹書の展開―越前国朝倉氏の鷹書をめぐって―」参照。

(30) 『改訂新版 書言字考節用集研究並びに索引』（中田祝夫・小林祥次郎著、勉誠出版、二〇〇六年五月）。

(31) その他にも、たとえば西園寺文庫蔵『政頼流鷹方事』は、奥書によると「祢津甚平（根津甚平）」の本の写しであると説明する。が、冒頭に掲げられている鷹の伝来説話では「せいらい」を三条西家の祖であると伝え、本書の用字が「祢津流」とは相違することを記すなど、矛盾した様相を示す（本書著第一編第二章「政頼流の鷹術伝承―『政頼流鷹方事』をめぐって―参照）。

(32) 『実隆公記 二』（高橋隆三編、続群書類従刊行会、一九五八年一月）。

『断家譜 第2』（注15）

清和源氏
禰津　本国信州
紋　六連銭　月輪
七曜　九曜

海野平大夫
重道男
道直　禰津左衛門尉
―貞直　神平
―宗直　美濃守
―宗道　左衛門尉
―敦宗　小次郎
―宗光　神平
―光長　神平
―光頼　美濃守
―頼直　神平
―（9代略）
―元直　宮内少輔
　―利直
―信直　美濃守
　―信政　鶴千代　小五郎　美濃守
　　生国信濃、大神君に御目見、一万石、
　　―吉直　神平
　　　生国信濃、幼少而賜遺跡一万石、大坂役小花和太兵衛
　　　知久冑代勤之、寛永三年丙寅四月早世、
　　　―無嗣
　―幸直　志摩
　　仕真田家、元和四年戊午六月十日没、

『系図纂要 第12冊下』（注16）

清和天皇―貞保親王―菊宮（母 恒康親王女／又 号目宮）―滋野善淵（信の守 正三／延長五年 賜滋野姓）―滋氏―（4代略）

- 廣道　海野小太郎　―（以下略）
- 道直　祢津小二郎　左衛門府　○一本小太郎幸垣弟　祢津小次郎直家　住信州小縣郡祢津称号　根津云々
  - 貞直　祢津神平　妻　出羽前守源政頼女
    - 宗直　神平　美の守―宗道　小二郎　神平―敦宗　神平
    - 貞親　春日刑部少輔
    - 貞信　浦野三郎
    - 盛貞　大盟
- 重直　望月三郎　―（以下略）

敦宗―宗光　神平　大宮新蔵人　伝鷹飼秘術江酒君流与米光由光流言祢津流相承云―（5代略）―遠光―母―時貞　上総介―信貞―光直―覚直

- 一ニ義直又光直　―○○
- 元直　宮内少輔　戦死于長篠　―○○　助右衛門
- 信直　美の守　入道号松鴎軒常安　壬午後降幕府
  - 信政　鶴千代　五郎　美の守　慶長七年　賜食邑万石―吉直　神平　寛永三年　四月夭無子絶
  - 幸直　志摩守　子孫　在松代

『系図写』(注17)

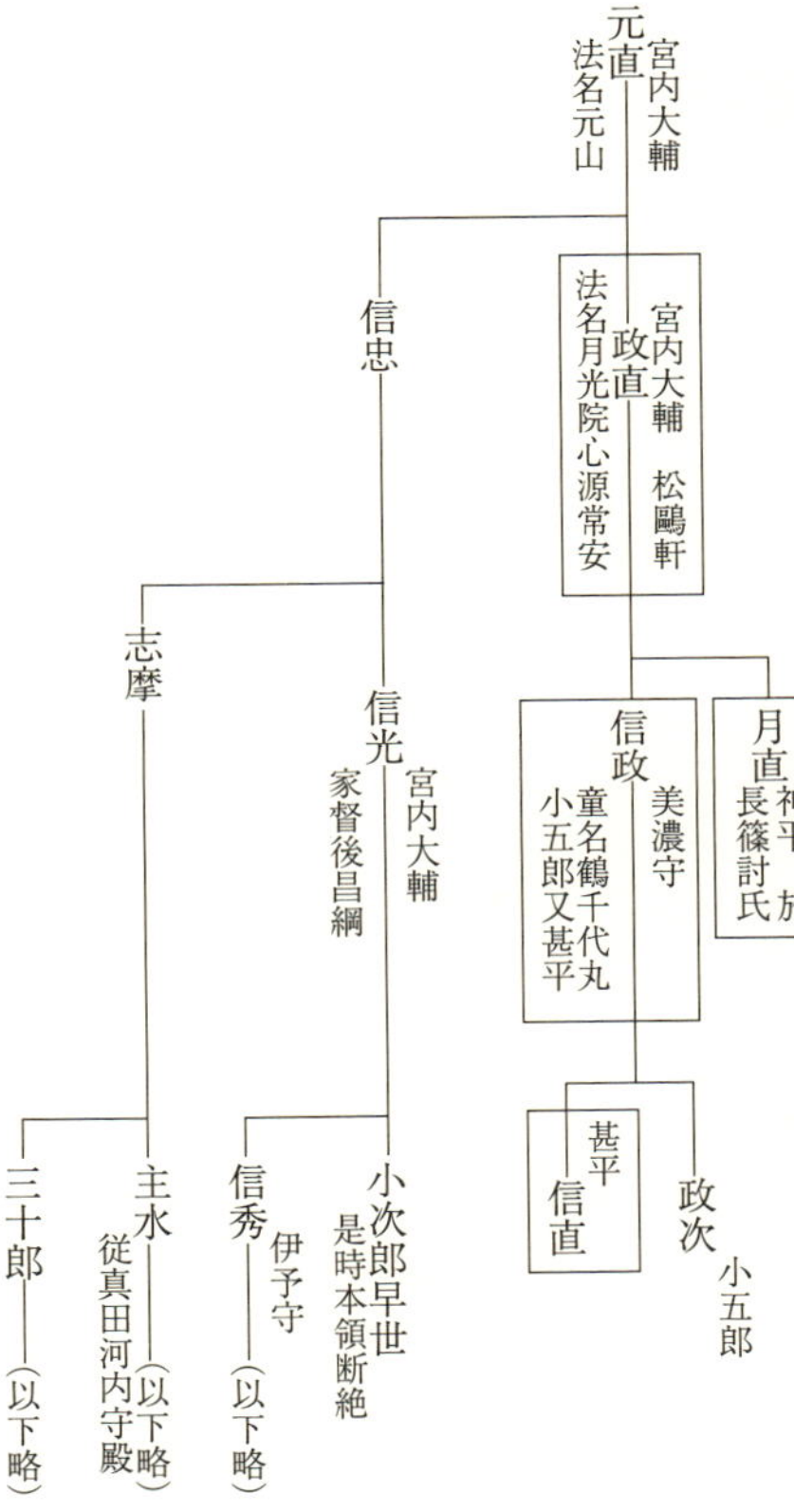
元直 宮内大輔 法名元山
政直 宮内大輔 松鷗軒 法名月光院心源常安
月直 神平 於長篠討氏
信政 美濃守 童名鶴千代丸 小五郎又甚平
政次 小五郎
信直 甚平
信忠
信光 宮内大輔 家督後昌綱
小次郎早世 是時本領断絶
信秀 伊予守 (以下略)
志摩
主水 (以下略) 従真田河内守殿
三十郎 (以下略)

『祢津氏略系』(注18)

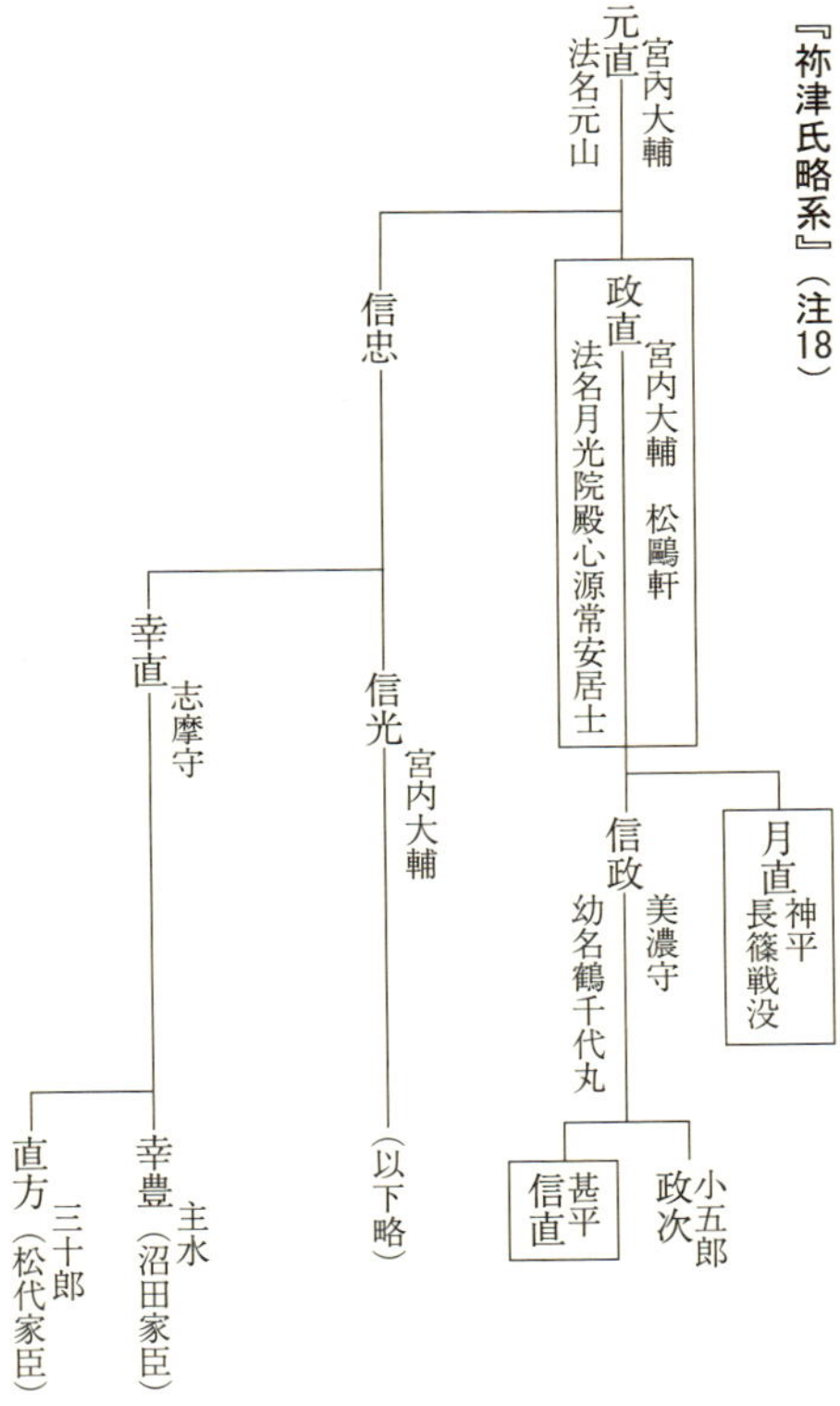
元直 宮内大輔 法名元山
政直 宮内大輔 松鷗軒 法名月光院殿心源常安居士
月直 神平 長篠戦没
信政 美濃守 幼名鶴千代丸
政次 小五郎
信直 甚平
信忠
信光 宮内大輔 (以下略)
幸直 志摩守
幸豊 主水 (沼田家臣)
直方 三十郎 (松代家臣)

表④

成立年代（西暦）	史書・系図類	鷹書類	辞書・事典・往来物	その他	「せいらい」の系譜・来歴等
一二一二年〜一二一五年				古事談	「出羽守源斉頼」。源忠隆の息。鷹飼を生業とし、盲目となりながら鷹の産地を言い当てる。
（一三〇〇年頃）	（吾妻鏡）				（「斉頼」。鷹術を専らにする。）
（一三〇〇年頃）				（宴曲抄）	（「政頼」。鷹術を伝えた人物。）
一三一二年		西園寺家鷹口傳			「政頼卿」。禰津神平を聟とする。
一三七七年〜一三九五年	尊卑分脈				「出羽出雲守源斉頼」。源忠隆の息。前九年の役で鷹飼として源頼義に随行。
一三九〇年		西園寺家鷹秘傳			「清頼卿」。禰津神平を聟とする。
一四二八年			桂川地蔵記		「源成頼」。仮装行列の一つに「成頼」が鷹を使う出し物あり。
一四四七年		養鷹秘抄			「根津清来」。奥州しのぶの郡の住人。
一四五八年		鷹之書			「蔵人《くらんど》 源《みなもとの》 政頼《まさより》」。仁徳天皇の時代に百済国から渡来した鷹を越前国敦賀にて渡来人から受け取る。

(一四八二年)			(塵荊鈔)		(「正頼公」。仁徳天皇の時代に百済国から渡来した鷹を越前国敦賀にて渡来人から受け取る。「越前国丹生北郡」は正頼の領地。)
一五〇三年		鷹経弁疑論			「蔵人政頼」。仁徳天皇の時代に摩訶陀国から渡来した鷹を越前国敦賀にて渡来人から受け取る。
				(狂言『せいらい』)	(「政頼」。地獄に落ちた鷹匠。)
				(狂言『鱸包丁』)	(「斉頼」。鷹を据えながら諸国を巡回する花山院に随行。)
一五三〇年		故竹流乾・坤			①「政形《頼》」。過去七仏文殊普賢の化身にして、現在の諏訪御神とされる。仲哀天皇の時代、百済国より渡来した鷹を九州筑前国れんぜいの津で渡来人から受け取る。②「唐崎の大納言政頼」。仁徳天皇の時代、再度百済国より渡来した鷹を受け取る。
一五四七年～一五四八年			運歩色葉集		「政頼」。日本の越前国敦賀に大唐国から初めて鷹を据えて渡来してきた鷹師。
一五六六年		政頼流鷹詞全			「源政頼」。三条西殿の先祖。唐国から伝来した鷹等を渡来人から受け取る。
一五八〇年頃	龍山公鷹百首				「清来」「西来」「政頼」。天竺摩伽陀国から唐国に渡り、泰山道の麓で鷹を使い始めた人

					物。別伝として政頼の聟は根津神平とする説を挙げる。
一五九五年		宇都宮社頭納鷹文抜書秘伝			「源の正頼」「みなもとの蔵人正頼」。「江州たかしまの住人」。仁徳天皇の時代に大国から渡来した鷹を渡来人から受け取る。本地は毘沙門天、諏訪の南宮として垂迹。
一六三一年			庭訓往来注		「清頼」。天竺摩訶陀国の人物で、唐国の泰山道の麓で鷹を使い始める。
一六五四年		鷹啓蒙集			「源蔵人政頼公」。仁徳天皇の時代に、大国（唐国）から日本に鷹を伝来させた渡来人の娘聟。
		才覺之巻			「せひらひの卿」「政頼」。仁徳天皇の時代に、大国（唐国）から日本に鷹を伝来させた渡来人の娘聟。
一六八四年			武用弁略		「唐崎大納言政頼」。白尾つぎの名誉によってその一流が著名になる。
一六八八年～一七〇三年				諺草	「源斉頼」。後冷泉院の時代の鷹飼。源頼義に鷹飼として従い、常に鷹の産地を言い当てる。一芸に優れたものを「せいらい」と称する語源。
（一六八八年～一七〇三年）				（松の葉）	（悪所遊びの達人を「せいらい」と称す。）

一七一四年		政頼流鷹方之書			「政頼」。三条西殿の先祖。唐国から伝来した鷹を渡来人から受け取る。
一七一七年			書言字考節用集		「斉頼」。源忠隆の息。後冷泉院の時代の人。出羽守で鷹飼の達人。晩年は禰津神平を婿にする。一芸に優れたものを「せいらい」と称する語源。
一七五五年			倭訓栞		「唐崎大納言政頼」。出羽守源斉頼とも。後冷泉院の時代の人。一芸に優れたものを「せいらい」と称する語源。
(一七三四年～一八〇九年)				(諸道聴耳世間猿)	(商売の達人を「せいらい」と称す。)
一七九六年		政頼流鷹方事			①「源政頼」。三条西殿の先祖。唐国から伝来した鷹を渡来人から受け取る。②「正頼」。禰津神平を聟とする。
一八一九年～一八四〇年				袂草	「中納言成頼」。鷹術の名人。一芸に優れたものを「せいらい」と称する語源。
一八四三年				貞丈雑記	「唐崎大納言政頼」。鷹の家の政頼流の元祖。
一八四八年				柳庵雑筆	「出羽守源斉頼」。源忠隆の息。諏訪・宇都宮の鷹術はこの斉頼の流れを相承する。
一八五七年	系図総覧				「源斉頼」。源忠隆の息。前九年の役で鷹飼として源頼義に従う。

（年代未詳）		（政頼流鷹之書）			（唐国より伝来した鷹に関する種々を「せいらい」と称することから、わが国の鷹師をやわらげて「政頼」と称する。）
年代未詳		鷹秘伝書			①「せいらいの公」。禰津神平を聟とする。②「源政頼卿」。西園寺殿の「御内仁」。仁徳天皇の時代に百済国から渡来した鷹を越前国敦賀にて渡来人から受け取る。

※（）内に記したものは、系譜や来歴は明記されていない。参考までに掲載。
※鷹書類の成立年代については、奥書のあるものはそれに従った。

第四章　宇都宮流の鷹書

——『宇都宮社頭納鷹文抜書秘伝』をめぐって——

はじめに

かつて下野国宇都宮には宇都宮流を称する鷹術があった。それは、『続古事談』[1]第四「神社・仏寺」に、

宇都宮は権現の別宮也。狩人、鹿の頭を供祭物にすとぞ

と見える。あるいは、『沙石集』[2]巻第一「八 生類を神明に供ずる不審の事」に

信州の諏方、下野の宇都の宮、狩を宗として、鹿鳥なんどをたむくるもこのよしにや

と記されるように、宇都宮の狩猟信仰に関わる贄鷹の神事から発したものといわれている。たとえば『前田慶二道中日記』[3]には

うつの宮いづるとき、予、いにしへの友、及(反カ)乱よき鷹、犬の子酬、庭林うつの宮の鷹の鈴ハ上野の縄の鈴よりよしとて酬

と見え、鷹や鷹につける鈴は宇都宮のものが秀逸であると伝えられている。また、『毛吹草』[4]巻第四「名物」に

下野　宇都宮笠《ウツノミヤガサ》出家着之　鷹鈴《タカノスヾ》　餌嚢《エフゴ》

とあるように、下野国の名産品として「鷹の鈴」や「餌袋」が知られていた。しかしながら、現在では宇都宮流の鷹術はすでに途絶え、その実態を知ることはできない。唯一の手がかりが宇都宮流を称する鷹術の書の存在である。戦

前の宮内省式部職が編纂した『放鷹』[5]の「本邦放鷹史」によると、以下のような解説が見える。

宇都宮流

下野の宇都宮二荒山神社は霊験あらたかなる御神として古くより武将の戦勝を祈り来れること史に見えたり。斯くて祭日には贄鳥を進献する習となれるを以て、鎌倉幕府の如き放鷹を一般に禁じながらも、諏訪と同じくこゝは別天地の趣ありき。随つて鷹術もこゝに行はれたり。但し宇都宮流といふ一派をなしたるはいつの事なるか明かならず。宇都宮流鷹書十巻中にも諏訪明神流を一部にはそのまゝ挙げたるを見れば、相互の間に交流はありしなるべし。

内閣文庫本宇都宮流鷹之書には鷹式法・鷹惣形・鷹具寸法式目等を説くと共に座敷嗜のことなども述べ、鷹を使ふことを忌む日を挙げ、蝶及鞭を架に掛くる方を述べ、鷹を相するに眼中及脚の見様を説き、尾の見様を説きては符の変化せる類を多く集め八十一図を示し、架の繋方にも六十一図を挙げ、取飼の法は問答式に述べ、病療薬方の中には和名集薬性論及薬種異名を説きたり。大宮新蔵人宗勝が天正九年に抄したる宇都宮鷹書も別本の存するあれば、夙くより伝書も伝へたるを知るべし。その流の主要なるは誰なりしか明ならず。

これによると、宇都宮流の代表的な鷹の書として『宇都宮流鷹書十巻』『宇都宮流鷹之書』が挙げられており、これらの記載から宇都宮流の鷹術が説明されている。

ところで、すでに述べたように、西園寺文庫には西園寺家に伝えられたという鷹術に関係する文書四〇数点が所蔵されている。それらは、一部に『放鷹』や『国書総目録』に紹介された文献と同系統のものがみられるものの、基本的には未紹介資料が大半を占める。その中に『鷹ニ関スル記録』（函号一九五）がある。二種類の文献が上・下巻形式で合冊されたもので、このうち、上巻に当たるのが『宇都宮社頭納鷹文抜書秘伝』である。下巻は『鷹百首和哥』（「やまひめに」類）を「西園寺太政大臣」の作として載せる。上巻の方には文禄四年（一五九五）の奥書が記されており、これまで知られていた宇都宮流の鷹術書がいずれも近世の前期の著作であることを鑑みると、同書は当流においてさしあたり最も古い時期の鷹書ということになろう。さらに、同書には鷹の伝来に関する説話が相当の紙幅で叙述されている。これは、同書が放鷹の実技書に留まらず、教養書としての目的を得ていた可能性を示唆し、注目に値しよう。そこで、本章は西園寺文庫蔵『宇都宮社頭納鷹文抜書秘伝』をめぐる制作状況や記載内容の特性について検討し、宇都宮流の鷹書の実相について明らかにしてみたいと思う。

一　宇都宮流の鷹術と鷹書

江戸時代後期に成立した栗原柳庵著の『柳庵雑筆』(6)第二巻には、

斉頼無双の鷹飼にて、其芸、武家に伝はり、信濃国諏訪の贄鷹、下野国宇都宮の贄鷹等の徒みな、此斉頼の流を相承す

と見え、信濃国の諏訪と宇都宮の贄鷹は同じ斉頼の流れを汲むとされている。斉頼とは院政期に活躍したとされる伝説の鷹飼・源斉頼のことである。ここで注意したいのは、斉頼云々よりも、宇都宮が諏訪と同じ流れとされている点である。先に挙げた『放鷹』の「本邦放鷹史」の「宇都宮」の項でも当流の成立時期やその担い手を不明としながら、『宇都宮流鷹書十巻』に「諏訪明神流」の秘事に関する記事が記載されていることから、宇都宮流の鷹術が諏訪流と関連があった可能性を想定している。

このような可能性は、以下に挙げる『宇津宮流鷹之書・乾坤』と『宇都宮明神流 大崎流 全』の奥書を確認するとより明確になる。両書は、現存する宇都宮流の鷹書の代表的なものとして扱われているものである（ちなみに、『放鷹』「本邦放鷹史」が挙げている『宇都宮流鷹書十巻』と『宇都宮流鷹之書』は現存せず、未詳）。まず、内閣文庫蔵『宇津宮流鷹之書・乾坤』巻一一（函号一五四－三三八）の巻末には、

明神流下巻書裏終右之條相傳一國一人
下野国宇都宮流秘書
権太夫行盛　芳賀十郎正長　猿子弾正女弼信亭　河戸内蔵助長秀　小山右馬助隆重　沙門善也行祐　安西播磨基氏　小田屋形部晴造　下河部式部正儀盛　日光山権本判　権太夫彦四郎判　炭山渡ス今平野助五郎　氏家丹後守宗貞　大宮新蔵人宗勝　小山左衛門尉秀継
宇津宮流鷹之書　　巻十一終

と見え、同書を相伝する人物の一覧が記載されている。この中で、芳賀・益子・小山・下河辺など、下野国にゆかりの人々に混じって「大宮新蔵人宗勝」の名前が見える。この「大宮新蔵人宗勝」は、その称から推測できるように諏訪・大宮流の流れを汲む人物であろう(7)。大宮流とは、何度も述べたように大宮新蔵人宗光（禰津貞直の四代の子孫）の創始とされる諏訪流の最も有力な伝派である。次に、東京国立博物館蔵『宇津宮明神流 大崎流 全』（分類番号一七二八七六－四三）の巻末には以下のような記載が見える。

天正九年　大宮新蔵人宗勝　大波越後守宗長　大波小七郎宗爲
寛永十年　池田熊進

神無月吉日　　　　　　（花押）

右一冊程々依御所望出給進献いさゝか他言有間敷者也

同書もまた宇都宮流のテキストを銘打っている一方で、その奥書に「大宮新蔵人宗勝」の名前が見える。この「大宮新蔵人宗勝」を軸にすると、『宇津宮流鷹之書・乾坤』と『宇津宮明神流 大崎流 全』は、非常に近似した制作状況の中で成立したものであることが想像できる。これらの鷹術書は、従来の指摘どおり、宇都宮流の鷹術が諏訪流（特に大宮流）の影響下にあったことを示す証左といえるものであろう。

わずかに残された情報から伺える宇都宮流の鷹術を知る手がかりは、唯一、諏訪と関連するということだけであった。ただし、これは宇都宮流の鷹術に限った状況ではない。一六世紀に鷹狩の諸流派全般が諏訪流に収斂された経緯は、中澤克昭氏[8]によって指摘されている。さらに、江戸時代になると、徳川家康が無類の鷹好きであったことから、諏訪流の一派である禰津流や吉田流の鷹飼たちが幕府に用いられ、諏訪流の鷹術は権勢を誇るようになる。江戸時代を通して諏訪流の鷹術は他の流派を席巻していったことはすでに何度も述べた。『柳庵雑筆』にも戦国末期の諏訪流を担った禰津松鷂軒から多数の高弟が輩出されたと記されている[9]。これには、たとえば剣術の指南役として徳川幕府に用いられ勢力を広げていった柳生宗矩と柳生新陰流のイメージを重ねることができるかもしれない。宇都宮流の鷹術と諏訪の関連はこのような趨勢を反映したものであろう。

そうしたなかで、西園寺文庫蔵『宇都宮社頭納鷹文抜書秘伝』には、従来のような「諏訪流の影響」だけでは説明しきれない幾つかの異相が見られる。その一つとして、奥書に記された[10]「宇都宮平野代々秘書」という伝えは、『放鷹』が不明としていた宇都宮流の担い手を明示するものとして注目されよう。この宇都宮の平野氏は下野国の宇都宮氏の家臣である。

たとえば平野作左衛門貞知蔵『宇都宮廣綱書状写』[11]によると、

内々鷹様躰無心元候處ニ、取餌之雁急度上申候、目出度喜悦至候、然者一両日之内罷出、ふるまひ之様躰具可申上候、尚せう如何様候條、無心元迄候、同者、越後守ニも物語可致候、委細者、筑後守可申遣候、謹言

霜月十日　廣綱《(宇都宮)》

平野大膳亮殿

と見える。これは、中世末期に宇都宮氏の当主であった宇都宮廣綱が飼育している鷹について「平野大膳亮」に相談をした書状である。また、同じく『宇都宮国綱書状写』[12]には、

當秋於山々はいたか相とれ候者、其方手元ニ鷹屋を作、一途之たか共別而入念とり飼可申候、さして無用之鷹ハ不入事候、尤脇へも鷹つかふ者共ニ見當候て一宛預、念を入つかい可申由可令異見候、上儀之御用ニ候、尚、塙靫負尉可申越候、謹言、

平野大膳殿　國綱《(宇都宮)》

とある。こちらは、廣綱の子にして宇都宮氏最後の当主である国綱が、同じく「平野大膳」にはいたかを捕獲したら鳥屋を作って念入りに飼育し、「上儀の御用」にすることを命じた書状である。平野氏は宇都宮氏に鷹飼として仕えていたのであった。

その他にも、松平忠輝の養育係であった皆川城城主・皆川広照や彼の子である皆川隆庸が「平野丹後」なる人物に宛てて鷹に関する書状を送っている[13]。平野氏の鷹術は、当時の下野国において相当に知られていたことがうかがえよう。

また、平野作左衛門貞知蔵『宇都宮廣綱借用状写』[14]には、

此度御用ニ付而鳥目五千疋御借用候、来秋瓦屋郷以御土貢可有御返辨候、御借錢相澄候上、彼郷中爲料所可預置候、御年貢事七拾貫文毎年無々沙汰可致進納之状如件、

貳月廿六日

平野大膳亮殿

とある。これも宇都宮廣綱が平野大膳に宛てた書状で、これによると、廣綱は借銭の代替として平野大膳に「瓦屋郷」を安堵したという。この瓦屋郷は、栃木県宇都宮市の北部地域に相当し、現在も瓦谷町の地名が残っている（栃木県宇都宮市瓦谷町）。そして、国立国会図書館所蔵『宇都宮御留書』「宇都宮大明神明細書」[15]には

一、社領千五百石　村数六か村　内高六百九拾弐石壱斗八升　瓦谷村

と見える。これによれば、宇都宮明神の社領千五百石のうち六百九十石あまりがこの瓦谷村にあり、瓦谷村はいわば宇都宮明神の神領であったことが確認できる。この瓦谷村すなわち瓦谷郷を知行した平野氏は、宇都宮明神の祭祀に深く関わる家柄であったことが推察されよう。平野氏の伝える鷹の術は、宇都宮明神の贄鷹の術でもあったのである。

ちなみに、平野大膳亮をはじめとする平野氏の一族は、慶長二年（一五九七）に宇都宮国綱が豊臣秀吉に改易された後、出羽国久保田藩に移封された佐竹義宣に随行して同藩に赴いたらしい[16]。鷹狩を好んだ義宣の鷹飼として活躍する平野氏については、久保田藩の家老が書いた『梅津政景日記』の記事に詳しい。しかし、彼等がその後宇都宮に戻ることはなかったようで、そのために宇都宮流の鷹術は途絶えてしまったことが想像される。

以上のように、中世の末期には、宇都宮流の鷹術―宇都宮の贄鷹の神事の流れを汲む―は、在地の氏族である平野

氏が継承していた。そして、西園寺文庫蔵『宇都宮社頭納鷹文抜書秘伝』は、その平野氏が著した鷹書である。つまり、同書は従来知られてきた宇都宮流の鷹術書とは相違して、少なくともその制作段階においてはいわゆる「諏訪の影響」を受けていないことが確認できるものなのであった。

二 『宇都宮社頭納鷹文抜書秘伝』所載の鷹伝来説話

次に、西園寺文庫蔵『宇都宮社頭納鷹文抜書秘伝』の記載内容の特性について検してみる。本書は先にも述べたように冒頭に鷹の伝来についての説話を掲げ、続いて鷹・鷹犬の飼育・鷹類など、鷹狩の実用的な技術を中心とする記事が、一つ書き形式で約六〇項目にわたって記されている。このうち、冒頭の鷹の伝来説話は、本朝における鷹術の起源を説いたもので、鷹書の世界に伝承されたいわば権威の縁起として扱うべきものであることはすでに何度も指摘したとおりである。但し、その話型の展開は諸書における類話ごとに異同が激しく、筋立ても一定していない。西園寺文庫蔵『宇都宮社頭納鷹文抜書秘伝』の該当説話は以下のとおりである。

> 其仁徳天皇之御代を八拾七年たもたせ給ふ。四十貳年と申せし正月十日、きのへねに太國よりしゆんはうと云たかをこされたり。太國の御つかひこうちん、しゆんわう鷹ふみをもあひくして渡りたり。公卿大臣雲相蔵人殿上にまいりたまいて、誰か、しゆんわう請取へきものある。其時、源の正頼、たかきようなるに如《（ママ）》、たか請取へき。宣旨をかうむり、まかりむかいける。大国の御つかひ、あさなこうちん実名しゆくはふかしやうそくには、太あられのあをにふ色の、さしぬきにふしそめまるのきぬきて、錦のほうしをしたりけり。かたち、ほうしに似りけり。正頼あひむかいて、せんしなりといひけれは、しゆくわう申ていはく、しゆんわうをはまいらすへし。

鷹ふみおもあひくしてわたされたり、といふ。その時、正頼たかを請取ける。同くたかふみをは請《うけ》とらすして、しゆくはふによめといへり。しゆくはう、さやうに侍はふうまくらをたまはり、よむへしといへり。その時、正頼小竹と云はた物をいたす。しゆくわう、よろこひて、ゆかよりおりてこちくをおかみける。その時のしやうそくには款冬色のきぬきて、紅のはかまおそきたりける。ほとけのひすい女来のかたちのことし。其時、正頼小竹にむかい、しゆくわうにたか文をよませよといふ。しゆくわう、たかふみをはよむへしとて小竹か返事にかくなむ、

　くれはとりかさねしよはのあしたより
　ふしそまされる小竹殿とよね（ママ）

かくてしゆくわう、大國よりあひくしけるたか文をよむ。さて、いわく、しゆんわうはこれたゝの鳥にあらす。ひしやもん天皇のへんさなり。ひしやもん、しゆんわうのその上にてしゆほうを請、けいそく山まてきてうなり。まかた国の内、けいそく山をこしては、しゆんわうといへり。さいまん國の内、けいそく山のこしにては、ちうまんといへり。

其後、みなもとの蔵人正頼は、はつかうしまの住人也。しゆんわう、都にてとりかひて日本国にひろめ申へきの御いとまをたまはつて、六拾六ケ国をまはり見るに駿川の國大國のしゆほう山に似たりとて、ふしのふもとにおちつきにけり。大国よりは正月拾日に渡りき。しのゝ（ママ）の國下向せし日は三月廿日也。さて正頼、すはのこほりにとゝまる。しゆんわうをは富士山にはなつ。十四の子をうむ成。おん鳥七つ、女鳥七つ如此にうみて、三月廿日より卯月毎日五月五日まて、以上五拾四日、巣ふして我身のせいになして、五月五日むまの時巣よりいたして

子ともにのうをならはす。太郎の鳥をは、わしと名つけてきりふなるくろをしてわうの鷹とす。二郎の鳥おは、熊鷹と名付て羽をとりて、おほ鷹とす。三郎の鳥をは、青鷹とかうして金《キー》鳥をとらせて王の供器《くぎ》にそ給ふ。四郎の鳥鳥をは鴘と名付て、しゅ鳥のけいしとて田舎の土民百性のさくもんをふみうしなふ雁鷺をとらせん、わうの鷹とす。五郎の鷹を鷂《ハイタカ》とてう《(ママ)》申てまうけの君の小鳥うつらをとらせて王の御なくさみとし、諸人のたからとす。六の子をは、とひと名付て日本のまんゑ《(ママ)》んのとふりやうとして王の御敵《テキ》を躄《ホロホシ》うしなふ。七郎の鳥をこのしたとかふして、國の鳥のわうたるへし。とる《(ママ)》つけておの〳〵七拾五日か四日のうをならはしはしめて、七かいとなつて、ふみ月十五日むまの時に青雲の中へくそくして、飛のほりこくうにて子共を放ちすてける。かくておんないの中をたちける。是をしち鳥のわかれと云侍るにや。其時、御使正頼たかのまほりとなりて今にいたるまて鷹ふみの相傳もろ〳〵くたえす。国といへる本地ひしやもんの天王の作現にてすはのなんくうと申是也。諸人をしゅこしたてまつり侍る也。鷹の守護神は東におはしますと也。

この叙述は、いわゆる故竹（本テキストでは小竹）説話を含む鷹の渡来を伝える前半部分と、富士山のふもとにおける放鷹から本朝の鷹が広まったと伝える後半部分とから構成されている。前半部分の叙述によると、本朝に鷹が伝来したのは仁徳天皇の時代、大国から、あざなは「こうちん」、実名「しゅくはふ（しゅこう）」なる人物が「しゅんは（わう」なる名鷹と鷹書を携えて渡来したのに始まるという。そして、その人物を迎えるものとして源正頼が選ばれた。宣旨を蒙った正頼は「しゅこう」を迎え、「しゅんわう」を受け取るものの、鷹書については「しゅこう」に読むことを要請する。その交換条件として、正頼は「小竹」という美女を「しゅこう」に贈り、彼女にむかって「しゅこう」に鷹書を読ませるように命じる。小竹は和歌を詠み、結果、「しゅこう」は鷹書を読んだという。また、「しゅんわう」

は毘沙門天王の変化であるといわれている。次に、後半部分では、その後の正頼について叙述している。正頼は鷹を日本国に広めるためにしゅんわうと六六カ国をめぐる。そして富士山のふもとに落ち着いた後、信濃国諏訪郡に赴いてそこに留まったという。さらにしゅんわうを富士山に放つと、一四羽の子が産まれた。四五日間、巣にて養育した後、五月五日の午の刻に、七羽の子供を巣から出してそれぞれに能を習わせた。それから七五日（もしくは七四日）後の文月一五日午の刻に親子の別れをした。これを忘鳥のわかれと言うそうである。正頼は鷹の守りとなったうえ、本地は毘沙門にして諏訪の南宮となって示現したという。

以上のうち、後半部分については、正頼が信濃国諏訪郡に逗留したという設定や、正頼が諏訪の南宮として示現したとする叙述が見えることなど、いわゆる「諏訪の影響」が認められ、例によって先学の指摘の範疇で解釈できる叙述となっている。(17) しかし、一方の前半部分は必ずしも「諏訪の影響」のみで解決できるものとは限らず、前節で確認した本書の制作状況と同様に「諏訪以外の可能性」をうかがわせる叙述がいくつかある。たとえば、本朝に初めて伝えられた鷹とそれを携えた鷹飼の名前について西園寺文庫蔵『宇都宮社頭納鷹文抜書秘伝』では、鷹を「しゅんわう」、渡来人のあざなは「こうちん」、実名は「しゆこう」と伝えているが、これらの名前は諸書によって異同がある。

まず、本書第二編第二章「諏訪流の鷹術伝承㈠─「みさご腹の鷹」説話の検討から─」で詳しく取り上げたところであるが、大宮新蔵人宗勝の編著になる諏訪・大宮流の書陵部蔵『啓蒙集』（函号一六三‐九〇二）第三条に見える鷹の伝来説話によると、鷹・鷹書の受け渡しのいきさつが西園寺文庫蔵『宇都宮社頭納鷹文抜書秘伝』の叙述と異なっている他、鷹の具体的な名前は見えず、鷹飼の名前も「兼光」となっている。

また、書陵部蔵『才覚之巻』（函号一六三・九二八）第五条に見える鷹の伝来説話（全文は本書第二編第二章参照）によると、鷹の名前についてはやはり明記しておらず、鷹飼の名前も「兼光」と伝えている。同書は大宮流の流れを汲む禰津松鴎軒の著書に近いテキストであるため、書陵部蔵『啓蒙集』とほぼ同じ叙述内容を持つことはすでに指摘したとおりである。

さらに西園寺文庫蔵『政頼流鷹方事』（函号二〇七）は、本書第一編第二章「政頼流の鷹術伝承―『政頼流鷹方事』をめぐって―」で取り上げたように、奥書に「祢津甚平以本写之也」と見え、西園寺家に所縁深いテキストでありながら、一方で諏訪流にも強い関心を示す鷹書である。同書はテキスト前半の冒頭部分と後半「正頼ヨリ鷹ノ次第」の第一条の二箇所において鷹の伝来説話を掲載している。前半冒頭部の方は（該当本文は本書第一編第二章参照）、渡来人の鷹飼については「来光」の名前が見えるが、鷹の名前は記されていない。一方、同書の後半部「正頼ヨリ鷹ノ次第」の第一条に見える鷹の伝来説話は以下の通りである。

一　此土に鷹を渡事、仁徳天皇之御時之文書を相添たるをたてまつる。其使之有やう、そうにゝたり。其後、清和天皇之御門に伝といへども文書を讀人かたし。清和之御時に、よねみつと云唐人、敦賀之津へ渡る。彼唐人に正　頼の二位奉り、文書披て十八之秘事、卅六之口傳、習とらんとせいし、彼よろこびに、こくち《(ちくカ)》といふはした物に、長装束二合相添、唐人に給ふ。た《(たうカ)》人よろこびをなして唐之鷹装束たまき、餌袋、狩杖、打かへ袋、奉る。

其時之哥に曰

こ竹てう書かたらわば笛竹の
一夜の節を人にしらすな

これによると、仁徳天皇の時代に本朝に鷹が伝えられたというが、その具体的な名前は記されていない。なおその時の使者は僧に似た人物であったという。その後、清和天皇の御代に、「よねみつ」という渡来人が「敦賀之津」に到着したと伝えている。

以上のように、諏訪流の代表的なテキストや諏訪流の影響を受けたと判じられるテキストにおける鷹の伝来説話には、鷹の名前と鷹飼について西園寺文庫蔵『宇都宮社頭納鷹文抜書秘伝』と一致する記載は見られない。

ところで、書陵部蔵『鷹之書』（函号一六三・八七九）は、京都洛西を拠点とした西岡衆のテキスト[18]で京都において流布したものである。同書の第一項に見える鷹の伝来に関する記載（該当本文は本書第二編第一章「諏訪流のテキストと四仏信仰」参照）によると、鷹の名前は「駿王鳥《しゆんわうちやう》」、鷹飼の名前は「勾陳《くちん》」という。「駿王鳥」も「勾陳」も、諏訪関係のテキスト類のいずれにも見られない名前である。しかし、西園寺文庫蔵『宇都宮社頭納鷹文抜書秘伝』に見える鷹の名前の「しゆんわう」と同書の「駿王鳥」は同名と見做せよう。さらに、同書の鷹飼の名前の「勾陳《くちん》」は西園寺文庫蔵『宇都宮社頭納鷹文抜書秘伝』に見られるあざなの「こうちん」とも読むことができよう。

また、『定家問答』（『小倉問答』[19]）は、藤原定家と二条為家父子の問答に仮託されたテキストで、「藤原定家」を標榜するその特性により、京都の公家流への志向性が判じられる鷹書である。同書には、以下のような鷹の伝来に関する記事が見える。

一　鷹は日本に渡る事いつの御代にや。
　答云。人王十七代仁徳天皇の御宇に始て渡りしなり。是鷹本地也。
一　始而渡りし鷹の名は俊鷹と申也。大國にてあまたの中よりすぐれたる鷹也。紀州那智山にはなさるゝ。是西南の鷹の根本也。

一　唐より鷹持渡之人はシュンクワウと云し也。和國三年住けるに鷹道不相傳。然時コチクと云美人を對してとはせし時。歸朝の時鷹書一巻コチクにあたへしなり。

右の記事では、初めて本朝に渡来した鷹の名前は「俊鷹」、鷹飼は「シュンクワウ」といい、鷹飼は帰国に際して「コチク」に鷹の伝書を一巻与えたという。鷹については、紀州の那智山に放たれたとする後日談が西園寺文庫蔵『宇都宮社頭納鷹文抜書秘伝』の叙述と相違するものの、名前は一致している。『定家問答』には以下のような記事も見える。

一　ひとよの水と申事如何。

答云。竹の本の一節にたまりたる水也。鷹の諸病の薬也。しゆ光こちくに是をつたふ也。こちくてふの歌も是なり。てふの字秘傳あり。

これは「ひとよの水」という鷹詞の説明の記事で、鷹の伝来説話とは関係ない。しかしながら、「こちく」に鷹の秘術を伝授したという叙述から、この「しゆ光」とは件の渡来人の名前であることが判じられる。この「シュンクワウ」あるいは「しゆ光」という鷹飼の名前は諏訪流のテキストには見えず、西園寺文庫蔵『宇都宮社頭納鷹文抜書秘伝』と一致するものである。

さらに、内閣文庫蔵『鷹経弁疑論 上』（函号一五四・三八四）によると、以下のような鷹の伝来説話が掲載されている。

爰に人王十七代仁徳天皇の御宇、十六年に摩訶陀國より本朝越前の國、敦賀の津に着に其名を駿王鳥《しゅんおう》と号す。鷹飼は勾陣《こうちん》と云。姿は僧のごとくにして、大袈の紋付たる、赤き物を着て、上に黒きさしぬきを着し、帽子をするなり。其時、公卿、僉議ありて、其人を撰、蔵人政頼勅を承、彼津に行向て、鷹術《ようしゅつ》を侍しより以来、代々の聖王是を賞し給ひて禁野《きんや》片野の御狩、宇多芹川《せりかわ》逍遥たゆる事なし。

何度も触れてきたとおり、『鷹経弁疑論』は、室町時代に西園寺家と並ぶ公家流の鷹の家として知られていた持明院家の代表的なテキストの一つである。同書に記載された右掲の鷹の伝来説話によると、渡来人は「越前国、敦賀の津」に到着し、先の『鷹之書』と同じく公卿詮議によって選ばれた政頼がかの津に赴いたという。そして、鷹の名前は「駿王《しゅんわう》鳥」、鷹飼の名前は「勾陣《こうちん》」とされている。これらは先に挙げた書陵部蔵『鷹之書』とまったく同じ名前で、西園寺文庫蔵『宇都宮社頭納鷹文抜書秘伝』とも一致する。なお、同書に見える鷹飼の装束の「姿は僧のごとくにして、大霰の紋付たる、赤き物を着て、上に黒きさしぬきを着し、帽子をするなり」という叙述も、西園寺文庫蔵『宇都宮社頭納鷹文抜書秘伝』に見える鷹飼の装束が「太あられのあけにふけもの、さしぬきにふしそめまるのきぬきて錦のほうしをしたりけり。かたち、ほうしに似りけり。」という叙述と類似しており、名前の一致とともに注目されよう。

以上のように、鷹の伝来に関する叙述は、諸書によって複雑な異同を見せながらも、鷹と鷹飼の名前については、各テキストの属性に即して一定の傾向が見られる。すなわち、諏訪流のテキスト群では原則として鷹の名前は明記せず、鷹飼の名前は「兼光」か「米満（よねみつ）」と伝える。また、京都周辺で流布した鷹書類は、鷹の名前を「駿（俊）王鳥」、鷹飼の名前を「勾陣（くちん・こうちん）」か「シュンクワウ（しゆ光）」と伝える。ただし、諏訪流のテキストながら書陵部蔵『啓蒙集』には、「朱光」なる人物が見える。が、それは渡来人と「呉竹」のあいだに生まれた「娘」の名前であるため、「渡来人」の名前というモチーフに注目する観点からみると、やはりこれは西園寺文庫蔵『宇都宮社頭納鷹文抜書秘伝』をはじめとするテキストに見える「シュンクワウ（しゅ光）」の伝承とは異質なものとみなされ、別系統の伝承として分別されるべきであろう。

このようなテキスト群の特徴を踏まえると、鷹の名前を「しゅんわう」、鷹飼の名前を「こうちん」または「しゅこう」と伝える西園寺文庫蔵『宇都宮社頭納鷹文抜書秘伝』は、鷹と鷹飼の名前について、諏訪流のテキストに伝わる名前ではなく公家の鷹書類によく使われている名を用いていることが確認できる。

実は、このような傾向は鷹と鷹飼の名前以外にもうかがうことができる。たとえば、西園寺文庫蔵『宇都宮社頭納鷹文抜書秘伝』には「小竹」が「しゆこう」に鷹書を読ませるために

くれはとりかさねしよはのあしたより　ふしそまされる小竹殿とよね

という和歌を送ったことが記されている。鷹の伝来に際して故竹に関わる和歌が一首詠みおかれることは多くの鷹書にも見られる。が、その和歌は、書陵部蔵『才覚之巻』では

小ちくてふことをかたらはふえ竹の　ひとよのふしを人にかたるな

と見え、西園寺文庫蔵『政頼流鷹方事』では

こ竹てう事かたらわは笛竹の　一夜の節を人にしらすな

と叙述されている（『啓蒙集』には和歌は未掲載）。これらの諏訪流のテキストに見える和歌は、それぞれ字句レベルでの異同はあるものの、大意においてはほとんど違いが見られず、いわゆる類歌として一括できるものであろう。しかも、その和歌は、これらのテキストではいずれも渡来人からこ竹に宛てて送ったものとされている。いずれにせよ、西園寺文庫蔵『宇都宮社頭納鷹文抜書秘伝』が記載している和歌とは全く違ったものである。

そもそも諏訪流のテキストに限らず、ほとんどの鷹書における鷹の伝来説話では「こちくてふ…」の和歌を載せる。ちなみに『定家問答』の前掲の記事では、「しゅ光」が「こちく」に伝えたという鷹術の秘伝に「こちくてふの歌」が挙げられている。鷹の伝来における渡来人と故竹とのやりとりとして「くれはとり…」の和歌を載せる例は西園寺文庫蔵『宇都宮社頭納鷹文抜書秘伝』以外、管見の限りにおいて確認できない。ただし、和歌に限定すると同じく『定家問答』に、

一　三本のむちと申事如何。答云。（中略）一本はさゝやきの鞭とて。夜ふせにしたる鷹の方へ彼鞭をさしあてゝ歌を唱るなり。

くれは鳥かさねし夜はの朝よりふしぞ稀なるこちく一よね

鷹すゞをならさぬ間は。幾度も此歌をとなふべし。

という例がある。これは、鷹道具の「三本のむち」についての問答に関する記述で、鷹の伝来説話とは関係がなく渡来人と故竹との逸話でもない。鈴を鳴らさない鷹に対する呪文として当歌が挙げられている。西園寺文庫蔵『宇都宮社頭納鷹文抜書秘伝』が、この『定家問答』の記事を典拠にしたか否かについては即断できない。ただし、西園寺文庫蔵『宇都宮社頭納鷹文抜書秘伝』の和歌が、京都の公家流を志向する鷹書類に収載されている和歌と一致することについては、先に確認した鷹と鷹飼の名前の伝承に見える特性と併せてやはり注意されるところであろう。[20]

さらにまた、西園寺文庫蔵『宇都宮社頭納鷹文抜書秘伝』によれば、「こうちん」が携えてきた「しゅんわう」は「これたゝの鳥にあらす。ひしやもん天皇のへんさなり」という。このように鷹を本地垂迹説になぞらえて説明する思想性については本書第二編第一章でも述べたところであるが、やはりテキストの属性によって叙述の異同が見られ

るところである。すなわち、諏訪流のテキストでは、一般に、鷹の本地を普賢・観音・毘沙門・不動の四仏として説く。これは諏訪社の上・下社がそれぞれ普賢菩薩と千手観音を本地仏とする信仰から展開した発想と思われるが、西園寺文庫蔵『宇都宮社頭納鷹文抜書秘伝』のように、最初に伝来した鷹の固体のみを単独で毘沙門の変化とする伝えは諏訪流にはない。ところが、書陵部蔵『鷹之書』第一項には「扨いまのほん書《しよ》のことく駿王鳥《しゆんわうちやう》と云。只《たゝ》の鳥《とり》にあらす、毘沙門天王《びしやもんてんおう》の他身也。」とあり、西園寺文庫蔵『宇都宮社頭納鷹文抜書秘伝』と近似した叙述が確認できる。やはりこの叙述においても、同書が京都風の文化に準じようとした姿勢を見出すことができるのである。

三　鷹歌の記載

また、冒頭に掲げられた鷹の伝来説話以外にも、西園寺文庫蔵『宇都宮社頭納鷹文抜書秘伝』が公家の鷹書に近いことを示す一例として、この書物の巻末に所載された一二首の鷹歌が挙げられる。その鷹歌群の一覧と類歌については【表⑤】の通りである。

表⑤

	『宇都宮社頭納鷹文抜書秘伝』十八丁裏～二十丁表	類歌	
		鷹書類	その他
01	はしたかの野鳥の鈴おしふせてかけにむかへはかへりもそする		

02	03	04
はしたかの今の心おわすれすは本のこふしへかへしもそする	ふりつもる雪のしら菅笠にぬふ鷹にはきせぬものとしるへし	雪あられふるとも今日のたかかいのあふおはきぬ物としるへし
一　三本のむちと申事如何。答云。一本はとふきの鞭といふなり。鷹のにげてまふ時。何木にてもとふきのむちとくはんねんして。手のひらに天と云字を書て。大緒を居るごとくにつまひて。彼むちにて天をさし地をさして。むちさきを鷹のまふかたへまはして文を唱るなり。ういくてん〳〵と三度唱べし。又此歌を唱なり。 箸鷹の今も心のかはらねば立帰るらん有しこぶしに （『定家問答』）	降そふる雪のしら菅笠にぬひ鷹野にはきぬ物としるへし（『後京極殿鷹三百首』冬部一九〇） ふりそふる霜のしら菅笠にぬふ鷹のニハきぬ物と知へし しもハしらすけといわんため也。唯是も鷹のにハかさをもきされと申にや。 （宮城教育大学附属図書館蔵『鷹三百首（摂政太政大臣）』冬　一八九）	雪あられふるともけふの鷹飼にあをはゝきぬと思ひしるへし （『後京極殿鷹三百首』冬部　一八九） 雪あられ降とんけふの鷹かいよあほとハき

	05	06
	うまれしはひとつなれともたかの子の すもりにおける心しらはや	かいなきおすもりにおけはたかの末の はのうへにこそ心しるしや
ぬと思ひ知へし あをと申ハみのゝ事也。雪あられふり積共鷹かいのみのをきぬ事也。可心得ニや。 (宮城教育大学附属図書館蔵『鷹三百首(摂政太政大臣)』冬　一八八)	生れしは一つなれとも鷹のなをすもりに残す心しらはや (『後京極殿鷹三百首』夏部　六八) むまれしハ一なれ共鷹の子を巣守に残す心しらはや 一なるも同様なれ共と云儀也。鷹の子ハ大ニなれハ、三四也。常ハ二もつ物にて候。如此有ニ一残置て、雨露にうたす事ハふひん也。其心いかやう成とたかに尋はやと云ことなり。 (宮城教育大学附属図書館蔵『鷹三百首(摂政太政大臣)』夏　六八)	かひなきを巣もりにをくは鷹の子を羽のうへに社心しるらめ　(『後京極殿鷹三百首』夏部　六九) かひなきを巣守に置ハ鷹の子の羽の上にこそ心しるらめ 此さた大ニ大事ニて候。鷹ハ子を持あつめて、其後玉子を我羽の上に巣の内を十

	07
	軒はうつましろの鷹のゑ袋におきゑも さゝへかへしつる哉
二とはしり廻、羽よりもころひたるをハそたてゝも弱かるへしとて巣守になし、徒ニ朽させ候。扨こそ羽の上に心おしるらめとハつかふまつり候へ。世の中も子をためさんニハ、如此ありてこそさかふるもおとろふるもはやくみおほへへく候ニや。 （宮城教育大学附属図書館蔵『鷹三百首（摂政太政大臣）』　夏　六九）	餌袋にかれかはきたるふるをきゑさして用なき身とそすてえぬ （中略）源頼政卿《ママ》北山の邊に女を思ひけり。野に出る時彼女のもとへ行とて餌袋をつかはしけれは、女鷹の儲をしけり。或時餌袋をつかはして行すして餌袋はかりとりにつかはしけれは、女いかゝおもひけん、をきゑもさゝてか のきはうつましろの鷹の餌袋にをきゑも さゝてかへしつる哉 と詠てけれは其鷹やかて死にけり。それより猶鷹に深くいまふ事なり。 （立命館大学図書館西園寺蔵『鷹百首和歌（西園寺）』　一七）（函号　二〇八） 或問。軒羽ウツト云コトハ如何アルベキゾヤ。
	男心かはりて詣で来ずなりて後、置きたりける餌袋を取りにをこせたりければ、書き付けてつかはしける　桜井尼 のきばうつ真白のたかの餌袋に招餌もさゝでかへしつるかな （『金葉和歌集』巻第九　雑部上　五六五） 軒ハ打目白ノ鷹ノヱ袋ニヲキヱモサゝテカヘシツルカナ 軒ハウツト申事鷹飼達不レ知由申然ニ或人云是ハ隼ニ可レ限隼ハ鷹飼ニツカハレ馴テハ狩場ヨリ帰テ家ノ内ヘ入ト申ソレニイマタ上品ナラサルハ軒ノ下マテ入テトツテ帰リ野ヘ行ト申治定ノ説ハ不レ習知一候

或問。軒羽うつと云事は、如何あるへきそや。答云。軒羽うつと云は、鶱翥上るを云なり。人の手より飛のく事なり。三条院御鷹飼の忠兼、北山邊に妻を思ひ、恋に懇にかたらいけるか、思ひすさめて後、かの女のもとに餌袋をわすれけるを、とりにつかはしけれは、かの女いはく、

　のきはうつましろの鷹の餌袋に置ゑもさしてかへりつる哉

と詠て、返しけれ共、ゆかさりける。此歌のこゝろも思ひのく鷹としりたらは、置餌をもちてなつけんものをとなり。眉《ま》白《しろ》の鷹と云は、惣ていつくしき事に云つけたり。忠兼を鷹になそらへたる歌なり。其時より、置餌さゝぬ。餌袋をおもひ妻となつけてふかく忌事也。亦、あかり羽ふるとも読なり。文選子虚賦にも軒の字をあかると讀事、常の事なり。鷹経にも軒翥と書たり。

(内閣文書蔵『鷹経弁疑論　上』)(函号一五四・三四八)

空よりもあたりおとしてはし鷹の草とる鳥やのき羽うつらむ

(中略)此のき羽は死する時の羽也。鳥の鷹にとられて死ぬるをばのくと云也。人に

(『六花集註』雑部下　三八〇)

一　問云、軒端というて、のく心に用うべきか。

答云、のきばうつましろの鷹のゑぶくろにおきゑもさゝでかへりつるかなかやうにあるほどに、のく心にもなるべけれども、なにとやらしき秀句なり。

(『耳底記』)

※『散木奇歌集』『和訓栞』『藻塩草』などにも同歌有り。

08	
はしたかおはやおきたてる巣縄をのちには犬のなわの事にやせん	
あら鷹をはやをきたつる置なはを後には犬のさかしにやせん（『鷹三百首和歌』冬部	語るにも。鳥ははやのきたるよなど云也。死にたるなどいはず。鳥ののき候をなをる共云人あり。前にも注之。古哥に。のき羽うつ眉白の鷹の餌袋におきえもさ、でかへしつる哉。鷹そこねたる也。両説よく分別すべしとぞ。哥にものき羽うつましろの鷹とよみ候得共。鷹詞には鷹の死ぬるをば。そこねたる共云也。前に註之者也。 （『龍山公鷹百首』七一） 一　置餌を渡事 又迯し取も置餌可指。然に置餌なくば餌袋の引緒をたがみて入請取渡べし。借し取にも如斯。是は昔せいらいしのび妻を持て。其宿に餌袋を指て置たりしを。夫のもうけのために彼置餌を肴に拵。夫を待所に。夫不来してすぐに鷹野へ出るとて。餌袋取に人を遣し時。彼餌袋に一首の歌を書添ておくられけり。 軒端うつ眞白の鷹の餌袋に置餌もさゝで返しつるかな 此歌の心は我をのく心にてよらざりけるか。置餌をさゝで返す心くるしきと云心也。 （『荒井流鷹書』） （後略）

	番号	歌	注	
			一三〇） 荒鷹をハやをきたつるをき縄を後にハ犬のさはきにやせん をき縄ハ大鷹にあり。小鷹にハへをとなり。大鷹のハふとし。されハ犬のさはきにやせんとなり。 （和洋女子大学附属図書館蔵『鷹三百首註』一一〇）	
	09	とはそてに山くらしるき鵠哉本のまゝ		
	10	山かへりとこほにつなく事あらはかならす山の心いてへし		
	11	犬かひはひろゐんまてはあからねとたかおすゆれはさしきへも行		
	12	はしたかの目にさす鈴おしらするさくらかりすと人やしるらん	箸たかのめさしの鈴をならさねは櫻かりすと人や見るらん（『鷹三百首和歌』春部二三） 箸鷹のめさしの鈴をならさぬハさくらかりする人やみるらん 春野に小鷹をつかふに鈴をならさて居て鳥を食をハ鷹司ハみ付す。さくらかりする人なとのみんとなり。 （和洋女子大学附属図書館蔵『鷹三百首註』二二）	

『後京極殿鷹三百首』［所収］群書類従19［備考］藤原良経の詠と伝えられる鷹三百首。

『鷹三百首（摂政太政大臣）』［所蔵］宮城教育大学図書館［所収］遠藤和夫氏「校訂『鷹三百首（摂政太政大臣）』（上）」（『和洋女子大学紀要』36）。同氏「校訂『鷹三百首（摂政太政大臣）』（下）」（『野州国文学』58）［奥書］元和九年閏八月吉日書写之畢　元禄十四年巳之陽月下旬ニ書写之者也　森元智［備考］『後京極殿鷹三百首』の有注本。

『鷹百首和歌（西園寺）』［所蔵］立命館大学図書館西園寺文庫［奥書］大永四年十月十五日　権大納言［備考］西園寺公経もしくは実兼の詠と伝えられる鷹百首の有注本。

『龍山公鷹百首』［所収］続群書類従19中［備考］近衛前久の真作とされる鷹百首に自注が付されたもの。

『荒井流鷹書』［流派］諏訪・荒井流［所収］読群書類従19中［備考］祢津松鷂軒の門人である荒井豊前守の著。

『鷹三百首和歌』［所収］群書類従19［備考］藤原定家作と伝えられる鷹三百首。

『鷹三百註』［所蔵］宮城教育大学図書館［所収］遠藤和夫氏他「対校『鷹三百首』」（『和洋女子大学紀要』35）［奥書］嘉禄二丙戌年／三月六日　権中納言藤原定家［備考］藤原定家作と伝えられる鷹三百首の有注本。


右の表のうち、02の「はしたかの今の心おわすれすは本のこふしへかへしもそする」、03の「ふりつもる雪のしら菅笠にぬふ鷹にはきせぬものとしるへし」、04の「雪あられふるとも今日のたかかいのあふおはきぬ物としるへし」、05の「うまれしはひとつなれともたかの子のすもりにおける心しらはや」、06の「かいなきおすもりにおけはたかの末のはのうへにこそ心しるしや」、07の「軒はうつましろの鷹のゑ袋におきゑもさゝへかへしつる哉」、08の「はしたかおはやおきたてる巣縄をのちには犬のなわの事にやせん」、12の「はしたかの目にさす鈴おしらするさくらかりすと人やしるらん」の計8首の和歌は、それぞれ『定家問答』『後京極摂政鷹三百首』『鷹百首和歌』『鷹経弁疑論』『龍山公鷹百首』『定家卿鷹三百首』に類歌を見出すことができる。いずれも、西園寺家や藤原良経、藤原定家、慈円など公家の著作に仮託され、いわゆる公家流の鷹書類もしくはそれを志向するテキストと判じられるものばかりである。(21)

前節で検した鷹の伝来説話といい、このような和歌群の記載といい、西園寺文庫蔵『宇都宮社頭納鷹文抜書秘伝』には、諏訪から乖離する叙述を見せる一方で、随所に公家流の鷹書に近付こうとする叙述を認めることができる。

では、なぜ西園寺文庫蔵『宇都宮社頭納鷹文抜書秘伝』は、このように公家流の鷹術伝承に傾倒していったのであろうか。小島瓔禮氏[22]によると、『神道集』などに見える甲賀三郎譚には、諏訪が宇都宮の狩猟信仰にとって代わったという勢力関係が反映されていると指摘している。ほぼ同じ時期に、諏訪円忠等の活躍によって、鷹術の世界においても諏訪の勢力が拡張していったことは先に述べた。一方、西園寺文庫蔵『宇都宮社頭納鷹文抜書秘伝』の著者である平野氏は宇都宮の信仰に関わった在地の一族であった。彼等には宇都宮独自の信仰と伝承を守らなければならない使命があったはずで、そのためには、諏訪の圧力に抵抗して諏訪から離れようとする思想が生じても当然であろう[23]。さらに宇都宮には、鎌倉期以降、京都文化を志向する精神風土が培われていた[24]。このような在地の精神的背景と諏訪を回避しなければならないという状況とが相俟った結果、公家の鷹書類になぞらえようとした西園寺文庫蔵『宇都宮社頭納鷹文抜書秘伝』が必要とされたのではないかと想定するのである。

おわりに

以上において、西園寺文庫蔵『宇都宮社頭納鷹文抜書秘伝』について、その制作状況と記載内容の特性について検討してきた。

同書は、他の現存する宇都宮流の鷹書類とは一線を画し、諏訪から逸脱する傾向を見せるものである。まず、その著者である平野氏は、宇都宮の信仰を携えた在地の氏族であった。中世期に全国的に流布した諏訪流の鷹術に対して、宇都宮流独自の鷹術の伝統を守る立場にあった一族である。

その平野氏が、宇都宮流の鷹術の伝統のために著したのがこの西園寺文庫蔵『宇都宮社頭納鷹文抜書秘伝』であった。冒頭に公家流の鷹の伝来説話を掲げ、末尾には鷹百首を添付した本書は、京都・公家流を志向した宇都宮の風土にふさわしく、宇都宮流らしい鷹書であるといえよう。

また、諏訪流の干渉を拒否した地方の放鷹伝承が、京都・公家流の教養書的な鷹書になぞらえられたという事象は、一方で、京都風を求める地方の文化普及の在り方をも象徴しているように思われる。西園寺文庫蔵『宇都宮社頭納鷹文抜書秘伝』もまた、諏訪を回避する権威付けの書としてだけではなく、宇都宮に京都風の放鷹文化を伝播するのに重要な役割を果たしていたのではないだろうか。本来、鷹書は地方においては京都の文化を摂取する媒体として機能していたのではないかと想像するのである。

注

（1）『古事談・続古事談』（新日本古典文学大系41、川端善明・荒木浩校注、岩波書店、二〇〇五年一一月）。
（2）『沙石集』（新編日本古典文学全集52、小島孝之校注・訳、小学館、二〇〇一年八月）。
（3）『前田慶二道中日記』（市立米沢図書館編、米沢市教育委員会、二〇〇一年九月）。
（4）『毛吹草』（岩波文庫、竹内若校訂、岩波書店、一九四三年一二月）。
（5）『放鷹』（宮内省式部職編、一九三一年一二月、吉川弘文館、二〇一〇年六月新装復刻）。
（6）『日本随筆大成　第三期　3』（日本随筆大成編輯部編、吉川弘文館、一九七六年一二月）所収。
（7）『放鷹』第一篇二一節「鷹の流派」など。
（8）「鷹書の世界―鷹狩と諏訪信仰―」（『芸能の中世』所収、五味文彦編、吉川弘文館、二〇〇〇年三月）。

（9）『柳庵雑筆』第二巻に「松鷗軒の弟子に、屋代越中守、吉田右衛門家元、熱田鷹飼伊藤清六、小笠原某、羽根田某、横沢某、荒井豊前守、平野道伯等の数人あり。皆新得発明する処ありて、各一家をなす。是鷹飼流派の大概なり」と見える。

（10）『宇都宮社頭納鷹文抜書秘伝』の書誌については以下のとおりである。

所　蔵　立命館大学図書館西園寺文庫。函架番号一九五

外　題　表紙左肩に無地の貼題簽

装　丁　袋綴（線装本）。

寸　法　縦一九・五糎×横一三・五糎。上下巻

丁　数　四三丁。一丁表〜二二丁表……「宇都宮社頭納鷹文抜書秘伝」。二三丁裏〜四三丁表……「鷹百首和哥西園寺太政大臣」。

行　数　半葉九行有罫。漢字平仮名交じり文。

目　録　なし。

内　題　尾題「宇都宮社頭納鷹文抜書秘伝」（二二丁表）。巻首題「鷹百首和哥西園寺太政大臣」（二三丁表）。

奥書等　「宇都宮平野代々秘書」（一七丁表）「寛永拾七年　八月吉日」（二〇丁表）「于時文禄四年乙十二月拾一日／下野国宇都宮に奉鷹文秘伝／之内後書及御侘言御移し畢候已」（四二丁裏）「右写所／寛永拾七年　北野　藤原朝臣／八月吉日　十河末次」（四三丁表）。

概　要　二種類の文献が上・下巻形式で合冊されている。上巻が『宇都宮社頭　納鷹文抜書秘伝』。下巻は『鷹百首和哥』（「やまひめに」類）を「西園寺太政大臣」の作として載せる。

（11）『栃木県史　史料編　中世3』（栃木県史編さん委員会編、栃木県、一九七九年三月）所収。

(12) 前掲前掲注（11）に同じ。

(13) たとえば、平野作左衛門貞知蔵「皆川廣照書状写」（『栃木県史 史料編 中世3』所収）には以下のように見える。

急度以長門守申入候、最前も此人を以内義申候條、其筋目以又進置候、然者佐竹御國替ニ付而、其許へ先御歸之由承及候、内々我々義も此方々岩城に此まて自然可有國替もかと存候處ニ、城主付而五三日中可罷歸候由存候、如先段申入候、久々老父に御懇切ニ候、是非先々此者有御同道、栃木へ可有御出候、以面上其以来之積義共可申述候、御息者義宣（佐竹）御供ニ候哉、如何、御孫殿御供之由承及候、事實候哉、是非御身上之儀者、拙者請取可申候、其上宮中近邊之儀ニ候、條々宮中御なつかしく思召候折ハ、少々日歸ニ被成候共、ほと近候間、御心安候、宮中ニ御座候に御同前之儀候、拙者も年寄申候條、寄合申候てむかし物かたり心安可申候由存候、其上當年珍敷鷹とも御座候間、懸御目度候、必々拙者も五三日中可罷歸候間、則彼者有御同道、先へ栃木迄御出、御待尤候、萬々以面上可申候、御息へも御心得候て可給候、委細彼口上ニ申候、恐々謹言、

霜月十五日　廣（皆川廣照）（花押影）

平野丹後守殿

まいる

また、平野作左衛門貞知蔵「皆川隆庸書状写」（『栃木県史 史料編 中世3』所収）によると以下のように見える。

返々、あしなともよく〳〵御やうちやう候へく候由、佐と殿おほせ候間、御大儀成御無事候て尤候□□□□貴殿よく〳〵御念を御入候へく候、

御鷹之事、佐州へ相談申候へハ、とやをかい候てあしをもなをし候て、よく〳〵もミ候て可進候由おほせ候間、よく〳〵とやに御念被入尤候、貴殿御前ニ候へく候、半兵へにくわし申遣（く脱カ）候事、

一先度より申候太田原平野殿事、いかやうニも御さいかく候へく候、知行事ハ三百石も四百石も相渡可申候、

貴殿之御才覚たるへく候事、如御頼申候〱、御たかに御念御入候へく候事、よく〱態成共人を御遣候へく
候事、偏〱頼入候、くわしくハ、甚左衛門可申候間、早々申入候、恐惶謹言、

皆志摩守《（皆川隆庸）》

五月廿三日　　隆（花押影）

平野丹後殿

參

（14）前掲注（11）に同じ。

（15）『宇都宮市史 近世史料編2』（宇都宮市史編さん委員会編、宇都宮市、一九八一年三月）所収。

（16）前掲注（13）平野作左衛門貞知蔵「皆川廣照書状写」など。

（17）書陵部蔵『原田三野右衛門蔵書写 政頼鷹秘書』（函号一六三‐一二一三）第三第一六五条には以下のような鷹の叙述が見える。

一 にん徳天皇の御時、大国より、しゆんわうと云鷹を渡して日本六十六ヶ国にひろめられ、源《みなもとの》蔵人政頼は、江州たかしま住人也。しゆんわうをあいくして、六十六ヶ国を見るに、しゆふうせんの西ににたりとて、かいの国、藤山のこしにくたりつゝ大国より正月十日に渡りき。しなのゝ国につきし日は、三月廿日の日也。政頼は、すわのこうにとゝまり、しゆんわうを藤山にはなす。鷹、十四の子をなして、おん鳥を七つ、めん鳥を七つ、かやうにうみて三月廿日より五月五日まて、以上、四十五日ものをおしへ、五月五日より、七月廿日迄、以上、七十五日かほと、しゆんわう、子共にしさい心さしをなして、太郎の鷹は、わしと名付、きりうなるくろあまのおもてをいたして、王のたからとなる。二郎の鷹は、くま鷹と名付て、王のたからとなる也。三郎の鷹は大鷹と名付て、きんはの鳥を取て、王の玉けんに奉る。四郎の鷹ははやふさと名付て、かすの鳥の中のけんひはしと名付て、た

みの田をふみ、作も《(もつカ)》をうしなふ鳥を取て、王のたからとなす也。五郎の鷹は鵠とかうして、うつらを合て、すはのなんくうに、納る也。六郎の鷹は、とひと名付けて、物々の、まゑんののり物にして、王の御かたきをけたし、御宝《たから》なる。七郎の鷹は、もり下のからすと名付て、神のつかわしめとしてつゝけをほす。かやうに、七つかいになして、七十五日か間ならわして、七月廿五日のむまの時、青き雲の中へくして上りしより、しゆんわうは本国へ帰。是を七鳥のわかれとは申也。此鷹、六十六ヶ国へひろめる也。其時、御使、蔵人政頼、鷹のまほりとなつて、ひしやもんてんわうとて、おはします。すはのなんくうとは是也。

この叙述は、「しゆんわう」の生んだ七羽の雄鳥と雌鳥について、太郎から七郎までそれぞれ目指すべきことを習わせて雌鳥と番にし、「七月廿五日のむまの時」に青い雲にて親子が決別する「七鳥の別れ」説話である。書陵部蔵『原田三野右衛門蔵書写 政頼鷹秘書』は、弘下三年（一八四六）の書写とされるテキストで、書陵部蔵『啓蒙集』の「みさご腹の鷹」説話や同書記載の鷹飼の系譜などを始め、属性を問わない種々の鷹書からの抜粋記事を書き集めた内容となっている。右掲の「七鳥の別れ」説話は、太郎から七郎が課せられた内容について、表現上の細かな異同が見られるものの、大筋において西園寺文庫蔵『宇都宮社頭納鷹文抜書秘伝』の冒頭に記載されている説話の後半部と近似している。両書の典拠などについての具体的な相関関係は不明であるが、書陵部蔵『原田三野右衛門蔵書写 政頼鷹秘書』の書写年代を考慮すると、同書の叙述は「七鳥の別れ」説話の比較的後世における展開の一斑と想像されよう。「七鳥の別れ」説話が独立して流布・展開していたことが伺われるものであろう。

(18)　応仁二年（一四六八）三月四日付「細川勝元奉行人奉書」（『長岡京市史 資料編2』所収、長岡京市史編さん委員会編、長岡京市役所、一九九二年三月）は細川勝元が神足孫左衛門尉以下四人の西岡衆に宛てた文書であるが、その宛先の一人に「石原弾正左衛門尉」と見える。

(19)　『続群書類従 第19輯中』所収。

(20) 山本一「鷹歌文献序説—肥前嶋原松平文庫蔵「鷹和歌集」「鷹百首」の検討を中心に—」(『研究と資料』56、二〇〇六年一二月)によると、島原公民館図書館肥前嶋原松平文庫蔵の室町写本『鷹百首』(分類番号八六・四三)と近世写本『鷹和歌集』(分類番号八六・三七)、金沢市立玉川図書館蔵稼堂文庫本『鷹三百首』にも故竹を詠み込んだ「くれはとり」の鷹歌が所載されているという。

(21) 山本一は「「やまひめに」類鷹百首の伝本について」(「金沢大学人間社会学域学校教育学類紀要」2、二〇一〇年二月)において、『宇都宮社頭納鷹文抜書秘伝』の下巻に相当する『鷹百首和哥』(「やまひめに」類)について、内題書名の位置や文禄の奥書、さらには「やまひめに」類の歌の頭にすべて「一」の字が見える形式が前半の『宇都宮社頭納鷹文抜書秘伝』の箇条書き形式と同じ書式で写されているように見えることから「「やまひめに」類を含む全体が「宇都宮社頭納鷹文抜書秘伝」と呼ばれているようである」と説明する。この山本の指摘に従うならば、『宇都宮社頭納鷹文抜書秘伝』は鷹百首類に準ずる傾向を持つテキストと見なせよう。その傾向にもまた、諏訪と乖離しようとする同書の特性を見出すこともできるのではないだろうか。

(22) 小島瓔禮「日光山縁起と狩猟信仰」(『中世唱導文学の研究』所収、泰流社、一九八七年七月)。

(23) 二本松康宏は、真名本『曽我物語』における源頼朝の北関東狩庭めぐりのルート—浅間山麓の三原野から赤城山を経て宇都宮、那須野へと至る道—が諏訪と宇都宮の狩猟文化往来の道である由を説く中で、『神道集』における諏訪明神と宇都宮明神との関係について「諏訪を中心とする家族的神話体系において宇都宮はあくまで諏訪の舎兄」とされることを指摘している(『曽我物語の基層と風土』、三弥井書店、二〇〇九年二月)。

(24) たとえば、石田吉貞が「宇都宮歌壇とその性格」(『国語と国文学』24・3、一九四七年一二月)において宇都宮歌壇の成立をめぐって宇都宮氏と御子左家との密接な関係を論じているのを始め、小林和彦が「宇都宮歌壇の再考察—笠間時朝・浄意法師を中心に—」(『国語と国文学』65・3、一九八八年三月)において『新和歌集』が京都から東国に下向した浄意法師と笠間時朝との交流によって成立したことを論及している上、「宇都宮歌壇―京文化への回路塩谷朝業と実朝」（『国文学 解釈と鑑賞』67‐11、二〇〇二年一一月）では平安末期から鎌倉初期にかけての宇都宮家の人々が在京文化人であったことなどを考察している。

結　章　中世鷹書の展開——越前国朝倉氏の鷹書をめぐって——

はじめに

以上において、本書は中世期に成立した鷹書類の中から、公家、地下、さらには諏訪流と宇都宮流の鷹術といったさまざまな属性を持つ鷹書について考察を進め、それぞれの特性を明らかにしつつ、その伝承背景となった文化諸相を論じてきた。まずは、それぞれの概要と結論を以下に挙げてみる。

第一編「公家の鷹書」では、公家流の鷹書と京都近辺に拠した地下の鷹書について注目し、それぞれのテキストを支えた伝承背景の特性と各鷹書同士の相関関係の実相を明らかにした。

第一章では、西園寺家の鷹術伝承に注目した。西園寺家は清華家の名門として知られるが、いわゆる西園寺流とよばれる公家の鷹狩の術を家職とする「鷹の家」でもあった。その西園寺家の鷹書である『西園寺家鷹口傳』には、禰津神平への興味・関心が顕著に伺える「みさご腹の鷹」説話が記載されている。さらに同書には、鷹狩の由来を諏訪に求める記述や諏訪の神事に関わる記述なども見え、諏訪信仰に関わる伝承世界と響きあう特性が見出されるものであった。従来、諏訪信仰を京都にもたらしたのは、足利尊氏に抜擢されて幕府奉行人を務めた諏訪円忠であったとされてきた。すなわち、彼が上洛した元弘三年（一三三三）を契機として京都に諏訪信仰が伝播したというのである。しかしながら、『西園寺家鷹口傳』によると、その伝本の一つに応長二年（一三一二）の奥書が見える。そもそも西園寺家は、鎌倉時代に関東申次を世襲するなど、東国文化に通じる存在であった。このような西園寺家の鷹書が媒体となって、円忠以前の京都における諏訪信仰が隆盛した経緯を予想した。

第二章では、西園寺文庫蔵『政頼流鷹方事』についてその特性を分析した。同書は、西園寺家において寛政八年（一七九六）には所蔵されていたことが確認でき、当家の代表的な鷹書類のひとつである。本章では、このテキストの特性を検証することによって、中世期以降に展開した政頼流の鷹術伝承の一斑を明らかにした。まず、同テキストの冒頭に提示されている鷹の伝来説話に政頼伝承のモチーフが記載されていることに注目した。鷹書類において、各テキストの冒頭に掲載されている鷹の伝来説話は、それぞれの属性を象徴するものである。本書の伝来説話によると、本朝における鷹飼の元祖を「三条西家の祖」である政頼と主張しており、三条西家流の鷹術を志向することが判じられる。その一方で、同書の奥書には「祢津甚平（根津甚平）」の写本である由が記載されており、諏訪・禰津流の鷹書であることも標榜している。このように一見矛盾して見える当テキストの様相は、西園寺家の鷹書類が三条西家流の政頼伝承と結びつきやすい傾向を有していたことと、第一章で確認したように諏訪流の鷹術伝承を積極的に採り込む特性があったことに起因する。このように中世以降、「政頼流」を称する鷹書類は、公家流（三条西家流・西園寺家流）や諏訪流など、多様な属性を持つテキストに展開していった。本章で扱った当該のテキストは、種々雑多に展開した政頼流の鷹術伝承に関する享受の様相を如実に示すテキストと判じられる。

第三章では、下毛野氏の末裔である調子氏の鷹書について考察した。山城国乙訓郡調子庄を支配した調子氏は飛鳥・奈良朝の豪族として知られた下毛野氏の直系を称し、摂関家の随身として近衛官人の官途を世襲した。当家には調子家文書と称される古文書群が伝わり、その中に下毛野氏の家に伝わった鷹術に関する伝書が存在する。その伝書には、下毛野氏（調子氏）の鷹術を象徴するような記載が確認でき、同氏の鷹術を解明する手がかりとして重要な意味を持つ。そこで、本章では、調子家所蔵の鷹書を緒口にして下毛野氏の鷹術伝承を考察し、平安時代以来の鷹術の伝統と関わる地下の鷹飼の実相を解明する一環とした。すなわち、下毛野氏の鷹術伝承には、贄鷹の神事にかかわる作法や三本足の雉説話などが記載されており、随所に祭儀的な要素が見出される。それは、中世期の下毛野氏が各地の散所支配に携わっていたことと響きあうものであった。中世における散所の支配者は、同所に居住した下級宗教者や芸能者たちの長的な存在である。下毛野氏の鷹術については、散所と関わる同氏の職掌を踏まえ、神事としてその本質を究明する必要があると考えた。

第四章では、同じく下毛野氏の末裔である調子氏が所蔵する鷹書の具体的な記述について、他の鷹書との比較検討を中心に考察を進め、同書の相対的な特性を明らかにした。すなわち、下毛野氏の鷹書には鷹道具や架繋ぎなどの礼法を示す記事が多数記載されているが、それらに類似する記事が『持明院家鷹秘書』全一〇巻所収の鷹書類や京都の故実家である藤井総博が書写したテキストにおいて確認できる。このようなテキスト間の近似性より、地下の鷹飼である下毛野氏の携えた鷹術伝承は、公家やそれに近しい故実家たちのそれと脈絡を通じていたことが伺える。

以上、本編においては、西園寺家・持明院家を中心とする公家の鷹書類と下毛野氏が携えた地下の鷹書類について、各テキストの特性とそれにまつわる問題点を検討してきた。その結果、これらの鷹書類はいずれもそれぞれ部分的に重複する内容を持ち、相互に影響しあった痕跡のあることが確認できた。このことから、京都を地盤とする鷹狩文化は、ある一定の普遍性を持ちながらそれぞれの属性を打ち出していた可能性が考えられる。

次に、第二編「東国の鷹書」では、第一編とは異なる位相の鷹術伝承として、地方に展開した鷹書類を取り上げた。

具体的には、諏訪・宇都宮の鷹書類に注目し、各テキストの特性を明らかにしつつその伝播の実相について言及した。

第一章では、書陵部蔵『啓蒙集』について取り上げた。同書は、信濃国諏訪大社に奉仕した禰津氏による諏訪・大宮流の代表的なテキストである。まずはこのテキストに掲載されている叙述内容について分析し、他派のテキスト類や同じ流派のテキスト類との相対的な比較を通してその特性を考察した。すなわち、『啓蒙集』やこれと同じ属性を持つ諏訪流の鷹書類では、狩の主役である「鷹」の本地について、一貫して「四仏（＝普賢菩薩・観音菩薩・不動明王・毘沙門天）」を主張している。これは同伝派のテキスト独自のモチーフであるが、「四仏」とされるもののうちの普賢菩薩と観音菩薩は、信濃国諏訪大社の上社と下社の本地にも該当する。他の伝派の鷹書類においても鷹の本地を種々の神仏に当てはめる思想性は確認できるが、普賢菩薩と観音菩薩を主張するのは、信濃国在地の諏訪・大宮流の流れを汲むテキストのみである。これらのテキスト類は諏訪大社の信仰と重なる思想性を発信しようとする意図があったものであろう。このように『啓蒙集』を中心として、諏訪の信仰と連動するテキストが多数介在することにより、諏訪・大宮流の鷹術が広く全国に普及していったものであろう。

第二章では、書陵部蔵『啓蒙集』に記載される「みさご腹の鷹説話」について考察した。「みさご腹の鷹」説話は、鷹書類をはじめとする種々の文献に多数散見する。その中で、当該書における同説話は、諏訪・大宮流の始祖伝承とされ、同伝派を象徴する伝えとなっている。類話としての最も早い例としては『古今著聞集』に所収の話が挙げられるが、それによると、「みさご腹の鷹」を遣った人物は信濃国の「ひぢの検校豊平」とされる。この人物の属性となっている信濃国「非持」は現在の長野県伊那市長谷非持に比定される。当地は諏訪氏の一族である高遠氏が支配していたことがある上、諏訪大社の上社から秋葉街道を南下する行程の要衝地であった。さらには中世期を通して諏訪大社の御狩の神事に関わる神領でもあったのである。これらのことから、中世期における非持は、信濃国諏訪大社の重要な信仰文化圏のひとつであったことがわかる。「みさご腹の鷹」説話は、本来、このような諏訪信仰と所縁深い信濃国非持の在地伝承から発したものと推察される。それが種々の文献に採り込まれる際に、たとえば、「みさご腹の鷹」を遣う人物を禰津神平とすりかえるなど、テキストの属性に応じてモチーフや話柄がさまざまに変容していった。このような非持の在地伝承と鷹書類をはじめとする種々の文献とが交錯する位相を介して諏訪の鷹術が広く伝播していった経緯を明らかにした。

第三章では、鷹術伝承の世界においてしばしば登場する「せいらい」と称する鷹飼の名人について、主に諏訪流の鷹術に纏わる伝承を中心に検討した。平安時代の鷹飼の名人である「源政頼」は、中世期以降、史実を越えた伝承が多数発生し、複雑に展開する。そのうち、諏訪流の鷹術伝承の世界では、政頼を同派の祖とする伝えが存在する。しかしながら、同じ諏訪流の伝承でありながら、同派の祖を「禰津神平」とする主張も同時期に流布している。これは、諏訪円忠の流れを汲む在京の諏訪氏が『諏訪大明神画詞』などで「禰津神平」を同派の鷹術の象徴的な人物と仰ぐ伝えを持つのに対して、信濃国小県郡（長野県東御市）を本貫地とした在地の禰津一族が『啓蒙集』などにおいて「せいらい」を派祖とする縁起伝承を携えていたことによるものである。なお、諏訪流とは異なる伝派の鷹書類や、鷹書以外の書物においては「禰津神平」と「せいらい」を婿と舅という設定にするなど、両者を併記することがある。しかし、在京諏訪氏にしろ信濃国在地の禰津氏にしろ、諏訪流に属するテキストにおいては両者を併記することはありえない。このように「せいらい」はそれぞれの伝派において、シンボリックに扱われる（あるいは扱われない）ことによって、その伝承が変容され、多彩に展開していったことを明らかにした。

第四章では、西園寺文庫蔵『宇都宮社頭納鷹文抜書秘伝』について検討した。かつて下野国宇都宮には、宇都宮の狩猟信仰に関わる贄鷹の神事から発した宇都宮流を称する鷹術があった。しかしながら、それは現在ではすでに途絶え、その実態を知る唯一の手がかりは「宇都宮流」を称する鷹書の存在しかない。『宇都宮社頭納鷹文抜書秘伝』は、文禄四（一五九五）年の奥書が記されており、現存する宇都宮流の鷹書の中では最も古く注目に値する。そこで本章では、同書をめぐる制作状況や記載内容の特性について検討し、宇都宮流の鷹書の実相を解明する手立てを考察した。すなわち、同書は制作者である平野氏が宇都宮の神官に準ずる家筋で、宇都宮信仰を携えた在地の氏族であったことにまずは注目した。平野氏は主君であった宇都宮氏が豊臣秀吉に改易されたのを契機に宇都宮を離れ、久保田藩に遷封された佐竹氏に随従した。それ以降、宇都宮在地の鷹術が廃れてしまったため、従来の研究史では他の現存する宇都宮流の鷹書類を以って同流の特性を確認していた。それらの制作者には諏訪・大宮流の人物の名前が見えることから、これまでの宇都宮流の認識は諏訪流と近い鷹術であるとされてきた。しかし、『宇都宮社頭納鷹文抜書秘伝』の著者である平野氏は純然たる在地の宇都宮流の鷹匠であることから、これまで知られてきた宇都宮のテキストとは一線を画し、諏訪から乖離したものであることを指摘した。さらに、同書の冒頭に掲載されている鷹の伝来説話は、本朝に鷹を伝えた渡来人の名前や最初に本朝に伝来した鷹の名前などが、諏訪流のそれとは相違してむしろ公家流の鷹書と一致している。また巻末に数種の鷹歌が記載されているが、これはいずれも作者を公家の人物に仮記された鷹百首類のテキストに出典が求められる。そもそも本書の全容は西園寺家鷹百首と合冊形式のテキストになっており、鷹歌に対する志向性が強く認められるものである。以上のことから、『宇都宮社頭納鷹文抜書秘伝』は、京都・公家流を志向した宇都宮の風土にふさわしい鷹書であることを確認した。そしてそのような特徴を持つことから、同書は宇都宮に京都の鷹術文化を伝播する役割を果たしていたことを提言した。

以上において論じてきたように、中世期において多数制作された鷹書類は、京都の公家流の特性を持つものと、東国すなわち諏訪流の流れを汲むものとにおよそ大別できる。ただし、諏訪流のテキストについては、信濃国の諏訪大社に奉仕した禰津一族のそれと、大祝家の分家である在京諏訪氏のそれとでは同じ伝派でありながら異質な伝承を持ち、さらにその属性を細分化できる。これらの伝承は複雑に絡み合いながら種々多様に展開し、近世期になると属性等を無視した無秩序な伝承が混在する鷹書類が膨大に生産されてゆく。

ところで、その中世と近世の端境期にあたる戦国時代もまた、鷹書が大量に制作され全国各地に流布した時代であった。そこで、結章として、このような地方に展開した鷹書のうち、越前国朝倉氏に関わる鷹書として書陵部蔵『斉藤助左衛門鷹書　全』（函号一六三 - 一一七三）を取り上げる。本書は、外題によると「斉藤助左衛門」なる人物の鷹書と称されるものであるが、その奥書に「出羽國齋藤助左衛門殿朝倉太郎左衛門秘伝也」と見えることより[1]、越前の戦国武将・朝倉氏とも関わるテキストであることが判じられるものである。

戦国時代の朝倉氏が熱心に鷹の蒐集につとめ、鷹狩を行っていた経緯は『朝倉孝景条々』『朝倉宗滴話記』などによって、よく知られている[2]。朝倉氏に限らず、中世末期の地方の戦国武将たちの多くは積極的に鷹狩に励み、それに関連する教養を身に付ける一環として鷹書類の制作・伝播に携わっていた。朝倉氏はその一例とみなされるものである。

朝倉氏の鷹書としては当該書のほかに、連歌師の柴屋軒宗長が月舟寿桂に依頼して作文し、朝倉教景に贈呈した『養鷹記』と同書の全文を巻末に掲載する書陵部蔵『朝倉家養鷹記　完』[3]（函号一六三 - 一三一九）が現存する。同書は『放鷹』によると、『養鷹記』の全文が掲載されていることにより、当該の外題が付されたものかと推定されている（後述）。

が、同書と書陵部蔵『斉藤助左衛門鷹書　全』を比較してみると、両書にはいくつかの近似した内容が確認でき、朝倉氏の鷹書の実相を考えるのに示唆的である。

そこで、まずは書陵部蔵『斉藤助左衛門鷹書　全』について、書陵部蔵『朝倉家養鷹記　完』との共通点を確認する。次いで、その共通点から窺われる本書の特性を明らかにし、地方における鷹術文化の実態を解明する事例のひとつとしたい。

一　朝倉氏関連の鷹書

さて、『斉藤助左衛門鷹書』について『放鷹』[4]の「本邦鷹書解題」によると「十八の灸所の説明より鷹具のこと、鷹の受取渡、鳥の緒かけやう、鳥柴の事、鷹の名字、薬飼、十二架の繋ぎ様、餌袋鳥屋田緒山緒の事等を記す」とあり、鷹狩に関する実技的な内容が中心となっていることが説明されている。

先に触れたように、書陵部蔵『斉藤助左衛門鷹書　全』三〇丁裏六行目~九行目には「出羽國齋藤助左衛門殿朝倉太郎左衛門秘傳也　両家被究如此被注置也　實子タリ共此道ヲ歎サランニハ不可傳者也　永正三年三月吉日　天羽迄吉盛　在判」と見える。この「朝倉太郎左衛門」とは、永正三年（一五〇六）の年記から、朝倉教景（宗滴）に比定される。教景とは、朝倉貞景・朝倉孝景（宗淳）・朝倉義景といった朝倉氏最後の三代の当主に仕えた人物で、当主と同じ一族である。当該書は、この人物と「出羽國斉藤助左衛門」の秘伝とされ、書名は「斉藤助左衛門鷹書」となっているが、斉藤助左衛門については不明。同じく在判のある「天羽吉盛」についても未詳である[5]。

また、『続群書類従　第19輯』所収『斉藤朝倉両家鷹書』は当該書の類書で、当該書の二〇丁表~三〇丁裏の叙述と重複した内容となっている。ただし、書陵部蔵『斉藤助左衛門鷹書　全』の二〇丁裏〜二三丁表に記載されている架繋ぎに関する記述については群書類従本に見えない。総じて書陵部蔵『斉藤助左衛門鷹書　全』の方が完本の態を示しており、群書本の方はその抄本かと推されよう。

次に『朝倉家養鷹記』についてであるが、『放鷹』の「本邦鷹書解題」によると、

> 序中に煩悩即菩提の精神より八幡の霊鳥は鷹にして、鷹の守護神は諏訪明神といひ、仏説に付会して畋猟の廃すべからざる所以を説き、架并に鳥屋の寸法より用ゐる文字の事同次第の事まで五〇章に分ち、鷹具鷹の受渡、同見せ様、山緒田緒のこと、焼串、鷹の斑、尾の名、十二顔、鷹詞、犬の方式等を委しく説けるもの。鷹文字鷹詞も多くあげたり。当流臂鷹秘訣と題せる一本。

と説明される。

書陵部蔵『朝倉家養鷹記　完』の巻首題には「唐流鷹秘決條々」と見え、『放鷹』の解題に「当流臂鷹秘訣と題せる一本」記されていることに符号する。「当流臂鷹秘訣」の類書については、書陵部に所蔵されているものだけでも、『当流鷹秘決』（函号二〇七-一〇五）、『唐流鷹秘事條　上・下』（函号一六三-一一〇五）、『唐流鷹深秘事抄　上・中・下』（函号一六三-一三二七）、『唐流鷹秘決　全』（函号一六三-一二五二）などの伝本があり、広く流布した鷹書であることが窺われる。また、書陵部蔵『朝倉家養鷹記　完』の冒頭（序）にはテキストの属性の指標となる鷹の伝来説話が記載されているが、冒頭に同じ伝来説話が掲載されている「唐流（当流）」のテキストは管見において書陵部蔵『唐流鷹秘事條　上』と書陵部蔵『唐流鷹深秘事抄　上』のみである。このうち、書陵部蔵『唐流鷹深秘事抄　上』の方は、後半部の叙述が書陵部蔵『朝倉家養鷹記　完』のそれとやや異同がある。この「唐流（当流）」という伝派は未詳で、

その具体的な属性はよくわからない。

それよりもむしろ、書陵部蔵『朝倉家養鷹記　完』の特性について注意されるのは、巻末に掲載されている『養鷹記』の全文の方である。この部分にも鷹の伝来説話が叙述されているが、『養鷹記』は、先述のとおり京都・五山僧の月舟寿桂が作文したテキストであるため、在地性が薄い上に禅僧の手になる文書ということでやはり伝派などの属性も見出しにくい。しかし、少なくとも朝倉氏に寄贈されたテキストであることは確かであることから、当家と所縁のある鷹書としての特性を窺うことは可能であろう。ただ、先にも述べたように、『放鷹』「鷹書解題」で「末に養鷹記を載せたり。題簽はこの記に基づきて記せるか。」と推測されているように、必ずしも外題に従って朝倉氏の鷹書そのものと断定することはできない[6]。そこで、当氏所縁の鷹書の周縁的なテキストとして同書を取り上げ、書陵部蔵『斉藤助左衛門鷹書　全』の特性を検討する参考文献として次節から扱ってゆきたいと思う。

二『斉藤助左衛門鷹書　全』と『朝倉家養鷹記　完』

前節で確認したように、書陵部蔵『斉藤助左衛門鷹書　全』は鷹狩の実技に関する知識を記載したテキストである。鷹書において、礼法や鷹道具などの実技に関する叙述はテキストごとに千差万別で、一定の傾向を見出しにくいものであることは何度も述べたところである。しかし、逆に言えば、実技の叙述において類似性が確認できるテキスト同士は、稀有な共通点を持つ近しい存在であることが認められる。当該書と書陵部蔵『朝倉家養鷹記　完』との間については、以下に挙げるように四箇所において類似記事が確認される。

まず、その一箇所目であるが、書陵部蔵『斉藤助左衛門鷹書　全』六丁裏八行目〜七丁裏八行目に以下のような記述が見える。

一　鷹請取渡す事。一番にむち、右の手にてたちを人にわたす様に出すなり。手よりすゑは賞翫なり。もとはさかりなり。請取人其心得すへし。とりて驄而さすなり。二番に餌袋、うちの緒を解て、くちにゆひを入て緒を引出して、をを手に一にわけにきり、大ゆひを口に入て一に取て、鳥かしらを渡すへし。くちはうへになして、少ひたり□かつけ出すなり。鳥かしらを取は賞翫也。両の手にてしりのかたをかゝへて請取て、大指を口に入て腰に付へし。三番に鷹のあし緒をときて、右の手に一つにわけ取て、右の膝の下へ引入て、わか手より上をわたすへし。請取人は上を請とらすして、手に一わけとりたるをとらんとすへし。上下によりて渡すへし。請取人はあしをゝ取て驄而人さし指に巻て、其後左の手にてあしをゝ取、あし緒のきはまてこきあけて請取なり。鷹拳《コブシ》に渡らは、左の方へひらきて、大緒を手にまくへし。さてふちをぬきてもちて、ふちのもとをつきて礼をしてしりそく也。もしつまらは右へもひらき退き大をゝまくへし。三四の礼といふ事有。上といひ下といふ事あり。

これは鷹を受け渡しするときの作法について詳述した記事である。すなわち、まず最初に鞭の渡し方と受け取り方を述べ、二番目に餌袋の渡し方と受け取り方を説明し、三番目に足緒の受け渡しと鷹を拳に移す手順について記している。細部にわたってかなり詳しい所作振る舞いについて説明しているものであるが、これとほぼ同じ叙述が書陵部蔵『朝倉家養鷹記　完』第一〇「鷹請取渡ふせ鷹渡様」第一条に以下のように見える。

一　鷹請取渡事。一番に鞭、右の手にて鞭の本を持て人の右の方へ少なひけて渡也。請取人、鞭の下をとらんとす。出す手より末は賞翫。本は下とす。請取人可得其意也。取て驄而腰にさすへし。二番に餌袋、内緒をとき、口に指を入、緒を引出して、緒を手に一握て、大指を口に入て一つに取て、鳥頭を可渡。口は上になして、少左へかたふけて出す也。鳥頭を取は賞翫。両の手にて尻の方を持て請取て、大指を口に入て腰に付へし。三番に鷹を條をときて、右の手に一わけ取て、右のひさの下へ引入て、我手より上を渡すへし。請取人、上を不取して、手に一わけ取たる所をとらんとすへし。上下によりて可渡也。請取人は條を取てやかて人さし指にたして、其後左手をもつて條を取、あしをのきわまてこきあけて請取也。鷹拳にわたらは、左方へひらき、條を手に捲へし。鞭をぬき持て、鞭の本をつきて礼をして退也。若つまらは右へもひらきて退きて退て條を可捲。三指の礼と云事有。一に人さし二に長高、三に醫師相手此札をいたさす。如其して可請取。無口傳は難知事共也。

このように、書陵部蔵『斉藤助左衛門鷹書　全』の該当文と相当細かな部分まで似通った内容を確認でき、両書の近似性が認められるところである。さらに、このような両書に見える記述とほぼ同じ記事が、内閣文庫蔵『責鷹似鳩拙抄』（函号一五四‐三〇四）にも以下のように確認される。

一　鷹請取わたす事

一番に鞭右の手にて太刀を人に出す様に出也。手より末は賞翫。本は下とす。うけとる人その心得をなすへし。とりてやかてさすへし。二番に餌袋うちをゝときて、口にゆひを入、緒を引出して、緒を手にかけてにきりて、大指を口に入て、一にとりて鳥かしらをいたすへし。口は上になしてすこし左の手傾て出す也。鳥かしらを取は賞翫也。両手にて尻のを拘てうけ取て、大ゆひを口に入て腰に付へし。請取人は上を取すして、手に一わけ取たる所をとらんとすへし。上下によりて渡也。うけとる人は條をとりて、やかて人さしゆひに一巻して、そのゝち左の手をうつて條をとり、あしをのきはまてこきあげてうけとるなり。鷹こふしにわたらは、左のかたへひらきて、大をゝ手に巻へし。さて鞭をぬきもちて、鞭の本をつきて礼をして退也。もしつまらは右へもひらきて退て大を、巻へし。三指の礼といふ事あり。上とす口傳在之。

『責鷹似鳩拙抄』が持明院基春の著になる公家流の鷹書であることはすでに何度も述べた。同書は持明院家の鷹書類の代表的なテキストである。右の記事を、先に挙げた朝倉氏所縁の両テキストと比較すると、『責鷹似鳩拙抄』では足緒の受け渡しの叙述に相当する部分が抜けているくらいで、その他の部分はほとんど同文に近い内容となっている。このように、朝倉氏所縁の鷹書の共通記事が持明院家のテキストと近しい内容を持つことは非常に興味深い。

次に、二箇所目の類似部分であるが、書陵部蔵『斉藤助左衛門鷹書　全』九丁表六行目〜一〇丁裏五行目には、以下のような鷹の獲物に関する作法が見える。

一　うつら、ひはりをはさむ事。竹、或はあし三本にはさむへし。一さほとはかす也。又は七なり。竹のもとのふしより下六寸にきる也。もしふしちかくは六寸のうちにあるふしをけつるへし。又とりにわ上のあまり四寸なり。すゑを切事、鳥の左の方より、上下ともにすゑのとかりをすこしなをすへし。鳥、一つにかみより一すちつゝにて二巻して、かもと、うさきのことくにして、かたわなにむすひて、わなのかた上になして、むすひめ中にして、上下に切なり。鳥ととりとの間、鳥一つはさむほとつゝをくへし。但ひはりは芦にはさまさる也。あし三本は、鳥の左に一本、右に二本なるへし。初の下の鳥の下にて一むすひすへし。其外は竹におなし、芦のもとをゆひあはせすして、二尺はかりにすへし。末かたは穂なからをくへし。又紙よりにてゆはすして、かへすにてもまくなり。其時は鳥のしたにて一むすひして、そのまゝ巻あくるなり。とり一つゝの間、つねに有へし。左巻成へし。

一　しきはさむ事、前に同し。六月七月のものなり。竹にてはさみ、柳の葉をはさみそへるなり。くはせはしたくはしのねなり。惣して小鳥は、かしら上なり。かきの葉二を、左右の羽に加てはさむ。あつき比あつき日にあてしとの心なり。故に肴に用る時も、しきのかいしきには、かきの葉をする也。但しきをとらする比の事成へし。冬は用へからす。うつらをは、一の節よりはを切て、りやうつはきをあはをてかいしきにして、其上に檜葉にてもきかいしきをして、是を立てもるへきなり。鴫はうはくちはしをたて、盛也。鶉のかいしきは時節にかゝはらす、いつれも用へし。これにて鷹の鳥としるへし。

これは、鷹の獲った鳥の扱い方についての作法である。鷹の獲物は概ね木などの植物にくくりつけるのが習いとされるが、右は「うつら（＝鶉）、ひはり（＝雲雀）」といった小型の鳥を竹や芦に（但し、ひばりを芦に挟むのは禁止）挟む方法と「しき（＝鴫）」という中型の鳥を同じく竹に挟む方法についてをそれぞれ別項目で説明している。これとほぼ類似した叙述が書陵部蔵『朝倉家養鷹記　完』第二〇「鶉雲雀鴫はさむ事きくに付る事つとの事」第一条・第二条に見える。以下に該当本文を挙げる。

一　鶉鴫を挟事。竹或葦三本に可挟也。一挟とは数十也。又は七つ也。又一竿と云は一挟二挟三挟を一竿と云也。能々分別すへし。竹の本節《フシ》より下六寸に切也。若節近は六寸の内に有。節を削るへし。又鳥の上の余分四寸也。末を切事鳥の左の方より一刀にそく本は左の方より一刀にそく上下共に末のとかりを少直すへし。鳥一つに紙より一筋宛にて二巻包丁結ひにして、片わさに可結わさの方を上になし、結目を中にして上下一寸に切也。鳥ととりとの間、一つ挟程宛可置。但、ひはりは葦には不挟也。葦三本は鳥の左に一つ右に二つなるへし。宛下の鳥の下にて一つ結へし。其外、竹に同葦の本を結合すして二尺斗にすへし。末の方は穂なから可置。又、紙よりにて結すして葛にても巻也。其時は、鳥の下にて一結して其まゝ巻上る也。鳥一つ宛の間毎に一結宛可有。可成左巻。

又雲雀に鶉や鴫を挟添る事。一つあらは、下二つ目に挟二つあらは上二つめ下二つ目に挟也。三の時は下に二つ目に一つ可挟也。鶉をは唐竹なり。

一　鴫を挟事。鶉に同前。六七月の比とらする也。竹に挟て柳の葉を挟添る也。柳の葉二つ左右の羽に加へて挟也。暑比なれば日にあてしの心也。故にさかなに用る時も、鴫のかいしきは柳の葉をする也。但し、鴫をとらする比の事成へし。冬春は不可用也。

右の記事と先に挙げた書陵部蔵『斉藤助左衛門鷹書　全』とを比較すると、内容としては「一　鶉鷂（＝本来は「鳥」の義だが、ここでは雲雀を指す）を挟事」と「一　鴫を挟事」の項目においてほぼ同じ作法を説明しているが、右掲の記事の方がやや抄出されたような簡略化された叙述となっている。ちなみに、『責鷹似鳩拙抄』をはじめとする持明院家の鷹書類には、当該の記述についての類似記事は確認できなかった。

さらに、三箇所目の類似部分であるが、書陵部蔵『斉藤助左衛門鷹書　全』一二丁表七行目～一四丁表五行目にも同じく鷹の獲物の取り扱いについての説明が見える。ただ、こちらの項目は「鷹の鳥（＝鷹が狩った鳥）」を木に付ける作法、すなわち鳥柴についての故実である。該当本文は以下のとおり。

一　鷹の鳥を木に付る事。春は梅つはき、冬は榊松。秋はかえて。一の枝より切くちまて一尺ある枝を用ゆ。鳥付るには、春はめん鳥をうへ、冬はおん鳥を上に付へし。めん鳥斗もおん鳥はかりも付さるなり。一つつけるには、いつれにても用る也。木をへたて、おなし方にむかひて、付へし。一つつくるには、くはせの方を外になして、鳥の右を木にそへへし。二つ付るには、上なる鳥のくはせを外になし、下なるをはくはせを木にそへへし。上をは山緒と羽とかしらとの間へ、枝のきりくゐをさし入、山緒のゆひめをときて、一方をは羽の下へまはし、一方はかしらもとへまはして木にゆひつくへし。ゆはすしてよりて下より上の方へねちかふなり。下をはあしに紙より一つゝ付て、枝よりかくるやうにゆふへし。あしのたもちのもとにうしろより紙よりをかけて、ゆひ、三のまたよりえたの下へまはして、あしをもてにてかたわなにゆふへし。左右ともにわなのかたあし〔の歟〕あいたに成へし。又くすにてもあしを枝に巻つへし。もと木より又もとの方へまき返してとらむへし。わき五分さき五分に切へし。うしろはかけ爪をまたけて紙よりをまはすへし。うへの山をもまはすえたまくははりをさすへし。こしをとし羽といふなり。伊勢物語には梅の作り花にも付るとみへたり。としはをうけつくり花にもつけるとみえたり。としはをかけ取わたす事。大概弓に同し。鳥を人にむかへて出すへし。又木に付さる鳥を請取わたすには、右の手にくはをうへに□てすへて、右の手にて是を取て山をゝ人にわたすなり。請取人やまをゝとらすして、左の手をとくさけの下へ入。右の手にてむねをかゝへて取て、やかておしまはして、前に人のもちたる様に、右の手にすえて、いたゝきてしりそくへし。但奏者はいたゝくへからす。鳥一つの時はか《く歟》のことし。あまたあらは、たみの上にくはせを上にして、かしらを人の方へなしてならへて置てわたすへし。此時もめん鳥をは、春はおん鳥の前におくへし。冬はおん鳥前なるへし。当世は臺にすえてをかるゝなり。このときもすえ置様おなし事なるへし。か様にあまたあるは手を鳥に付て其手をいたゝくへし。

これによると、先に挙げた鶉、雲雀、鴫というような鳥の種類ごとによって区別される故実ではなくて、季節ごとに結びつける木の種類が違うことや、獲物の雌雄によって括り方が異なること、さらにはその鳥柴を受け渡すときの所作に関する細かな説明などが記されている。そして、これと類似する記述が書陵部蔵『朝倉家養鷹記　完』第一九「鳥を木に付る類の事」第一条に以下のように確認される。

一　鷹の鳥木に付る事。春は梅椿桜、秋は楓、冬は松榊也。又、柏の木をも用也。一の枝より下の切口迄一尺有。枝を用也。鳥二つ付るわ春は雌を上に付る也。冬は雄上に付へし。雌はかりも雄斗も付也。一つ付るにはいつれ□ても用也。時節もかゝわらす二つ付るには、木を隔て同し方へ向て付へし。くわせの方を外になして、鳥の右を木に添様に付へし。雌の左の方木にそふへし。上をは山緒と羽と頭の間へ枝の切くゐをさし入て、山緒の上の結目をときて、一方をは羽下へまはし、一方をは頭の本へまはして木に不結すしてよちりて下より上へねちかへし、下をは足二つ紙より一つ宛付て枝に居たる様に結付へし。足のくもて本へ後より紙よりを懸て、指の三つ俣より枝の下へまはして、足の面にて片わきに結へし。左右共にわさの方足の間へ可成。又云、葛にても足を枝に可巻付。本木より巻初て又本の方へ巻返して当へし。わき五分さき五分以上一寸に可切後は、懸爪をまたけて紙よりをまはすへし。口傳にあらすは知かたき事也。上の山緒に入枝なくは、針をさすへし。是を鳥柴《トシハ》と云也。伊勢物語に梅の作花にも付ると見えたり。木の惣の長五尺也。

これも同じく鳥柴の説明であるが、先の書陵部蔵『斉藤助左衛門鷹書　全』に見える記述と比較すると、全体の内容自体に大きな異同はないものの、右の記事の方は一層簡略化された叙述がなされている。表現レベルで比較するならば、むしろ、以下に挙げる内閣文庫蔵『責鷹似鳩拙抄』に見える記述の方が書陵部蔵『斉藤助左衛門鷹書　全』により近い。次に同書の該当記事を挙げる。

一　鷹の鳥を木に付る事

春は梅椿、冬は松榊、秋は楓なとに付る也。一枝より切口まて一尺ある枝を用。鳥二付るには春は雌上雄下に付へし。雌はかりも雄はかりも不付也。一付にはいつれも用也。時節にも不拘也。二付には木を隔て同方に向て付へし。一付るにはくはせの方を外になして、鳥の右を木にそへへし。二付るには上なる鳥をくはせを外になして、下なるをはくはせを木にそへへし。上をは山をと羽と頚との間へ枝の切くいをさし入、山緒の上の結目をときて、一方をは羽の下へまわし、一方をは頚もとへまわして木にゆい付へし。結はすして、よりて下より上の方へねちかふ也。下をは足二にかみより一つゝ付て、枝に升たる様に結付へし。足のくもてのもとに、後より紙よりをかけて、指三の俣より枝の下へまわして、足のおもてにてかたわさに結へし。左右ともにわさの方、足の間になるへし。又云。蔦にても足を枝に巻付へし。本木より巻はしめて、又本のかたへ巻返してとむへし。わさ五分さき五分に切へし。うしろはかけ爪をまたけて、紙よりをまわすへし。口傳なくは、しる事かたし。上の山緒に入枝なくは針をさすへし。これを鳥柴といふ也。伊勢物語には梅の作花にも付ると見へたり。鳥柴をうけとりわたす事、大概弓に同。鳥を人に向て出すへし。又木に付さる鳥を請取渡には、左の手にくわせを上にしてすへて、右の手にて足をとりて山をゝ人に出す也。請取人山をゝとらすして、左の手をとくさ毛の下へ入。右の手にて胸をかゝへ請取て、やかておしまはして、前に人のもちたる様に、左の手にすへて戴て退へし。但奏者はいたゝくへからす。鳥一の時は如是。あまたあらは、たゝみの上にくはせを上にして、頭を人のかたへなしてならへ置て渡すへし。此時も雌をは春は雄の前におくへし。冬は雄は前なるへし。當世は臺に居て送らるゝなり。此時も居様同かるへし。かやうに数多時は、手を鳥に付てその手をいたゝくへき也。

実は、右掲の「一　鷹の鳥を木に付る事」の叙述は、先に挙げた「一　鷹請取わたす事」の次の項目に並んで挙げられているものである。一目瞭然であるが、書陵部蔵『斉藤助左衛門鷹書　全』は、前掲の「一　鷹請取渡す事」の項目と同様、この「一　鷹の鳥を木に付る事」についても、書陵部蔵『朝倉家養鷹記　完』よりも内閣文庫蔵『責鷹似鳩拙抄』の記事の方により近い。鳥柴の作法は、鷹書に限らず各種文献に多数散見する故実で、それこそその情報量の多さはあまりにも煩雑すぎて収拾がつかない。そのような項目について、これだけ一致した叙述が見出せるのは希少な例として注目に値する。

最後の類似部分であるが、書陵部蔵『斉藤助左衛門鷹書　全』一四丁表八行目～一〇行目に餌袋に鷹の餌となる鳥を入れる作法について以下のような記事が見られる。

一　ゑふくろに鳥さす事。山緒を取て、おをいたして、とくさけは人の身にそふ様にさすなり。惣して人に鷹を出すときは、何にても口餌をそへて出すへし。

これに近い叙述が、書陵部蔵『朝倉家養鷹記　完』第一五「ゑふくろに鳥さす事」第一条に見える。以下に該当本文を挙げる。

一　餌袋に鳥さす事。山緒を取て尾を出し、足も可出。とくさ毛、人の身に添様にさす也。是はひき□し鳥のさし様也。ひき□し鳥とはくはせの外に疵あるを云也。又、くはせ斗にて余の所に疵なくは山緒取へからす。人に鷹を出すにも餌袋に丸鳥をさして出す事本義也。不能は鳥の足にても可入角鷹の事也。小鷹には小鳥を用也。

右の記述によると、これまでの用例とは逆で、こちらの記事の方が書陵部蔵『斉藤助左衛門鷹書　全』よりもやや詳しくなっている。両書における右掲の類似記事は、近い内容とはいえ、若干、異同が指摘できる要素が見受けられるものであった。なお、『責鷹似鳩拙抄』やその他の持明院家の鷹書類には、当該の記述についての類似記事は確認できない。

三　『斉藤助左衛門鷹書　全』と持明院家の鷹書類

以上、前節において、書陵部蔵『斉藤助左衛門鷹書　全』は、同じ朝倉氏所縁のテキストである書陵部蔵『朝倉家養鷹記　完』よりも相対的に内閣文庫蔵『責鷹似鳩拙抄』の叙述の方がより近いことを確認した。実は、書陵部蔵『斉藤助左衛門鷹書　全』は、書陵部蔵『朝倉家養鷹記　完』に類例が見えない項目においても、以下に挙げる三箇所の条文について内閣文庫蔵『責鷹似鳩拙抄』と類似した記述を見出すことができるものである。

まず、一箇所目の類似記事であるが、書陵部蔵『斉藤助左衛門鷹書　全』八丁表五行目～八丁裏三行目には、鷹の獲物のうさぎの扱い方について以下のように記す。

一　うさきの山緒は、うしろ足の間へかしらを入て、くひと足とを二巻まきて、とりのことく上下ともにむすふへし。前のあしは、うしろあしの外へなるへし。但しりをかくすとて、うしろあしのあいへ入るといへとも、又せうのうさきをは、鳥のことくにむすひめをあけて、大はくひの際を縄結むすひにすへし。かしらと足との間にむすひめ有へし。又大概は前のことくにて、しり足のふしの上はかりを結て、くひにかけすしてかくる也。又前様有なり。

これは、うさぎを贄として処するために紐でくくる括り方を示しているものである。これと類似の作法を示す記事が、内閣文庫蔵『責鷹似鳩拙抄』に以下のように見える。

此ちひさい兎、二つの山緒うしろ足の間へかしらを入て、くひとあとあしとを二巻まきて、鳥のことく上下ともにむすふへし。まゐ足はうしろあしのそとになるへし。たゝし、しりをかくすとてうしろ足の間へ入るといへり。

又兄鷹の兎をは、鳥のことくむすひめをかけて、大鷹のをはくひのきはを縄ゆひむすひにして、頭と足の間にむすひめあるへし。又大概は前のことくにて、後足のふし上はかりをむすひて、くひとかけすしてもかくる也。又両様あり。但他流なり。【図】（略）

同書では、右の本文と同丁にこの作法に基づいた括り方をされたうさぎの図が提示されている。書陵部蔵『斉藤助左衛門鷹書　全』との主な相違はその図の有無くらいで、本文自体は、表現レベルにおいて非常に似通っている。次に、二箇所目の類似部分であるが、書陵部蔵『斉藤助左衛門鷹書　全』八丁裏四行目〜九丁表五行目には以下のような鷹道具についての叙述がある。

一　たをの事。いねにても。わらの縄にてもかけへし。いねはほのかたをむすひあはせて、鳥の前にあてゝうしろにむすふへし。むすひめはいつれも男結ひなるへし。靏は七寸にうへのむすひをすへし。あまり三寸に切へし。其外の鳥は、いつれも六寸二分たるへし。雁には、田をゝかけす。まるをもとらす。左の胸さきを、毛の下を少あけてすくかいてやかて皮を引きすへし。上より見えさる様にする也。うさきも、まるをさゝすして、左のほうさきの皮をむきてかふて、又皮をきすへし。とりかひには、左のそしゝの皮をむきてかひて、又皮をきすへし。

右に見える「たを（田緒）」とは水鳥を括る縄のことで、右掲の記事には、その素材となるものやサイズ、結ぶ鳥の種類によって結び方を変えることなどが説明されている。さらに末尾にはうさぎの扱い方も付言されている。これと類似した叙述を見せるのが、内閣文庫蔵『責鷹似鳩拙抄』の以下のような記事である。

一　田をの事。

稲にてもわらの縄にてもかくへし。稲はほの方を結合て、鳥の前にあてゝうしろに結ふへし。結目はいつれもおとこ結たるへし。鶴は七寸上の結をすへし。あまり三寸に切へし。其外の鳥はいつれも六寸二分たるへし。鴈には田を丶かけす丸をもとらす。左のむねさきを毛下すこしあけて飼て、やかてかはを引きすへし。上より見えさるやうにするなり。菟丸をぬかすして、左の頬さきのかはをむきてかひて、又かはをきする也。

これも同じく、田緒の説明の項目である。やはり、先に掲げた書陵部蔵『斉藤助左衛門鷹書　全』の記述と文言レベルでの一致が目立つ。さらに、これらの記事とよく似た記述が内閣文庫蔵『持明院家鷹秘書』（函号一五四‐三五四）第六巻にも以下のように見える。

一　田緒の事。稲にてもわらの縄にてもかくへし。稲はほの方を結合て鳥の前にあて丶うしろに結ふへし。結目は、いつれも男結たるへし。靍は七寸上の緒をすへし。余三寸にきるへし。其外の鳥は何も六寸二分たるへし。鳫には田を丶かけす、丸をもとらす。左のむねさきを毛下少あけて飼てやかてかはを引きすへし。上より不見様にする也。

これによると、書陵部蔵『斉藤助左衛門鷹書　全』や内閣文庫蔵『責鷹似鳩拙抄』の記事に見える末尾のうさぎに関する作法の部分以降が省略されているが、それ以外の文言は両書ときわめて近似している。『持明院家鷹秘書』第六巻は、末尾に基春の子である持明院基規の名前が見える持明院家の鷹書であることから、右掲の田緒に関する記事は、持明院家の鷹書において熟知されていた知識であったのかもしれない。書陵部蔵『斉藤助左衛門鷹書　全』が、それとほとんど同じ記事を記載していることは、同書が『責鷹似鷹拙抄』をはじめとする持明院家の鷹書類、ひいては公家流の鷹術について近接したテキストであった可能性を窺わせる。

最後に、三箇所目の類似部分であるが、書陵部蔵『斉藤助左衛門鷹書　全』一一丁裏三行目～一二丁表六行目には、鷹術の作法や鷹道具に関する知識についての以下のような記載が見える。

一　鷹を人に見する事。先面、次に身より、次にわき、次にうしろなり。左右の羽と尾にふちをそへかいつくろふやうにして、見する也。三のふちといふこれなり。鷹をわたすとも、かくのことくしてみせて後にわたすへし。

一　もとほしのこつちの長さ、たいは三寸二ふ。せうは二寸八分。はい鷹二寸三分。けしやう皮たいは四寸二分、せうは三寸六分。はい鷹三寸二分。さきをけんかたに切てくゝるなり。こつちとおなしかはなるへし。つのにてせめを入るなり。

一　うちかいつゝみの事。をなわをほそくして、長七寸につゝらおりに、五とをりにあむなり。おりかへしめのはなへ縄をとをしてくゝりてつめてまむすひにして、其縄のあたりを腰に付る也。かき染にすへし。

右掲の三項目のうち、まず、最初の項目で鷹を人に見せるときの作法について記されており、次の項目では旋子（もとおし、大緒がねじれないように使う環っかの上部のこと）という鷹道具についての説明、最後は打抛飼嚢《ウチカヒフクロ》（犬の餌を入れる袋）についての説明が挙げられている。これとほぼ一致する叙述が、内閣文庫蔵『責鷹似鳩拙抄』に以下のように見える。

一　鷹を人に見する次第。先おもて、次に身より、次にたなさき、次背也。左右の羽と尾にむちをそへ、刷よしにて見する也。三の鞭と云是也。鷹わたす時、かくのことくしてみせてのち、わたすへき也。

一　鏇の事。

こつちのなかさ大たかは三寸二分。兄鷹は二寸八分。鶂は二寸三分。けしやう革大たかは四寸二分。兄鷹三寸六分。はい鷹は三寸二分。さきを釼形に切てくゝる也。こつちと同革なるへし。瓶子形をは瓶子鏇といふ。ぬためあるをは引切鏇といふ。角にてせめをいる、本也。革にて結は略儀なり。

一　打抛飼嚢《ウチカヒフクロ》の事。

苧縄を細くして、長さ七寸につゝらおりにして五とをり編也。おり返しめのふさへ縄をとおして、くゝりつめてきはにてまむすひにして、その縄のあまりをこしに付る也。柿そめにすへし。

右掲の記事の中で、「一鏇（もとおし）の事」の項目で挙げられている各鷹道具のサイズが書陵部蔵『斉藤助左衛門鷹書　全』のそれとすべて一致している。本書第一編第四章「下毛野氏の鷹書―他流儀のテキストと比較して―」で指摘したが、鷹道具に関する記述は各書によって内容が異なる場合が多く、特にその大きさを表す数値については、同じテキスト内においても異なった数字を挙げることもある。このことを鑑みれば、当該の条項において両書の間にこれだけ一致する本文が確認できるということは、やはりきわめて稀有な用例といえ、書陵部蔵『斉藤助左衛門鷹書　全』と内閣文庫蔵『責鷹似鳩拙抄』が特化して近しい内容を持つテキスト同士であることが判じられるものである。

四　『斉藤助左衛門鷹書　全』の「諏訪」

以上において検してきたように、書陵部蔵『斉藤助左衛門鷹書　全』は、持明院家の鷹書類ときわめて類似した内容を持つ。なお、同書と同じく朝倉氏所縁のテキストとみなされる書陵部蔵『朝倉家養鷹記　完』もまた、同様の傾向が見出されるものであった。すなわち、同書は本書第一編第二章「政頼流の鷹術伝承―『政頼流鷹方事』をめぐって―」の注(22)で挙げた「みさご腹の鷹」の類話をはじめ、いくつかの項目が持明院家の鷹書類と類似しているのである。たとえば、第一「ほこ弁とや作る寸法」第二五条には、神社奉幣のために鷹を神に奉る以下のような作法が記述されている。

一　神社奉幣のために鷹を奉る時、架結事あらは架を社の左の方に冠木の本を社の方になすへし。結様は如常甚枷の□様も同前成へし。

この記事は、本書第一編第三章「下毛野氏の鷹術伝承―山城国乙訓郡調子家所蔵の鷹書をめぐって―」ですでに確認したように、内閣文庫蔵『責鷹似鳩拙抄』記載の「鷹を神へ奉る」作法と類似している。念のため、以下に該当記事を再掲出する。

鷹之書　書も所持之抄也。旅宿のため抜書に注也。秘する抄物也。仍右之抄に閉加者也。

一　神社奉幣のために鷹を奉には、架を社の左の方に、かふきの木を社の方になしてつなくへし。つなきやうは常のことく、大緒のふさを逆にする事を殊に禁べし。鞭餌袋は宮司に渡遣へき也。常のことし。又鷹の祈祷のために参詣申つなく事あり。つなぎ様は小鷹つなきなるへし。

右の記述は、書陵部蔵『朝倉家養鷹記　完』の該当記事よりもやや詳しい説明となっている。本書第一編第二章で確認したように、この神事に関する作法の記事は、持明院家の鷹術の現状に即したものではなく、種々の鷹書類から雑駁に蒐集した情報のひとつである。さらにこの記事に近い作法を記載しているのは、調子家（下毛野氏）のテキストである。以下に、調子家文書『鷹飼に関する口伝』第一条の該当記事を挙げる。

一　神社ほうへいのために鷹を神へたてまつるには、ほこをやしろの左におくへし。かふきのもと、同やしろの方に成てほこをゆふへし。つなきやうは、ゐつにあり。大おのふさをさかさまにすることをいむへし。鞭と餌袋は宮司に渡へし。

調子家（下毛野氏）の鷹書に右のような「鷹を神に奉る」作法の記載が見えるのは、持明院家のテキストの場合とは相違して、当家の鷹術が神事に関わる所以であったことは、やはり本書第一編第三章で確認した。しかし、書陵部蔵『朝倉家養鷹記　完』がそれと類似する記述を有するのは、朝倉家の鷹術が調子家と直接関係したということではなく、本章第二節で確認したように、同書と『責鷹似鳩拙抄』が近似した記事を共有する一環とみなす方が妥当であろう。すなわち、書陵部蔵『朝倉家養鷹記　完』に見える「鷹を神に奉る」作法の記事は実情を伴ったものではなく、いわば「知識」だけの情報を記載したものであることが推測されるものであろう。

他にも、書陵部蔵『朝倉家養鷹記　完』第二八「鷹山をつかふ様山中事并わすれかい」第三条には以下のような記述が見える。

一　忘飼は卯月八日也。南へ立雌に合せとり飼て、鳥屋へ入也。又、鳥屋の内へなけ入、鷹の足緒をさしときて、彼とり飼鳥をくらふ程、飼と云り。

これは、鷹を鳥屋入りさせる際に狩の味を忘れさせないために行う「忘飼」の行事についての説明である。四月八日に南へ立つ雌鳥を飼わせることなどが叙述されている。これとよく似た「忘飼」の記述が、内閣文庫蔵『責鷹似鳩拙抄』に以下のように見える。

一　わすれかいといふ事　四月八日に南《みなへ》へ立《たつ》めん鳥にとりかふて鳥屋へ入るをいふ也。

書陵部蔵『朝倉家養鷹記　完』の記述に比べると、やや短い叙述となっているが、忘飼をする日付けや南へ飛び立つ雌鳥を飼わせる由などが一致しており、この行事の主要な部分について同じ説明をしていることが確認できる。さらに、同じく内閣文庫蔵『鷹経弁疑論　上』にも以下のような忘飼の叙述が見える。

或問。夏粮の鷹の出入の比有や。答云。経にも羽毛はしめて落る時、入よとあり。四月下旬五月上旬と云へり。又四月八日、十三日、廿五日良辰をゑらんて、狩場にて北へたつ雌に合て、取かふて鳥屋籠也。是をわすれかひと云也。五月五日に鳥屋籠て九月九日に出す事も有。

こちらは「鳥屋籠」の説明の一環としての忘飼の叙述となっている。前後の文脈にはやや異同が見られるが、書陵部蔵『朝倉家養鷹記　完』と「日程」と雌を飼わせるという記述が一致していることが確認できる。ただし、右掲の記事では鷹に飼わせる雌鳥が飛び立つ方角は「北」となっており、相違している。また、内閣文庫蔵『持明院家鷹秘書』第六巻にも以下のように同様の記述が見える。

一　忘カイトハ四月八日雌鳥ノ南へ立ヲトリカイテ鳥屋へ入ルヲワスレカイト云。又云。草セイノ時モ架ニ繋ノキサマニ口餌ヲ少飼ヲモ云ト也。

後半の叙述内容が書陵部蔵『朝倉家養鷹記　完』とは相違しているが、忘飼の日に雌鳥を飼わせる作法が一致している。

以上のように、書陵部蔵『朝倉家養鷹記　全』もまた、持明院家の鷹書と近いという点において書陵部蔵『斉藤助左衛門鷹書　全』と同じ特質を持つことが判じられる。朝倉氏所縁の鷹書類は、一貫して持明院家の鷹書（＝公家流の鷹書）と近接した内容を持つことが認められよう。

それならば、次に問題となるのは、書陵部蔵『斉藤助左衛門鷹書　全』一五丁七行目に「諏訪之本書是也」、三〇丁裏六行目に「右此一巻諏方之本書也」と見え、同書が繰り返し「諏訪之本書」と主張していることであろう。さらに同書は、二七丁裏に「諏方祭次第如此也」として、諏訪大明神の祭壇の図を掲載し（【図】参照）、同じく二八丁表一行目~裏三行目には諏訪の贄懸の作法についての叙述が見える。公家流の鷹書と近い記事を持つ同書が標榜する「諏訪流」とは一体何であろうか。

まずは当該書の内容と諏訪流の鷹書類を相対的に検討してみると、信濃国在地の諏訪の代表的なテキストである大宮流の『啓蒙集』の伝本類と比較しても、重複するような記述は管見において確認できない(7)。さらに、在京諏訪氏のテキストである天理大学附属天理図書館蔵『鷹聞書少々』(請求記号七八七―イ七)も同様に、類似する叙述は見られない(8)。

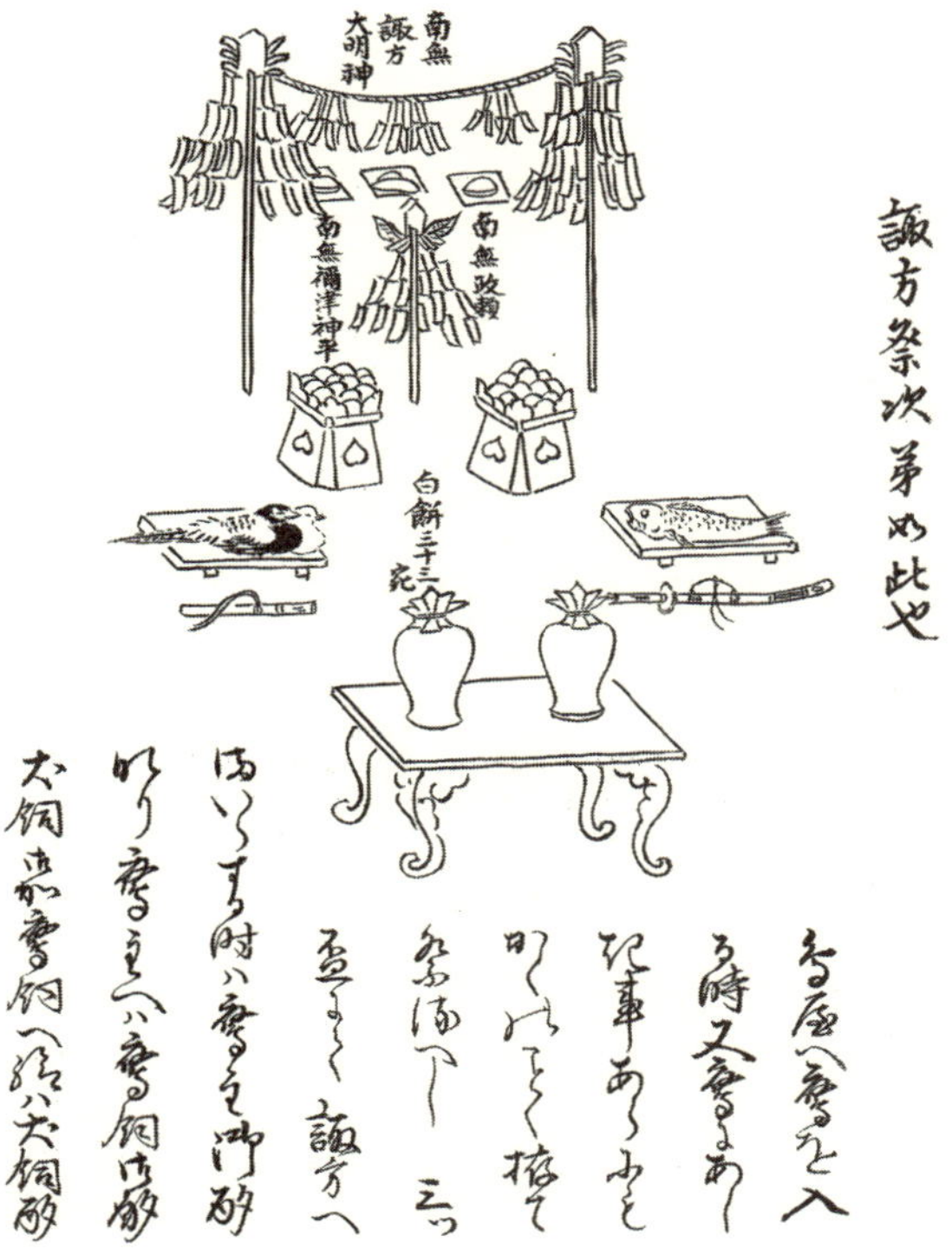

すなわち、書陵部蔵『斉藤助左衛門鷹書全』の「諏訪流」は、信濃国在地の諏訪流とも在京諏訪氏の諏訪流とも一致しないのである。そもそも同書の二七丁裏に記載されている諏訪の祭壇には「南無政頼」「南無禰津神平」と併記されている。本書第二編第三章「諏訪流の鷹術伝承㈡―「せいらい」の展開と享受―」で確認したように、「政頼」は信濃国在地の諏訪氏が携えた伝承において象徴的な存在とされ、「禰津神平」は在京諏訪氏の携えた伝承上の重要人物である。この分別は当の諏訪流においてはかなり厳

密になされており、両者を組み合わせるのは、諏訪流の正統な思想性ではない。書陵部蔵『斉藤助左衛門鷹書　全』が主張している「諏訪流」は、同流の実態に即したものでないことが判じられよう。この組み合わせを主張するのはむしろ西園寺家の鷹書類なのである（後述）。

ところで、『責鷹似鳩拙抄』と同じく持明院基春の著である内閣文庫蔵『鷹経弁疑論　上』（函号一五四－三四八）の冒頭には以下のような叙述が見える。

此道をまなばん人は、造次にも諸行は無常也。是生滅法、煩悩菩提なり。生死即涅槃也と観せは、標月の指、邪正一如の時節あるへし。截《せつけつたる》薜峯に立て、鷹を臂《ひぢ》にして、風度起つ鳥に抛時は、南泉斬《きる》レ猫《めうを》もこゝにあらすや。亦、諏訪大明神は、業盡有情《ごうじんうじやう》、雖放不生、故宿人中、同稱佛果の理をもつて、鷹を翫ひ給ふ。仲尼首レ謂、釣すれとも不レ網。弋すれともレ不レ射二宿鳥一。亦湯王は三方の網をもつて開しそかし。如此の理を知を此道の上智共云。されは和漢鷹術《しゆつ》を学人多といふとも、後周《こしう》の巍巍収最其名を得たり。

これは、この道（＝鷹の道）を学ぼうとする者の心得を説いたくだりである。仲尼（孔子）や湯王（天乙）と並んで、諏訪大明神の鷹術の道理として諏訪の祭文が紹介されている。

また、本書第一編第一章「西園寺家の鷹術伝承―『西園寺家鷹口傳』をめぐって―」で詳しく取り上げたように、西園寺文庫蔵『西園寺家鷹口傳』（函号二一〇）と『西園寺家鷹秘傳』（函号一九三）は比較的早い段階で諏訪の情報を記載している西園寺家の鷹書である。具体的には、禰津神平と政頼の組み合わせが見える「みさご腹の鷹」説話（『西園寺家鷹口傳』第五一条・第五二条、『西園寺家鷹秘傳』第二三条）と「八重羽の雉」説話（『西園寺家鷹秘傳』「雑々通用の詞」第八七条・八八条）をはじめとして、その他にも、諏訪を鷹狩の発祥地とする叙述（『西園寺家鷹口傳』第四〇条、『西園寺家鷹秘傳』第七条）や、諏訪の神事である「神馬鷹」の説明（『西園寺家鷹口傳』第四一条、『西園寺家鷹秘傳』第八条）が掲載されている。なお、本書第一編第一章でも指摘したところであるが、この「神馬鷹」の神事は、禰津松鷂軒の弟子である荒井豊前守が著した『荒井流鷹書』（すなわち信濃国在地の諏訪流のテキストの流れを汲む）に記載されている説明とまったく異なる内容となっている。また、同じく本書第一編第二章で論じたところであるが、西園寺家に所蔵されたテキストである西園寺文庫蔵『政頼流鷹方事』（函号二〇七）にも、一二丁裏に「右祢津甚平以本写之也」、一八丁裏に「右根津甚平以本写之者也」と見え、同書は「祢津甚平（根津甚平）」の本の写しと主張されている。このように、西園寺家の鷹書類は実態がよくわからない「諏訪流」へのこだわりが顕著に見られるのである。このことと先に挙げた持明院家の『鷹経弁疑論』に見える諏訪に関する記述を併考すると、京都の公家流の鷹書類には、諏訪に関する興味（但し実態のよくわからない諏訪）が一定して存していたことが予想される[9]。一方、書陵部蔵『斉藤助左衛門鷹書　全』は、前節までにおいて確認したように、持明院家の鷹書類と近接した内容を持つ。それならば、書陵部蔵『斉藤助左衛門鷹書　全』に見える諏訪に関する記載も、上記の公家流の鷹書類が有する諏訪への志向性と連動するものではないだろうか。また、書陵部蔵『斉藤助左衛門鷹書　全』の諏訪の祭壇に見える「南無政頼」「南無禰津神平」（三一五頁【図】参照）が当の諏訪流では絶対に見られない組み合わせであるのに対して、西園寺家の鷹書類では「みさご腹の鷹」説話と「八重羽の雉」説話の二話にわたって確認でき、この組み合わせが西園寺家の鷹書類の志向性に沿うものであることもやはり看過できない。つまり、同書は実際の諏訪流の鷹術に直接依拠したテキストではなく、持明院家や西園寺家といった公家の鷹書類に倣って「諏訪」を標榜したに過ぎないテキストなのではないかと推察されるのである。

ちなみに、書陵部蔵『朝倉家養鷹記　完』「序」の冒頭には以下のような記述が見える。

八幡《ノ》鳥《ハ》鷹也。捉《ル》一鷹《ト》鳥《ト》一勝《ト》二人軍《ニ》一何《モ》煩悩即菩提善悪不二邪正一市如也。如何《トイツレハ》云空也。鷹《ヲ》守護天《ハ》毘沙門天也。惜二五穀一与二衆生噉五穀一捉レ鳥《ヲ》事、悦給《ノ》心也。本朝《ノ》鷹《ノ》守護神《ハ》諏訪明神也。八幡《ニ》御同意也。

文曰　業盡有情　雖放不生　故宿人中　同證佛果　此文《ヲ》毎月唱《ンハ》鳥《モ》成佛、鷹師《ハ》現世安穏、富貴自在《ニ》而来世弘誓《ノ》船《ニ》指レ竿。本覚無為都《ノ》転《スル》レ生事《ヲ》、無レ縦。但不レ守二此儀心《ノ》儘《ニ》使鷹者《ヲハ》家《ニ》有二災難子孫短命《ニシテ》来世《ニハ》必可落二畜生界《ニ》一。又、鷹之鳥屋篭之事。卯月八日鳥屋籠、七月十六日之夜、聖霊之箸《ヲ》為二續松一出二鳥屋《ヲ》一也。箸鷹《トハ》此故也。鷹正身弥陀成《ニ》依《テ》聖霊《ノ》箸《ヲ》供養佛為レ浮二一劫《ヲ》一也。依レ之《ニ》深信《シテ》可仰者也。

これによると、まず、鷹を「八幡の鳥」と説明する一方で、鷹の守護天（神）を「毘沙門天」や「諏訪明神」と説き、諏訪の祭文とその利益について記述している。続いて四月八日に鷹を鳥屋に籠め、七月一六日の夜に「聖霊之箸」を松明にして鳥屋出しをすることを説明し、「箸鷹」という名称はその霊箸をともす鳥屋出しの行事に由来することを説明している。さらに、鷹の正身である弥陀の供養のために聖霊の箸を使うことも述べている。この霊箸をともす鳥屋出しの行事については、内閣文庫蔵『鷹経弁疑論　上』、西園寺文庫蔵『西園寺家鷹口傳』第七〇条、西園寺文庫蔵『西園寺家鷹秘傳』第五〇条、西園寺文庫蔵『鷹百首和歌』（函号二〇八）、『龍山公鷹百首』、書陵部蔵『啓蒙集』第九条（函号一六三・九〇二）、天理大学附属天理図書館蔵『鷹聞書少々』第一条などに類似の記述が見える。しかし、それよりもここで注目したいのは、同書がその冒頭で諏訪信仰への傾倒を提示していることである。書陵部蔵『朝倉家養鷹記　完』は、先にも触れたとおり類書が多数流布したテキストである。巻首題に示される「当流（唐流）」の詳細については未詳であるものの、本文においては書陵部蔵『斉藤助左衛門鷹書　全』と重複する記事をいくつか掲載しており、同書と近接したテキストであることはすでに検したとおりである。しかも両書の共通記事の多くは、持明院家の鷹書類とも類似しているものであった。それならば、書陵部蔵『斉藤助左衛門鷹書　全』と書陵部蔵『朝倉家養鷹記　完』における諏訪への志向性も、あるいはこのような持明院家の鷹書類と近似するという両書共通の特質に起因している可能性が考えられよう。

おわりに

以上において、書陵部蔵『斉藤助左衛門鷹書　全』を中心に、朝倉氏所縁の鷹書の特徴を検討してきた。まず、同書と同じく朝倉氏に所縁のある書陵部蔵『朝倉家養鷹記　完』と叙述内容を比較してみると、両書における重複記事のほとんどが『責鷹似鳩拙抄』と類似することが確認できる（むしろ『斉藤助左衛門鷹書　全』は、相対的に『責鷹似鳩拙抄』の記事の方に近い）。また、書陵部蔵『斉藤助左衛門鷹書　全』独自の記事においても『責鷹似鳩拙抄』をはじめとする持明院家の鷹書類と共通するものが複数見られる。それらの記事はすべて礼法や実技に関する内容のものであることから、類似内容を持つことそれ自体においてテキスト間の近似性を推察させるものである。すなわち、書陵部蔵『斉藤助左衛門鷹書　全』は公家流の鷹書類に近いテキストと判じられるものである。が、同書は一方で諏訪流の鷹書であることも主張している。しかしながら、同書の記事には、信濃国在地の諏訪流のテキストとも在京諏訪氏のテキストとも一致した記述は確認できない。同書が標榜する「諏訪流」は、『鷹経弁疑論』や『西園寺家鷹口傳』『西園寺家鷹秘傳』といった公家流の鷹書類が諏訪の鷹術に関心を示すのと連動していることが予想されるものである。

このように、書陵部蔵『斉藤助左衛門鷹書　全』は、京都・公家流の鷹書類と極めて近接したテキストであることが判じられる。(10) 同書のこのような特性は、朝倉氏が京都文化を積極的に吸収しようとした一族であったこと(11)と軌を一にするものかもしれない。いずれにせよ、前章で確認したように、宇都宮流の鷹書が同地に京都の鷹術文化を伝播する役割を果たすものであったことと考え併せると、中世期の地方武士にとって「鷹書」は京都文化を伝達する普遍的な媒体であったことが予想される。それは、全国に展開した鷹書類が、単なる鷹の実技書にとどまらない文化的な意義を有していた証左と見なせるものであろう。

ところで、本書全体の論旨からさらに浮かび上がってくる問題点として、まずは中世期に公家流の鷹の家と並んで京都において盛んに鷹術文化を発信した在京諏訪氏の存在が挙げられよう。たとえば、同氏の鷹術文化と公家のそれとが交錯する位相を明らかにすれば、京都を地盤とする鷹術伝承の実相がより一層明確になるものと思われる。さらには、同氏の携えた鷹術伝承と信濃国在地の諏訪の有した鷹術伝承とを相対的に比較してゆく検討も必要と思われる。これまでの諏訪の研究史においては、どちらも同じ諏訪流としてひと括りにすることがほとんどであった。しかし、それぞれの携えた鷹書類を比較すると、そこには歴然とした「伝承の相違」が見られ、中世期に流布した諏訪伝承を正しく把握するためには、両者を正確に分別しなければならない。以上のことから、今後の課題としては、天理大学附属天理図書館蔵『鷹聞書少々』をはじめとする在京諏訪氏が著した鷹書類をめぐって、まずはその内容を詳しく分析し、他の属性を持つ鷹書類との相対的な比較検討を通して、テキストの特性を明確にしてゆく必要性が挙げられる。

その他、地方に伝来した鷹書群についても課題が残る。すなわち、地理的・風土的にまったく接点のない地域同士のテキストの中に非常に似通った内容のものがあり、それらは本書第二編第四章「宇都宮流の鷹書―『宇都宮社頭納鷹文抜書秘伝』をめぐって―」結章「中世鷹書の展開―越前国朝倉氏の鷹書をめぐって―」で確認したように、京都・公家流の鷹書を志向する傾向がある。これは鷹書類というテキスト群が有するマスプロ的な性質により、地方において均質な鷹術文化（京都文化）が伝達されていった痕跡ではないかと予想する。今後は、地方と京都あるいは地方同士の鷹術文化をつなぐ媒体としての鷹書類の役割をより詳細に分析し、その展開の系譜をたどることによって、中世期の鷹狩にまつわる教養・文化の普遍性を明らかにしてゆく必要があろう。

注

（1）書陵部蔵『斉藤助左衛門鷹書　全』の書誌は以下のとおり。
所　蔵　宮内庁書陵部。函号一六三‐一一七三。
外　題「斉藤助左衛門鷹書　全」（左肩に貼題簽墨書）。
寸　法　縦二七糎×横一六糎。
丁　数　三五丁。
行　数　半葉一〇行無罫。漢字平仮名交じり文。画入。
奥書等　一五丁ウ「諏訪之本書是也」。三〇丁ウ「右此一巻諏方之本書也　出羽國齋藤助左衛門殿朝倉太郎左衛門秘傳也　両家被究如此被注置也　實子タリ共此道ヲ歎サランニハ不可傳者也　永正三年三月吉日　天羽迄　吉盛　在判」。

（2）先学の研究において、朝倉氏の鷹術や鷹書について論じたものとしては、鶴崎裕雄「宗長と越前朝倉氏―戦国文化に関する一考察―」（『ておりあ』17、一九六九年一一月）、米原正義『戦国武士と文芸の研究』第二章「越前朝倉氏の文芸」（桜楓社、一九七六年一〇月）、中田徹「養鷹記の遠近」（『むろまち』2、一九九三年一一月）、宮永一美「戦国武将の養鷹と鷹書の伝授―戦国朝倉氏を中心に―」（『戦国織豊期の社会と儀礼』所収、二木謙一氏編、吉川弘文館、二〇〇六年四月）などがある。ただ、鷹書に関する考察については、宮永論文を除いて、もっぱら『養鷹記』に注目したものばかりである。宮永氏は上掲の論考において「鷹狩・養鷹を芸能として捉えるときに、その芸を伝えるための鷹書の存在が重要であり、朝倉家中においては、朝倉家伝来の鷹書として「唐流鷹秘訣條々」を元とした『朝倉家養鷹記』や、貴族文化的な要素の強い『鷹百首註』が伝えられていた」と説明し、『朝倉家養鷹記』を中心に朝倉家の鷹書について論じている。

（3）　書陵部蔵『朝倉家養鷹記　完』の書誌は以下のとおりである。

所　蔵　宮内庁書陵部蔵。函号一六三－一三一九。
外　題　「朝倉家養鷹記　完」（中央に打付墨書）。
巻首題　「唐流鷹秘決條々」（六ウ）
寸　法　縦一七・五糎×横二三・五糎。
丁　数　一〇〇丁。
行　数　半葉一五行無罫。漢字平仮名交じり文。画入。
奥書等　無し。
目　録　第一　ほこ并とや作る寸法／第二　ほこぎぬの類／第三　を、の寸法　おぶさ／第四　毛とをしの事／第五　こつち〔攣ニ付〕のを并けしやうがわ／第六　ゑふくろのしやうそく同名ところ／第七　ゆかけを、渡様ゆかけをとめたかたぬきの寸／第八　むちゑふくろ一度に渡すゑふくろむち架に□る事／第九　鷹つなき様并まへわたしと云事／第十　鷹請取渡ふせ鷹渡様／第十一　むちの寸法并鷹のむちと馬のむち指様の事／第十二　鷹のしやうそくす、板并鷹に付して／第十三　あしをの寸法／第十四　へをの寸法同こなわの事／第十五　ゑふくろに鳥さす事」三オ／第十六　鷹みせ様并貴人の鷹我鷹すへ様神へ参詣して鷹居事／第十七　やまをの類并いぬのはさむかけを／第十八　たを并あふとりかけことりかけの事／第十九　鳥を木に付る類の事／第廿　鶉雲雀鳴はさむ事きくに付る事つとの事／第廿一　くわせの事并鳥をたいにすゆる事／第廿二　やきくしの寸法同とりくしにさす事／第廿三　みづづゝ并ひねりさいはらいの事／第廿四　かりつえの事／第廿五　とりの請取わたしの事／第廿六　とりさほにかくる事并居渡にかくる事／第廿七　すゝの事同すゝこの事／第廿八　鷹山をつかふ様山中事并わすれかい／第廿九　あひの鷹しろかはり物見せ様の事／第卅　鷹のふの名の事」三ウ／第卅一　をの名同をかたしらを／第卅二　たかのはの名同もすたかの事／第卅三　鷹の惣形の名前の事／第卅四　十二かほ五ほうのとはへ鷹きつけう日／第卅五　ふせきぬの事／第卅六　ゑいたの寸同名并ゑつとの類たかやうし／第卅七　たかしやうにたちいたし酒すむる事こそて出す／事／第卅八　たかにのきみうしろまへいてくるてつしきたい／かへす事／第卅九　たかけをかゆるなたかの具名并ひよす山／のなみさこまりの事／第四十　鳥の頭をもるかいしきしるさかなの名の事／第四十一　たか山にてつかふ時ことはの事／第四十二　たかさとをつかふことば又さうきやうのことはの事／第四十三　たかのことはの事／第四十四　しよ鳥のはをとの事／第四十五　たかのしゆもんましないの事」四オ／第四十六　くにゝよりて鷹の名かわる事／第四十七　書札の時鳥一番二はんの事同書札／調様の事／第四十八　犬の法式ことは万の事／第四十九　鷹に古仁の詩語の事／第五十　鷹に用る文字の事同次第の事／一番に人の類の字／二　鷹一足《モト》の類の字／三　鷹毛澤類の字／四　鷹の名字大小共に／五　鷹狩の類字／六　鷹の餌類文字／七　鷹の道具の字／八　鷹の羽の文字／九　鷹の惣形の字」四ウ／十　鷹詞の文字／十一　諸鳥名字／十二　國の名字」五オ

（4）『放鷹』（宮内省式部職編、一九三一年一二月、吉川弘文館、二〇一〇年六月新装復刻）。

（5）『放鷹』「鷹書解題」によると、『武家鷹記』というテキストの奥書に永正六年二月の年記と天羽吉盛の名前が見えるという。

（6）たとえば、室町時代末期に関東の武将・一色直朝が著した『月庵酔醒記』中巻「禽獣之類」（中世の文学『月庵酔

醒記　中』、服部幸造・美濃部重克・弓削繁編、三弥井書店、二〇〇八年九月）には、

一　仁徳天皇四十六季、百済国ヨリ発二使者一献二鷹犬一。其使越州到二敦賀津一。養レ鷹者ヲ曰二米光一、養レ犬者ヲ曰二袖光一。其犬黒駮ナリ。政頼ト云人奉レ勅赴二敦賀一。迎二使者一。時、尚未レ精二指呼之術一。政頼就二米光一習レ之。臂ニシレ鷹牽レ犬以帰二帝都一。天皇賞レ之以賜二采邑一。

とあり、『養鷹記』の抄出本文が掲載されている。中世末期において『養鷹記』本文が諸書に広く引用されていた可能性が窺える一例といえよう。

（7）その他、禰津松鷂軒の書写や著作とされるテキストのうち、たとえば書陵部蔵『鷹受取渡之次第　禰津流』（函号二〇七‐一二七）、書陵部蔵『鷹受取渡之次第　禰津流』（函号一六三‐一一二〇）、書陵部蔵『鷹狩記　根津流』（函号二〇七‐一〇四）、書陵部蔵『鷹毛名所　禰津流』（函号一六三‐一二五一）、書陵部蔵『鷹名所記　禰津流』（函号一六三‐一三一五）には書陵部蔵『斉藤助左衛門鷹書　全』と類似する記載は一切見えない。

（8）当該書とほぼ同じ本文を持つ書陵部蔵『鷹聞書　諏方家傳　完』（函号一六三‐一〇六一）にも共通記事はまったく見られない。その他にも、在京諏訪氏の人物が関わったテキストとして、奥書に「忠郷」と「貞通」の名前が見える名古屋市蓬左文庫蔵『鷹百首和歌』（目録番号一一九‐六一‐一四）、奥書に「忠郷」の名前が見える天理大学附属天理図書館蔵『鷹百首註』（請求記号七八七―イ五）が現存しているが、両書とも書陵部蔵『斉藤助左衛門鷹書　全』と類似する記載は一切見えない。

（9）本書第一編第一章で挙げたように二条道平が著したとされる『白鷹記』のいくつかの伝本（書陵部蔵の『白鷹記　合綴　嵯峨野物語』（函号一六三‐九九五）、『白鷹記　合綴　薬餌飼之事』（函号一六三‐九九六）、『白鷹記』（函号一六三‐一三四一）、『白鷹記』（函号一六三‐一〇八六）、『白鷹記』（函号二〇七‐九七）、『白鷹記』（函号一六三‐一三八七）、東北大学附属図書館狩野文庫所蔵『嵯峨野物語　並　白鷹記　西園寺相國　鷹百首』（函架番号第五門一

七四〇六 - 一、レコード番号一一〇〇〇一七一九三）、群書類従第一九輯所収『白鷹記』）にも「禰津神平」の名前が見えるのも、公家の鷹書類における諏訪への関心の一端と見なせよう。なお、中澤克昭「鷹書の世界—鷹狩と諏訪信仰—」（『芸能の中世』所収、五味文彦編、吉川弘文館、二〇〇〇年三月）によると、『白鷹記』は「諏訪信仰について一言も言及されていない」ので、当時はまだ「その信仰（稿者注：諏訪信仰）が王朝の鷹狩の世界に入り込」んでいなかった証左とする。しかし、『白鷹記』は伝本によって「みさご腹の鷹」説話におけるモチーフの齟齬が調整されており（本書第一編第二章参照）、まったく諏訪信仰と無関係ではなかったと想像される。

(10) 朝倉氏の鷹術や鷹書が京都風を目指していることについては、前掲注（1）の宮永論文にも触れられている。

(11) 朝倉氏が絵画・医道・歌道などの文芸面において「地方文芸を確立」するために、京都の文化人と親密な交流を有していた経緯については前掲注（1）の米原論文に詳しい。

資料紹介

宮内庁書陵部蔵『啓蒙集』

【略解題】

以下に全文を翻刻紹介する宮内庁書陵部蔵『啓蒙集』は、「承応三年（一六五四）」の年記を奥書に持ち、『啓蒙集』と題する諏訪・大宮流の鷹術のテキストにおいて管見のかぎり最も古いものである。但し、一巻のみしか現存しない。そのほかの『啓蒙集』を称するテキスト群は、おおむね複数の巻から構成されている。また、第一編第三章「諏訪流の鷹術伝承㈡—「せいらい」の展開と享受—」で指摘したように、数ある『啓蒙集』のテキスト類は、それぞれ叙述内容や構成などにおいて異同が激しく、いずれが本来の姿なのかを判ずるのは困難である。しかし、今回紹介する書陵部蔵『啓蒙集』全一巻の内容は、宮内庁書陵部蔵『啓蒙集 大宮流』（函号一六三－一二九三）全八巻、宮内庁書陵部蔵『啓蒙集 大宮流』（函号一六三－一三九〇）全七巻、宮内庁書陵部蔵『啓蒙集』（函号一六三－一三三六）全九巻、国立公文書館内閣文庫蔵『鷹啓蒙集』（函号一五四－三二〇）全七巻などにおいて、それぞれ第一巻に記載されている叙述とほぼ同じものであることから、相応に流布した普遍性のある内容であったことが予想される。同書をもって『啓蒙集』テキスト群の代表のひとつと見なす所以である。

なお、凡例と書誌は以下のとおり。

【凡例】

一　翻刻は宮内庁書陵部蔵『啓蒙集』（函号一六三－九〇二）によった。

一　翻刻に関しては、できるかぎり原文に忠実となるようにつとめ、改行は原本に従った。

一　送り仮名や△印、読点、返り点などの記号類も原本のまま示した。

一　明らかな誤字や脱字などと思われる箇所はそのまま翻刻し、傍らに（ママ）をつけた。
一　改丁は」をもって示し、（一オ）のように丁数ならびに表裏を示した。
一　字体は底本の表記を重んじて旧字体の場合は一部を除いてほぼそのまま翻刻した。
一　虫喰いなどで判別ができない文字は□で示した。
一　花押は（花押）とし、その形態は示さなかった。
一　朱引きについては適宜記載し、（朱）と示した。

【書誌】

所　蔵　宮内庁書陵部。函号一六三‐九〇二。番号四七一八一。
巻　数　一巻。
丁　数　二六丁（一丁並びに二六丁表裏白紙）。
行　数　半葉八行無罫、漢字平仮名交じり文。
外　題　表紙左に「啓蒙集」と記す貼題簽。
内　題　巻首題「啓蒙集一」（三丁表）。
寸法等　縦一一・五糎×横一七・五糎。横本。
蔵書印等　三丁オに「宮内省圖書寮」の蔵書印。また、巻末に「昭和3年12月　伯爵松平直亮寄贈」の受け入れ印。
奥　書　二五丁表に「山本藤右衛門／承応三／甲午正月日(花押)」。「盛近」の署名、篆書二重丸印「盛近」の下に(花押)。

【翻刻】

目録（朱）
一・四佛ノ事　二・鷹仕初ノ事
三・鷹渡リ初　四・鷹白尾ノ事
五・鷹羽比ノ事　六・丸觜ノ事
七・策決拾ノ事　八・列率杖ノ事
九・箸鷹ノ事　十・鷹の名ノ事
十一・禁野ノ事　十二・鳳輦ノ事」（二オ）

（白紙）」（二ウ）

啓蒙集一（朱）

・夫鷹仕ひ初ル事人間のわさにあ
らす天下に諸鳥満々衆生の耕
作を食うしなひける人間のなやミ
これに過し・普賢・観音・不動・毘
沙門この四佛あわれミ給ひ普賢
観音弟鷹とけんせらるゝ・不動毘
沙門兄鷹とけんし諸鳥おとり」（三オ）
ほろほし給ふにより世間の耕作
うせさるゆへに人間いまに繁昌なり
この四佛のはかり事ありしより諸鳥
ほろび人間をたすけ衆生に在《（ママ）》度
し山人のすかたとなり草刈鎌を
腰にさし信濃の國にかへり上の宮
下の宮とあらわれ給ふ諏訪上下と
あらわれ給ふなり上の宮ハ・普賢」（三ウ）
下の宮ハ・毘沙門にてましま す諏訪
の上下これなり
・諏訪の上の宮表ハ十一面観音裏
ハ普賢なり
・諏訪の下の宮表ハ不動裏ハ毘沙
門なりこれにより四佛と申也

二

・凡鷹をつかひ初ル事百濟國」（四オ）

よりはしまる也帝王のましします樊
のもとに鷹きたる白生の大鷹也
かの鷹をとり紅のあけの糸にて
鈴をさし大くろの鞴にて居させ
釼山といふ山の麓岱仙道と云
谷にてかの鷹を仕わせたまひて
まことに栄果《（ママ）》におほしめすところに
鷹羽をひろけ死なんとす國王不」（四ウ）
便におほしめし誰人か此鷹の病
をしらんと宣旨ありしに折節不
仁と申者生所もしらす出来て
この鷹を見て其後申やうこの
鷹の病は萬病血氣と申なり
国王の宣旨にさらば此病お治
してまいらせよと宣旨なり不仁
治し申さんとて錦の袋より薬」（五オ）
を取出し微塵はかりくれらる、

また上にも湔ける鷹もとのこ
とくに治ル御門叡覧ありて
かの薬のほんせつお傳よと宣旨也
不仁申やうむかしも長生殿のうち
にして宣旨を返すためしもあり
いかて此薬のほんせつを可レ申とて
傳申さすかさねて國王おほせに」（五ウ）
汝かためにきらひこくお得さすへしと
宣旨なり不仁申やうちやうろくおくた
されすとも宣旨なれは申なり昔ハ
宣旨を返すためしもありといへとも
不仁ハ國王の宣旨にしたかひかの薬
を具に申けるこの薬ハ大海の
うろくすに猿蚫と申物おかけほし
にして山の菟の角を等分に合」（六オ）
て肉餌につゝみ飼と申
・サル蚫ハ常ノ蚫ニアラス貝ハ中高クシテアミ笠ナリ也《（ママ）》荷《イカ》

ニモ赤キ也カケホシニシテ又一七日餌ニヒタシ使也
・山ノ菟ノ角ハ薯蕷カワ去カケホシ肉餌ハ鳥ノ
ミヱノコト也
この薬阿伽陀薬共・夢想甘共申也
鷹をこのむともからこの薬しるへし
萬病血氣の薬この上あるへからすと
ひすへしと云々
三」（六ウ）
・宗養元年八月三日に摩伽陁國
より大國へ鷹渡す日本に鷹渡
す事ハ仁徳天王の八十七年お保
給ふ四十六年と申時鷹に文書
をそへ日本に渡すかの文書お讀
人なし其比大王鷹養兼光と云
者を日本に渡しかの鷹おかわせ
らるゝあひしおほしめすところに（七オ）
兼光たかお仕て御目にかけて其
後御暇を申ける御門おしみ
給ひとゝめ給ひけれ共唯かへり申
さんと申さる公家申されけるハ人お
とゝむるにハ女にしかしと申され
けるこれをけにもとおほしめし
美人千人の中にすくれたる呉竹
といふ女を兼光にくたされける」（七ウ）
かの女について唐人帰る事を
わすれ年月を送るほとに娘一
人儲かの娘十五才になるとき
源藏人政頼公を兼光かむ
こになし十八の秘事三十六の
口傳おしへける政頼の方より
種々のちやうろくお送らるゝ唐
人の方よりは狩装束の鷹の（八オ）
道具をとりそへて送る
かのこちくか娘の名を朱光と

云と也有人鷹を持けるに此
鷹鳥を捉ことなし鷹ぬし
路邊に架を結てかの鷹を
繋て上下の人の批判おきく
朱光これを見て申やう此鷹の
鳥とらさるも道理なり母ハ鷹」（八ウ）
なれとも父ハ鵰（ママ）なる間魚なら
てハ捉へからす鳥ハ捉ましきと
いふ扨ハこの鷹をいかやうにと尋
ければ朱光こたへて獱に歸（ママ）
て持たる獺をたつねて池に
いれて鯉を水上に浮てこの
鷹にとらせ候へと申て

△奥山のみさこにとつくたかあれは」（九オ）
　獱の子はらむ獺おたつねよ

扨獱の子の犬ハいかやうなるそと
問ふ朱光こたへて申やう獱の子
の犬は四ツ目の犬の内にあると云
さらばとて四ツ目の犬をあつめ
神泉苑といふ池にいれて鯉お
水上にあらわしかの鷹を合羽
見るに無㆓相違㆒鯉を捉なり」（九ウ）

△箸鷹の升懸の羽お翔時ハ
　流間の鯉もあらわれにけり

其比鷹に鳫おあわせさる間鳫
に口餌なし鯉に口餌ありとハ
この時の秘蜜也かの朱光政頼
か家ぬしなり

四

・箸鷹の白尾接といふ事ハ」（一〇オ）
政頼君の御鷹のぐしの尾を
きりて鵠のきミしらすにて接
しとなりこれハ衣更著の比なり
君御覧して政頼ハ無節なる

事仕るとてすてに嶋へもなか
さるべきよし宣旨あり政頼
申やうたとへ國王の御鷹なり
とも逃してハゐきなし鷹ハ」（一〇ウ）
春になれは古巣をこひ北に帰る
なり白尾つけばおのれと見て我か
身にハいまた雪のふりたると心へ
古巣をこひぬと申
△朝霞霧のうち野の遠はまり
　白尾つかすハ尾かけ見ましや
△白尾つく鷹よおのれか尾となミそ
　去年のまくなる雪山としれ」（一一オ）
扨はとおほしめし政頼をなかさるゝ
事をゆるさるゝときこゑし
△きさらきの白尾にのこる雪見れは
　心まかせに君ゆるし給ふ
△箸鷹の尾の上の雪のまたのこり
　花はたとりにはやきあらしハ
唐土にては花娥鳥と鷹を
いふとなり」（一一ウ）

五

・箸鷹妻をさたむる事二月彼
岸中日に兄鷹と羽おくらべ負
たる兄鷹おば餌食になし勝
たるお妻とさたむと也
△高根より麓の野辺に翔くたり
　つまこゝろみる羽くらへのたか

六」（一二オ）

・宛轉《マルハシ》といふ事三条院御宇に
擲《ナケトリ》　鳥といふ有時御鷹におしへ
とりに鶖をあわせ給ふに御
鷹を鶖觜を以てつきころす
其後ハ鶖のはしおきりてあわせ
たまふそれより丸觜といふと也

△心なき巣たかなれはや鷲の子も
　觜をきりつゝとりハ飼なり」（一二ウ）
おしへ鳥といふ文字なけ鳥共よむ
文字なり

七

・弟鷹ハ・毘沙門けんし給ふなれば
策ハ法方也鷹緒ハ御手の糸
なり
・兄鷹ハ・不動のけんし給ふなれは
策ハ御釼也鷹緒ハ縛縄也」（一三オ）
・真言にとる時ハ三杖也餌を飼
策水を飼事ハ灑水なりされば
三杖に寸尺定てさためされば
策も寸尺さためてさためすたゞし
口傳にあり経緒忍縄の心得めん
〳〵をつく縄なり
・鈴板ハ護摩板也・餌袋ハ胞袋
を表すなりし然ル間胞袋とも」（一三ウ）
文字ニ書也また鳥の卵を表共
いふ或伏衣も胞お表といふ也
・策に三の心へあり・第一策にて鷹
の毛羽をなおす事祈念なり
とおなし不動の利釼お表スゆへ也
策の文字はかりこと、よむ文字也
第二策にて悪摩敵あきふ
さかりを拂これも御釼お表す」（一四オ）
ゆへ也第三諸の鷹に藤ハくすり
なる間藤水を養へきため也
・決拾に五常の事第一決拾を
さす事手のいたミおよけへきため也
第二鷹ハ四佛けんじたまふとな
れば人の血をのぞく心也第三鷹
ハ四佛にてましますとなれば我か
とる物のけかれそのほかふぢやうおよけ」（一四ウ）

へきため也あるひハ高家のおそれ
斟酌をのぞく也然ル間たかひに
から拳にて鷹居ル事を斟酌
すへし第四寒をのぞく第五熱
を用べきためなり

八

・引率杖・狩杖・獫養杖の事
毘沙門の法方なれば貧およけ」（一五オ）
福をきたれとの法也あるひハ法方
なれば成佛得道の杖と成ル也

九

・橋鷹の文字かくのごとく書ハ
冷泉家也三条院の御時鷹お
このませ給ひつかわせ給ふ三条院
崩御ありしにかの鷹お放させた
まふこのたかよそへゆかす内裏のし」（一五ウ）
らすの桐の木の枝にやすみ三条
院の御事をおもひ入たるふせいと
見へし其後三条院の御墓所
にて死てありける后きこしめして
あわれにおほしめし此鷹の吊を
いかんと尋給ふに公家中せんきあり
しに吊に道橋ハ上なしことに
しらすの桐に羽をやすめおもひ」（一六オ）
死作間この桐をきりて川橋に
かけまた本木を琴の甲にせ□
せられへしと申されけるそのごとく
なさせらる丶に橋を渡るともから
ありかたしとそ申ける琴の甲に
桐をなす事此御代より初ると也
琴の音も鷹の餌声に似たると
なり」（一六ウ）
△琴の音もきくにまかわぬ箸鷹の
　と帰る山やもみちしぬらん

・箸鷹の文字かくのことく書ハ二
条家に用ル也七月の霊の麻の箸
を十六せん續松に結そへとや籠の
鷹を出す夜とほして鷹をとや
より出すこれを祭事となす□□
せんのはしは十六善神を学なり」（一七オ）
またハ鷹に常に箸にて餌を
養により箸鷹といふ共いふと也
△祓麻たてゝ箸焼窓のかかり火の
　かけ見て出す夜半の箸たか
・むかしハ鷹忘飼に雉の雌おあわせ
捉養て鷹の觜爪を汰（ママ）卯月朔日
またハ八日に鳥屋籠て八月朔日に
とやを出したるといへり當代君意」（一七ウ）
にしたかひ我心にまかせとや籠前後
する也またハ鷹の毛羽の調不定也
△春まてハもきつる物をはしたかの
　わすれ飼にハめとりおそ飼
△とやにゐる八日やくしの日なれはや
　たかに毛おとすくすりかふなり
・忘飼に雌を飼事鷹のために□
捉よくまた雄より味もよきといふ」（一八オ）
なれば雄のあしき味をわすれさ□
へきためもありまたハ雄ハ陽な□
雌ハ陰也これによりて陰におさめて
陽にむかわんとの祭事也世間おミる
に鷹に過たる鳥をとらせ或遠
く鳥をあわせて忘飼になす事
此流にハこのますたとへ雉にかきらす
鷹の捉やすきやうにわすれ飼ハ」（一八ウ）
捉養を本となす也あしく捉飼て
ハわすれさせ飼なるへし
・橋鷹　この文字　冷泉家に用ル也
・箸鷹　この文字　三条家に用也

△はしたかのはしといふ字をひとゝハ、
　ふたつの家をたつねてそしる
・また鸇・鷙・鴘この三字いつれも
はしたかとよむ文字なり前の二説」（一九オ）
ハ代にしたかふはしたかの文字なるへし
所詮たかの捴名にはしたかといふと
可シ二得意一也
△はしたかのはしといふ字を人とハ、
　五つの文しのわけこそハあれ

十

・百濟國の王　・鷹ヲ
　　・諟神共」（一九ウ）
　・美多羅尾共云　白
・萬病血氣の薬初　不仁
・摩伽陁國の王・鷹ヲ
　　・遠久智ト云　黒
（朱）天光貳年二月二日ニ・百濟國ヨリ
　　・摩伽陁國ェ鷹渡ル
・大國の王　・鷹ヲ
　　・花娥鳥ト云　黒」（二〇オ）
（朱）宗養元年八月三日摩伽陀
國より大國に鷹渡ル
・葦原國の王　・鷹ト云　白
・仁徳天皇八十七年保給ふ
四十六年といふ正月三日に大
國より我朝に鷹渡ル我朝
にて鷹といふによりたか呼に
おう〳〵と呼也鷹〳〵と呼心」（二〇ウ）
なり鷹といふ文字おうのこゑ
もあるゆへなり
・大國の住人兼光これより又一流
あり　黒
　・鷹と文書をさしそへ我朝
に大國より渡すといへ共よみ

ひらく人なしかの兼光に呉竹
をくたされ年月を送らせ」（二一オ）
給ふほとに娘一人もつ朱光と
名をいふと也源政頼おむこ
になし十八の秘事三十六の
口傳狩装束をゆるすと
なり

・朱光　兼光ヵ娘也政頼の家主也　黄
　此流ハ何も装束花粧也
・當國の住人政頼　黒」（二一ウ）
　此以後弟子數百人有ルト云

十一

・禁野の文字むかしハ金野とか
くのことく書と云也交野ゝ内に
禁野といふ在所ある也文徳天皇
の御時に大和國宇多郡より毎日
化鳥交野にきたりて御門を
くるしめたてまつる御子惟高ノ」（二二オ）
親王きこしめし河内國交野に
はしめて狩し給ふ在原業平
供奉したてまつるこれまためいよの
鷹匠なり然ル間かのあやしき
鳥お思ふまゝにとらせ給ふ三足の
雉也弥重羽の雉これなり此雉の
羽釼のことくなりし共いふせつもあり
御悩たちまち平癒あるそれより」（二二ウ）
いまにいたるまて御調に常の雉に
別の雉の足一つそへて三足になして
奉るとなりこれにより別足といふ
事雉にかきる言葉也（朱）定家卿の
哥にも
△むはたまの黒生の鷹やはつといふ
　足の三つある鳥やとるらん
・交野の御狩の御時に御鷹を」（二三オ）

繋し架の木とていまに交野に
樟の木三本ありといふ
△かり衣交野の御野のミつくぬき
　若木やたかの架となるらん
十二
・延㐂の御門の御時鳳輦の左
の柱をとらせ給ひて輿の内にて
鷹をすへ給ひしと也それよりいま」（二三ウ）
の代まて鳳輦の左のはしらなし
といふ
　たなさきのかとの柱にかわりてや
　　みこしの前に鳥のたつらん
むかしは紫の装束鷹にもより
或鷹ぬしの位にもよりしと也
△御狩はの鷹一もとにさしにけり
　花むらさきの條あし革」（二四オ）
（白紙）」（二四ウ）

承応三甲午正月　日
　　山本藤右衛門
　　　盛近（近盛）（花押）

あとがき

私が「鷹書」の研究に取り組み始めたのは二〇〇三年の春頃からだったと思う。それまでは『保元物語』『平治物語』を中心とした軍記物語の研究が私の専門であった。一九九九年三月に提出した学位論文のテーマは「保元物語・平治物語の伝承世界」である。しかし、それは私にとってかならずしも納得のできる到達点ではなかった。他人の学説をなぞり返すだけの能力しかない自己の非才ぶりにつくづく嫌気が差し、無駄で無意味な研究ならばいっそ綺麗さっぱりやめてしまおうとさえ考えていた。それでも二～三年の間はまだ自分をごまかすことができた。が、それが限界だった。

そうした頃、立命館大学図書館の西園寺文庫に収められた『宇都宮社頭納鷹文抜書秘伝』と出会った。そこに記された鷹術の伝来説話は研究生活の袋小路に行き詰まっていた私にとって大きな衝撃であった。まさしく「活路」を見出したような思いであった。これでもうしばらくは研究者としてやっていける。そんな思いだった。

読み始めてみて、すぐに躓いた。「鷹書」はあまりにも難解であった。まずはテキストを読み解くことから始めなければならない。これまできちんとテキストを読み解くトレーニングを怠っていた私にとって、それは立ちはだかるようなハードルだった。三～四年は試行錯誤が続いた。「鷹書」の研究はなかなかものにならなかった。

二〇〇七年一〇月、黒木祥子氏、山本一氏、中本大氏、中澤克昭氏らとともに「鷹書研究会」を立ち上げた。同じ研究者であれば、彼らを「同志」と呼ぶべきであろう。しかし実情は違う。本書でも触れたとおり、黒木氏は和歌・

連歌における鷹詞の系譜についての研究を早くに示されていた。山本氏は鷹百首類の研究を専門として、その伝本の調査を精力的に進められている。私は、両氏の手ほどきを受けながら、ようやく鷹書のテキストが少しは読めるようになってきた。また、立命館大学の専任教員である中本氏は西園寺文庫の鷹書に強い関心を示してくださり、研究会の代表をお引き受けいただいた。西園寺文庫の閲覧も中本氏のご尽力に負うところが大きい。中澤氏は日本史学の領域において逸早く鷹書の世界に注目されていた。ややもすれば文学畑に偏りがちになる研究会にあって常に刺激的な問題点を提示して研究会を牽引してくださっている。皆、「同志」というよりも私にとっては「師」に等しい。

それにしても、鷹書とはいかなる学問領域に属するものなのか。日本史学ではいざ知らず、私の所属する日本文学の分野ではひょっとしたら異端なのかもしれない。「鷹書研究会を発展させて『日本文学相手にされない学会』でも呼びかけようか」などという自虐的な冗談が、ほかならぬ鷹書研究会での茶飲み話にあがる。鷹百首に関しては多くの優れた先行研究があるが、鷹術の伝書となると、それが文学の領域と言えるのかどうかも怪しい。それにもかかわらず、さいわいにしてこれまで学会や研究会での研究発表の機会には恵まれていた。中世文学会や説話・伝承学会といった従来から所属していた学会だけでなく、生き物文化誌学会や動物観研究会といった鷹書の研究を始めなければけっして接点の無かったであろう学会にも参加させていただくようになった。とくに生き物文化誌学会では同学会の研究助成である「さくら基金」に採択していただいている。

そうした学会や研究会もさることながら、私にとって伝承文学研究会の存在は格別である。関西の例会において長きにわたり中心的存在としてご指導くださった故・美濃部重克先生をはじめ、須田悦生先生、服部幸造先生、小林幸夫先生には研究発表のたびに厳しいご指導と暖かい励ましを賜ってきた。月毎の例会の後の懇親会の席でもしばしば鷹書のことを話題にしていただいた。研究会というよりも、私には道場か私塾のような場である。東京例会の代表である徳田和夫先生にも、お目にかかるたびに励ましをいただいた。

また、真下厚先生、奥西峻介先生、田中貴子先生には、いつもご心配をいただき、公私にわたるご厚情を賜ってきた。ともすれば挫けそうになる境遇の中、それでも私が志を捨てずにいることができるのは、先生方のご支援のおかげである。

そして、誰よりも感謝申し上げたいのは、恩師・福田晃先生である。私がまだ金蘭短期大学の学生だった頃、短大に非常勤講師として出講なさっていた福田先生を訪ねて講師控え室に伺ったのは、もう二〇年以上も昔のことである。その後、いったんは銀行のＯＬとなりながら、福田先生の学問に憧れて立命館大学に編入学した。福田ゼミで二年間を過ごし卒業論文を書いた。大学を卒業した後は、大学の事務職員として就職し、ふたたび社会人となった。が、やはり福田先生の学問を追いかけて大学院に進学し、分不相応にも研究の道を志してしまった。だから、その後も、挫折したり、研究などやめてしまおうと思うことがしばしばである。銀行のＯＬも大学の職員も、待遇や給与は悪くなかった。安定もしていた。辞めてしまったことの後悔などは日常茶飯事。四〇歳を過ぎてからはなおさらである。それなのに、福田先生の学問に憧れて以来の志を消し去ることは出来ない。後悔と不安に苛まれながら、それでも絶望と戦うことのほうを選んでしまう。そして、不遜にも先生の学問を越えたいとさえ願ってしまう。志とは実に厄介なものである。

その恩師に勧められて本書を執筆させていただくことになった。身に余る光栄ではあるが、いっぽうで身の縮む思いでもある。鷹書の研究を始めてたかだか七年に過ぎない。本格的なところはまだ三年か四年である。果たして、この研究で鷹書を世に問えるものであるかどうか、不安がないといえば嘘になる。もう数年は研究を蓄え、満を持すべきであったかと思わないでもない。それでもあえて公刊に踏み切った。早熟であろうと未熟であろうと、とりあえずまず「鷹書」という研究の可能性を世に問うべきであると考えた。もしも、私の研究が不甲斐ないものだったとしても、それは私自身の責であり、「鷹書」の価値と可能性は少しも揺らぐものではない。本書の執筆を通じてそのことをあらためて確信している。

なお、本書には論考のほかに、資料として『啓蒙集』の翻刻を収めた。翻刻については水田紀久先生に貴重なご助言をいただいた。水田先生は私の短大時代からのご縁で、いつも優しく応援してくださっている。先生の励ましは、私の乏しい精神力の源泉となっている。

末筆のほうになってしまったが、本書の出版をお引き受けくださった株式会社三弥井書店の吉田栄治社長と吉田智恵氏のご温情に感謝申し上げる。とくに智恵氏には本書の執筆にあたって懇切丁寧なご助言を賜った。心から御礼を申し上げたい。

未熟な本書ではあるが、いつか「鷹書」がその価値について正当に評価され、中世文化関係の研究分野において相応に注目されるようになったとき、その研究史に資することができれば幸いである。現段階では諸賢のご批正を仰ぎつつ、今後、「鷹書」という研究分野の可能性が拓けてゆくことを切に祈り、ひとまずは筆を擱くこととしたい。

※本書は、独立行政法人日本学術振興会平成二十二年度科学研究費補助金（研究成果公開促進費（学術図書）、課題番号２２５０３３）の交付を受けて出版したものである。

初出一覧

序　章　書き下ろし

第一編　公家の鷹書

第一章　西園寺家の鷹術伝承―『西園寺家鷹口傳』をめぐって―
『説話・伝承学』15（二〇〇七年三月、説話・伝承学会）／原題「中世公家社会における鷹術伝承の成立―立命館大学西園寺文庫蔵『西園寺家鷹口傳』所載の鷹説話群の検討から―」

第二章　政頼流の鷹術伝承―『政頼流鷹方事』をめぐって―
『伝承文学研究』58（二〇〇九年四月、伝承文学研究会）／原題「政頼流の鷹術伝承―立命館大学西園寺文庫蔵『政頼流鷹方事』をめぐって」

第三章　下毛野氏の鷹術伝承―山城国乙訓郡調子家所蔵の鷹書をめぐって―
『立命館文学』607（二〇〇八年八月、立命館大学人文学会）／原題「下毛野氏の鷹術伝承―山城国乙訓郡調子家所蔵の鷹書を手がかりに―」

第四章　下毛野氏の鷹書―他流儀のテキストと比較して―
『日本語・日本文化』35（二〇〇九年三月、大阪大学日本語日本文化教育センター）／原題「下毛野氏の鷹書―他流儀のテキストと比較して―」

第二編　東国の鷹書

第一章　諏訪流のテキストと四仏信仰

『動物観研究』14（二〇〇九年一二月、ヒトと動物の関係学会）／原題「諏訪流のテキストと四仏信仰」

第二章　諏訪流の鷹術伝承㈠―「みさご腹の鷹」説話の検討から―

『論究日本文学』89（二〇〇八年一二月、立命館大学日本文学会）／原題「諏訪流の鷹術伝承―みさご腹の鷹説話をめぐって―」

第三章　諏訪流の鷹術伝承㈡―「せいらい」の展開と享受―

『説話・伝承学』18（二〇一〇年五月、説話・伝承学会）／原題「「せいらい」の展開と享受―諏訪流の伝承をめぐって―」

第四章　宇都宮流の鷹書―『宇都宮社頭納鷹文抜書秘伝』をめぐって―

『伝承文学研究』56（二〇〇七年五月、伝承文学研究会）／原題「宇都宮流鷹書の実相―立命館大学図書館西園寺文庫蔵『宇都宮社頭納鷹文抜書秘伝』をめぐって―」

結　章　中世鷹書の展開―越前国朝倉氏の鷹書をめぐって―

書き下ろし

索　引

○本索引は、本書の序章と第一編、第二編及び結章を範囲として、書名･人名（動物の個体名含む）･地名などを中心とした用語を五〇音順に配列したものである。
○採項の対象は上記の範囲における本文を中心とし、引用資料・注・図・表は対象外とした。
○本書における各章段（節）のタイトルや引用論文および文献の題名の一部として含まれる用語なども採録の対象外とした

あ

青崩峠　202
秋葉街道　202, 205, 291
赤石山脈　198
秋山泰忠（近江守）　122
朝倉（氏）　16, 207, 240, 294, 295, 297, 300, 307, 311, 313, 314, 319
朝倉家養鷹記 完　207, 208, 221, 240, 294, 295, 296, 297, 298, 301, 303, 305, 306, 307, 311, 312, 313, 314, 317, 318, 319
朝倉貞景　295
朝倉宗滴話記　294
朝倉孝景（宗淳）　295
朝倉孝景条々　294
朝倉太郎左衛門　241, 295
朝倉教景（宗滴）　81, 294, 295
朝倉義景　295
足利尊氏　11, 38, 80, 224, 288
足利義政　226
吾妻鏡　202, 203, 204, 205
天羽吉盛　241, 295
荒井豊前守　38, 119, 145, 187, 317
荒井流鷹書　38, 119, 120, 126, 145, 147, 148, 187, 317
在原業平　122, 125
粟田口十禅師　30, 197
飯田八幡（地名）　202
池上（氏）　200
池上氏系図　200
池上光氏　200
池田荘（紀伊）　82
石田庄（丹波）　127
伊勢貞丈　221
伊勢物語　122
石原弾正右衛門　181
板垣玄蕃介　78
一条院（天皇）　28, 30, 31, 88, 197, 205, 206, 207, 234
一条兼良　149
伊藤九郎三郎尉　78
伊那志略　201, 202, 204
入谷（郷）　201, 204
宇都宮（地名）　222, 255, 257, 259, 261, 280, 281, 291, 293
宇都宮御留書　261
宇都宮国綱　260, 261
宇都宮国綱書状写　260
宇都宮（氏）　259, 260, 293
宇都宮社頭納鷹文抜書秘伝　16, 110, 181, 182, 189, 221, 257, 259, 262, 265, 267, 268, 269, 270, 271, 272, 279, 280, 281, 293, 320
宇都宮廣綱　260, 261
宇都宮廣綱借用状写　261
宇都宮廣綱書状写　260
宇都宮（明神･二荒山神社）　12, 16, 182, 261
宇津宮明神流 大崎流 全　110, 258, 259
宇都宮流　11, 13, 16, 106, 110, 145, 147, 181, 182, 255, 256, 257, 258, 259, 261, 262, 280, 281, 288, 293, 320
宇都宮流鷹書 十巻

256, 257, 258
宇都宮流鷹之書 256, 258
宇津宮流鷹之書(乾坤) 103, 106, 109, 110, 113, 145, 147, 148, 258, 259
梅津政景日記 261
鱗丸(鷹) 29, 89, 238
海野(氏) 35
運歩色葉集 221
絵入 続狂言記 125
会賀牧(河内) 82
正親町三条(家) 80
近江国穴尾(太) 127
大阪大学附属図書館 26, 39
大塩太郎 38
大塩(御)牧(信濃) 224, 225
太田荘(播磨) 82
大祝(氏) 38, 201, 204, 205, 224, 227, 294
大祝敦家 205
大祝敦信 224
大祝助忠 224
大宮流 15, 17, 33, 35, 107, 110, 113, 124, 145, 177, 184, 190, 193, 196, 231, 237, 241, 258, 259, 265, 266, 291, 293, 315
獺丸(犬) 32
小山(氏) 107, 258

か――

交野(片野) 121, 122, 235, 238
交野(片野)の禁野 121, 122, 125, 126, 127
葛山紀流 198
兼光 33, 35, 194, 195, 198, 265, 266, 269
上諏訪造営帳 204
神光 81
賀茂祭備忘 138
賀茂臨時祭記 138
賀茂臨時祭次第 138
歌林樸樕拾遺 234
河島荘(山城) 82
瓦谷郷 261
瓦谷村 261
木の下蔭 198
禁野(狂言) 123, 125
観音 178, 179, 185, 186, 187, 188, 189, 190, 272, 291
勾陣(こうちん) 264, 265, 267, 268, 269, 270, 271
公家流 14, 25, 27, 41, 91, 116, 117, 126, 142, 267, 269, 271, 279, 280, 281, 288, 289, 293, 294, 300, 309, 314, 315, 317, 319, 320
楠葉牧(河内) 121
百済 9, 81, 181, 195, 222, 232
宮内省 10, 11, 73, 184, 220, 256
久保田藩 261
雲井丸(鷹) 224
栗原柳庵 36, 149, 184, 222, 257
黒河内 203, 204
系図写(禰津) 229
系図纂要 229
啓蒙集 15, 16, 17, 32, 33, 35, 86, 87, 107, 124, 125, 177, 179, 181, 182, 183, 184, 185, 186, 187, 189, 193, 194, 195, 196, 198, 209, 221, 231, 234, 235, 236, 237, 265, 266, 269, 270, 291, 292, 315, 318
啓蒙集画入・乾 107, 113
啓蒙集秘傳 177
月舟寿桂 81, 294, 297
毛吹草 255
来光 76, 266
鯉丸(こい丸)(鷹) 29, 32, 86, 88, 238
甲賀三郎 280
光格上皇修学院御幸始御列書 138
江次第鈔 97
高師直施行状 224
国書総目録 11, 25, 256
国書人名辞典 138
古今著聞集 16, 29, 30,

35, 97, 196, 198, 205, 206, 209, 291
古事談　72, 220
こちく（コチク・こ竹・呉竹・故竹・小竹）　33, 35, 194, 231, 264, 268, 269, 270, 271
故竹流乾・坤　221
五智如来（＝大日・阿閦・宝生・無量寿・不空成就）　183
近藤家平　97
近衛（家）　127, 135, 137
近衛前久（龍山）　12, 123, 239
近衛府　97, 135
高麗　236
惟喬親王　122, 125

さ

柴屋軒宗長　81, 294
西園寺公経　24, 40, 137
西園寺（家）　11, 14, 15, 24, 25, 26, 27, 38, 39, 40, 41, 42, 82, 83, 84, 85, 88, 89, 90, 91, 116, 137, 138, 208, 209, 221, 239, 241, 242, 256, 266, 269, 279, 288, 289, 290, 316, 317
西園寺家鷹口傳　25, 26, 27, 28, 29, 30, 31, 32, 35, 36, 37, 38, 39, 41, 42, 84, 88, 89, 90, 206, 207, 209, 220, 238, 239, 240, 241, 288, 316, 317, 318, 319
西園寺家鷹書目録　26, 82, 85, 90
西園寺家鷹秘傳　13, 26, 27, 28, 29, 30, 32, 37, 89, 90, 137, 206, 207, 208, 209, 220, 238, 239, 240, 241, 316, 317, 318, 319
西園寺実氏　24
西園寺実兼　24, 84
西園寺相国（太政大臣）　12, 84, 257
西園寺鷹百首（注）（書陵部蔵）　12, 234
西園寺文庫　11, 18, 25, 26, 27, 41, 79, 83, 84, 138, 256
西園寺流　11, 24, 40, 41, 91, 288
才覚之巻　34, 35, 86, 87, 184, 185, 186, 187, 189, 194, 195, 196, 198, 209, 221, 236, 237, 266, 270
斉藤朝倉両家鷹書　295
斉藤助左衛門　294, 295
斉藤助左衛門鷹書 全　16, 17, 240, 242, 294, 295, 296, 297, 299, 300, 302, 304, 305, 306, 307, 308, 309, 311, 314, 315, 316, 317, 318, 319
嵯峨天皇　13
嵯峨野物語　24, 97
酒君　9, 222
酒君流　223
佐竹（氏）　293
佐竹義宣　261
貞直正本　225, 226
実隆公記　80, 81, 242
さよの中山　238
三条（家）　82, 85, 221
三条家流　79
三条殿　82, 90
三条西（家）　76, 77, 79, 80, 81, 82, 90, 221, 289
三条西公時　80
三条西家流　78, 79, 85, 90, 91, 289
三条西実枝（三光院）　24, 80
三条西実隆　80, 81
三内口決　14, 24
慈円　279
慈恩殿　41
式部職　10, 73, 184, 220, 256
地下家伝　118
滋野（氏）　35
地蔵菩薩　183, 188, 189
四天王（＝持国天・広目天・増長天・多聞天）　183
信濃源氏　200
信濃国　15, 17, 28, 30, 31, 33, 35, 37, 40, 86, 88, 176, 177, 178, 179, 186, 190, 192, 198, 203, 205, 206, 209, 222, 223, 224, 225, 237, 238, 240, 241,

242, 257, 265, 291, 292, 294, 315, 317, 319, 320
四仏 178, 179, 180, 181, 182, 185, 186, 187, 188, 189, 190, 272, 291
持明院(家) 11, 14, 24, 27, 88, 116, 117, 137, 138, 139, 143, 148, 149, 269, 290, 300, 302, 306, 309, 311, 312, 313, 314, 317, 318, 319
持明院家鷹秘書 26, 116, 117, 137, 139, 141, 144, 145, 147, 148, 290, 309, 314
持明院基規 117, 309
持明院基春 31, 88, 116, 117, 137, 139, 141, 300, 316
持明院流 116, 117, 141, 142, 147
下河辺(氏) 107, 258
下毛野公久 97
下野国 11, 12, 16, 107, 181, 222, 255, 258, 259, 260, 293
下毛野(氏) 15, 97, 98, 120, 121, 126, 127, 128, 135, 136, 138, 143, 148, 149, 289, 290, 312, 313
下毛野武氏 97
下野武勝 97
下野武貞 121
下野武正 97
下毛野武安 121
下毛野知武 121
下野朝俊 121
下野能武 121
沙石集 255
十一面観音 178
十二繋図 外四巻合冊 84, 118, 137
朱光(女性) 33, 87, 194, 195, 231, 232, 269
しゆ光(しゆこう・シユンクワウ)(男性) 264, 265, 268, 269, 270
駿王鳥(しゆんはう・俊鷹)(鷹) 181, 182, 264, 265, 267, 268, 269, 270, 271, 272
聖徳太子 125
書言字考節用集 241
書陵部 26, 27, 184, 231, 296
白鷹記 31, 35, 39, 84, 87, 90, 206
白鷹記 薬餌飼之事 全 31
塵荊鈔 30, 31, 206, 221
神(氏) 227, 228
神氏系図 205, 224, 225, 228
信州滋野氏三家系図 35, 36, 184, 201, 229
新修鷹経 13, 81, 226
神泉苑 29, 32, 86, 89, 194, 207
神前の池 29, 88
信長公記 200
神道集 192, 280
神平(貞直)流 36, 227, 228, 229
諏訪 15, 16, 17, 35, 36, 37, 38, 39, 40, 41, 42, 76, 88, 107, 118, 120, 124, 145, 176, 178, 184, 189, 190, 192, 193, 196, 198, 201, 202, 204, 205, 206, 207, 208, 209, 210, 222, 223, 257, 258, 259, 262, 265, 267, 280, 281, 288, 289, 291, 292, 293, 315, 316, 317, 318, 319, 320
諏訪円忠 11, 38, 39, 41, 42, 80, 179, 190, 192, 224, 225, 226, 227, 228, 237, 241, 242, 280, 288, 289, 292
諏訪家譜 200
諏訪郡 224, 225, 265
諏訪湖 179
諏訪貞通 41, 227, 242
諏訪(氏) 202, 224, 228, 242, 291, 292, 315
諏訪(氏)(在京) 41, 80, 224, 227, 228, 237, 241, 242, 292, 294, 315, 319, 320
諏訪(の)信仰 11, 13, 15, 38, 39, 40, 41, 176, 184, 189, 190, 202, 209, 288,

289, 291, 292, 318
諏訪大社(諏訪社・諏訪神社) 15, 33, 36, 38, 39, 40, 80, 86, 118, 176, 177, 179, 189, 192, 201, 202, 204, 205, 209, 222, 224, 227, 228, 242, 291, 292, 294
(諏訪)上社 178, 179, 185, 186, 189, 190, 202, 203, 205, 272, 291
楓宮 205
本宮 178
前宮 178, 202, 205
(諏訪)下社 178, 179, 185, 186, 189, 190, 203, 272
秋宮 178
春宮 178
諏訪大明神画詞 35, 36, 38, 39, 179, 192, 201, 223, 224, 227, 292
諏訪大明神構式 179
諏訪忠卿(忠政・光信) 225, 226, 227
すわの南宮 265
諏訪信員 201
諏訪藩 13, 182
諏訪光信 225, 226
諏訪(大)明神 176, 204, 240, 314, 316, 318
諏訪明神流 106, 257
諏訪盛重 200
諏訪頼忠 38
諏訪流 13, 14, 15, 16, 17, 33, 34, 36, 41, 76, 79, 84, 85, 86, 106, 107, 118, 120, 125, 126, 147, 148, 176, 177, 181, 182, 184, 185, 187, 189, 190, 192, 195, 196, 201, 209, 221, 222, 223, 228, 229, 231, 232, 237, 238, 241, 242, 243, 257, 258, 259, 266, 267, 268, 269, 270, 271, 272, 280, 281, 288, 289, 291, 292, 293, 294, 315, 316, 317, 319, 320
政頼(斉頼・正頼・清頼・せいらい・せひらひ) 16, 28, 33, 72, 73, 76, 77, 78, 82, 85, 86, 88, 89, 90, 91, 194, 200, 201, 206, 207, 220, 221, 222, 223, 231, 232, 233, 234, 235, 236, 237, 238, 239, 240, 241, 242, 243, 257, 264, 265, 269, 289, 292, 315, 316
せいらい(狂言) 72
政頼流鷹方事 73, 75, 76, 78, 80, 82, 83, 85, 86, 87, 88, 90, 91, 221, 240, 266, 270, 289, 317
政頼流鷹方之書 221
政頼流鷹方之書 全 鷹御内書 73, 75, 77, 79, 82
政頼流鷹詞 76, 77, 90
政頼流鷹詞 全 77, 221
政頼流 鷹 詞 并 秘事 上下 77
尺素行来 149
責鷹似鳩拙抄 115, 116, 117, 118, 137, 138, 141, 299, 300, 302, 304, 305, 306, 307, 308, 309, 310, 311, 312, 313, 316, 319
千手観音 188, 272
雑談集 206
増補語林和訓栞 99
宗養 194
続古事談 97, 255
尊経閣文庫 26, 39
尊卑分脈 72, 137, 200, 220

た

大日如来 183, 188, 189
鷹飼に関する口伝 98, 100, 136, 137, 138, 139, 140, 141, 142, 143, 144, 145, 147, 148, 149, 312
鷹聞書少々 41, 315, 318, 320
鷹経弁疑論(上・下) 31, 32, 88, 99, 116, 140, 141, 142, 206, 221, 268, 269, 279, 313, 316, 317, 318, 319
鷹口伝 26, 27
鷹御内書 73, 75, 76, 79, 80, 82
鷹書(大) 182, 188, 189

鷹三百首(摂政太政大臣)(宮城教育大学図書館蔵)　12
鷹三百首註（宮城教育大学図書館蔵）　12
高遠(地名)　200, 202
高遠記集成　上巻　200
高遠(氏)　200, 201, 291
高遠城　201
高遠藩　201, 204
高遠的場　202
鷹ニ関スル記録　84, 256
鷹之書(尊経閣文庫蔵)　40
鷹之書(書陵部蔵)　181, 182, 189, 221, 267, 269, 272
鷹之養性之事祢津甚平流　84, 85
鷹秘伝書　81, 85, 89, 90, 221, 240
鷹百首(西園寺文庫蔵・函号一九八)　84
鷹百首(西園寺文庫蔵・函号二〇〇)　84
鷹百首和歌（名古屋市蓬左文庫蔵）　12
鷹百首和歌（西園寺文庫蔵・函号五一）　84
鷹百首和歌（西園寺文庫蔵・函号二〇八）　84, 279, 318
鷹百首和哥（宇都宮社頭納鷹文抜書秘伝と合冊分）　257
武田(氏)　200, 201
武田信玄　200
武田信春　84, 88
断家譜　229
調子家(氏)　98, 103, 106, 109, 113, 114, 116, 117, 120, 122, 126, 289, 290, 312, 313
調子村　127
調子家系譜　127
調子家文書　98, 289, 312
調子家由緒書　120, 121, 122, 123, 126, 127
調子庄(山城)　98, 126, 289
朝野旧聞裒藁　229
杖突峠　202
経平　78
敦賀　96, 267, 269
徒然草　97
定家卿鷹三百首（注）(書陵部蔵)　12
定家卿鷹三百首（群書類従第19輯所収）　279
定家問答(小倉問答)　122, 267, 268, 271, 279
庭訓往来注　221
貞丈雑記　221, 222, 223, 228
徳川家康　10, 35, 184, 229, 259
当(唐)流　318
唐流鷹深秘事抄　上・中・下　296
当流鷹秘決　296
唐流鷹秘決條々　296
唐流鷹秘決　全　296
唐流鷹秘事條　上・下　296
当流臂鷹秘訣　296
富松荘(摂津)　82
豊岡藩　229
豊臣秀吉　261

な

内閣文庫　26, 27, 231
中村元恒　201
那智山　268
西岡衆　181, 267
仁科五郎　200
二条為家　122, 267
二条道平　31, 39, 84, 206
二条基房　84
二条良基　24, 97
日本書紀　9, 81, 222
仁徳天皇　9, 81, 124, 194, 221, 231, 264, 267
禰津(氏)　15, 33, 35, 117, 223, 228, 237, 241, 242, 291, 292, 294
禰津敦宗　228
禰津重綱　229
禰津松鷂軒(信直・政直)　35, 38, 118, 119, 145, 184, 185, 187, 229, 231, 236, 237, 259, 266, 317
祢津氏略系　229

禰津神平（貞直・甚平・根津神平・根津甚平） 16, 28, 30, 31, 32, 33, 35, 36, 38, 39, 41, 79, 80, 84, 85, 86, 87, 88, 89, 90, 107, 200, 201, 205, 206, 207, 209, 220, 221, 222, 223, 224, 225, 226, 227, 228, 229, 231, 237, 238, 239, 240, 241, 242, 258, 288, 289, 292, 315, 316, 317
禰津神平流 223, 225, 228
禰津時直 229
禰津信政 231
禰津光長 229
禰津宗勝（大宮新蔵人） 107, 110, 145, 256, 258, 259, 265
禰津宗直 228
禰津宗道 228
禰津宗光（大宮新蔵人） 33, 35, 107, 184, 228, 229, 231, 258
禰津吉直 231
禰津頼直 229
禰津松鷂軒記 118, 126
禰津（根津）流 36, 38, 79, 80, 84, 87, 90, 91, 118, 145, 201, 222, 259, 289
後京極摂政鷹三百首（群書類従第19輯所収） 279
後西園寺入道殿鷹御詠（西園寺文庫蔵・函号二〇二） 84

は――――

芳賀（氏） 107, 258
原田三野右衛門蔵書写政頼鷹秘書 208
非持（信濃） 30, 86, 198, 200, 201, 202, 204, 205, 206, 209, 291, 292
非持豊氏（越後守） 200
非持豊明（小太郎） 200
非持三郎 200
非持（氏） 200, 201
毘沙門天 178, 179, 180, 181, 182, 183, 185, 186, 187, 188, 189, 264, 265, 272, 291, 318
ひぢの検校豊平 30, 35, 197, 198, 200, 201, 202, 205, 291
平野（氏） 11, 182, 259, 260, 261, 262, 280, 281, 293
平野大膳 260, 261
平野丹後 260
普賢菩薩 178, 179, 185, 186, 187, 188, 189, 190, 272, 291
符郡の野 238
藤井家（氏） 118, 137, 138
藤井尚弼 138
藤井文宜 138
藤井総博 138, 290
藤澤（地名） 203, 204
藤澤余一盛景 204
富士山 264, 265
藤原家成 97
藤原定家 12, 122, 267, 279
藤原北家閑院流 80
藤原北家中御門流 137
藤原基家 137
藤原良経 12, 279
不動明王 178, 179, 180, 183, 185, 186, 187, 188, 189, 272, 291
武用弁略 221, 235
保昌 124
放鷹（書名） 10, 11, 25, 26, 27, 106, 110, 184, 220, 256, 257, 258, 259, 295, 296, 297
放鷹記 122, 123, 125

ま――――

前田慶二道中日記 255
摩伽陀国 194, 195, 232
益子（氏） 107, 258
松田宗岑 24, 97, 225
松平忠輝 260
みさご腹の鷹 14, 15, 16, 28, 29, 30, 31, 32, 33, 34, 35, 41, 84, 86, 87, 88, 89, 90, 194, 195, 196, 198, 205, 206, 207, 208, 209, 238, 239, 240, 241, 288,

291, 292, 311, 316, 317
巖丸(鷹)　89
皆川隆庸　260
皆川広照　260
源為公　200
三峰川　198, 204
室田郷(美濃)　82
蒙求臂鷹往来　24, 25, 32, 36, 42, 97, 206, 225, 226, 227, 228
百舌鳥野　9
望月(氏)　35

や

八重羽野　238
八重羽の雉　316, 317, 239
柳生新陰流　259
柳生宗矩　259
柳田國男　202
山城国乙訓郡　15, 98, 126, 135, 289
山室川　204
山本藤右衛門　17, 33
鷹秘抄・二架事□　26, 82
養鷹記　294, 297
養鷹秘抄　220
依網屯倉の阿弭古　9
吉田流　259
依田豊平　200, 201
依田(氏)　202
依田流　201
由光　76, 222, 223
よねみつ(女性)　35, 87, 195, 198, 236
米光(よねみつ・米満)(男性)　77, 81, 82, 222, 223, 226, 267, 269

ら

柳庵雑筆　36, 149, 184, 222, 223, 228, 229, 231, 257, 259
龍山公鷹百首　12, 123, 221, 234, 239, 279, 318

わ

若原近右衛門　78
和歌寶樹　234
和(倭)訓栞　12, 220

著者略歴

二本松　泰子（にほんまつ　やすこ）

1968年　大阪府に生まれる
1988年　金蘭短期大学国文科　卒業
1991年　立命館大学文学部　卒業
1999年　立命館大学大学院文学研究科博士課程後期課程　学位取得修了
現　在　大阪大学、甲南大学、神戸学院大学、立命館大学、非常勤講師。
博士（文学）

中世鷹書の文化伝承

平成23年２月21日　初版発行

定価はカバーに表示してあります。

発行者　　吉　田　榮　治
発行所　　株式会社　**三 弥 井 書 店**
〒108―0073東京都港区三田3―2―39
電話03―3452―8069
振替00190―8―21125

ISBN978-4-8382-3205-5　C1021　　印刷　シナノ印刷